예이츠 신화집

예이츠 신화집
WILLIAM BUTLER YEATS
Mythologies

월리엄 버틀러 예이츠 지음
한국예이츠학회 번역 해설

도서출판 동인

머리말 PREFACE

예이츠의 『신화집』은 『켈트의 황혼』1893, 『비밀의 장미』1897, 『붉은 머리 한라한의 이야기』1897, 『연금술사의 장미』1897 그리고 『상냥하고 말 없는 달에 따라』1917를 집대성한 산문집이다. 이 산문집은 예이츠가 1892년부터 1917년까지 25년에 걸쳐 아일랜드의 서부 해안 지역과 산간 지역을 두루 돌아다니면서 채집한, 아일랜드 전통 민속 신앙과 기독교 신앙이 습합된 상황에서 요정, 유령 등 초자연계의 존재와 인간이 교류하던 시절의 이야기와 마법과 연금술에 바탕을 둔 이야기들로 꾸며져 있다. 그만큼 이 책에는 현대인으로서는 선뜻 이해하기 어려운 점이 많이 있다. 그러나 이것들 하나하나가 예이츠의 시를 제대로 이해하는 데 중요한 단초임에는 의문의 여지가 없다.

한국예이츠학회에서는 이런 점을 감안하여, 예이츠 연구자들과 후학들 그리고 일반 독자들의 이해를 돕고자 번역위원회를 설치 운영하였다. 동 위원회는 2023년 1월부터 약 2년간 독회와 토론을 통하여, 마침내 이 책의 번역·해설판을 간행하게 되었다. 이 번역 사업에 참여해 주신 여러 회원님들께 감사하며, 특히 이 책이 출간되기까지 기획하고 지원해 주신 고준석 회장님과 김영희 총무님께 감사의 말씀을 전한다.

2024년 11월
한국예이츠학회 번역위원회
위원장 **이세순**

차례 CONTENTS

- 머리말 PREFACE — 5
- 주 NOTE — 11

켈트의 황혼 THE CELTIC TWILIGHT, 1893

이야기꾼 A TELLER OF TALES ｜ 이세순	17
믿음과 불신 BELIEF AND UNBELIEF ｜ 이세순	20
인간의 도움 MORTAL HELP ｜ 이세순	22
환상 A VISIONARY ｜ 이세순	25
촌락을 떠도는 유령 VILLAGE GHOSTS ｜ 홍성숙	32
흙이 헬렌의 눈을 덮었다 DUST HATH CLOSED HELEN'S EYE ｜ 홍성숙	41
양의 기사 A KNIGHT OF THE SHEEP ｜ 성창규	51
변치 않는 마음 AN ENDURING HEART ｜ 성창규	56
마법사들 THE SORCERERS ｜ 성창규	60
악마 THE DEVIL ｜ 성창규	66
행복하고 불행한 신학자들 HAPPY AND UNHAPPY THEOLOGIANS ｜ 성창규	69
마지막 음유 시인 THE LAST GLEEMAN ｜ 김영희	75
레지나, 레지나 피그메오룸, 베니 REGINA, REGINA PIGMEORUM, VENI ｜ 김영희	84
그리고 아름답고 격렬한 여인들 AND FAIR, FIERCE WOMEN ｜ 김영희	88
마법에 걸린 숲 ENCHANTED WOODS ｜ 박미정	91

불가사의한 생명들 MIRACULOUS CREATURES ǀ 박미정	98
책에 나타난 아리스토텔레스 ARISTOTLE OF THE BOOKS ǀ 박미정	101
신들의 돼지 THE SWINE OF THE GODS ǀ 박미정	103
목소리 A VOICE ǀ 박미정	105
납치자들 KIDNAPPERS ǀ 박미정	108
지치지 않는 이들 THE UNTIRING ONES ǀ 김연민	116
흙, 불 그리고 물 EARTH, FIRE AND WATER ǀ 김연민	120
오래된 마을 THE OLD TOWN ǀ 김연민	123
사내와 장화 THE MAN AND HIS BOOTS ǀ 김연민	127
겁쟁이 A COWARD ǀ 김연민	130
오번 삼 형제와 악령 THE THREE O'BYRNES AND THE EVIL FAERIES ǀ 김연민	133
드럼클리프와 로시즈 DRUMCLIFF AND ROSSES ǀ 조수진	136
행운의 두꺼운 두개골 THE THICK SKULL OF THE FORTUNATE ǀ 고준석	145
선원의 종교 THE RELIGION OF A SAILOR ǀ 고준석	149
천국과 현세와 연옥이 함께 가까이 있음에 관하여 CONCERNING THE NEARNESS TOGETHER OF HEAVEN, EARTH, AND PURGATORY ǀ 고준석	152
보석을 먹는 존재들 THE EATERS OF PRECIOUS STONES ǀ 고준석	155
언덕 위의 우리의 성모 OUR LADY OF THE HILLS ǀ 고준석	158
황금시대 THE GOLDEN AGE ǀ 고준석	163
유령과 요정의 성향에 관심을 잃게 한 것에 대하여 스코틀랜드인들과의 항전 A REMONSTRANCE WITH SCOTSMEN FOR HAVING SOURED THE DISPOSITION OF THEIR GHOSTS AND FAERIES ǀ 고준석	166
전쟁 WAR ǀ 윤일환	173
여왕과 바보 THE QUEEN AND THE FOOL ǀ 윤일환	176
요정 족속의 친구 THE FRIENDS OF THE PEOPLE OF FAERY ǀ 윤일환	182
도덕이 없는 꿈들 DREAMS THAT HAVE NO MORAL ǀ 최윤주	190
길가에서 BY THE ROADSIDE ǀ 최윤주	202
여명 속으로 INTO THE TWILIGHT ǀ 한학선	206

차례 CONTENTS

- 머리말 PREFACE — 5
- 주 NOTE — 11

켈트의 황혼 THE CELTIC TWILIGHT, 1893

이야기꾼 A TELLER OF TALES ｜ 이세순	17
믿음과 불신 BELIEF AND UNBELIEF ｜ 이세순	20
인간의 도움 MORTAL HELP ｜ 이세순	22
환상 A VISIONARY ｜ 이세순	25
촌락을 떠도는 유령 VILLAGE GHOSTS ｜ 홍성숙	32
흙이 헬렌의 눈을 덮었다 DUST HATH CLOSED HELEN'S EYE ｜ 홍성숙	41
양의 기사 A KNIGHT OF THE SHEEP ｜ 성창규	51
변치 않는 마음 AN ENDURING HEART ｜ 성창규	56
마법사들 THE SORCERERS ｜ 성창규	60
악마 THE DEVIL ｜ 성창규	66
행복하고 불행한 신학자들 HAPPY AND UNHAPPY THEOLOGIANS ｜ 성창규	69
마지막 음유 시인 THE LAST GLEEMAN ｜ 김영희	75
레지나, 레지나 피그메오룸, 베니 REGINA, REGINA PIGMEORUM, VENI ｜ 김영희	84
그리고 아름답고 격렬한 여인들 AND FAIR, FIERCE WOMEN ｜ 김영희	88
마법에 걸린 숲 ENCHANTED WOODS ｜ 박미정	91

불가사의한 생명들 MIRACULOUS CREATURES	박미정	98
책에 나타난 아리스토텔레스 ARISTOTLE OF THE BOOKS	박미정	101
신들의 돼지 THE SWINE OF THE GODS	박미정	103
목소리 A VOICE	박미정	105
납치자들 KIDNAPPERS	박미정	108
지치지 않는 이들 THE UNTIRING ONES	김연민	116
흙, 불 그리고 물 EARTH, FIRE AND WATER	김연민	120
오래된 마을 THE OLD TOWN	김연민	123
사내와 장화 THE MAN AND HIS BOOTS	김연민	127
겁쟁이 A COWARD	김연민	130
오번 삼 형제와 악령 THE THREE O'BYRNES AND THE EVIL FAERIES	김연민	133
드럼클리프와 로시즈 DRUMCLIFF AND ROSSES	조수진	136
행운의 두꺼운 두개골 THE THICK SKULL OF THE FORTUNATE	고준석	145
선원의 종교 THE RELIGION OF A SAILOR	고준석	149
천국과 현세와 연옥이 함께 가까이 있음에 관하여 CONCERNING THE NEARNESS TOGETHER OF HEAVEN, EARTH, AND PURGATORY	고준석	152
보석을 먹는 존재들 THE EATERS OF PRECIOUS STONES	고준석	155
언덕 위의 우리의 성모 OUR LADY OF THE HILLS	고준석	158
황금시대 THE GOLDEN AGE	고준석	163
유령과 요정의 성향에 관심을 잃게 한 것에 대하여 스코틀랜드인들과의 항전 A REMONSTRANCE WITH SCOTSMEN FOR HAVING SOURED THE DISPOSITION OF THEIR GHOSTS AND FAERIES	고준석	166
전쟁 WAR	윤일환	173
여왕과 바보 THE QUEEN AND THE FOOL	윤일환	176
요정 족속의 친구 THE FRIENDS OF THE PEOPLE OF FAERY	윤일환	182
도덕이 없는 꿈들 DREAMS THAT HAVE NO MORAL	최윤주	190
길가에서 BY THE ROADSIDE	최윤주	202
여명 속으로 INTO THE TWILIGHT	한학선	206

비밀의 장미 THE SECRET ROSE, 1897

비밀의 장미에게 TO THE SECRET ROSE ǀ 한학선	211
버림받은 자의 십자가형 THE CRUCIFIXION OF THE OUTCAST ǀ 한학선	215
장미로부터 OUT OF THE ROSE ǀ 임도현	230
왕의 지혜 THE WISDOM OF THE KING ǀ 임도현	239
봄의 심장 THE HEART OF THE SPRING ǀ 유병구	246
불과 그림자의 저주 THE CURSE OF THE FIRES AND OF THE SHADOWS ǀ 유병구	253
아무것도 없는 곳에 신이 계신다 　　WHERE THERE IS NOTHING, THERE IS GOD ǀ 김주성	261
여명의 노인들 THE OLD MEN OF THE TWILIGHT ǀ 김주성	268
교만한 코스텔로와 맥더못의 딸, 그리고 쓴 혀 PROUD COSTELLO, 　　MACDERMOT'S DAUGHTER, AND THE BITTER TONGUE ǀ 이보라	274

붉은 머리 한라한의 이야기 STORIES OF RED HANRAHAN, 1897

붉은 머리 한라한 RED HANRAHAN ǀ 조미나	293
새끼줄 꼬기 THE TWISTING OF THE ROPE ǀ 조미나	309
한라한과 홀리한의 딸 캐슬린 　　HANRAHAN AND CATHLEEN, THE DAUGHTER OF HOULIHAN ǀ 조정명	320
붉은 머리 한라한의 저주 RED HANRAHAN'S CURSE ǀ 조정명	326
한라한의 환상 HANRAHAN'S VISION ǀ 최희섭	334
한라한의 죽음 THE DEATH OF HANRAHAN ǀ 최희섭	348

연금술사의 장미, 계명판, 동방박사들의 경배
ROSA ALCHEMICA, THE TABLES OF THE LAW, THE ADORATION OF THE MAGI, 1897

연금술사의 장미 ROSA ALCHEMICA ǀ 김영민	365
계명판 THE TABLES OF THE LAW ǀ 안중은	392
동방박사들의 경배 THE ADORATION OF THE MAGI ǀ 안중은	409

평화로운 고요한 달빛 속을 거닐면서 PER AMICA SILENTIA LUNAE, 1917

프롤로그 PROLOGUE ǀ 이영석	421
나는 그대의 주인이니라 EGO DOMINUS TUUS ǀ 이영석	422
인간의 영혼 ANIMA HOMINIS ǀ 이영석	428
세계령 ANIMA MUNDI ǀ 허현숙	450
에필로그 EPILOGUE ǀ 허현숙	476

■ 참고 문헌 WORKS CITED　―　481

주 NOTE

나는 『켈트의 황혼The Celtic Twilight』에서 몇 부분을 뺐는데, 그 책은 1893년에 처음 출판되었다. 『붉은 머리 한라한의 이야기Stories of Red Hanrahan』는 지금은 『비밀의 장미The Secret Rose』와 『장미 연금술Rosa Alchemica』이라고 불리는 이야기들과 함께 1897년 『비밀의 장미』라는 책으로 출판되었고, 이 이야기들의 많은 장점은 그레고리 부인[1]의 덕택이다. 그 작품들은, 처음 출판

---

[1] 그레고리 부인Lady Isabella Augusta Gregory, 1852~1932. 아일랜드의 중서부 항구 도시 골웨이Galway의 록스버러Roxborough 출신의 저술가 겸 극작가. 1894년 런던에서 처음 만난 이후 예이츠의 절친한 친구이자 어머니 같은 후견인으로서, 예이츠의 삶과 문학에 지대한 영향을 끼쳤다. 귀족주의적이고 전통과 품위를 지닌 그녀의 골웨이 소재 쿨 장원Coole Park은 예이츠의 주요한 시의 산실이자, 많은 문인들에게 개방되어 아일랜드 문학 중흥의 요람이었다. 예이츠는 "민족의식 없이는 위대한 문학이 있을 수 없다.no great literature without nationality"는 신념으로 점점 사라져 가는 아일랜드의 민속 문학을 되살려내기 위해 진력하였다. 그래서 그는 그레고리 부인과 함께 서부 도서 지방을 두루 돌아다니면서 민간들 사이에 전승되는 신화와 전설을 채집하여 현대어로 펴내고, 이를 바탕으로 쓴 작품을 발표하여 아일랜드 문학을 한층 더 풍요롭게 만드는 동시에 아일랜드의 문예 부흥 운동을 선도했다. 그레고리 부인은 1904년 예이츠가 서문을 쓴 방대한 양의 『아일랜드 신화Complete Irish Mythology』를 펴냈고, 예이츠는 1888년에 『아일랜드 농민의 요정 이야기와 민담Fairy and Folk Tales of the Irish Peasantry』 그리고 1892년에 『아일랜드 요정 이야기Irish Fairy Tales』를 펴낸 바 있다. 그들은 또 아일랜드 문예 극장Irish Literary Theater과 애비 극장Abbey Theater을 창설하여 신인들을 발굴하고 활동 무대를 제공함으로써, 더블린을 현대 연극의 중심지로 부상시키는 데 중요한 역할을 했다.

되었을 때, 우리 중 많은 이들이 1890년대에 가지고 놀았던 그 인위적이고 정교한 영어로 쓰였는데, 나는 그런 것들을 혐오하게 되었다. 내가 한 벌의 카드를 같은 수의 사냥개로 만들 수 있었던 '어느 플란넬 옷차림의 늙은이에 관한 슬라이고 이야기'2)의 견지에서 첫 번째 이야기를 변경하고 있을 때, 나는 그레고리 부인에게 도움을 청했다. 우리는 협업했다. 처음에는 그 이야기에서, 그리고, 나중에는 다른 모든 작품에서 그랬고, 어떤 때는 부인이 새로운 어구나 생각을 제안하고 또 어떤 때는 내가 그리하여, 드디어 부인이 골웨이 동향인들에게서 배웠던 그 소박한 영어 속에 모든 것들이 투입되었고, 생각이 사람들의 삶과 한층 더 근접하게 되었다. 만일 이제 그 작품들의 문체에 장점이 있다면, 그 장점은 주로 부인의 장점이다. 하이드 박사3)는 이미 이 이야기들 중 하나를 바탕으로 하여 일찍이 극장에서 공연된 것 가운데 최초의 게일어 연극의 기초를 세웠지만, 일전에 그레고리 부인은 자신이 꾸며낸 한 가지 사건에 기초하여 한라한4) 극 한 편을 만들었다. 『십계명 판The Tables of the Law』과 『동방박사들의 경배The Adoration of the Magi』를 『비밀의 장미』의 일부로 넣고자 하였으나, 출판업자 불렌A. H. Bullen, 1857~1920이

---

2) 이 이야기는 예이츠가 한 노파로부터 전해 들은 것이다. 그 노파가 어렸을 때 자기 아버지한테 들은 바로는, 플란넬 옷을 입은 거친 노인이 남자들과 큰 헛간에서 장시간 카드놀이를 했었는데, 그때 노인이 카드를 빙빙 휘저으면 카드에서 토끼 한 마리가 뛰어나오고, 그러면 사냥개 한 마리가 토끼를 쫓아서 헛간을 빙빙 돌다가 사라졌다는 것이다.
3) 하이드 박사Dr. Douglas Hyde, 1860~1949. 저술가, 민속학자, 극작가, 아마추어 배우, 아일랜드의 초대 대통령. 그는 여러 외국어에 능했으며 현지인들에게서 아일랜드어를 습득했다. 더블린 트리니티 대학 재학 시절에 예이츠를 처음 만난 후로 평생 친교를 나눴다. 그는 예이츠에 훨씬 앞서서 아일랜드 고대 신화 등을 수집하여 게일어와 영어로 발표하였고, 예이츠가 민담과 요정 이야기를 채집하는 것을 도와주었다. 사실 예이츠가 민속 문학의 중요성을 깨닫고 이를 채집하여 현대어로 번역한 것은 그의 영향이 컸다.
4) Hanrahan 또는 Red Hanrahan. 예이츠가 그의 시와 산문에서 자신의 생각과 행동을 대변하는 여러 가지 역할을 하도록 창조한 가공의 인물. 그는 방랑벽을 지닌 호색한의 시인이다. 그레고리 부인이 한라한을 주제로 쓴 희곡 『한라한의 맹세Hanrahan's Oath』는 1918년 1월 29일 더블린 애비 극장에서 초연되었다.

이 두 이야기를 싫어해 나에게 제외시켜 달라고 요청했다. 그런데 나중에 그 책이 출판되고 나서 그 이야기들을 좋아해서 그들이 독자적으로 작은 책자로 펴냈다. 이 책의 이야기들에서, 다른 대부분의 이야기에서와 같이, 나는 여기저기서 한 줄씩 삭제하거나 다시 썼다.

1925년 W. B. 예이츠

켈트의 황혼
THE CELTIC TWILIGHT

1893

이야기꾼 A TELLER OF TALES

이 책의 많은 이야기는 빛나는 눈을 가진 작달막한 노인 패디 플린Paddy Flynn. 슬라이고의 남쪽에 위치한 조그만 항구 밸리소데어Ballisodare에 살았던 실존 인물이지만, 그에 대한 자세한 사항은 알려지지 않았다.이라는 사람이 나에게 들려준 것들인데, 그는 마을의 비가 새는 단칸짜리 오두막에서 살았다. 밸리소데어는 그가 입버릇처럼 말하기를 '슬라이고 군[1] 전역에서 가장 온순한 무리가 — 그가 의미한 바는 요정 — '출몰하는 곳'이라 한다. 하지만, 다른 사람들은 드럼클리프Drumcliff와 드로마헤어Dromahair에는 못 미친다고들 한다. 내가 그 노인을 처음 봤을 때, 그는 버섯 통조림 하나를 옆에 두고 불 위에 몸을 구

---

[1] 스라이고 군County Sligo. 예이츠의 외가가 있는 곳. 슬라이고는 아일랜드 서북부 해안 도시로 그 역사는 유사 이전 고대 종족과 요정 족속이 도래했던 때 이전까지 거슬러 올라간다. 따라서 특히 이곳 사람들은 요정과 사람들이 고래로 어울려 살았음을 믿는다. 그런데 인간의 도움이 없이는 아무 일도 못하는 존재이지만, 요정들은 때로는 심술을 부려 인간의 정신을 잃게도 하고 요정 세계로 데려가기도 한다. 그래서 이곳 사람들은 아이들이 요정에게 끌려가지 않도록 하기 위해, 여자아이들을 일정 나이가 될 때까지 남장시키는 것이 관습이기도 했다. 예이츠는 어린 시절의 대부분을 인간의 현실 세계와 요정의 환상 세계가 뒤섞인 이곳에서 보내면서, 온갖 신화와 전설을 듣고 자랐다. 또 이곳에는 예이츠의 마지막 시 「불벤산 기슭에서Under Ben Bulben」의 배경인 불벤산Ben Bulben이 있고, 드럼클리프에는 그의 증조부 존 예이츠Rev. John Yeats가 세운 성 콜롬바 교회St. Columba's Church가 있다. 바로 이 교회 묘지에 예이츠가 그의 부인Georgie Yeats과 함께 묻혀 있다.

부리고 있었다. 그다음에 봤을 때는, 그는 잠결에 미소를 지으면서 산울타리 밑에 잠들어 있었다. 그는 정말이지 언제나 즐거웠다, 비록 내가 (토끼의 눈처럼 날렵한 두 눈이 그 주름진 안구 밖으로 내다보일 때) 그의 두 눈에서 거의 그의 즐거움의 일부인 우울함을 볼 수 있었던 것 같긴 하지만. 그건 순전히 본능적인 본성이자 모든 동물들이 지닌 환상적인 우울함이었다.

그런데 거기다가 그의 삶에는 그를 우울하게 하는 것이 많았는데, 이는 나이와 기이한 버릇과 귀가 먹은 삼중 고독 속에서, 아이들에게 괴롭힘을 당하며 많이 돌아다녔기 때문이었다. 그가 늘 유쾌함과 희망을 품으라고 충고했던 것은 아마도 바로 이런 이유 때문이었을 것이다. 그는, 예를 들면, 성 콜럼실Columcille, St. Columba이 어떻게 자기 어머니를 기운 나게 격려해 주었는지 들려주기를 좋아하였다. '오늘 어떠세요, 어머니?' 성자가 물었다. '더 나빠요.'라고 어머니가 대꾸했다. '내일은 더 나쁘시길 바랍니다.' 성자가 말했다. 그다음 날 성 콜럼실이 다시 오고, 그래서 바로 똑같은 대화가 벌어졌지만, 셋째 날에는 어머니가 말했다. '훨 좋습니다요, 하느님 감사합니다.' 이에 성자가 대꾸했다. '내일은 한층 더 좋으시길 바랍니다.' 그는 또 선한 자들에게는 상을 주고 꺼지지 않는 불길에도 무덤덤한 자들에게는 꾸중을 내릴 때와 마찬가지로, 심판자가 마지막 날에 어떻게 미소를 짓는지 이야기하기를 좋아하였다. 그에게는 그를 계속 즐겁게 하거나 슬프게 할 이상한 광경이 많이 있었다. 내가 그에게 요정을 본 적이 있느냐고 물었더니, 이런 대답이 나왔다. '내가 그들에게 괴롭힘을 당하고 있잖아요?' 내가 또 반쉬banshee. 가족 중 죽을 사람이 있을 때 울거나 죽을 사람의 옷을 강물에 빠는 행위로 죽음을 예고한다는 죽음의 사자인 요정녀.를 본 적이 있느냐고 물었다. '봤어요.' 그가 말했다. '저 아래 물가에서요, 손으로 강물을 치고 있었죠.'

18 예이츠 신화집

■ ■ ■ 해설

이 이야기꾼은 예이츠에게 농어촌의 여러 가지 이야기를 들려준 슬라이고에서 거지나 다름없는 떠돌이 생활을 하던 한 노인이고, 이 이야기는 그 노인에게서 직접 들은 내용을 옮긴 것이다. 밸리소데어라는 작은 고을에 있는 노인의 집은 게딱지만 하고 비가 새는 누추한 집이었다. 그에게는 먹을 것도 변변치 않고 아무 데서나 노숙하는 초라한 신세로 아이들에게서조차 괴롭힘을 당하는 존재이지만, 그의 반짝이는 눈만큼은 살아 있어 세상일을 꿰뚫어 볼 수 있었으리라 짐작할 수 있다.

그는 가장 점잖은 요정들이 출몰하는 곳에서 집시 같은 생활을 하면서 우울하거나 즐겁게 하는 이상한 일도 많이 겪지만, 그는 항상 유쾌하고 희망을 지니고 살면서 주위 사람들에게도 그렇게 살라고 충고했다. 그는 자기 어머니와 성 콜럼실 사이에 있었던 일화를 소개하면서, 역경 속에서도 어머니가 "내일은 더 좋아지리라."라는 희망의 끈을 놓지 않았음을 들려준다. 이 모자가 대를 이어 보여 주는 삶의 태도는 곧 750년간 영국에 식민 통치를 당하고, 1840년대 주식인 감자의 연이은 흉작으로 7년간의 대기근을 견뎌내며 명맥을 유지해온 아일랜드의 끈질긴 민족성을 드러낸다고 볼 수 있다. 또 이 이야기의 마지막에서 죽음을 예고하는 반쉬가 울거나 강물에서 빨래하는 모습을 보여 주지 않은 것은, 아일랜드의 종언終焉은 없을 것이며 아일랜드 사람들의 역사는 여전히 이어질 것임을 암시한다고 할 수 있다.

이세순 (중앙대)

믿음과 불신 BELIEF AND UNBELIEF

심지어 서부 마을에도 다소의 의심쟁이들은 있다. 지난 크리스마스에 어떤 여자가 나에게 자기는 지옥이나 유령을 믿지 않는다고 말했다. 지옥은 사람들을 선하게 하기 위해 성직자들이 꾸며낸 허구이고, 또 유령들은—그녀는 주장했다—자유 의지에 따라 '무거운 걸음으로 뚜벅뚜벅' 지상을 돌아다니는 것이 허락되지 않았지만, '요새는 요정과 꼬마 요정leprechaun, 붙잡으면 보물이 있는 곳을 알려 준다는 장난꾸러기 작은 요정, 그리고 수마水馬와 타락한 천사들은 있다.'고. 나는 또한 팔뚝에 모호크 인디언Mohawk Indian, New York 주에 살던 북미 원주민.을 문신한 한 남자를 만났는데, 그 사람도 똑같이 비슷한 믿음과 불신을 견지하고 있었다. 누가 무엇을 의심하든지, 어떤 사람은 결코 요정을 의심하지 않는데, 이는 팔뚝에 모호크 인디언 문신을 한 남자가 말했듯이 '그것들이 이치에 부합하기' 때문이다.

불벤산Ben Bulben. 여러 가지 전설과 신화가 서려 있는 아일랜드 서북부 해안 도시 슬라이고에 있는 산.의 바다 쪽을 향한 비탈 아래 가까이 있는 그레인지Grange라는 농장 마을에서 일하고 있던 한 어린 소녀가 약 3년 전 어느 날 밤에 갑자기 사라졌다. 그 즉시 이웃에는 큰 흥분이 일었는데, 그것은 요정들이 그 소녀를 데려갔다는 풍문이 돌았기 때문이었다. 어느 마을 사람이 요정들에게서 그 소녀를 붙잡으려고 한참이나 안간힘을 썼으나, 결국 그 요정들이 이겼고, 그의 손에는 빗자루 말고는 아무것도 없었다고들 하였다. 지방 치안관이 차출되었고, 그는 즉시 집집마다 수색을 하고 동시에 주민들에게 그녀가 사라진 들녘의 모든 돼지풀쑥 비슷하게 생긴 일년생 잡초을 태워버리라고 충고했는데, 돼지풀이 요정들에게는 신성시되기 때문이다. 그들은 밤 내내 돼지풀을 태웠고, 그동안 치안관은 되풀이하여 주문을 외웠다. 이튿날 아침 그 어린 소녀는 들판에서 헤매는 모습으로 발견되었다. 그녀는 말하기를 요정들이 요정 말에 태워서 굉장히 멀리 데려갔었다고 했다. 마침내 그녀는 큰 강을 보았고, 요정들이 데려가려는 것을 막으려고 애썼던 남자가 강물에 떠내려가고 있었다—그런 것이 매혹에 빠뜨리는 요정의 혼돈과 무질서의 마법 상태이다—새조개의 조가비에 실려서. 돌아오는 길에 그녀의 동료들은 마을에서 그 뒤 곧바로 죽을 운명이었던 여러 사람들의 이름을 말했었다.

▥▥▪ 해설

여기서 말하는 믿음과 불신에 관한 논의는 기독교 신앙에 관한 것이 아니라 요정의 존재를 믿느냐 못 믿느냐의 문제이다. 하지만 오랜 세월 켈트 신앙과 기독교와 토속 신앙이 습합習合되어 이어져 온 아일랜드의 서부 해안 농어촌 지역에서는, 누구에게나 의심의 여지없이 요정의 존재뿐만 아니라 요정과 인간 사이에 벌어지는 일이 최근까지도 생생한 현실로 받아들여져 왔다. 농장에서 일하다 요정에게 끌려갔다가 돌아온 한 소녀의 초자연적인 체험담이 한 실례로 제시된다.

이세순 (중앙대)

인간의 도움 MORTAL HELP

누구든지 옛 시편에서 싸움에서 신들을 돕기 위해 사람들이 끌려갔다는 이야기, 그리고 쿠훌린Cuchulain. 고대 얼스터 지방의 신화적인 투사로 예이츠에게는 민족적 이상이자 영웅적 인물의 상징이며, 더블린 중앙 우체국 앞에 그의 동상이 서 있다. 이 한동안 여신 팬드Fand. 해신이자 사자 나라의 통치자인 마나난Manannán의 쉬이족 Sidhe 아내로, 쿠룰린과 적대적 관계에 있었음.를 이겼다는 이야기, 그리고 그가 출가한 여동생과 그 남편의 도움으로 약속의 땅the Land of Promise의 다른 민족을 무너뜨렸다는 이야기를 들을 것이다. 나는 또 요정 족속은 그들의 양쪽에 인간이 없으면 헐리2) 경기조차 할 수 없다는 이야기를 들었는데, 그 인간들의 몸뚱이—이야기꾼들이 말하는 바와 같이, 혹은 그 자리에 무엇이 놓여 있었든지 간에—는 집에 잠들어 있다는 것이다. 인간의 도움이 없으면, 요정은 그림자 같은 것이고 공을 칠 수조차 없다. 어느 날 나는 친구A.E.로 통하는 George Russell. 다음 이야기 「환상」 각주 4) 참조.와 함께 골웨이3)의 어떤 늪

---

2) 헐리hurley. 일명 헐링hurling이라고 하는 아일랜드의 전통적인 축구. 15명이 한 팀을 이루어 주걱 같이 생긴 긴 채를 가지고 작은 공을 쳐서 기다란 2개의 기둥이 서 있는 골대에 넣는데 손도 자유롭게 쓴다.
3) 골웨이Galway. 아일랜드 중서부 해안에 위치한 항구 도시. 이곳에 그 유명한 그레고리 부인 Lady Gregory의 쿨 장원Coole Park과 쿨 호수Lake Coole가 있고, 지금은 흔적만 남은 저택이 있었

지를 걷고 있다가, 인상이 험악한 한 노인이 도랑을 파고 있는 것을 보았다. 내 친구는 이 노인에게서 어떤 놀라운 광경을 봤다는 말을 들었다는데, 마침내 우리는 노인으로부터 그 이야기를 듣게 되었다. 소년이었을 때 어느 날 그는 30여 명의 남녀와 소년들과 함께 일을 하고 있었다. 그들은 녹나굴 Knocknagur에서 멀지 않은 투암Tuam, 골웨이의 고분들과 성당이 있는 고을 너머에 있었다. 이내 그들은 그들 30명 모두를 보았고, 약 반 마일 정도 떨어진 곳에서 150명쯤 되는 요정 무리를 보았다. 요정 둘이 있었어요, 그가 말했다, 우리 시대의 사람들처럼 검은 옷차림으로요, 그들은 서로 100야드쯤 떨어져서 있었는데, 나머지 요정들은 '괄호 무늬' 혹은 바둑판무늬가 있는 온갖 색깔의 옷을 입고 있었고, 몇몇은 빨간 조끼를 입고 있었죠.

　　그는 그들이 무엇을 하고 있는지 알 수 없었지만, 모두가 헐리 경기를 하고 있었던 것 같았다, 왜냐하면 '그들은 마치 헐리 경기를 하고 있는 것처럼 보였기 때문이다.' 때때로 그들은 사라졌다가도, 그가 '거의 맹세하듯이' 검은 옷차림의 두 남자의 몸에서 나와 되돌아왔다. 이 두 남자는 산 사람의 크기였으나, 나머지는 작았다. 30분쯤 그들을 보고 나서, 노인과 그 주위 사람들은 그가 채찍을 들고 '서둘러요, 서둘러, 안 그러면 아무 일도 못하겠소!'라고 말했기에, 일을 하고 있었다. 나는 그에게 역시 요정들이 보이냐고 물었다. '아 그럼요. 하지만 그는 게으름 피우는 자들에게도 품삯을 주는 그런 일을 하고 싶지 않았답니다.' 그가 모든 이들에게 워낙 열심히 일하게 해서 아무도 요정들에게 무슨 일이 일어나는지 보지 못하게 했다.

1902년

다. 그리고 골웨이 중심가에서 4킬로미터쯤 떨어진 고트Gort라는 곳에는 예이츠가 3~4년간 신혼 생활을 하고, 후기에 사색적 시를 쓴 3층짜리 고탑Thoor Ballylee이 냇가에 있다.

■■■ **해설**

이 이야기는 예이츠가 그의 친구 조지 러셀과 함께 골웨이 해안 지역을 돌아다니며 각종 설화와 신화를 채록할 때 한 촌로에게서 들은 것을 기록한 것이다. 첫머리에 언뜻 보기에 이것과는 전혀 상관이 없어 보이는 신화적인 영웅 쿠훌린과 쉬이족 여신 팬드와의 싸움이 언급되는데, 이것이 아일랜드 사람이면 누구나 믿는 신화이듯이, 지금 하려는 이야기도 바로 그에 못지않게 믿을만한 것임을 암시한다. 그리고 쉬이는 바람을 타고 다닌다는 아일랜드의 요정 무리를 일컫는 말이므로, 쿠훌린과 팬드 간의 싸움 이야기는 결국 인간과 요정 간의 이야기로 자연스럽게 이입될 수 있다.

예이츠가 들은 바로는 요정은 인간의 도움이 없이는 아무것도 할 수 없는 그림자 같은 존재이지만, 필요에 따라 인간을 혼과 육체로 분리해서 인간의 혼은 집에 잠들게 놔둔 채 인간의 몸뚱이를 빌려 헐리 경기를 한다는 것이다. 늪지에서 도랑을 파고 있던 한 노인이 소년 시절 30여 명의 일꾼과 함께 150여 명의 요정들이 헐리 경기를 하는 놀라운 광경을 봤는데, 키 작은 요정들이 경기 중에 사라졌다가 100야드 간격을 두고 양쪽에 서 있는 사람 크기의 요정 속에서 되돌아오더라는 것이다. 초현실적인 이야기이다. 그렇게 많은 요정들이 사람들과 어울려 벌인 경기를 하면 소란했을 것이지만, 조용하기만 한 것 같다. 마치 흑백으로 촬영된 옛날 사람들의 운동 경기를 무성 영화로 보는 것 같은 느낌을 준다.

이세순 (중앙대)

환상 A VISIONARY

며칠 전날 밤에 한 젊은이⁴⁾가 내 하숙방으로 나를 만나러 와서, 천지창조와 그 밖의 많은 것들에 관해 이야기하기 시작했다. 나는 그의 삶과 하는 일을 물어보았다. 그는 우리가 마지막으로 만난 이후 많은 시를 썼고 많은 신비한 디자인을 그렸다. 그러나 요즈음에는 시도 쓰지 않고 그림도 그리지 않았다. 왜냐하면, 그의 온 마음이 그의 성격을 단호하면서도 침착하게 하는 데 꽂혀 있었고, 예술가의 감정적인 삶은 그에게는 나쁜 것이었고, 그는 그것을 두려워했으니까. 하지만, 그는 자신의 시를 기꺼이 낭송했다. 그는 그의 모든 시를 기억 속에 간직하고 있었다. 몇 편은 실로 써놓은 적도 없었다. 불현듯 내가 보기에 그는 자기 자신을 열심히 응시하는 것 같았다. '뭐가 보이나, X 군?' 내가 물었다. '한 날개 달린 빛나는 여인이 긴 머리로

---

4) 한 젊은이. 조지 러셀George Russell, 1867~1935. 필명 A.E. 시인, 화가, 잡지 기자, 신비주의자, 신지학자. 1884년 더블린의 수도 미술 학교Metropolitan School of Art에서 예이츠를 만나고서부터 신지학에 관심을 갖게 되고, 1888년 예이츠와 함께 신지학회Theosophical Society 더블린 지부를 창설하였다. 그는 종종 환상을 보는 방랑자로서, 환상에 쫓겨 심리적 고통을 겪고 있는 농부들을 치유해 주는 일을 낙으로 삼았다. 그를 가장 친한 친구라고 여긴 예이츠는 더블린을 방문할 때 종종 그의 하숙집에 머물렀고, 1897년에는 「비밀의 장미」"The Secret Rose"」를 그에게 헌정하기도 했다. 이 글에서 예이츠는 그의 신비주의적이고 방랑벽이 있는 측면과 세월이 갈수록 예술 활동에 자신감을 잃어가는 듯한 모습을 함축적으로 잘 보여 주고 있다.

가려진 채 문간 가까이에 서 있는데요.'라거나, 그런 따위의 말로 그는 대답했다.5) '그게 우리를 생각하고 그런 그의 생각들이 우리에게 그런 상징적인 모습으로 나타나는 어떤 살아 있는 사람의 영향력인가?'라고 내가 물었다. 왜냐하면, 나는 환상을 좇는 사람들의 방식과 그들이 말하는 방식에 대해 익히 알고 있었기 때문이다. '아뇨.' 그는 대답했다. '왜냐하면, 만약 그것이 살아 있는 사람의 생각이라면, 나의 살아 있는 몸속에서 살아 있는 영향력을 느낄 것이고, 나의 심장은 뛰고 숨은 멎을 테니까요. 그것은 망령입니다. 그것은 어떤 죽었거나 결코 산 적이 없는 사람입니다.'

나는 그에게 무엇을 하느냐고 물었는데, 그가 어느 큰 상점의 점원임을 알게 되었다.6) 그렇지만, 그의 낙은 반쯤 실성하거나 환상을 좇는 농부들과 이야기를 나누면서 언덕을 누비고 다니거나, 해괴하고 꺼림칙한 마음을 품고 있는 사람들을 설득하여 그들의 마음을 괴롭히는 것을 꺼내어 그의 보살핌에 맡기도록 하는 일이었다. 또 다른 날 밤에, 내가 그의 하숙방에 있을 때, 한 사람 이상이 불쑥 와서 그들의 믿음과 불신을 두고 대화를 나눴는데, 그는 말하자면 그의 마음의 미묘한 빛으로 햇볕을 그들에게 쪼여 주었다. 때때로 그가 그들과 이야기를 나누노라면 환상들이 그에게 다가오는

---

5) 러셀은 그의 이런 무의식적인 환상적 경험의 성격을 다음과 같이 설명했다. "이런 몽상은 무시로 나에게 닥쳐오곤 했다. 내가 직장에서 근무 중일 때나, 거리에 있을 때나 혹은 밤에 시골길에 있을 때도. 한번은 내가 근무하는 큰 건물의 통로를 걸어가고 있었는데, 그때 그 불빛이 희미한 복도에서 나 자신의 상상적인 모습이 갑자기 바뀌더니, 내가 어린아이 되어 붉은 빛 노을에 의해 푸르스름하고 어렴풋한 눈 덮인 산봉우리 너머 아주 희미한 노란 색의 여명을 올려다보고 있는 것이었다. . . . 내가 변한 그 소년은 경배하여 높고 성스러운 빛을 응시하고 있었다. 그는 성스러운 이름을 찬양하고, 하늘에서 생긴 불꽃이 가슴에서 뛰어오르더니, 잠깐 동안 그 현이 브라마의 노래를 반향하여 떨리는 수금竪琴이었다. 그런 뒤 모든 것은 사라지고, 나는 다시 핌즈 상사의 사무실에 있었다." (Warwick Gould and Deirdre Toomey. Ed. *Mythologies by W. B. Yeats*. New York: Palgrave Macmillan, 2005. p. 217.)
6) 사실 당시 그는 한때 포목과 신사 용품을 취급하는 큰 핌 형제 상사Messrs Pim Brothers Ltd.의 점원으로 있었지만, 얼마 후에는 아일랜드 농업 조합 협회 직원으로 근무하며 직책상 전국 농어촌 지역에 출장을 다녔다.

데, 그는 몇몇 사람들에게 그들의 과거 시절과 먼 곳 친구들의 실제 문제들을 들려주었으며, 그들의 맹랑한 선생에 대한 두려움으로 그들을 조용히 시켰다는 소문이 있는데, 그 맹랑한 선생은 일개 소년보다도 더 궁핍한 것 같고, 그들 중에 가장 나이가 많은 사람보다도 훨씬 더 명석하다.

    그가 나에게 낭송해준 시는 그의 본성과 상상으로 충만하였다. 때때로 그의 시는 그 자신이 다른 세기에 살았다고 믿는 다른 삶에 관해서 이야기하였고, 때로는 그가 이야기를 나눴던 사람들에 대해서 이야기했다, 그들의 드러나지 않은 것들을 그들 자신의 마음속에 드러내주면서. 내가 그에 관한 평론을 쓰겠노라고 말했더니, 언제나 '알려지지 않고, 눈에 띄지 않으며, 개인감정을 나타내지 않는' 상태이기를 바라기 때문에, 내가 그의 이름을 밝히지 않는다면 그렇게 해도 된다는 대답이 돌아왔다. 이튿날 그의 시편 한 묶음이 도착했고, 시편들과 함께 이런 말이 적힌 쪽지가 들어 있었다. '여기 당신이 좋아한다고 말한 시의 사본이 있습니다. 나는 더 이상 시를 쓰거나 그림을 그릴 수 있으리라고 생각지 않습니다.7) 나는 어떤 다른 삶에서의 일련의 다른 활동을 할 준비를 하고 있습니다. 나는 나의 뿌리와 가지를 단단히 하렵니다. 지금은 내가 잎과 꽃으로 피어날 때가 아닙니다.'8)

    그 시편들은 모두 모호한 심상의 그물 속에서 어떤 고결하고 감지할 수 없는 분위기를 획득하려는 시도였다. 모두가 명문이었다. 그러나 이 시

---

7) 예이츠의 회상에 따르면 러셀은 그 자신의 말과는 달리, 말년까지 계속 시도 쓰고 그림도 그렸다. 1934년에 출간된 『타이탄의 집과 기타 시편The House of Titans and Other Poems』이 그의 마지막 시집이다.
8) 예이츠의 단시 「세월과 더불어 오는 지혜The Coming of Wisdom with Time」를 떠오르게 하는 말이다. 예이츠는 이 시에서 "잎사귀는 많지만, 뿌리는 하나다. / 거짓된 내 젊은 시절 내내 / 나는 햇볕에서 잎과 꽃을 흔들었지만, / 이제 시들어 진실 속으로 들어가리."라고 원숙한 단계에 들어서는 시인의 모습을 보이지만, 러셀은 아직 성숙된 시인이 되기에는 미흡하다고 고백한다. 이 말의 이면에는 러셀도 꾸준히 시적 발전을 위해 탐색과 시도를 했음을 암시한다.

구들은 종종 자기 마음에는 분명히 특별한 가치가 있으나, 다른 사람들에게는 알 수 없는 신조어新造語인 막연한 의미의 통속어였다. 다른 때에는 마치 그가 불현듯 저술이 어리석은 일이 아닌가 하고 의심하기라도 했었던 것처럼 사색의 아름다움은 부주의한 저술로 흐려졌다. 그는 빈번히 자신의 시에 펜으로 그린 삽화를 넣었는데, 거기서 불완전한 분석이 감각적 아름다움을 아주 덮어버리지는 않았다.

그가 믿는 요정들은 그에게 많은 주제, 그중에서도 특히 어실도운의 토머스9)라는 주제를 줘왔는데, 토머스는 젊고 아름다운 아가씨가 망령에 몸을 기대고서 그의 귓전에 속삭이는 동안 황혼 속에 까딱도 하지 않고 가만히 앉아 있었다. 그는 무엇보다도 색깔의 강한 효과를 매우 좋아했었다. 머리에 머리카락 대신 공작의 깃털을 얹고 있는 유령, 소용돌이 불꽃에서부터 별에 이르는 환영, 무지개 빛깔의 수정으로 된 공-영혼의 상징-을 손에 반쯤 가린 채 가지고 가는 혼령. 하지만, 이런 아낌없이 베풀어진 색깔 밑에는 항상 인간의 공감에의 다소간의 호소가 깃들어 있다. 이런 호소력은 그 자신과 마찬가지로 채식彩飾 무늬를 찾거나 지금은 사라져버린 즐거움을 슬퍼하는 모든 사람들을 그에게 끌어들였다.

이들 중의 하나가 특히 마음에 떠오른다.10) 한두 해 전 겨울 그는 어

---

9) 어실도운의 토머스Thomas of Ercildoune, 1220~1297. 스코틀랜드 로더데일Lauderdale 소재의 작은 고을 어실도운 출신의 시인 겸 예언가. 유령이나 요정과 대화를 나눴다는 사람으로, 그는 마법의 사슴에 이끌려 가서 요정 왕국에서 7년을 보낸 뒤 요정의 나라로 돌아왔다고 한다. 아마도 예이츠는 이런 토머스의 삶과 전설을 설명하는 월터 스콧Walter Scott의 『스코틀랜드 변경의 음유 시인Minstrelsy of the Scottish Border, Edinburgh, 1810』을 원용한 것으로 보인다.
10) 이어지는 구절은 러셀이 1, 2년 전 어느 늙은 농부와 대화를 나눴던 일화와 이 장면에서 드러난 그들의 심경을 소개하는 내용으로, 후일 여러 번 추고를 거친 끝에 예이츠의 시「늙은 연금 수령자의 탄식The Lamentation of the Old Pensioner」이 나왔다. 대화를 나누는 두 사람이 다 우울하다고 했는데, 러셀은 그의 주업인 미술과 시가 적성에 맞지 않는다는 자각에서였고, 농부 노인은 뚜렷이 이룩 놓은 일 없이 인생길이 끝나가고 있었기 때문이다. 노인은 크리미아 전쟁Crimean War, 1853~1856에 참전한 뒤 40여 년 만에 귀향하였으나, 이웃 사람들은 떠나

느 늙은 농부와 대화를 나누면서 산을 오르락내리락 걸어 다니며 많은 밤을 보냈는데, 이 노인은 대부분 사람들에게는 말하지 않았지만 그를 걱정하는 말을 쏟아냈다. 둘 다 우울했다. X 군은 그때 처음으로 미술과 시가 자기에게 맞지 않는다고 마음먹어서 그랬고, 농부 노인은 해 놓은 일이 남아 있는 것이라고는 아무것도 없고 아무런 희망도 남아 있지 않은데 인생은 이울어 가고 있기 때문이었다. 그 농부는 오랜 슬픔을 품은 마음으로 방황하고 있었다. 한번은 이런 말을 터뜨렸다. '신은 하늘나라를 가지고 있지 – 신은 하늘나라를 가지고 있어 – 그런데도 신은 인간 세상을 몹시 탐내고 있단 말이야.' 한번은 또 늙은 이웃 사람들은 떠나버리고 모두가 자기를 잊어버렸다고 한탄했다. 그들은 모든 오두막에서 그를 위해 난롯가로 의자를 끌어다 놓곤 했었는데, 이제 그들은 말한다. '저기 저 영감탱이는 누구야?' '내 운명은 끝난 거야.'라고 그는 되뇌었다. 그러고 나서 계속해서 한 번 더 신과 천국 이야기를 했다. 그는 또한 산을 향해 팔을 저으며 여러 번에 걸쳐 말했다, '나 자신만이 안다. 40년 전 가시나무 아래서 무슨 일이 일어났었는지.' 그리고 이 말을 할 때 그의 얼굴에 흐른 눈물이 달빛에 반짝거렸다.

■■■ **해설**

이 이야기는 예이츠가 젊은 시절 그의 미술 학교 동창으로 화가이자 시인인 조지 러셀과 친교를 나누면서 본, 그의 신비주의 색채가 짙은 삶과 시에 대한 예리한 관찰과 평가를 개진開陳하는 내용으로 되어 있다. 예이츠가 서두

그를 알아보는 이도 없고 냉랭하기만 한 것을 보고 탄식이 절로 나올 수밖에 없는 처량한 처지였다. 그가 보는 신은 슬픔에 빠진 인간을 위로하거나 구원하기는커녕 인간 세상까지 탐하는 욕심쟁이일 뿐이었다.

에 그를 그냥 "한 젊은이"라고 한 것은 본인이 남들에게 알려지기를 꺼려 익명을 요구했기 때문이다. 그는 시도 때도 없이 어디에서나, 심지어는 친구들과 대화를 나누는 중에도, 환상을 보는 기이한 성향이 있어서 친구들조차도 그를 이해하기 힘들던 때가 있었다. 그는, 말하자면, 정상인의 눈에는 수시로 혼이 나갔다 들어왔다 하면서 현실과 환상 세계를 넘나드는 기인奇人으로 보였을 것이다.

화가와 시인으로서의 러셀은 감정적인 면을 배제하고 그의 성격을 단호하고 침착하게 하여 비개성적인 시를 쓰려고 애썼으나, 그의 시에는 시인 자신의 본성과 상상이 충만하다고 예이츠는 평가했다. 예이츠가 보기에는 그의 시가 모두 명문들이기는 하지만, 무모한 심상의 그물 속에서 어떤 고결하고 감지할 수 없는 분위기를 획득하려는 시도들로, 자기 심중에는 특별한 가치가 있을지라도 타인들에게는 막연한 의미의 신조어에 지나지 않았다. 그렇다손 치더라도, 러셀은 그의 시가 잎과 꽃으로 피어나기 위해 부단히 탐색과 새로운 시도를 꾀함으로써 뿌리와 가지를 단단히 하겠다는 의지를 밝힌다.

러셀은 종종 환상을 보고 환상 속의 존재들과 이야기를 나누거나 자신이 다른 존재로 변신하는 초자연적인 경험을 하였다. 한편, 그는 늙은 농부들이나 노인들과 이런저런 대화를 나누면서 며칠이고 밤길을 누비고 다니기도 했다. 그런데 이는 상궤를 벗어난 일탈행위가 아니라, 반쯤 실성하여 환상을 좇거나 해괴한 생각으로 괴로워하는 사람들을 찾아 위로하고 치유해 주는 차원의 활동이었다. 마지막으로 소개되는 일화는 우울증을 겪고 있는 젊은 예술가 러셀과 늙은 퇴역 군인의 동병상련의 정을 교감하는 내용이다. 예이츠가 보기에 러셀은 새삼스럽게 미술과 시가 본인에게 맞지 않는다는 생각에서 우울한 감정을 갖게 되었고, 늙은 퇴역 군인은 인생은 끝나 가는데 성취한 일도 없고 희망도 없기 때문이었다. 게다가 노인은 자신의 모든 과거가 세월의 뒤안길로 사라지고 누구 하나 거들떠보지도 않는 잊힌 존재임을 깨닫고, 무력감, 허탈감, 비애감, 인생무상을 절실히 느끼고 있었기 때문이다. "내 운명은 끝난 거야."라는 처절한 절규가 이를 웅변적으로 말해 준다.

이세순 (중앙대)

촌락을 떠도는 유령 VILLAGE GHOSTS

파악이 거의 어려운 대도시에서 우리는 부지중에 소수 집단 속하게 된다. 그러나 작은 읍내나 시골에서는 인구가 충분치 않기 때문에 소수 집단에 속할 일은 없다. 따라서 시골에서는 억지로라도 그곳을 잘 알아야 한다. 모든 이들이 하나의 다른 개체로서 시간마다 새로운 일에 도전받게 된다. 그러니 네가 그 마을 끝자락에 있는 여인숙을 네가 좋아하는 이상한 행동을 하면서 지나쳐버려도 상관없다. 함께 나눌 사람이 없기 때문이다. 우리는 유창한 연설을 듣고, 책을 읽고, 글을 쓰고, 우주처럼 광활한 일들을 결정한다. 그 말 없는 많은 마을 사람들은 변화 없이 스쳐 갈 뿐, 그들의 손에 쥐어진 스페이드 카드의 느낌에 따라 이야기는 달라지지 않는다. 좋고 나쁜 계절 역시 변화 없이 뒤따라갈 뿐이다. 그 우둔한 다수는 마구간 녹슨 문 사이로 밖을 호기심 있게 내다보는 말보다도 우리에게 관심을 보이지 않는다. 그 결과 옛날에 지도를 만들었던 사람은 그가 탐사하지 않은 곳에다 '여기는 사자가 있는 지역'이라고 표시했다. 어부나 선반공 마을을 지나가다 보면 옛 지도 만들었던 이와 다르지 않은 수법으로 "여기는 유령 출몰지"라고 적을 수밖에 없었다.

　내가 말하려는 유령은 렌스터의 H-라는 마을에 사는 유령들이다. 역사에 결코 알려지지 않은 이 오래된 마을에는 구불구불한 골목, 길게 자란 수북이 풀 덮인 옛 수도원 교회 뜰, 작은 전나무가 자라는 녹색 뒷마당, 타르 칠한 고깃배가 누워있는 선창이 있었다. 이 마을은 곤충학 연대기 책에서는 잘 알려진 곳이었다. 그 이유는 작은 만이 약간 서쪽을 향해 있어서 밤마다 이곳을 지켜보는 사람들은 땅거미 질 때나 해가 돋기 시작할 때 조류를 따라 팔랑이는 희귀한 나방을 볼 수 있었기 때문이었다. 그런데 이 나방은 이탈리아로부터 비단 실은 화물을 들여오면서 밀수업자들에 의해 백 년 전에 함께 실려 온 것이었다. 나방 채집꾼이 유령 이야기, 요정 이야기 그리고 릴리스[11]의 아이들 이야기를 수집하고자 한다면 별 수고를 들일 필요 없이 바로 그물을 던져보기만 하면 될 것이다.

밤에 그 마을에 접근하려면 겁 많은 남자라면 상당한 전략이 필요할 것이다. 한번은 어떤 남자의 다음 같은 불만의 소리가 들려왔다. "맙소사! 난 어떻게 가야 하지? 던보이 언덕을 지날 때는 늙은 버니 선장이 날 쳐다볼 테고, 물가를 돌아 계단을 오르면 목 떨어진 유령, 그리고 선창가엔 또 다른 유령, 옛 교회 성벽 밑에도 새 유령을 보게 될 텐데. 그리고 다른 길로 돌아가면 스튜어트 부인이 힐사이드 게이트에 나타날 것이고 호스피털 레인에서는 악마가 나타나겠지?"라고.

나는 그가 용감히 어떤 유령에 맞섰다는 이야기는 들어본 적이 없는데, 호스피털 레인의 유령은 아니라고 확신했다. 콜레라가 돌 때, 환자를 받느라고 한 헛간이 세워진 적이 있었다. 그 필요성이 없어지자 그것은 허물어졌고, 그 이래로 그곳은 유령, 악마, 요정이 출몰하는 곳이 되었다. 패디란 이름의 한 농부가 H라는 곳에 살았는데 힘세고 금주를 철저히 하는 사람이었다. 그의 아내와 처제는 그가 만약 술을 마시게 되면 그 힘이 어떻게 될

---

[11] 아담의 첫 번째 부인으로 대기의 악마들을 자식으로 두었다.

지 궁금했다. 어느 날 밤 호스피털 레인을 지나가고 있을 때, 그는 처음엔 길들인 집토끼로 그러나 얼마 후 흰 고양이로 판명된 동물을 보게 되었다. 그가 근처에 다가가자, 그 동물은 점점 천천히 부풀어지고 커질수록 패디는 힘이 자신에게서 썰물처럼 빠져나감을 느꼈다. 그래서 그는 뒤돌아서 도망쳤다.

호스피털 레인은 '요정의 길'로 통했고 매일 저녁이면 언덕에서 바다로, 바다에서 언덕으로 요정이 옮겨 다녔다. '요정의 길' 바닷가 끝에 오두막이 한 채 서 있었다. 어느 날 밤 그곳에 살고 있던 아버시 부인이 그의 아들을 기다리느라고 문을 열어 두었다. 남편은 난롯가에서 잠들어 있었는데 키 큰 한 남자가 들어와 남편 옆에 앉았다. 잠시 후 거기 앉아 있는 그 남자에게 부인은 그가 누구인지 물었다. "대체 누구신지요?" 남자는 일어서 나가며 "이 시간에 문을 열어 두지 말아요, 안 그러면 사악한 기운이 들어올지 모르니."라고 말했다. 부인은 남편을 깨워 이것에 대해 말해 주었더니 남편 왈, "우린 착한 요정과 함께 한 거요."라고 말했다.

아마 그 남자 유령은 힐사이드 게이트의 유령인 스튜어트 부인을 물리쳤을 것이다. 생전에 그녀는 신교 목사의 아내로 살았는데, 그곳 사람들 왈 "그녀 유령은 아무도 해를 끼치지 않을 것이고", "단지 이승에서 한 일을 참회할 뿐이지."라고 한다. 그녀가 유령이 되어 출몰하는 힐사이드 게이트로부터 멀지 않은 곳에, 잠시 훨씬 더 눈에 띄는 유령이 나타났었다. 그 유령은 서쪽 끝으로 이어지는 녹색 골목 보건에서 모습을 나타냈다. 난 그 역사를 상세히 인용하겠는데, 이 이야기는 전형적으로 비극적인 이야기다.

보건이란 마을 끝 초가집에 짐 몽고메리와 그의 아내가 살았다. 여러 명의 자식이 있었던 키 작은 멋쟁이인 그는 다른 이웃보다 높은 가문 출신이었다. 부인은 몸집이 큰 여인이었다. 남편은 음주 때문에 마을 성가대에서 쫓겨났고 부인을 매질하기까지 했다. 그러자 부인의 자매가 그 이야기를 들고 달려와 덧창을 하나 떼어냈다.—몽고메리는 모든 면에 깔끔했기 때문에 창문마다 덧창을 달아 놓았었다—그런 후에 자신만큼 크고 강한 그 덧창으로 그를 두들겨 팼다. 짐 몽고메리는 고소하겠다고 협박했고 자매는 다시 그런 일이 일어나면 그의 몸에 뼈를 으스러뜨리겠다고 으름장을 놓았다. 그 뒤 몽고메리 부인은 다시는 남편과의 싸움을 자매에게 말하지 않았다. 몽고메리 부인은 작은 남자에게 얻어맞고도 가만히 있는 여자였기 때문이다. 짐 몽고메리는 점점 사악해졌다. 그러자 부인은 음식을 못 먹기 시작했다. 그녀는 아무 말도 발설하지 못했는데, 그것은 그녀가 너무나 자존심이 강했기 때문이었다. 종종 추운 밤에도 불도 피우지 못했다. 이웃 사람이 집에 오기라도 하면 잠자리에 들 것이기 때문에 불을 껐다고 말했다. 마을 사람들은 짐 몽고메리가 부인을 자주 때린다는 말을 들었지만, 그 부인은 누구에게도 말을 하지 않았다. 몽고메리 부인은 매우 야위어 갔다. 마침내 어느 토요일 집에는 남아있는 음식이라곤 전혀 없었다. 그녀는 더 이상 참을 수 없어서 신부님에게 가서 돈을 요청했다. 신부는 30실링을 주었다. 남편은 그녀의 돈을 빼앗았고 때리기까지 했다. 다음 월요일에 몽고메리 부인은 너무 아파서 켈리 부인을 데리러 사람을 보냈고, 켈리 부인은 그녀를 보자마자, "당신은 죽어가고 있어요."라고 하며 신부와 의사를 불렀다. 그녀는 한 시간도 채 되지 않아 죽었다. 그녀가 죽자 남편 몽고메리는 아이들을 돌보지 않아서 집주인은 아이들을 구빈원에 보냈다. 아이들이 떠난 며칠 후 켈리 부인이 보건을 통과해 집으로 가는 길에 몽고메리 부인의 유령이 그녀를 따라왔다. 몽고메리 부인의 유령은 켈리 부인이 집에 도착할 때까지 켈리 부인의 곁을 떠나지 않았다. 켈리 부인은 이 일을 골동품 수집가인 S 신부에게 말했지만 믿지 않았다. 그 후 며칠 뒤 밤마다 같은 곳에서 그 유령을 만났다. 켈리 부인은 너무 무서워서 그 길을 끝까지 지날 수 없었고 중간에 이웃 오두막에 들러 들여보내 달라고 요청했다. 그들은 잠자리에 들 거라고 했지만, 켈리 부인은 큰 소리로 "제발 들여보내 주세요. 안 그러시면 문을 부숴버리겠어요."라고 외쳤다. 그들은 문을 열어주었고 그래서 유령으로부터 도망칠 수 있었다. 다음날 켈리 부인은 다시 신부에게 그 이야기를 했다. 이번에는 신부도 그녀의 말을 믿었고 켈리 부인이 유령과 이야기를 나눌 때까지 계속 따라올 것이라 말했다.

  켈리 부인은 좁은 비포장도로에서 몽고메리 부인의 유령을 세 번째로 만났다. 켈리 부인은 유령에게 무엇 때문에 안식을 취할 수 없는가를 물었다. 유령은 구빈원에는 아무런 연고가 없으니 그곳에서 아이들을 데려 나올 것과 영혼의 안식을 위해 그녀를 위한 세 번의 미사를 드려달라고 부탁했다. 그런 다음 "만일 내 남편이 당신의 말을 믿지 못하면 이것을 보여주세요."라고 하면서 켈리 부인의 손목을 세 손가락으로 잡았다. 유령이 만졌던 곳이 검게 부풀었다. 그런 후 몽고메리 부인의 유령은 사라졌다. 얼마 동안은 남편 몽고메리는 부인의 유령이 나타났다는 켈리 부인의 말을 믿지 않고 이처럼 말했다. "그녀는 당신 같은 사람이 아니고 존경받을만한 사람에게나 나타날 겁니다." 그러나 그런 몽고메리도 켈리 부인의 손목에 새겨진 세 개의 표적을 보고는 믿게 되어 아이들을 구빈원에서 데려왔다. 신부는 그 혼령이 다시는 나타나지 않았기 때문에 안식을 얻었을 것이라고 미사에서 말했다. 그 후 남편 몽고메리는 술 때문에 빈궁하게 되어 구빈원에서 지내다 죽었다.

  나는 머리 없는 유령이 선창 위에 나타났었다고 말하는 이를 알고 있다. 그리고 또 자신이 밤에 공동묘지를 지날 때 흰 테 두른 모자[12] 쓴 여자 유령이 자신을 따라왔다가 그의 집 문 앞에서 사라졌다고 말하는 사람도 있

---

12) 그녀가 왜 흰 테를 두른 모자를 썼는지 모르겠으나 메이요 출신의 노파가 들려 준 이야기는 다음과 같다. "그녀의 형부가 들판 난가리 주변을 돌고 있는 흰 테 모자 쓴 여인을 본 이후 병들어 6개월 안에 죽었답니다."

었다. 마을 사람들은 그 유령이 복수하려고 그를 따라간 것으로 생각했었고, 그 후 "내가 죽으면 유령이 되어 당신을 따라다닐 거야."란 협박이 즐겨 쓰였다. 그의 부인도 한번은 개 모양을 한 악마 때문에 죽을 만큼 두려웠던 적이 있었다.

이것들은 노천에 존재하는 몇 안 되는 혼령들이다. 그 일족이 가정적일수록 집안에 모여들었고, 남쪽 처마 밑의 제비처럼 그 숫자가 많았다.

어느 날 밤 어떤 놀란 부인이라는 사람이 플러더스 레인에서 그녀의 아이가 죽어가는 모습을 지켜보고 있었다. 갑자기 문 두드리는 소리가 났는데 그녀는 문을 열지 않았다. 그것이 인간이 아닐 것으로 생각했기 때문이었다. 문 두드리는 소리는 멈췄고 얼마 후 앞문 그리고 뒷문이 벌컥 열렸다 다시 닫혔다. 남편이 무슨 일인지 보러왔을 때는 두 문 모두 닫혀있었다. 아이가 죽자 전처럼 문들이 열렸다 닫혔다. 그러자 놀란 부인은 영혼이 떠날 때는 창문과 문을 열어놓는 관습이 있었고 자신이 이것을 잊은 것을 기억해 냈다. 이 이상스러운 열림, 닫힘 그리고 두드림은 죽음에 참여하는 영들의 경고와 상기시킴이다.

집을 지키는 유령은 대체로 해를 끼치지 않고 호의적인 존재들이다. 이 유령은 가능한 한 오래 사람과 함께하며 같이 사는 이들에게 행운을 가져온다. 작은방에서 엄마, 자매 그리고 남자 형제와 잠들었던 두 어린애를 기억한다. 방안에는 유령도 같이 살고 있었다. 그들은 더블린 거리에서 청어를 팔고 있었고 그들은 '유령의 방'에서 잠을 자면 생선이 잘 팔린다는 것을 알고 있어서 유령을 별로 꺼리지 않았다.

나는 유령을 볼 수 있는 서쪽 마을 사람 몇몇을 알고 있다. 코노트 지방 이야기와 레인스터 지방 이야기는 매우 다르다. 이곳 H-라는 곳의 유령들은 우울하고 실질적인 나름의 방식이 있다. 그들은 죽음을 알리거나 의무를 행하거나 복수하거나 계산서를 완전히 지불할 때도 — 어느 어부의 딸이 요전 날 그랬듯이-처리하고 나서 서둘러 안식하려 한다. 그들은 모든 일을 우아하고 질서 정연하게 처리한다. 흰 고양이나 검은 개로 변신하는 것은 유령이 아니라 악마다. 유령 이야기를 전달하는 사람들은 가난하지만 진지한 마음을 지닌 어부들이며 그들은 유령이 하는 일을 두려워하면서도 유령에 매혹을 느낀다. 서쪽 지방의 이야기는 우아한 변덕, 엉뚱한 호기심을 불러일으키는데 이들을 전달하는 사람들은 가장 거친 그러나 아름다운 풍광과, 떠다니는 구름이 가득한 환상적인 하늘 아래서 거주한다. 이들은 농부나 노동자로서 가끔은 낚시도 한다. 이들은 유령을 두려워하지 않고 오히려 유령에게서 예술적이고 해학적인 기쁨을 느낀다. 유령들도 서로 기묘한 명랑함을 띠고 있다. 잡초 무성한 황폐한 서쪽 부두에 사는 혼령들은 활력에 차서 유령을 믿지 않는 이들이 유령의 집에서 자려는 모험을 하면 사람도 침대도 다 내던진다고 한다.

주변 마을에서는 유령들이 이상한 위장법을 사용한다고 한다. 죽은 늙은 한 신사는 커다란 토끼 모양으로 위장해서 정원에서 양배추를 훔쳤고, 어떤 사악한 유령은 선장이었는데 여러 해 동안 오두막 회벽 속에서 끔찍한 소리를 내는 도요새로 위장했는데 회벽이 부서져 버리는 바람에 그 유령은 쫓겨났고 거기서 도요새 한 마리가 휘파람을 불며 날아갔다고 한다.

■■■ **해설**

요정, 유령 등은 눈에 보이지 않는 존재로서 사실상 공기, 행복 등 인간에게 중요한 것은 오히려 눈에 보이지 않는 세계에서 찾을 수 있다. 그런데 물질과 눈에 보이는 현상을 중시하는 영국인과 달리 아일랜드인들은 눈에 보이지 않는 세계를 추구하는 점 때문에 초현실적이란 특징을 지녔다고 말할 수 있다. 예이츠의 『켈트의 황혼』은 아일랜드인들이 영국인과 다른 점을 부각시켜서 자신들의 문화적 정체성, 나아가 정치적 독립을 도모하려는 의도로 쓰였다.

그런데 보이지 않는 세계를 실재하는 것으로 인식하려는 사람들은 도시인이기보다 농민이었고, 아일랜드의 어떤 지역보다도 서쪽 지방 사람들에게서 이 같은 특징이 강렬하게 나타난다고 예이츠는 생각했다. 한편 유령, 요정에 대한 예이츠의 이 같은 호기심은 신비함과 몽상을 추구하는 그의 초기의 낭만적 경향을 반영한다.

그러나 예이츠를 비롯한 아일랜드 문예 부흥기의 작가들은 제임스 조이스 같은 작가로부터 '하인의 깨진 거울the cracked looking-glass of a servant'이라는 평가를 받았는데, 예이츠 같은 낭만주의 작가들이 아일랜드를 아르카디아Arcadia와 같은 낭만적 이상국으로 그리려 했고 그 당시 민중의 슬프고 비참한 실체를 부각시키지 않았기 때문이라는 이유에서였다.

한편 이런 민담은 우리 인류의 정신세계, 도덕률 그리고 그 지역민의 생활상을 반영하고 있다. 일례로 예이츠의 유령 이야기에는 아일랜드 농촌 사회의 가정 폭력, 특히 무능한 남편의 아내에 대한 폭력과 그것을 인내하는 아일랜드 여인상, 죽어서도 자식 걱정으로 이승을 맴도는 아일랜드 여인의 모성, 성직자와 교구 사람들의 관계, 가정을 지켜주는 수호신에 대한 무속신앙, 어부와 선창가 사람들의 거친 삶의 모습 등 그들의 살아생전의 모습이 반영된다.

그런데 민담이나 음유 시인이 들려주는 역사 이야기는 이야기를 듣고 관객이 평가할 단계를 여러 번 거쳤지만, 그런 다양한 평가 단계를 거치지 못한 이런 요정, 유령 이야기는 지방마다 다양한 버전이 존재한다. 따라서 유령에게 호의나 괴롭힘을 받은 가문이 그 버전에 따라 이름이 다양하다.

그리고 예이츠는 유령과 요정 이야기를 수집했는데, 때로는 유령과 요정의 경계가 모호하다. 아일랜드식 영어에서 'gentry'가 '요정'이란 의미가 있고 'gentle'은 '요정이 잘 나오는'이란 의미가 있는데, 이를 바탕으로 아일랜드인은 요정을 비교적 긍정적으로 인식한다고 유추된다. 그리고 호의적, 악의적, 고독한, 사교적인 상반된 특성이 있는 요정들이 그의 시와 에세이에서 다뤄진다. 나아가 예이츠 에세이에 등장하는 아일랜드 요정은 다누Danu 종족으로 망자들로 구성되며, 이들은 신들의 포로로서 죽음의 깨어진 문으로 도망치며 마법을 행하기도 하고 주술사의 모습으로 나타나기도 한다.

「촌락을 떠도는 유령」은 일인칭 화자가 유령이 나타나는 마을을 돌며 취재하는 형식으로 쓰였다. 때때로 이 유령들은 그리스 신화에서처럼 변신이 가능하다. 원한과 복수 때문에 이승의 인간을 협박하는 유령과 자식 걱정과 그들을 보호해야 하는 책임감 때문에 이승을 맴도는 어머니 유령, 생과 사의 경계를 경고하는 유령, 집안을 흥하게 만드는 수호신 격인 유령 등이 이승의 인간들에게 저승이 있음을 알리고 이승에서 착하게 살 것을 지도하려고 등장한다.

홍성숙 (청주대)

흙이 헬렌의 눈을 덮었다 DUST HATH CLOSED HELEN'S EYE

I

최근에 나는 마을이라 부르기엔 가구 수가 적은 골웨이의 킬타탄 군에 다녀왔다. 그곳은 발릴리란 곳으로 서부지역에서는 잘 알려진 곳이다. 거기에 농부와 그의 아내가 사는 낡은 장방형 탑이 있었다. 딸과 사위가 사는 오두막이 있었고, 늙은 주인 하나뿐인 작은 방앗간과 작은 샛강과 커다란 징검다리에 녹색 그림자를 던지는 늙은 물푸레나무들이 있었다.

작년에 나는 거기를 두세 번 방문해서 방앗간 주인과 몇 년 전 클레어에 살았던 현명한 여인, 비디 얼리와 '발릴리 방앗간 물레바퀴 두 개 사이에 악령을 치료할 방법이 있다.'라고 비디 얼리가 했던 말에 관해 이야기를 나누었다. 그 이유는 방앗간 주인 혹은 다른 주민에게 비디 얼리가 말한 치료약이 흐르는 물 사이에 낀 이끼인지 아니면 약용식물을 의미하는지를 알아내기 위해서였다.

난 이번 여름에 발릴리에 다녀왔고 가을이 되기 전에 다시 거기를 방문할 것이다. 그 이유는 메리 하인즈란 아름다운 여인이 그곳에서 세상을 떠난 지 60년이 흘렀지만 그녀는 여전히 토탄 난로 옆에서 나누는 경이로운 이야기로 남아 있기 때문이었다. 우리 발이 미인이 살던 곳을 서성거린다면 그녀의 아름다움이 이 세상 것은 아님을 알게 될 것이다. 한 노인이 나를 방앗간과 성곽에서 조금 떨어진, 길고 좁은 오솔길 아래, 가시덤불로 자취가 없어진 데로 데려가 다음과 같이 말했다. "이것이 그녀 집의 작고 낡은 주춧돌인데 대부분은 사람들이 건물 벽을 만들기 위해 가져가 버렸소. 무성했던 덤불숲은 양들이 먹어 치웠고 앙상하게 되어서 더 이상 자랄 수 없게 되었지요. 사람들은 그녀가 아일랜드에서 가장 아름다웠고, 그녀 피부는 물이 똑똑 떨어질 것 같은 눈아마도 흩어지는 눈과 같았고 그녀의 뺨은 홍조를 담고 있었어요. 다섯 명의 잘생긴 오빠들이 있었지만 모두 세상을 떠났지요."

    나는 그녀에 대해 유명한 시인 래프테리가 쓴 아일랜드 시를 노인에게 이야기했다. 그런데 그 시에는 "발릴리에는 튼튼한 지하 저장실이 있었네."라고 쓰여 있었는데, 그것이 어떻게 되었는지도 물어보았다. 그는 그 튼튼한 저장고란 강물이 땅 밑으로 가라앉은 커다란 웅덩이라고 대답했고, 그곳으로 나를 데려갔다. 거기에는 수달 한 마리가 회색 돌 밑을 바쁘게 지나가고 있었다. 그리고 그는 이른 아침에는 물고기들이 언덕에서 떨어지는 물을 마시러 검은 물 바깥으로 나온다고 말해 주었다.

    처음 내가 그 시에 대해 들었던 것은 강에서 2마일 떨어진 곳에 사는 래프테리와 하인즈를 기억하는 노파로부터였다. "메리 하인즈만큼 잘생긴 여인은 본 적이 없고, 죽을 때까지 볼 수 없을 거예요. 래프테리는 거의 장님이었지요. 먹고살 길은 시를 읊는 것뿐이었어요. 돌아다니다가 그가 들어갈 집을 정하면 시를 듣기 위해서 이웃들이 모여들었지요, 잘 대해 주면 찬미의 시를, 잘못 대하면 욕하는 시를 게일어로 읊었어요. 그는 아일랜드에서 가장 위대한 시인이지요. 만약 그가 덤불 아래 서 있게 되면 덤불을 노래하겠지요. 비를 피해 서 있던 덤불이 있었는데 그때도 그는 그것을 찬미하는 시를 지었어요. 그런 후에 빗방울이 덤불을 뚫고 떨어지자 덤불을 비난하는 시를 지었다오."

그 노파는 친구와 나에게 메리 하인즈에 관한 시를 아일랜드어로 노래해 주었는데, 모든 단어가 노래인 양 가창력과 표현력이 있었다. 마치 말로 치장할 수 없을 정도의 에너지 흐름과 변화로 가득했는데 그것은 너무 대담해지기 전의 음률과 같았다. 그런데 그 시는 최고의 아일랜드 시만큼은 자연스럽지는 않았다. 생각이 너무 분명한 전통 형식으로 배열되어서 이 늙고 가난한 장님 시인의 시는 사랑하는 여인에게 부자 농부가 최고로 선사하는 것처럼 말하고 있지만 천진하고 부드러운 구절로 이루어져 있었다. 나와 함께했던 친구가 일부 번역을 해줬는데, 그중 일부는 시골 사람들이 직접 번역해 주었다. 나는 번역된 시보다는 아일랜드어로 된 시가 간결함이 있다고 느꼈다.

신의 의지에 따라 미사에 갔다네,
습기 많고 바람 부는 날이었네,
킬타탄 교차로에서 메리 하인즈를 만났다네,
그때 거기서 난 사랑에 빠졌다네.

난 친절하고 예의 바르게 말을 건넸다네,
소문처럼 그녀 방식대로;
"래프테리, 내 마음은 편안해요,
오늘 발릴리로 와주세요."

그녀의 제안을 듣자 머뭇거림 없이,
그녀 말이 내 가슴에 왔을 때 내 가슴은 뛰었다네.
우리가 세 개의 들판을 건너
발릴리로 가는 동안은 대낮이었다네.

식탁에는 1쿼트의 맥주와 잔들이 놓여 있었네,
아름다운 머릿결의 그녀 내 옆에 앉았네;
"마시세요, 래프테리, 대환영이에요.
발릴리에는 튼튼한 술 저장고가 있답니다."

오 빛나는 별과 오 추수 때의 태양빛이여,
오 호박빛 머리털, 오 세상에서의 나의 몫이여,
그대 일요일에 나와 함께
모든 사람들 앞에서 함께 서약하러 갈까요?

난 일요일 저녁마다 그대 위해 노래 부르기를 마다하지 않으리,
그대 원하면 식탁 위의 펀치나 와인을 드세요,
그러나 영광의 왕이시여, 내 앞길을 마르게 해주소서,
내가 발릴리로 가는 길을 찾을 때까지.

그대 발릴리를 내려다볼 때
언덕 가엔 달콤한 공기;
그대 밤과 블루베리 따러 골짜기 걸을 때,
새들은 노래하고 쉬sidhe 요정은 노래한다네.

무엇이 위대하단 말인가 그대가 그대 옆의
꽃가지에 빛을 발할 때까지
신도 부인할 수 없고 그 사실을 숨기려 해도 소용없소
그녀야말로 내 가슴에 상처 준 하늘의 태양이란 것을.

아일랜드에는 내가 안 가본 곳이 없었소,
강부터 산꼭대기까지
입구가 숨겨진 그렌 호숫가까지,

그리고 난 그녀보다 아름다운 여인을 본 적이 없다네.

그녀 머릿결 빛났고, 이마도 빛을 냈다네,
그녀 얼굴 그녀 마음 닮았고, 즐겁고 달콤한 그녀의 입,
그녀는 자랑거리, 난 그녀에게 꽃가지를 꺾어주었다네,
그녀 발릴리의 꽃처럼 빛났다네.

그것이 바로 메리 하인즈, 잔잔하고 편안한 여인,
마음도 얼굴도 미인이었네,
백 명의 기록자가 모여든다 해도,
그녀의 삶의 방식 반도 적어내지 못하리.

　　다음은 밤에 그의 아들이 요정과 함께 사라졌다는 어느 늙은 직조공이 전달한 이야기다. "메리 하인즈는 창조물 중 가장 아름다웠지. 어머니는 늘 말씀하셨는데 그녀가 헐링 대회에 매번 참석했는데 어디를 가든 흰옷을 입고 나타났대요. 적어도 하루에 열한 명쯤 그녀에게 결혼을 졸랐지만 그 누구의 청도 받아들이지 않았대요. 어느 날 밤 킬비캔티 너머에 한 무리의 남자들이 모여 앉아 술 마시며 메리 하인즈 이야기를 했는데, 그중 한 남자가 일어나서 그녀를 보러 발릴리로 출발했대요. 그렇지만 그때 클룬 늪지가 얼지 않아서 그곳에 도착한 그는 물에 빠져 다음 날 아침 죽은 채로 발견됐대요. 그녀도 기근이 찾아오기 전 열병에 걸려 죽었대요." 또 다른 노인은 어렸을 때 메리 하인즈를 보았고, 다음처럼 기억하고 있었다. "우리 중 가장 강인했던 존 매든이란 이가 그녀에 대한 상사병 때문에 밤에 발릴리에 가려고 강을 건너다 얼어 죽었지." 이것이 다른 또 하나의 전해지는 남자에 관한 이야기였다. 이런 식으로 옛날이야기는 같은 이야기라도 여러 종류가 전해진다.

그 옛이야기에는 메리 하인즈를 기억했던 한 노파의 이야기도 있었네. 그녀는 에체산의 데리브라인이란 황량한 곳에 살았는데 옛 시에서 "에체산 추운 정상위 수사슴이 늑대의 울부짖음을 들었네."에 나타난 장소로서 변화라곤 거의 없는 곳이었지. 그곳은 많은 시와 위엄 있는 연설 구절을 떠오르게 하는 그런 곳이지. 그녀는 "해와 달이 그렇게 아름다운 이를 비춘 적은 없었지. 그녀의 피부는 하얗다 못해 푸르름이 돌았고 양 뺨엔 작은 홍조를 띠고 있었다네."라고 전했소. 그리고 발릴리 근처에 사는 한 주름 진 노파는 나에게 많은 요정 이야기를 전해주었는데, 다음은 그 노파의 이야기다. "자주 메리 하인즈를 보았었지. 정말 잘생겼었어. 뺨 양쪽에 구불구불 머릿단은 은빛 색깔이었지. 건너 강에 빠져 죽은 메리 몰로이와 아드라한에 사는 메리 구드리보다 훨씬 훌륭했어. 그녀는 조용한 성품의 여자였어. 그녀 장례식 전야 철야에도 난 갔었다네. 거기엔 그녀를 보러 많은 사람들이 왔었는데 그녀가 살아생전에 친절했기 때문이지. 어느 날 들판을 지나 집으로 오는 그때 빛나는 꽃인 그녀가 나타나 내게 신선한 우유 한 잔을 주었다네." 이 노파에게는 은색이 유일한 아름다운 색이었다. 그 이유는 내가 아는 한 남자 노인 - 지금은 세상을 떠났지만 - 생각에는 그녀는 요정들만이 아는 이 세상 재앙을 치료할 방법을 알았을지라도 그녀는 금을 본 적이 없어서 금빛을 몰랐기 때문이다.

그러나 메리 하인즈를 알기엔 너무 어렸었던 칸바라 바닷가에 살던 한 남자는 이런 말을 했다. "사람들은 그렇게 잘생긴 사람은 없었다고 해요. 그녀는 금빛 머리카락을 가졌다고들 하지요. 그녀는 가난해서 일요일에도 평상시 옷을 입고 있었고 그렇지만 말끔했다네요. 그녀가 모임에 나가기라도 하면 그녀의 아름다움 때문에 다투고 사랑에 빠질 남성들이 많겠지만, 그녀는 어려서 죽었어요. 요정이 만든 노래를 간직한 이는 오래 살지 못한다는 말이 전해지지요."

약초를 다루는 한 주술사 노파가 이런 이야기를 들려주었다. "너무 감탄의 대상이 된 사람들은 요정이 데려간다고요. 그 요정은 자신의 목적을 달성하려 감정을 다스릴 수 없는 쉬 요정이라고요. 그래서 아버지가 자신의 아이를 혹은 남편이 아내를 그들 손에 빼앗길 수 있지요. 어떤 요정의 눈이 그들에게 꽂히면 '신이여 축복하소서.'라고 말해야 아름다운 감탄 대상이 되는 사람들이 비로소 안전해진다오. 요정들이 예쁘지 않은 사람도 데려가는데 메리 하인즈같이 아름다운 이를 왜 데려가지 않겠어요? 그리고 '신의 축복이 있기를'이란 말을 하지 않은 사람이 사방에서 그녀를 보러 온 사람 중에 있었을 테지요."라고 말하는 노파는 시구절처럼 메리 하인즈 역시 요정들이 "데려갔다"라고 믿고 있었다.

두라스 지방 바닷가에 사는 한 노인은 메리 하인즈를 데려간 것은 다름 아닌 요정이었다는 것을 조금도 의심하지 않았다. "아직도 살아 있는 이 아직도 기억할 수 있어 저 너머 축제pattern13)에 그녀가 참가했었고 그녀가 아일랜드에서 가장 아름다운 여인이었다고들 말했지. 신들이 사랑했기에 젊어서 죽은 것이었고 요정은 신이야. 그리고 그녀의 이런 죽음의 방식은 오늘날 학식 있는 자들의 생각보다는 아마도 잊어버린 옛 격언, 그리고 가난한 시골 남녀의 신앙과 정서 속에서 찾을 수 있고 아름다움을 사물의 원천으로 생각한 옛 그리스식에 더 가깝지. 그녀는 세상을 너무 훤히 알았었다." 그러나 이 노인들이 메리 하인즈에 대해 언급할 때는 다른 사람은 비난해도 그녀를 비난하는 적은 없었다. 그들의 마음이 강퍅할 때도 트로이 노인들은 헬렌이 성벽을 지날 때처럼 점잖아졌다.

메리 하인즈에게 명성을 가져다준 그 시인 래프테리 그 자신도 아일랜드 서부 전 지역에서 대단한 명성을 얻게 되었다. 어떤 이들은 "내가 그 시

---

13) a "pattern" 또는 "patron"은 성인을 기리는 축제를 의미한다.

인을 만난 적이 있는데 그는 그 여인을 볼 정도의 충분한 시력은 있었소." 라고 주장하면서 그 시인이 반소경이라 했다. 그러나 다른 어떤 이들은 그가 그의 만년에 이르러서는 완전 맹인이 되었다고 주장했다. 우화에선 완벽하게 꾸며져서 그 이야기 속 맹인들은 결코 태양을 볼 수 없어야 했다. 어느 날 나는 쉬 요정이 사는 연못을 찾다가 만난 한 남자에게 래프테리가 완전한 장님이었다면 어떻게 메리 하인즈를 찬미할 수 있었겠냐고 물었더니 그는 "래프테리는 완전 맹인이었지만 사물을 보는 방식을 알아서 시력이 있는 자들보다 더 많이 알고 더 많이 느끼는 그리고 더 많이 행하고 더 많이 추측하는 힘이 있었고 지혜와 기지도 어느 정도 있었다."라고 대답했다. 실제로 사람들 모두 래프테리가 장님인 동시에 시인이었기에 매우 현명한 자라고 말했다.

    내가 이미 언급했던 메리 하인즈를 묘사했던 그 직조공은 이렇게 말했다. "래프테리의 시는 전능자가 준 선물로–시, 춤 그리고 정의 중 하나였지요. 그렇기 때문에 산에서 하산한 무지한 옛사람이 지금 당신이 만날 수 있는 교육받은 사람보다 더 정의롭고 지혜로운 것입니다. 그 선물은 신으로부터 받았기 때문입니다."

    쿨에 사는 한 남자는 "래프테리가 한쪽 머리를 손가락으로 짚으면 모든 것이 책에 쓰인 것처럼 바로 떠오릅니다."라고 했고 킬타탄에 사는 늙은 연금 수령자는 "래프테리가 한번은 잡목 수풀 밑에 서 있을 때 그 잡목에게 말을 건네니 잡목은 아일랜드어로 답했다네. 어떤 이는 말 건넨 것은 잡목이었다 하고, 덤불이 마법의 목소리를 지니고 있어서 그 시인에게 세상에 관한 모든 지식을 주었다 했네. 결국 덤불은 시들고 지금은 이곳과 라하신 사이 길가에서나 볼 수 있다네." 그런데 나는 덤불은 본 적 없지만 래프테리가 덤불에 관해 쓴 시를 알고 있다. 어쩌면 우화라는 솥에서 나온 것일지도 모른다.

내 친구는 래프테리가 죽을 때 함께 있었던 남자를 만난 적이 있다고 했다. 그런데 사람들은 래프테리가 홀로 죽어갔다고 주장하기도 하고 마이튼 길란이란 사람은 "밤새 한 줄기 빛이 그가 누워있던 집 지붕에서 하늘로 뻗어 올라가는 것을 보았다. 그런데 그것은 그와 함께 했던 천사였었고, 그리고 밤새 그 오두막을 빛나게 했던 빛은 래프테리를 깨우던 천사들이었소. 천사들은 그에게 그런 영광을 주었는데 그는 아주 훌륭한 시인이었고 종교적인 노래를 불렀기 때문이었소."라고 하이드 박사에게 덧붙여 이야기했다. 몇 년이 흐른 후의 이야기 속에는 죽음을 불멸로 바꾸면서 시라는 가마솥^{in her cauldron}에서 메리 하인즈와 래프테리는 슬프고 아름답고 장엄하지만 가난한 꿈이라는 완벽한 상징으로 바꾸어졌을지 모른다.

II

얼마 전 어느 북쪽 마을에 어릴 적에 시인 래프테리와 함께 이웃 동네에 살았었던 한 남자와 긴 이야기를 나눈 적이 있었다. 그 남자는 외모로 유명하지 않은 가문에서 태어난 아름다운 여자아이는 그 아름다움을 요정에게서 받았기 때문에, 그로 인해 불행해질 것이라 말했다. 그는 자신이 알고 있었던 예쁜 여자아이들 이름을 열거하면서, 그들 아무도 행복하지 않았다고 전했다. 그런 아름다움은 자랑스러우면서도 동시에 두려운 것이었다. 나는 기억보다 그의 말 자체가 더 생생했기 때문에 그 당시 들었던 그의 말을 기록해 놓기를 원했다.

1902년

■■■ 해설

「흙이 헬렌의 눈을 덮었다」는 아일랜드 전설의 미녀 메리 하인즈와 장님 시인 래프테리의 사랑을 그렸다. 이것은 아마도 예이츠가 신화를 소재로 한 시에서처럼 자신과 모드 곤의 관계를 투영시킨 것일 수 있다.

그런데 예이츠의 여성의 미에 관한 생각은 나이 들면서 변화했다. 그 예로 예이츠의 「딸을 위한 기도"A Prayer For My Daughter"」에서는 친절함을 잃고 옳은 것을 선택하지 못해 한 명의 친구도 가질 수 없을 정도의 과도한 미를 경계하는 반면, 예이츠는 딸에 대한 염원이 담긴 그의 시에서 세상 남자들의 욕망을 부추겨 전쟁까지 일으키는 도화선이 되었던 트로이의 헬렌이 지닌 미를 지니기보다는 지혜를 주는 생명나무 같은 미인이 되기를 기원한다.

한편 전설의 미녀 메리 하인즈에 대한 예이츠의 평가는 이 글의 제목인 '흙이 헬렌의 눈을 덮었다' 등에서도 유추된다. 전설의 미인 메리 하인즈는 트로이의 헬렌처럼 아름다웠을지라도 결코 트로이의 헬렌처럼 전쟁을 초래하는 미인이 아니라 이름도 없이 잊힐 소박한 미인인 것이다.

홍성숙 (청주대)

양의 기사 A KNIGHT OF THE SHEEP

불벤산Ben Bulben과 코프산Cope 북쪽에 '한 강한 농부'가 사는데, 옛 게일어 시대에는 그를 아마도 양의 기사라 불렀을 것이다. 그는 중세의 가장 전투적인 씨족 중 하나에서 내려온 혈통을 자랑스럽게 여기는 사람으로, 말과 행동 모두에서 강력한 사람이다. 그처럼 욕하는 이는 단 한 사람뿐이고, 그 사람도 산속 먼 곳에 살고 있다. '하늘의 아버지, 내가 무엇을 했기에 이런 일을 당해야 하는 겁니까?' 그가 파이프를 잃어버렸을 때 이렇게 말하고, 산에 사는 사람만이 장날 흥정하며 그의 언어에 필적할 수 있을 뿐이다.

어느 날 내가 그와 함께 저녁 식사를 하고 있을 때, 하녀는 모 오도넬 씨가 왔다고 알렸다. 그 순간 노인과 그의 두 딸은 갑자기 침묵했다. 마침내 큰딸이 다소 엄숙하게 아버지에게 말했다. '가서 그분을 들어오게 하시고 저녁 식사를 같이하자고 하세요.' 노인은 나가서 꽤 안심한 표정으로 돌아와 말했다. '그분이 우리와 저녁을 같이 안 하겠다고 하시네.' 딸이 '나가서 그분을 뒷방으로 모셔 가서 위스키를 드리세요.'라고 말했다. 막 저녁 식사를 마친 아버지는 시무룩하게 말을 따랐고, 나는 뒷방—딸들이 앉아 저녁 동안 바느질했던 작은 방—문이 그 두 남자를 뒤로하고 닫히는 소리를 들었다. 그러곤 딸이 나에게 말했다. "오도넬 씨는 세금 징수원인데, 작년에 그가 세금을 올려서 아버지가 몹시 화가 나셨어요. 그래서 그가 왔을 때, 그를 낙농장으로 데리고 가셔서 낙농 여인에게 전갈을 보내시고는 욕설을 퍼부으셨죠. 오도넬 씨가 '법이 세리를 보호한다는 걸 가르쳐 드리겠습니다.'라고 말했지만, 아버지는 증인이 없다고 상기시켰어요. 결국 아버지는 지쳤고 미안해졌어요. 그래서 오도넬 씨에게 집으로 가는 지름길을 알려주겠다고 하셨죠. 그러나 그들이 간선 도로에 도착했을 때, 아버지의 한 일꾼이 쟁기질하고 있는 모습을 보고 화가 다시 떠오르셨죠. 그래서 그를 심부름 보내고 다시 세금 징수원에게 욕을 하기 시작하셨어요. 내가 그 이야기를 듣고 아버지가 그런 불쌍한 인간을 가지고 그렇게 소란을 피운 것에 질려 버렸어요. 그리고 몇 주 전에 오도넬 씨의 외아들이 죽어서 마음이 찢어진 것을 듣고, 그가 다시 올 때 아버지가 그에게 친절하게 대하게 하려고 결심했어요."

그리고 딸은 이웃을 만나러 나갔고, 나는 뒤쪽 응접실로 슬그머니 걸어갔다. 문에 다다랐을 때 안에서 화난 목소리가 들렸다. 두 남자는 분명 다시 세금 문제로 언쟁을 벌이고 있었고, 나는 그들이 숫자를 주고받는 것을 들을 수 있었다. 내가 문을 열었을 때, 내 얼굴을 보자 농부는 그의 평화로운 의도를 떠올렸고, 나에게 위스키가 어디 있는지 아느냐고 물었다. 나는 그가 위스키를 찬장에 넣는 것을 보았기에 찾아내어 가져올 수 있었고, 세금 징수관의 야위고 슬픔에 찬 얼굴을 바라보았다. 그는 내 친구보다 나이가 많고, 훨씬 더 연약하고 지쳐 보였으며, 아주 다른 유형의 사람이었다. 그는 성공한 강인한 사람이 아니었으며, 오히려 땅에 발을 붙일 곳이 없는 사람 중 하나였다. 나는 몽상의 아이들 중 한 명임을 알아보고 말했다. '당신은 분명 옛 오도넬 가문의 후손이시겠죠. 저는 머리가 많은 뱀이 지키고 있고 그들의 보물이 묻힌, 강 속에 구덩이를 잘 알고 있어요.' '예, 선생님.'

그가 대답했다. '나는 왕족의 마지막 후손입니다.'

우리는 여러 평범한 것들에 관해 이야기하기 시작했고, 내 친구는 한 번도 자신의 수염을 휘젓지 않았으며 매우 친절했다. 마침내 그 수척한 노령의 세금 징수관이 일어나서 떠나려고 하자 내 친구는 '내년에 함께 한잔 하기를 바란다.'고 말했다. '아니요, 아니요.' 그가 대답했다. '내년에는 나는 죽어 있을 겁니다.' '나도 아들을 잃었소.' 그가 매우 부드러운 목소리로 말했다. '하지만 당신의 아들들은 내 아들과 같지 않았소.' 그 후 두 남자는 화가 난 얼굴과 씁쓸한 마음으로 헤어졌고, 내가 그들 사이에 몇 마디라도 던지지 않았다면, 그들은 헤어지지 않고 그들의 죽은 아들들의 가치를 두고 격렬한 논쟁을 벌였을 것이다. 내가 봉상의 모든 아이들에게 연민이 없었다면 그들이 싸우도록 내버려 두었을 것이고, 지금쯤이라면 기록할 수많은 멋진 욕설을 지니고 있을 것이다.

양의 기사가 승리를 거두었을 것이다. 그는 단 한 번만 졌을 뿐이었다. 이 이야기는 그가 그 일을 어떻게 겪었는지에 대한 것이다. 그와 몇몇 농장 일꾼들은 큰 헛간 끝에 붙어 있는 작은 오두막에서 카드놀이를 하고 있었다. 예전에 이 오두막에는 사악한 여자가 살았다. 갑자기 한 플레이어가 에이스 카드를 내려놓고 아무 이유 없이 욕을 하기 시작했다. 그의 욕설은 너무 끔찍해서 다른 사람들은 일어섰고, 내 친구는 '여기 뭔가 잘못됐다. 그에게 망령이 있다.'라고 말했다. 그들은 가능한 한 빨리 도망가기 위해 헛간으로 통하는 문으로 달려갔다. 나무 빗장은 움직이지 않았고, 그래서 양의 기사는 벽 근처에 서 있던 톱을 가져와 빗장을 톱질했고, 마치 누군가가 문을 잡고 있던 것처럼, 즉시 문이 쾅 하고 열렸으며 그들은 도망쳤다.

■■■■ **해설**

「양의 기사」는 아일랜드 북부의 농촌 생활과 인간의 내면 갈등을 중심으로 전개되는 작품이다. 주인공은 자신의 혈통과 전통에 대한 자부심을 지닌 농부로, '양의 기사'라는 이름에서 드러나듯이 그의 정체성과 명예는 과거 중세의 전투적인 클랜과 긴밀히 연결되어 있다. 「양의 기사」는 인간의 자아와 명예가 어떻게 갈등을 일으키고, 그 갈등이 해결되는 과정을 탐구한다. 이 작품에서 농부의 자존심과 자부심은 그의 행동을 지배하며, 이는 세금 징수원 오도넬과의 갈등에서 극명하게 드러난다. 두 인물 간의 대립은 단순히 세금 문제를 넘어서, 그들의 사회적 지위와 정체성, 그리고 시대적 배경 속에서 자신들이 처한 상황을 반영한다. 그래서 인간의 자아와 명예가 얼마나 쉽게 갈등을 초래할 수 있는지와 그 갈등이 어떻게 인간관계의 복잡성을 심화시키는지를 탐구한다.

「양의 기사」는 19세기 말 아일랜드 농촌 사회를 배경으로 하며, 당시 아일랜드는 영국의 식민 통치 아래에서 정치적, 경제적, 사회적 변화를 겪고 있었다. 농민들은 무거운 세금과 토지 문제로 인해 고통받았고, 이러한 상황에서 농부들은 자신의 정체성과 자존심을 지키기 위해 애써야 했다. 작품 속 주인공의 자존심은 단순히 개인적 특성이 아니라, 당시 아일랜드 농민들이 느꼈던 사회적 불만과 저항의 상징으로 해석될 수 있다. 토마스 라이스 핸Thomas Rice Henn은 예이츠의 작품이 아일랜드 농촌 사회의 현실을 반영하며, 그의 시와 산문 속에서 자주 드러나는 농민과 영국 통치 사이의 갈등을 탐구했다고 언급하며, 데클란 키버드Declan Kiberd는 예이츠가 아일랜드 농민의 자아와 사회적 갈등을 표현한 점에 주목하며, 그가 당시 아일랜드 사회를 예술적으로 재현하려 했다고 설명한다. 예이츠는 이 이야기를 통해 아일랜드의 전통적 가치와 중세의 기사도 정신을 현대 사회에서 재해석하며, 이러한 가치가 어떻게 현대의 농민 사회에서 변형되고 유지되는지를 보여준다. 특히 주인공이 보여주는 명예와 자존심은 중세의 기사적 이상을 반영하며, 이는 아일랜드 민족의 정체성과 전통에 대한 깊은 애정과 존경을 나타낸다.

성창규 (목원대)

변치 않는 마음 AN ENDURING HEART

어느 날 내 친구가 내 「양의 기사」를 스케치하고 있었다. 그 노인의 딸이 옆에 앉아 있었고, 대화가 사랑과 연애 이야기로 흘러갔을 때 그녀가 말했다. "아버지, 아버지의 사랑 이야기를 들려주세요." 그러자 노인은 파이프를 입에서 빼며 말했다. "사람은 누구나 자기가 사랑하는 여성과 결혼하지 못하는 법이지." 그러고는 킥킥거리며, "내가 결혼한 여자보다 더 좋아했던 여자가 열다섯 명이나 있었어." 그리고 그는 여러 여자의 이름을 반복했다. 그는 젊었을 때 어머니의 아버지, 즉 자기 할아버지를 위해 일했으며, (내 친구가 이유는 잊었지만) 할아버지의 이름인 도란Doran으로 불렸다고 했다. 도란은 존 번John Byrne이라는 절친한 친구가 있었고, 어느 날 그는 그 친구와 함께 존 번을 미국으로 데려갈 이민자 배를 기다리기 위해 퀸스타운에 갔다. 그들이 부두를 거닐다가, 한 소녀가 의자에 앉아 비참하게 울고 있는 모습을 보았고, 두 남자가 그녀 앞에 서서 서로 다투고 있었다. 도란은 말했다. "무슨 일이 일어났는지 알 것 같아. 저 사람은 그녀의 오빠일 것이고, 저 사람은 그녀의 연인이겠지. 오빠가 그녀를 연인에게서 떼어놓으려고 그녀를 미국으로 보내려는 거야. 그녀가 울고 있네! 하지만 내가 그녀를 위로할 수 있을 것 같아." 이내 연인과 오빠는 떠났고, 도란은 그녀 앞을 서성이며 "날씨가 좋네요, 아가씨." 같은 말을 건넸다. 그녀는 잠시 후 그에게 대답했고, 셋은 함께 이야기를 나누기 시작했다. 이민자 배가 며칠 동안 도착하지 않았고, 셋은 밖에 나가 순수하고 행복하게 외부의 자동차를 타고 다니며 볼 수 있는 모든 것을 보았다. 마침내 배가 도착했을 때, 도란은 그녀에게 자신이 미국으로 가지 않는다고 말해야 했다. 그녀는 첫 번째 연인보다 그가 떠나는 것을 더 슬퍼하며 울었다. 도란은 배에 오르며 번에게 속삭였다. "자, 번, 나는 그녀를 너에게 주어도 아깝지 않지만, 젊어서 결혼하지는 마라."

이야기가 여기까지 이르자, 농부의 딸이 비웃으며 말했다. "아버지, 그 말을 번을 위해 하셨다고요?" 그러나 노인은 번을 위해 한 말이었다고 주장하며, 번의 약혼 소식을 들었을 때 그에게 같은 충고를 적어 보냈다고 말했다. 세월이 흘러 아무 소식도 들리지 않았고, 이제는 결혼한 상태였지만 그는 그녀가 무엇을 하고 있는지 궁금해하지 않을 수 없었다. 마침내 그는 미국으로 그녀를 찾아가기 위해 떠났고, 많은 사람들에게 물어봤지만 아무런 소식을 들을 수 없었다. 더 많은 세월이 흘렀고 그의 아내는 세상을 떠났으며, 그는 나이가 들고 몇 가지 큰일을 처리해야 하는 부유한 농부가 되었다. 그는 어떤 모호한 일을 핑계 삼아 다시 미국으로 가서 또 그녀를 찾기 시작했다. 어느 날 그는 기차 안에서 한 아일랜드 남자와 이야기를 나누었고, 그가 항상 그렇듯 이곳저곳에서 온 이민자들에 대해 물었다. 마침내 그는 "혹시 이니스 라스Innis Rath의 방앗간 주인 딸에 대해 들어본 적 있습니까?"라며 자신이 찾고 있던 여자의 이름을 말했다. "아, 네." 그 남자는 말했다. "그녀는 제 친구 존 맥이윙John MacEwing과 결혼했어요. 시카고의 이러이러한 거리에 살고 있죠." 도란은 시카고로 가서 그녀의 문을 두드렸다. 그녀가 직접 문을 열었고, "조금도 변하지 않았다." 그는 할아버지의 죽음 이후로 다시 찾은, 자신의 진짜 이름과 기차에서 만난 남자의 이름을 말했다. 그녀는 그를 알아보지 못했지만, 저녁 식사를 하고 가라며, 남편이 그 옛 친구를 아는 사람을 만나 기뻐할 것이라고 말했다. 그들은 여러 가지 이야기를 나누었지만, 왜인지 아마 그 자신도 이유를 알지 못했겠지만, 그는 끝내 자신이 누구인지 말하지 않았다. 저녁 식사 중 그는 번에 대해 물었고, 그녀는 머리를 테이블에 묻고 울기 시작했으며, 그녀가 너무 울어 남편이 화낼까 봐 두려웠다. 그는 번에게 무슨 일이 있었는지 묻기가 두려워 얼마 후 떠났고, 다시는 그녀를 보지 않았다.

노인이 이야기를 끝내고 말했다. "이 이야기를 예이츠 씨에게 전해다오, 아마도 그가 시를 쓸지도 몰라." 하지만 딸은 말했다. "아니에요, 아버지. 저런 여자를 주제로는 시를 쓸 수 없을 거예요." 아! 나는 그 시를 쓰지 않았고, 아마도 헬렌과 세상의 모든 사랑스럽고 변덕스러운 여자들을 사랑해 온 내 마음이 너무 아팠기 때문일 것이다. 지나치게 곱씹지 않는 게 나은 것이고, 그런 건 오히려 단순한 말로 표현하는 게 가장 적절하다.

1902년

■■■ 해설

「변치 않는 마음」은 인간의 사랑과 그로 인한 후회, 그리고 인생의 복잡한 감정을 탐구하는 작품으로 보인다. 주인공은 젊은 시절 여러 여성을 사랑했지만, 결국 진정으로 사랑하는 사람과 결혼하지 못하고 평생을 살아왔다. 그는 자신의 삶을 돌아보며, 자신이 놓친 사랑과 기회를 회상하며 후회의 감정을 드러낸다. 주인공의 사랑과 그로 인한 후회, 그리고 시간이 지나며 점점 더 깊어지는 삶의 복잡성이 주제가 될 수 있다. 주인공은 젊은 시절 여러 사랑을 경험했지만, 그 사랑들이 결실을 보지 못한 것에 대해 깊은 아쉬움과 슬픔을 느낀다. 이는 인간이 인생에서 경험하는 사랑과 후회의 감정이 얼마나 복잡하고 깊은지를 보여주며, 이러한 감정이 시간이 지나며 더욱 강해질 수 있음을 강조한다.

「변치 않는 마음」은 19세기 말에서 20세기 초 아일랜드 농촌 사회를 배경으로 하며, 당시 아일랜드에서는 경제적 이유나 사회적 압박으로 인해 사랑이 이루어지지 않는 경우가 많았다. 이러한 배경은 주인공의 이야기에 깊이 반영되어 있으며, 그가 겪는 사랑과 후회는 당시 사회의 압박 속에서 많은 사람들이 경험했을 법한 현실적 문제들을 반영한다. 또한 주인공이 겪는 사랑과 그로 인한 후회는 고대 아일랜드 신화 속의 비극적 사랑 이야기와 연결될 수 있다. 아일랜드 신화에서 사랑은 종종 비극적인 결말을 맞이하며, 이는 예이츠가 현대의 이야기 속에서 반복적으로 사용한 주제이기도 하다. 이러한 신화적 요소는 주인공의 이야기에 깊이를 더하며, 그의 후회를 더욱 비극적으로 만든다. 「변치 않는 마음」은 사랑과 인생에 대한 깊은 성찰을 담고 있는 작품으로, 예이츠는 이 이야기를 통해 인간의 내면에서 일어나는 복잡한 감정들을 섬세하게 묘사한다. 예이츠는 종종 이러한 신화적 테마를 자신의 작품에서 재구성하였으며, 이는 그가 아일랜드 신화와 민담에 대한 깊은 이해와 존경심을 느끼고 있었음을 증명한다. 이 작품은 사랑이란 감정이 얼마나 인간의 삶에 큰 영향을 미치는지, 그리고 시간이 지남에 따라 그 후회가 어떻게 깊어질 수 있는지를 잘 보여준다. 예이츠의 작품은 단순한 사랑 이야기를 넘어, 인간 존재의 본질과 그 복잡성을 탐구하는 중요한 작품으로 평가될 수 있다.

성창규 (목원대)

마법사들 THE SORCERERS

아일랜드에서는 어둠의 힘[14]에 대해 거의 듣지 못하고, 그들을 본 사람을 만나기도 매우 드문데, 그것은 사람들의 상상력은 오히려 허황하고 변덕스러운 것에 더 깃들고, 만일 사람들이 공상과 변덕을 선이나 악과 결합시키려 한다면 그 공상과 변덕이 그들의 생명인 자유를 잃을 것이기 때문이다. 그러나 지혜로운 이들은 어디에 인간이 있든, 그의 탐욕을 충족시키려는 어둠의 힘이 그곳에 있으며, 마찬가지로 인간의 마음 한 켠에 꿀을 저장하는 밝은 존재들과 이리저리 떠도는 황혼의 존재들이 그를 열정적이고 우울한 무리로 둘러싼다고 여긴다. 또한 오랜 욕망이나 출생의 우연으로 인해 그들의 숨겨진 거처를 꿰뚫어 볼 수 있는 능력을 지닌 사람은 그곳에서 그들을 볼 수 있다고 생각하며, 그들은 한때 인간이었던, 끔찍한 열정으로 가득 찬 자들과, 이 땅에 한 번도 살지 않았던 자들이 천천히, 더욱 교묘한 악의로 움직이는 모습을 볼 수 있다고 한다. 어둠의 힘은 오래된 나무 위 박쥐처럼 밤낮으로 우리를 둘러싼다고 하며, 우리가 그들에 대해 더 많이 듣지 못하는 것은 어두운 종류의 마법이 거의 실천되지 않았기 때문일 뿐이

---

14) 나는 이젠 더 잘 안다. 우리는 스코틀랜드만큼은 아니더라도 생각보다 훨씬 더 많은 어둠의 힘이 있지만, 사람들의 상상력은 주로 환상적이고 변덕스러운 것에 머물러 있다고 생각한다.

다. 실제로 나는 아일랜드에서 악한 힘들과 소통하려는 사람들을 매우 드물게 만났으며, 내가 만난 소수의 사람들은 자신이 사는 사람들 사이에서 그들의 목적과 행위를 완전히 숨긴다. 그들은 주로 작은 직원 같은 사람들이며, 검은 장식이 걸린 방에서 그들의 예술을 위해 만난다. 그들은 나를 이 방에 들이지 않았지만, 내가 불가사의한 과학에 대해 전혀 무지하지 않다는 것을 알고 기꺼이 다른 곳에서 그들이 하려는 것을 보여주었다. "우리에게 오세요." 그들의 리더인 큰 제분소의 직원이 말했다. "그러면 당신에게 우리처럼 실체적이고 무거운 형태로 나타나는 영혼들이 당신과 얼굴을 맞대고 이야기하는 것을 보여주겠어요."

나는 천사의 존재나 요정 같은 빛과 황혼의 존재들 – 낮과 황혼의 자식들 – 과의 소통 능력에 관해 이야기하고 있었고, 그는 우리가 일상적인 정신 상태에서 볼 수 있고 느낄 수 있는 것만을 믿어야 한다고 주장하고 있었다. "그래요," 내가 말했다. "당신에게 가겠습니다." 혹은 그와 비슷한 말을 했지만, "그러나 나는 최면 상태에 빠지지 않을 것이며, 따라서 당신이 말하는 형체들이 내가 이야기하는 것들보다 일상적인 감각으로 더 만질 수 있고 느낄 수 있는지 알아보겠습니다." 나는 다른 존재들이 물질적인 형태를 취할 수 있는 능력을 부정하는 것이 아니라, 그가 말한 단순한 주문이 마음을 최면 상태로 몰아넣어 낮, 황혼, 그리고 어둠의 힘이라는 존재로 인도할 가능성이 작다고 보았다.

그가 말했다. "하지만 우리는 그들이 가구를 이리저리 움직이는 것을 보았고, 그들은 우리의 명령에 따라가며, 그들을 모르는 사람들을 돕거나 해칩니다." 내가 정확한 말을 전하는 것은 아니지만, 우리 대화의 본질을 가능한 한 정확하게 제시한다.

정해진 밤에 나는 약속 시간인 여덟 시에 나타났고, 리더가 거의 완전한 어둠 속에서 작은 뒷방에 혼자 앉아 있는 것을 발견했다. 그는 오래된 그림 속 종교 재판관의 복장 같은 검은 가운을 입고 있었고, 작은 구멍 두 개를 통해 눈만이 보였을 뿐 아무것도 보이지 않았다. 그의 앞 테이블에는 불타는 약초가 담긴 황동 접시, 큰 그릇, 그림이 그려진 해골, 두 개의 교차된 단검, 그리고 맷돌 모양의 도구들이 놓여 있었으며, 이 도구들은 내가 알 수 없는 어떤 방식으로 원소의 힘을 통제하는 데 사용되었다. 나도 검은 가운을 입었는데, 그것이 완벽하게 맞지 않았고 내 움직임에 상당히 방해되었음을 기억한다. 마법사는 그 후 바구니에서 검은 수탉을 꺼내 단검 중 하나로 목을 베어 그 피를 큰 그릇에 떨어뜨렸다. 그는 책을 열고 영어가 아닌 깊은 후두음으로 들리는 주문을 시작했다. 그가 끝내기 전에 또 다른 마법사, 약 25세쯤 된 남자가 들어왔고, 역시 검은 가운을 입고 내 왼쪽에 앉았다. 나는 이 주문 소환자를 바로 앞에 두고 있었고, 곧 그의 두 눈이 후드의 작은 구멍을 통해 반짝이며 나에게 이상한 영향을 미치기 시작했다. 나는 그들의 영향을 거세게 저항했고 머리가 아프기 시작했다. 주문은 계속되었지만 처음 몇 분 동안 아무 일도 일어나지 않았다. 그 후 주문 소환자가 일어나서 복도의 불빛을 껐고, 문 아래 틈새로 아무런 빛도 새어 들어오지 않았다. 이제 황동 접시 위의 약초에서 나오는 빛 외에는 아무런 빛도 없었고, 주문의 깊은 후두음 속삭임 외에는 아무 소리도 들리지 않았다.

곧 내 왼쪽에 앉은 남자가 몸을 흔들며 외쳤다. "오 신이시여! 오 신이시여!" 나는 그에게 무슨 일이 있느냐고 물었지만, 그는 자신이 소리를 질렀는지조차 알지 못했다. 잠시 후 그는 방 안에서 큰 뱀이 움직이는 것을 볼 수 있다고 말하며 상당히 흥분했다. 나는 아무런 명확한 형체도 보지 못했지만, 내 주변에 검은 구름이 형성되고 있다고 생각했다. 나는 그것에 맞서 싸우지 않으면 최면 상태에 빠질 것이라고 느꼈고, 그 최면을 유발하는 영향이 그 자체와 조화롭지 못한, 즉 사악한 것임을 느꼈다. 나는 고군분투한 끝에 검은 구름을 떨쳐내고 다시 일상적인 감각으로 관찰할 수 있게 되었다. 두 마법사는 이제 방 안에서 검은색과 흰색 기둥이 움직이는 것을 보기 시작했고, 마침내 수도사의 의복을 입은 사람을 보았다고 했고, 그들은 내가 이 모든 것을 보지 못했다는 것에 크게 당황했는데, 그들에게는 그것들이 그들 앞에 있는 탁자만큼이나 실체적으로 보였기 때문이다. 주문 소환자는 점점 더 힘을 키우고 있는 듯 보였고, 나는 마치 어둠의 물결이 그에게서 흘러나와 나에게 집중되는 것처럼 느끼기 시작했고, 이제 나는 내 왼쪽에 앉은 남자가 죽음과 같은 최면 상태에 빠진 것을 알아차렸다. 마지막으로 큰 노력을 기울여 검은 구름을 몰아냈지만, 그것들이 최면 상태에 빠지지 않고 내가 볼 수 있는 유일한 형체라는 것을 느꼈고, 그것들에 대해 큰 애정을 느끼지 못했기에 나는 불을 켜달라고 요청했고, 필요한 퇴마 의식을 치른 후 나는 다시 일상적인 세계로 돌아왔다.

나는 두 마법사 중 더 강력한 한 명에게 말했다. "당신의 영혼 중 하나가 나를 압도했다면 무슨 일이 일어날까요?" 그는 대답했다. "당신은 그 영혼의 성격을 당신 자신의 성격에 더한 채 이 방을 나가게 될 겁니다." 나는 그의 마법의 기원에 관해 물었지만, 그가 아버지에게서 배웠다는 것 외에 중요한 것은 거의 얻지 못했다. 그는 더 이상 말해주지 않았는데, 그것은 아마도 비밀을 지키기로 맹세했기 때문인 듯했다.

며칠 동안 나는 여러 기형적이고 기괴한 형체들이 내 주변에 남아 있는 느낌을 떨칠 수 없었다. '밝은 힘'은 항상 아름답고 바람직하며, '흐릿한 힘'은 때로는 아름답고 때로는 기묘하게 기괴하지만, '어두운 힘'은 그들의 불균형한 본성을 추한 공포의 형상으로 표현한다.

■■■ 해설

「마법사들」은 예이츠가 아일랜드의 전통적 신비주의와 초자연적 현상에 대한 관심을 바탕으로 쓴 이야기다. 작품 속 주인공은 마을의 마법사들을 만나 그들이 행하는 비밀스러운 의식에 참여하며, 이 의식은 어두운 방에서 진행되고, 마법사들은 초자연적 존재와 소통하기 위해 다양한 의식을 수행한다. 주인공은 이 과정에서 자신이 악의 힘에 노출되었음을 느끼고, 이로 인해 깊은 두려움과 불안을 경험한다. 「마법사들」의 주요 주제는 초자연적 세계와 그 위험성을 꼽을 수 있다. 예이츠는 인간이 초자연적 존재와 소통하려는 시도가 종종 위험을 초래할 수 있음을 경고하며, 이러한 시도가 인간의 정신과 영혼에 어떤 영향을 미칠 수 있는지를 탐구한다. 주인공이 마법사들과의 의식에서 느끼는 불안과 두려움은 이러한 경고의 중요한 요소로 작용하며, 초자연적 세계에 관한 인간의 탐구가 가져올 수 있는 결과를 암시한다.

아일랜드는 오랫동안 신비로운 전설과 민담이 전해져 내려오는 지역으로, 예이츠는 이를 바탕으로 초자연적 세계와 인간의 관계를 탐구했다. 「마법사들」은 아일랜드의 고대 신화와 전통적 마법 관습을 현대적 이야기 속에 녹여내며, 독자들에게 이러한 신비로운 세계를 탐험하도록 유도한다. 마법사들이 수행하는 의식은 아일랜드 전통에서 중요한 역할을 했던 드루이드Druid들의 의식과 연결된다. 드루이드들은 고대 켈트 사회에서 종교적, 법률적, 의학적 지식을 가진 이들로, 자연과 영혼 세계와의 깊은 연결을 강조했다. 조지 밀스 하퍼George Mills Harper는 예이츠가 신지학Theosophy과 황금 여명회Golden Dawn와 같은 신비주의 단체에 적극적으로 참여했으며, 이러한 경험이 그의 작품에 큰 영향을 미쳤다고 지적한다. 리처드 엘만Richard Ellmann도 예이츠가 마법과 신비주의에 대해 깊은 관심을 가지고 있었으며,

그의 시와 산문에 이러한 주제가 자주 등장한다고 지적한다. 예이츠는 이 작품을 통해 그러한 전통적 의식의 현대적 잔재를 탐구하며, 현대 사회에서도 여전히 남아 있는 신비주의적 관습을 조명한다. 「마법사들」은 예이츠의 신비주의적 관심을 잘 반영하는 작품으로, 신비로운 세계에 대한 인간의 탐구가 얼마나 복잡하고 위험할 수 있는지를 잘 보여준다.

성창규 (목원대)

악마 THE DEVIL

어느 날 메이요Mayo 출신의 할머니가 내게 몹시 나쁜 무언가가 길을 따라 내려와서 맞은편 집으로 들어갔다고 말해주었는데, 그녀는 그것이 무엇인지 말하지 않았지만, 나는 꽤 잘 알고 있었다. 또 다른 날 그녀는 두 명의 친구에 관해 말했는데, 그들 생각에 악마인 자로 인해 사랑하게 되었다. 그들 중 한 명은 길가에 서 있었는데, 악마가 말을 타고 다가와서 그녀에게 말 뒤에 올라타고 함께 타고 가자고 말했다. 그녀가 거절하자 그는 사라졌다. 다른 한 명은 늦은 밤길에서 연인을 기다리고 있었는데, 무엇인가가 펄럭이며 굴러오더니 그녀의 발치에 멈췄다. 그것은 신문과 같은 모습이었고, 곧 그녀의 얼굴에 펄럭이며 날아들었으며, 그녀는 그것이 『아이리시 타임스 *Irish Times*』임을 크기에서 알아차렸다. 그러더니 갑자기 그것이 젊은 남자로 변했고, 그는 그녀에게 산책하러 가자고 제안했다. 그녀가 거절하자 그는 사라졌다.

나는 불벤산 경사면에 사는 한 노인도 알고 있는데, 그는 악마가 그의 침대 밑에서 종을 울리고 있는 것을 발견하고, 나가서 교회 종을 훔쳐 와 종을 울려 그를 쫓아냈다. 어쩌면 이 이야기 역시 다른 이야기들처럼 진짜 악마가 아니라, 갈라진 발 때문에 곤경에 처한 불쌍한 숲의 영혼일지도 모른다.

■■■ **해설**

「악마」는 예이츠가 아일랜드 전통 속에서 전해지는 악마에 관한 이야기들을 바탕으로 쓴 작품이다. 주인공은 악마가 현실 세계에 나타나 인간들과 상호작용하는 다양한 에피소드를 경험한다. 악마는 종종 인간을 유혹하거나 시험에 빠뜨리려 하며, 주인공은 이러한 상황에서 도덕적 갈등과 두려움을 느끼게 된다. 악의 본성과 그로 인한 인간의 내적 갈등을 주제로 꼽을 수 있다. 예이츠는 악마를 단순한 악의 상징으로 묘사하기보다는, 인간의 내면 깊숙이 자리한 두려움과 욕망을 투영한 존재로 표현한다. 주인공이 악마와 마주하면서 겪는 윤리적 갈등과 도덕적 선택은 인간이 직면한 악의 문제를 심도 있게 탐구하는 중요한 요소다.

이 작품은 아일랜드 전통 신앙 속에서 악마가 어떻게 인식되었는지를 바탕으로 한다. 아일랜드의 전통적 신앙에서는 악마가 종종 인간을 유혹하거나 시험하는 존재로 등장하며, 이러한 인식은 아일랜드의 민속과 전설에 깊이 뿌리를 두고 있다. 예이츠는 이 전통적 악마관을 현대적 시각에서 재해석하여, 인간이 직면한 도덕적 갈등과 선택의 중요성을 강조한다. 악마는 종종 인간의 본능적 욕망과 두려움을 상징하며, 이는 고대 신화와 민담에서 자주 등장하는 주제다. 아일랜드 시인인 윌리엄 존 맥코맥William John McCormack은 『혈족: W. B. 예이츠, 삶, 죽음, 정치학*Blood Kindred: W. B. Yeats, the Life, the Death, the Politics*』에서 예이츠가 아일랜드 신화와 민담을 연구하고, 이를 바탕으로 그의 작품을 구성했다고 분석한다. 노먼 제파즈Jeffares Norman도 예이츠의 전기를 연구하면서 그가 아일랜드 신화에서 영감을 받아 그의 시와 산문을 창작했다고 설명하며, 특히 신화 속 비극적 사랑 이야기가 그의 작품에 어떻게 반영되었는지를 분석한다. 예이츠는 이러한 신화적 요소를 활용하여, 인간이 자신의 내면 깊숙이 자리한 어둠과 대면하는 과정을 묘사한다. 이는 현대 사회에서도 여전히 유효한 주제로, 인간이 악의 본성과 어떻게 싸워야 하는지를 고민하게 만든다.

성창규 (목원대)

행복하고 불행한 신학자들 HAPPY AND UNHAPPY THEOLOGIANS

I

한 메이요 여성이 전에 내게 말했다. "저는 한 하녀를 알고 있었는데, 그녀는 신을 사랑하는 마음으로 목을 매달았어요. 그녀는 신부님과 자신의 수도회15)를 그리워하다가, 스카프로 난간에 목을 매달았죠. 그녀가 죽자마자 그녀의 얼굴은 백합처럼 하얗게 변했고, 만약 그것이 살인이나 자살이었다면, 그녀는 새까맣게 변했을 거예요. 그들은 그녀에게 기독교식 장례를 치러주었고, 신부님은 그녀가 죽자마자 곧바로 주님과 함께했다고 말씀하셨어요. 그러니 신을 사랑하는 마음으로 하는 일에는 문제없어요." 나는 그녀가 이 이야기를 즐거워하는 이유에 놀랍지 않은데, 그녀 자신도 모든 성스러운 것들을 매우 사랑해서 그녀 입술에 그것들이 쉽게 떠오르기 때문이다. 그녀는 전에 나에게, 설교에서 묘사된 어떤 것도 듣고 나면 나중에 눈으로 보지 못한 것이 없다고 말했다. 그녀는 연옥의 문이 눈앞에 보였다고 내게 묘사한 적이 있지만, 나는 그 묘사에서 영혼들의 고통을 볼 수 없었고 오직 문

---

15) 그녀가 소속되어 있던 종교 단체.

만 보였다는 것만 기억난다. 그녀의 마음은 항상 즐겁고 아름다운 것들에 머물러 있다. 어느 날 그녀는 나에게 어떤 달과 어떤 꽃이 가장 아름답냐고 물었다. 내가 모른다고 대답하자, 그녀는 말했다. "5월이요, 성모님 때문이고, 은방울꽃이요, 그것은 죄를 짓지 않고 순수하게 바위에서 피어났기 때문이에요." 그리고 나서 그녀는 "겨울의 차가운 석 달의 원인은 무엇일까요?"라고 물었다. 나는 그것조차 몰랐고, 그녀는 이렇게 말했다. "인간의 죄와 하나님의 복수죠." 그녀의 눈에 주님 자신은 축복받은 분일 뿐만 아니라 모든 남성적 비율에서 완벽했고, 그녀의 생각 속에서 아름다움과 신성함은 그만큼 깊이 어우러져 있었다. 주님은 모든 사람 중에서 유일하게 정확히 6피트의 신장이었으며, 다른 모든 사람은 조금 더 크거나 작았다.

 그녀의 생각과 요정 사람들에 대한 시각도 즐겁고 아름다우며, 나는 그녀가 요정들을 '타락 천사'라고 부르는 것을 한 번도 들어본 적이 없다. 그들은 우리와 같은 사람들이지만 더 잘생겼고, 그녀는 여러 번 창가에 가서 그들이 긴 줄로 하늘을 통해 마차를 몰고 가는 모습을 지켜보거나, 문 앞에 가서 그들이 포스Forth강에서 노래하고 춤추는 소리를 들었다. 그들은 주로 〈머나먼 폭포"The Distant Waterfall"〉라는 노래를 부르는 것 같으며, 한번 그녀를 넘어뜨린 적이 있었지만, 그녀는 그들에 대해 나쁘게 생각하지 않는다. 그녀는 킹스 카운티에서 일할 때 그들을 가장 쉽게 보았으며, 얼마 전 어느 날 아침에 그녀는 내게 말했다. "어젯밤 주인을 기다리는데 11시 15분이었어요. 테이블 위에서 쿵 하는 소리가 들렸어요. '킹스 카운티는 다 끝났어.'라고 말하고는 거의 죽을 때까지 웃었어요. 너무 오래 머물렀다는 경고였죠. 그들은 그 장소를 자신들만의 것으로 만들고 싶어 했어요." 나는 전에 요정을 보고 기절한 사람 이야기를 들려주었고, 그녀는 말했다. "그것은 요정일 수 없고, 어떤 나쁜 것이었을 거예요. 요정을 보고 기절할 수는 없어요. 그것은 악마였어요. 그들이 거의 나를 지붕을 통해 밖에서 침대 밑으로 데려가려고 했을 때도 나는 두렵지 않았어요. 내가 어떤 일을 하고 있을 때, 어떤 것이 장어처럼 계단을 펄떡거리며 올라오고, 비명소리를 들었을 때도 두렵지 않았어요. 그것은 모든 문으로 갔어요. 내가 있는 곳에는 들어오지 못했어요. 내가 그것을 우주를 가로지르는 불꽃처럼 보냈을 거예요. 내 자리에 있는 한 남자가 있었는데, 그는 맹렬한 친구였고, 그들 중 하나를 내쫓았어요. 그는 도로에서 그것을 만나러 나갔지만, 아마도 그가 해야 할 말을 들었을 거예요. 하지만 요정들은 최고의 이웃이에요. 그들에게 잘해주면 그들도 당신에게 잘해줄 거지만, 그들은 당신이 그들의 길에 있는 것을 좋아하지 않아요." 또 다른 때에 그녀는 내게 말했다. "그들은 항상 가난한 사람들에게 잘해줘요."

II

그러나 골웨이Galway의 한 마을에는 사악함만을 보는 한 남자가 있다. 어떤 사람들은 그를 매우 신성하게 여기지만, 다른 사람들은 그가 약간 미쳤다고 생각하며, 그러나 그의 말 중 일부는 단테가 『신곡』의 구성을 얻었다고 전해지는 고대 아일랜드의 세 세계Three Worlds의 비전을 떠올리게 한다. 하지만 이 남자가 천국을 보는 것을 상상할 수는 없었다. 그는 특히 요정 사람들에 대해 화가 나 있으며, 그들 사이에 흔히 보이고, 판(목신)의 자식인 파우누스(목양신) 같은 발을 사탄의 자식임을 증명하기 위해 설명한다. 그는 "그들이 여자를 납치한다는 이야기가 많지만, 나는 그것을 인정하지 않는다."고 말하면서도, 그들이 "우리 주변에 바다의 모래처럼 많으며, 가련한 인간들을 유혹한다."고 확신하고 있다.

그는 "내가 아는 한 신부가 뭔가를 찾으려는 듯 땅을 살피고 있었는데,

갑자기 목소리가 들려왔어요. '그들을 보고 싶다면, 충분히 볼 수 있을 것이다.' 그러자 그의 눈이 열렸고, 땅이 그들로 가득한 것을 보았지요. 그들은 가끔 노래를 부르고 춤을 추지만, 항상 갈라진 발을 가지고 있다."고 말한다. 하지만 그는 그들의 춤과 노래에도 불구하고 이교도적인 것들을 경멸하여 "그들에게 가라고 명령하면 그들은 간단히 떠날 것이다."라고 생각한다. 그는 이렇게 말했다. "어느 날 밤, 킨바라Kinvara에서 걸어 나와 숲을 지나갈 때, 누군가 내 옆에 다가오는 것을 느꼈고, 그가 타고 있는 말과 그가 다리를 올리는 모습을 느낄 수 있었지만, 그들이 말의 발굽 같은 소리를 내지는 않았다. 그래서 나는 멈춰서 돌아서서 큰 소리로 '가라!'고 외치자, 그는 떠났고 다시는 나를 괴롭히지 않았다. 또 죽어가는 한 남자를 알았는데, 누군가 그의 침대에 다가왔고, 그는 '이 기괴한 동물아, 물러가라!'고 외치자 그것이 떠났다. 그들은 타락한 천사들이며, 타락 후에 하나님이 '지옥이 있으라.'고 말씀하셨고, 곧바로 지옥이 생겨났다." 난로 옆에 앉아 있던 한 할머니가 이 말을 듣고 "하나님, 우리를 구하소서, 그분이 그 말씀을 하셨다면 그날 지옥이 없었을지도 모릅니다."라고 말했지만, 그 예언자는 그녀의 말을 알아차리지 못했다. 그는 계속해서 말했다. "그리고 하나님이 악마에게 모든 사람의 영혼을 위해 무엇을 원하느냐고 물으셨다. 악마는 처녀 아들의 피 외에는 만족할 수 없다고 대답했다. 그래서 그 피를 얻었고, 그때 지옥의 문이 열렸다." 그는 이 이야기를 마치 수수께끼 같은 옛 민담처럼 이해한 것 같았다.

"나는 직접 지옥을 보았다. 한 번 환상 속에서 지옥을 본 적이 있다. 그것은 매우 높은 금속 담으로 둘러싸여 있었고, 아치형 통로가 있었으며, 마치 신사의 과수원으로 이어지는 길처럼 곧게 이어지는 길이 있었으나, 가장자리에는 상자 장식 대신 빨갛게 달아오른 금속이 있었다. 담 안쪽에는 교차로가 있었고, 오른쪽에는 무엇이 있었는지 확실하지 않지만, 왼쪽에는 다섯 개의 큰 용광로가 있었고, 그 안에는 큰 사슬로 묶여 있는 영혼들이 가득했다. 그래서 나는 급히 돌아서 나왔고, 돌아서면서 다시 담을 보았는데 끝이 보이지 않았다."

"또 다른 때 나는 연옥을 보았다. 그것은 평평한 곳에 있었고, 그 주위에는 담이 없었지만, 온통 밝은 불길에 휩싸여 있었고 그 안에 영혼들이 서 있었다. 그들이 고통받는 것은 지옥에서와 거의 같지만, 그곳에는 악마들이 없고 천국에 대한 희망이 있다."

"그리고 그곳에서 나에게 '나를 이곳에서 나가도록 도와줘!'라는 소리가 들렸다. 내가 보니, 그 사람은 내가 군대에서 알던 사람으로, 이 지역 출신의 아일랜드인이었고, 나는 그가 아덴라이Athenry의 오코너 왕의 후손이라고 믿고 있다."

"그래서 나는 처음에 손을 뻗었지만, 곧 '내가 너에게 3야드도 채 가까이 다가가기도 전에 불에 탈 것이다.'라고 외쳤다. 그러자 그가 '그렇다면 나를 위해 기도해 달라.'고 말해서, 나는 그렇게 하고 있다."

"그리고 코넬란Connellan 신부님도 죽은 이들을 위해 기도하라고 똑같이 말씀하시며, 설교를 잘하시고 매우 영리한 분이며, 루르드Lourdes에서 가져온 성수를 통해 많은 치유를 하신다."

1902년

▚▚▚ 해설

「행복하고 불행한 신학자들」은 예이츠가 아일랜드의 종교적 신념과 그에 따른 다양한 사람들의 반응을 탐구한 작품이다. 예이츠는 이 이야기에서 서로 다른 신앙을 가진 두 인물을 소개하며, 그들이 어떻게 신을 이해하고 받아들이는지를 비교한다. 한 인물은 신앙을 통해 행복과 평안을 찾은 반면, 다른 인물은 신앙 속에서 고통과 두려움을 경험한다. 예이츠는 신앙이 단순히 믿음의 대상이 아니라, 인간의 삶과 감정에 깊은 영향을 미치는 요소임을 강조한다. 신앙은 어떤 이들에게는 위로와 평안을 주지만, 다른 이들에게는 두려움과 고통의 원인이 될 수 있고, 이러한 대비는 신앙의 복잡성과 그 다면성을 잘 보여준다.

「행복하고 불행한 신학자들」은 아일랜드 사회에서 종교가 차지하는 중요성을 배경으로 한다. 아일랜드는 오랫동안 가톨릭 신앙이 깊이 뿌리내린 지역으로, 종교적 신념은 사람들의 삶에 큰 영향을 미쳤다. 이러한 종교적 배경을 바탕으로, 예이츠는 신앙이 인간에게 주는 다양한 경험과 그로 인한 감정적 반응을 작품 속에 담아낸다. 작품에서 신학자들의 신앙적 경험은 아일랜드 전통 신앙에서 자주 등장하는 신화적 주제들과 연결된다. 프랭크 레이먼드 리비스Frank Raymond Leavis는 예이츠가 종교적 주제를 다루는 방식에 대해 논의하며, 그의 시에서 종교와 신앙이 인간의 감정과 삶에 어떻게 영향을 미치는지 지적하고, 존 안터레커John Unterecker는 예이츠의 종교적 상징과 주제들이 그의 시에서 중요한 역할을 한다고 설명하며, 특히 종교적 신념과 개인적 경험 사이의 갈등을 탐구했다고 평가한다. 예이츠는 신앙의 복잡성과 그로 인한 감정적 충돌을 통해, 신화 속에서 반복되는 종교적 갈등과 선택의 문제를 탐구한다. 이 작품은 종교적 신념이 인간의 삶에 어떻게 영향을 미치는지를 현대적 관점에서 재조명하며, 신화적 요소를 통해 그 의미를 더욱 심화시킨다.

성창규 (목원대)

마지막 음유 시인 THE LAST GLEEMAN

마이클 모란Michael Moran은 1749년경 더블린 특별행정구의 블랙 피츠에서 좀 떨어진 패들 앨리에서 태어났다. 그는 태어난 지 이주 만에 병으로 눈이 완전히 멀었다. 그것이 오히려 부모에게는 축복이 되었는데, 곧장 아이를 길모퉁이나 리피강 다리 위에서 노래와 구걸하러 보낼 수 있었기 때문이다. 그의 부모들은 아이의 마음처럼 그들의 돈통이 가득 차기를 원했고, 시각의 방해를 받지 않았던 아이의 마음은 완벽하게 울리는 방이 되어, 하루의 모든 움직임과 사람들의 열정의 모든 변화가 그대로 노래가 되어 재미있는 격언으로 속삭였다. 어른이 된 모란은 더블린 특별 행정구에 거주하는 민요 작가들, 직공인 매든Madden, 위클로 출신 시각 장애인이자 바이올리니스트인 커니Kearney, 미드 출신의 마틴Martin, 출신지를 알 수 없는 엠브라이드M'Bride, 진짜 모란이 죽은 후에 빌려온 깃털 옷과 빌려온 넝마 조각을 입고 뽐내며 걸으면서, 자신 이외에 모란은 없었다고 떠들어댔던 저 엠그레인M'Grane과 많은 다른 사람들 모두에게 인정받은 대표자가 되었다. 모란은 시각 장애인이었지만 아내를 얻는 데 아무런 어려움이 없었고, 오히려 고르고 골라잡을 수 있었다. 그는 누더기를 입었어도 천재성을 지닌 사랑스러운 남자여서, 보통 여자라면 보통 예측하기 어렵고 기이하며 당혹감을 주는 그런 남자를 사

켈트의 황혼 75

랑하기 때문이다. 그는 누더기를 걸쳤어도 많은 훌륭한 점들이 전혀 부족하지 않았다. 예를 들어, 그는 케이퍼 소스를 너무 좋아했는데, 하루는 집에 소스가 떨어지자 크게 화를 내며 양고기 다리를 아내에게 집어던졌던 한 가지 사건이 기억될 정도였다. 하지만 그는 어깨 망토와 가장자리가 부채처럼 장식된 달린 조잡한 프리즈 코트와 낡은 코르덴 바지를 입고, 커다란 가죽구두를 신고 가죽띠로 손목에 단단히 맨 작달막한 지팡이를 든 볼품없는 사람이었다. 그러므로 왕들의 친구였던 음유 시인 맥콩글린MacCoinglinne이 코크에 있는 돌기둥에서 예언적 환상으로 모란의 모습을 보았더라면 아마 심한 충격을 받았을 것이다. 하지만 짧은 망토와 가죽 지갑이 없다 해도 여전히 모란은 진정한 음유 시인이며, 시인이자 어릿광대이고 대중에게 소식을 전하는 뉴스 기자 같은 존재였다. 아침에 그가 식사를 마칠 때 부인이나 몇몇 이웃이 그에게 신문을 읽어주곤 했었는데, 그가 "그만 됐어요. 나는 명상하겠소."라고 중단시킬 때까지 반복해서 읽어주었다. 그런 명상들 속에서 그날의 농담이나 노래가 떠오르곤 했다. 그는 자신의 프리즈 코트 아래에 중세 전체를 품어 지니고 있었던 것이다.

그러나 모란은 교회나 목사에 대한 맥콩글린의 증오 같은 것은 없었다. 왜냐면 자신의 명상이 충분히 결실을 보지 못하거나 군중들이 좀 더 확실한 무언가를 원할 때, 그는 성인이나 순교자에 관한 이야기 혹은 성경 속 모험담을 운율 조의 이야기와 민요로 암송하고 노래했기 때문이다. 군중이 모여들었을 때 모란은 길모퉁이에 서서 이런 노래를 시작했었다. (나는 모란을 아는 사람의 기록을 베낀다.) - "내 주위로 모여라, 소년들아, 내 주위로 모여라 소년들아, 내가 웅덩이에 서 있나? 내가 물속에 서 있나?" 그러면 몇몇 소년들이 외쳤다. "아, 아녀요! 네, 아녀요! 당신은 잘 마른 땅에 서 있어요. 『성녀 마리아Saint Mary』를 계속해주세요! 『모세Moses』를 계속해 주세요!"라고 각자가 가장 좋아하는 이야기를 요청했다. 그러면 모란은 자기 몸을 수상쩍게 꿈틀거리며 자신의 누더기를 움켜쥐고, "내 유쾌한 친구들이 모두 험담꾼이 되었구나."라고 폭소를 터트리면서, "만약 너희들이 조롱이나 놀림을 멈추지 않으면 내가 너희 몇 명에게 본때를 보여주겠다."라고 소년들에게 마지막으로 경고하고는 암송을 다시 시작하거나 여전히 꾸물거리며 "아직도 내 주변에 사람들이 있나? 내 주변에 불한당 이단자가 있나?"라고 묻거나, 노래를 시작하곤 했다.

내 주위에 모여라, 애들아,
　내 주위에 모였는가?
그리고 내가 말해야 할 것을 들어봐라.
　샐리Sally가 나에게 하루의 빵과 찻주전자를
가져오기 전에.

모란이 노래한 종교 이야기들 가운데 가장 널리 알려진 것은 『이집트의 성녀 마리아Sanit Mary of Egypt』였다. 이는 코일 주교Bishop Coyle가 쓴 아주 긴 작품을 요약한 대단히 엄숙한 장시였다. 이 시는 마리아Mary라는 한 이집트 창녀harlot의 이야기를 들려준다. 마리아는 예루살렘으로 성지 순례자들을 따라갔고, 초자연적인 방해로 인하여 사원에 들어가지 못하게 되자, 회개하고는 사막으로 달아나서 고독하게 속죄하며 여생을 보낸다. 마침내 그녀가 죽음의 순간이 되자 하나님께서 조지무스 주교Bishop Zozimus를 보내어 그녀의 고백을 듣게 하시고, 그녀에게 마지막 성찬을 내려주시고, 또한 하나님께서 보낸 한 마리 사자의 도움으로 그녀의 무덤을 파게 하셨다. 이 시는 18세기식의 엄격한 운율을 가지고 있지만 사람들에게 매우 인기가 있어서 모란은 곧 조지무스라는 별명으로 종종 불리게 되었고, 그 이름으로 기억되었다. 모란은 또한 『모세』라는 시를 한 편 썼는데, 이는 시라기보다 약간 시와 비슷한 정도였다. 하지만 그는 엄숙함을 견딜 수 없어서 오래지 않아 다음과 같이 부랑자 방식으로 자신의 시를 풍자적으로 개작했다.

    이집트에서 나일강으로 파라오 왕의 딸은
    화려한 차림으로 목욕을 하러 갔다.
    그녀는 몸을 물에 담그고 땅 위를 거닐었다.
    몸을 말리기 위해 강가를 따라 달렸다.
    갈대에 그녀는 걸려 넘어졌고, 그곳에서 그녀는
    짚 바구니 안에서 방긋 웃는 아기를 보았다.
    그녀는 아기를 꺼내 안고, 부드러운 목소리로 말했다.
    "소녀들아, 내가 이 아기를 기를까?"

모란의 익살스러운 노래들은 동시대인들을 대상으로 조롱하고 장난치는 시들이 많았다. 예를 들면, 부자인 것을 뽐내면서도 씻지 않아 더럽기로도 유명한 어떤 구두 수선공을 기억한 일은 그의 기쁨이었다. 이처럼 노래의 유래는 별것 아니었고 그 첫 연이 우리에게 전해 내려오고 있다.

    더러운 골목의 더러운 길 끝에
    더러운 구두 수선공 딕 매클레인Dick Maclane이 살았다.
    그의 부인은 그 늙은 왕의 권세를 누리는
        튼튼하고 용감한 오렌지빛 여인이었다.
    에섹스 다리 위에서 그녀는 목청껏 소리를 질렀다.
    그녀의 노래는 여섯 페니였다.
    반면 디키Dickey는 새 코트를 입고
        그는 농부들 무리 속에 있었다.
    그는 동료들처럼 고집쟁이였다.

그는 길거리에서 거칠게 노래를 불렀다.
오 터덜터덜 달렸다, 그의 노쇠한 늙은 말과 함께.

모란은 다양한 종류의 곤란을 겪었고, 수많은 훼방꾼과 대면하여 싸워 이겼다. 한번은 허세 부리던 경찰관이 그를 부랑자로 체포했는데, 그때 모란은 호머Homer의 전례에 따라 자신이 존경받을 것을 주장했다. 호머 또한 시인이며 시각장애인이고 방랑자였기 때문이었다. 결국 그 경찰관은 법정에서 사람들이 비웃는 가운데 보기 좋게 완패당했다. 그의 명성이 높아질수록 그는 더욱 심각한 어려움에 처했고, 다양한 모방꾼들이 온 사방에서 나타났다. 예를 들면, 어떤 배우는 무대 위에서 모란의 이야기나 노래와 복장을 흉내 내어 모란만큼 많은 돈을 벌었다. 어느 날 그 배우가 몇몇 친구들과 저녁 식사를 했을 때, 그의 흉내가 모란보다 더 진짜 같은지 아닌지를 놓고 논쟁이 벌어졌다. 결국 그 문제를 군중들에게 호소해서 결정하기로 합의했다. 유명한 커피점의 40실링짜리 저녁 식사가 내기판에 걸렸다. 그 배우가 모란이 자주 가는 에섹스 다리 위에 무대를 만들자 곧이어 무리가 조금씩 모여들었다. 그가 "나일강을 오염시키는 이집트의 땅에서"라고 막 읊기 시작하자, 모란이 다른 무리를 이끌고 나타났다. 사람들은 대단히 흥겨운 웃음판을 구경하게 되었다. 그 모방꾼 배우가 외쳤다. "선한 기독교인들이여, 어느 누가 가난하고 눈먼 사람을 그렇게 놀릴 수 있겠는가?"

그러자 모란이 대답했다. "거기 누구인가? 사기꾼이로군."

"썩 꺼져라. 철면피여! 당신이야말로 사기꾼이지. 눈을 시퍼렇게 뜨고 가난하고 눈먼 사람을 욕보이다니 하늘의 벼락이 무섭지도 않은가?"

불쌍한 모란이 다시 대답했다. "성자와 천사들이여, 이런 인간에 대항하기 위한 어떤 보호도 없는가? 너는 이런 식으로 나의 정직한 **빵**을 **빼앗아**가려는 가장 비인간적인 악당이다."

"이 나쁜 인간아, 당신은 내게서 아름다운 시를 빼앗아 가려 하는가. 기독교인들이여, 여러분의 자비심으로 당신들이 이 사람을 쫓아내지 않겠는가? 그는 내가 눈이 먼 것을 이용하고 있다."

모방꾼은 자신의 승리를 확신하고 사람들의 동정과 보호에 감사했다. 그리고 계속 시를 읊었고, 모란은 당혹스러운 침묵 속에서 모방꾼이 읊는 시를 듣고만 있었다. 잠시 후에 모란은 이렇게 항의했다.

"여러분 중에 나를 알지 못하는 사람이 있을 수 있는가? 정녕 나를 모르는가? 내가 모란이 아니라면 누구란 말인가?"

"내가 이 사랑스러운 이야기를 더 진행하기 전에" 모방꾼이 끼어들었다. "내가 계속할 수 있도록 자선 기부금을 기부하실 것을 당신들에게 요청합니다."

"하늘을 비웃는 자여, 당신은 구원받을 영혼도 없는가?"라고 모란은 소리치고 이 마지막 모욕에 완전히 제정신을 잃었다. "당신은 가난한 사람의 돈을 훔치고 게다가 세상을 속이려 하는가? 오 이런 사악한 짓이 어디 있는가?"

모방꾼이 말했다. "나의 친구들이여, 나는 이 일을 당신들에게 맡기겠소. 진짜로 눈먼 사람에게 주기 위해서이고, 그리고 당신들은 이 모든 것을 너무도 잘 알기 때문이오. 그리하여 나를 저 모방꾼으로부터 구해 주시오." 그러면서 모방꾼은 구걸할 잔돈들을 모으고 다녔다. 그가 그렇게 하는 동안, 모란은 『이집트의 성녀 마리아』를 읊기 시작했다. 하지만 분노한 군중들은 모란의 지팡이를 잡고 그를 막 공격하려 했다. 그러나 그가 모란과 너무나 닮은 것을 보고는 다시 당혹해하며 뒤로 물러났다. 모방꾼은 이제 군중들에게 소리쳤다. "그 악당을 꽉 붙잡으시오. 그리고 누가 사기꾼인지 알게 해 주시오!" 사람들이 그를 모란에게 데리고 갔다. 그러나 그는 모란과 실랑이하는 대신에 모란의 손에 몇 실링을 찔러주고는, 군중들을 향해 돌아서서, 자신은 실은 배우이고 단지 저녁 먹기 내기를 걸었을 뿐이라고 설명했다. 그리고 그는 내기에서 이겼기에 저녁을 대접받기 위해서 대단한 열광을 받으며 떠났다.

　　1846년 4월 마이클 모란이 죽어간다는 말이 신부에게 전해졌다. 신부는 패트릭가 15번지(이제는 14와 1/2번지)에서 모란을 찾아냈는데, 그는 짚 침대 위에 누워있었고 방에는 누더기를 걸친 발라드 가수들이 그의 마지막 순간에 갈채를 보내기 위해 방에 가득 모여 있었다. 그가 죽은 뒤에 바이올린이나 그와 비슷한 악기를 지닌 가인들이 다시 찾아와 멋진 장례식 전야를 지냈다. 각자 색다른 리듬이나 옛날 속담, 이야기, 4행시를 읊으며 흥을 돋우었다. 모란은 전성기를 누렸고, 기도를 드렸고, 고백 성사도 드렸기에, 사람들은 진심에서 우러나는 배웅을 그에게 보낼 수 있었다. 장례식은 다음날 치러졌다. 그를 숭배하는 사람들과 친구들, 상당수 무리가 상여에 관을 넣었다. 날씨가 축축하고 구질구질했기 때문이었다. 장례 행렬이 멀리 가지 않아서 누군가가 "지독하게 춥군. 그렇지?"라고 외치자 누군가가 "그렇군." "장지에 도착하면 우리도 시체처럼 뻣뻣해질 테지."라고 대답했다. 또 세 번째 사람이 "제기랄." "나는 날씨가 좋아지는 다음 달까지는 그가 버티길 바랐는데."라고 말했다. 그러자 캐롤Carroll이란 남자가 반 파인트짜리 위스키를 만들었고, 그들 모두 고인의 영혼을 위해 술을 마셨다. 하지만 불행하게도 상여는 너무 무거웠고, 봄이 와서야 비로소 그들은 공동묘지에 도착할 수 있었다.

▦▦▦ **해설**

「마지막 음유 시인」은 18세기 아일랜드 더블린 거리 전역에서 실제로 활동한 시인으로, 조지무스Zozimus나 마지막 음유 시인Last of the Gleemen으로 널리 알려진 모란Michael J. Moran, 1794~1846의 생애에 관한 이야기이다. 그는 생후 2주에 병으로 눈이 멀었지만, 운문에 대한 놀라운 기억력을 발달시켰고, 생동감 있는 스타일로 직접 작곡한 시를 낭송하고 구걸하여 생계를 유지했다. 시의 내용은 엄숙한 종교적 주제나 정치나 시사적 사건들을 익살스럽고 신랄하게 노래했다. 예이츠는 그의 노래에서 『이집트의 성녀 마리아』와 『모세』를 예로 들었는데, 모세는 성경의 구약의 인물로서 이집트의 이스라엘 박해로 버려졌던 아이를 발견한 이집트 공주 덕분에 왕자로 성장한다. 모세는 왕족의 부귀영화를 포기하고 자신의 민족인 히브리인들을 이집트의 노예 생활에서 구출하여 가나안으로 돌아가게 한다. 반면 『이집트의 성녀 마리아』에서 마리아는 원래 창녀였지만 예수를 만나 그의 수제자가 되어 따르던 막달라Magdakena 마리아를 연상시킨다. 그녀는 신약성경의 인물로, 예수의 죽음을 예측하고 향유가 담긴 옥합을 바쳐 칭찬을 받는다. 예수가 십자가에 처형된 후, 그녀는 성모 마리아와 함께 시체에 바를 향유를 가지고 그리스도의 무덤에 갔다. 천사는 그들에게 예수가 부활했다는 소식을 전하고, 이를 들은 마리아는 예수의 제자들에게 이를 전한다. 하지만 일설에 따르면, 이후 마리아는 로마의 탄압을 피해 잠시 이집트로 도망갔다가 다시 프랑스 프로방스로 돌아왔다고 전해진다. 가톨릭교회에서 막달라의 성녀 마리아의 축일은 7월 22일이다. 이처럼 이집트의 성녀 마리아의 노래는 막달라의 성녀 마리아를 연상시키고 타락한 인간이 하나님의 은혜를 받아 성자의 반열에까지 이를 수 있다는 희망을 담은 노래이기에 더욱 대중들의 마음을 열어 인기를 얻었을 것이다. 모란의 옷차림은 넝마와 다름없는 거지 차림이었지만, 그의 아름답고 천재적인 노래들로 그의 명성을 가릴 수 없었다고 한다. 하지만 모란의 인기가 높아질수록 훼방꾼과 모방꾼들로 인해 많은 어려움을 겪었다고 한다. 그가 1846년 4월 3일 패트릭가의 15번지에서 52세로 죽음을 맞이할 때, 그를 흠모하는 많은 거리의 시인들과 음악가들의 사랑과 존경을 받으며 성대한 장례식이 치러졌고 이틀 후 더블린 소재의 글래스네빈Glasnevin 공동 묘지에 매장되었다.

김영희 (전주대)

레지나, 레지나 피그메오룸, 베니 REGINA, REGINA PIGMEORUM, VENI[16]

어느 날 밤에 나는 차 소리가 들리지 않는 곳에서 평생 살아온 한 중년 남자와, 가축들이 있는 들판 위로 어른거리는 알 수 없는 희미한 빛들을 어렴풋이 감지하고 요정을 보는 능력이 있는 천리안으로 알려진 그의 친척 소녀와 함께, 나는 저 먼 서쪽 모래 해변을 걷고 있었다. 우리는 종종 요정족이라 불리는 '잊힌 종족'에 대한 이야기를 나누었고 그들이 자주 나타나기로 유명한 곳에 갔다. 그곳은 검은 바위들 가운데 있는 얕은 동굴인데, 그 아래로 젖은 바닷모래에 그것의 그림자가 있었다. 나는 어린 소녀에게 뭐가 볼 수 있는지를 물었다. 왜냐면 나는 그 잊힌 종족들에게 질문할 것이 너무나 많았기 때문이었다. 소녀는 몇 분 동안 가만히 서 있었고, 나는 그녀가 깨어 있으면서 동시에 신들린 상태로 몰입해 가는 것을 보았다. 더 이상 차가운 바닷바람이 그녀를 방해하지 않았고, 무딘 파도 소리가 그녀의 집중을 흩뜨리지 않았다. 그때 나는 위대한 요정들의 이름을 불렀다. 그리고 잠시 후에 소녀는 바위 속 저 멀리에서 음악 소리가 들려오고, 이어서 알아들을 수 없는 이야기 소리와 어떤 보이지 않는 연주자에게 갈채를 보내는 듯한 발 구

---

16) 이 말은 점성가이자 마술사인 릴리Lilly가 윈저 숲에서 외던 주문이다.

르는 사람들의 소리가 들린다고 말했다. 이때까지 나의 다른 친구는 조금 떨어져서 이리저리 걷고 있었는데, 바로 그때 우리에게로 가까이 다가와서 갑자기 말하길 우리가 들킨 것 같다고 했다. 우리만 있었지만, 그가 바위 너머 어디에선가 들려오는 어린아이들의 웃음소리를 들었기 때문이다. 이는 그곳 땅의 정령들이 그 친구에게 영향력을 발휘하기 시작했던 것이다. 그 순간 이 친구의 말이 터져 나오는 웃음소리와 음악과 알아들을 수 없는 대화와 발소리에 섞여서 들리기 시작했다는 소녀의 말로도 입증되었다. 다음에 소녀는 동굴에서 흘러나오는 반짝이는 불빛을 보았다. 그 빛은 동굴을 한층 더 깊어 보이게 했다. 그리고 이어서 다양한 빛깔의 옷을 입은 수많은 작은 종족[17]이 있었고, 붉은 옷을 입은 이들이 가장 많았는데 소녀가 알지 못하는 가락에 맞춰 춤을 추는 것처럼 보였다.

    나는 난쟁이들의 여왕이 나타나서 우리와 이야기를 나눌 수 있도록 불러 달라고 소녀에게 부탁했다. 그러나 소녀의 명령에 아무런 반응이 없었다. 그래서 이번에는 내가 직접 큰 소리로 불러냈다. 잠시 후에 동굴 밖으로 아주 아름답고 키 큰 여인이 나왔다. 나 역시 이때 일종의 신들린 상태[18]에 빠져있었는데, 말하자면 존재하지 않는 현실이라고 부르는 것이 스스로 오묘한 현실로 변화하기 시작한 상태이고, 나는 감명을 받았는데 그게 실제 환영이라 말할 수 없는 어떤 금빛 장식의 희미한 빛, 그늘 어린 꽃과

---

17) 작은 종족들과 아일랜드의 요정들은 사람과 키가 비슷하거나 더 크기도 하다. 사람들보다 작을 때는 3피트약 90센티미터 정도 된다고 한다. 내가 자주 언급하는 나이든 메이요Mayo 부인은 우리의 눈 속에 무언가가 있어서 요정들을 크게 혹은 작게 보는 것으로 생각했다. (예이츠)

18) '신들린 상태'라는 단어는 잘못된 인상을 준다. 전에 나는 맥그리거 매더스MacGregor Mathers 와 그의 제자에게 상상이 저절로 움직이던 의지를 멈추는 법을 배웠다. 그러나 그 소녀는 완전히 신들렸고 그 남자도 그녀에게 영향을 받아 마치 자신의 육체적 귀로 듣는 것처럼 아이들의 목소리를 들었던 것이다. 나중에 그녀의 신들림이 나에게 두 번째로 큰 영향을 미쳐서, 나는 그녀가 행한 일의 일부를 마치 육신의 눈과 귀로 듣거나 본 것처럼 듣고 보았다. (예이츠, 1924)

같은 빛나는 머리카락을 볼 수 있었다. 그런 다음 나는 그들을 키가 큰 여왕이 자연스럽게 구분하여 그녀의 부하들을 정렬시키도록 소녀에게 부탁했다. 그래야 우리가 볼 수 있기 때문이었다. 나는 앞에서처럼 내가 그 명령을 반복해야만 한다는 것을 알았다. 그러자 요정들은 동굴에서 나와서 스스로 쭉 정렬했고, 정확하게 기억하건대 네 줄로 섰다. 그중 한 줄은 그녀의 설명에 따라서 손에 마가목 나뭇가지를 들었고, 다른 줄은 분명히 뱀 껍질로 만든 목걸이를 걸었지만 그들의 옷은 기억나지 않았다. 나는 요정 여왕에게 이 근방에서 이 동굴들이 제일 큰 요정 출몰지인지 그 천리안 소녀에게 말할 것을 요청했다. 그녀의 입술이 움직였지만, 대답을 들을 수 없었다. 나는 천리안 소녀에게 그녀의 손을 요정 여왕의 가슴 위에 올려놓으라 했고, 그 후에 소녀는 모든 말들을 아주 분명히 들었다. 이곳이 제일 큰 출몰지는 아니고 약간 더 앞쪽으로 가면 더 큰 장소가 있다고 했다. 그런 다음 나는 요정 여왕과 그녀의 종족들이 인간들을 데려가는 것이 사실인지를 물었다. 만약 데려간다면 그들이 데려간 인간 대신에 그 자리에 다른 영혼을 데려다 놓는지도 물었다. "우리는 몸을 바꾼다."라고 여왕이 대답했다. "당신들 중에 인간 세상에 태어난 사람이 있는가?" "그렇다." "태어나기 전에 요정이었던 사람들을 내가 알고 있는가?" "그렇다, 있다." "그들이 누구인가?" "그것은 당신이 알면 안 된다." 그다음 내가 여왕의 종족들이 "인간의 감정을 표현할 수 있는지" 묻자 "그녀는 이해하지 못한다. 다만 그녀의 백성들이 인간과 아주 흡사해서 인간들이 하는 일은 거의 다 한다."라고 친구가 대답했다. 나는 요정 여왕에게 다른 질문들을 했는데, 가령 그녀의 성격이나 우주에 대한 그녀의 목적에 관해 물었지만, 그 질문들은 그녀는 당황하게만 했다. 마침내 여왕은 인내심을 잃은 듯이 보였다. 왜냐하면 모래－환상 속의 모래－위에다 "조심하라, 그리고 우리에 대해서 너무 많은 것을 알려 하지 마라."고 나에게 보내는 메시지를 썼기 때문이었다. 나는 요정 여왕의 심기를 불편하게 한 것을 알아차리고, 우리에게 모습을 보여주고 이야기해준 것에 대해 감사의 인사를 했다. 그리고 그녀가 다시 동굴로 들어가도 좋다고 말했다. 잠시 후에 어린 소녀는 신들린 상태에서 깨어났고 세상의 찬바람을 느끼며 떨기 시작했다.

▩▩▩ 해설

「레지나, 레지나 피그메오룸, 베니」는 동굴에 무리 지어 사는 요정족과 그들의 여왕에 관한 상세한 이야기이다. 화자는 영매자인 어떤 소녀와 그녀의 친척이자 화자의 친구인 한 중년 남자와 함께 요정의 출몰지에서 요정들을 소환하였고, 그들은 붉은 옷을 입고 소란스럽게 등장하였다. 화자는 요정들이 인간의 영혼을 빼앗아 가는지, 인간과 요정은 서로 몸을 바꿀 수 있는지, 우리 주변에 요정으로 태어난 인간들이 함께 살고 있는지에 대한 대답을 여왕에게서 듣는다. 마지막으로 그녀에 관한 질문과 우주의 목적에 관해 질문하니 여왕은 대답을 거부하였다. 「레지나, 레지나 피그메오룸, 베니」는 요정들이 아직도 현대 인간 세계에 출몰하고 있고, 우리들의 이웃으로 어울려 살고 있지만, 평범한 인간들은 그들을 전혀 인식하지 못하고 있음을 설명하는 동굴 요정족에 관한 이야기이다.

김영희 (전주대)

그리고 아름답고 격렬한 여인들 AND FAIR, FIERCE WOMEN

어느 날 내가 아는 한 여인은 영웅적인 미인과 직접 만나러 왔다. 그 미인은 시인 블레이크William Blake가 언급했듯이, 젊어서부터 노년에 이르기까지 거의 변함없는 최고의 미를 지녔고, 우리가 소위 진보라 부르는 퇴폐적인 흐름 이후에 그 자리를 관능적인 미인들이 대신하면서 예술 작품 속으로 사라져가던 미인이었다. 나에게 이야기를 해준 여인이 창가에 서서 메이브 여왕Queen Maive이 묻혔다고 하는 녹나리산을 보고 있었을 때, '최고로 아름다운 여인이 산을 똑바로 가로질러 자신에게 곧장 오는 것'을 보았었다. 그 아름다운 여인은 옆구리에 장검을 차고, 손에 단검을 들었으며, 팔과 발이 드러나는 흰옷을 입고 있었다. 또한, 그녀가 '매우 강하게 보였지만 사악해 보이지는 않았다.'라고 했는데 이는 잔인해 보이지는 않는다는 것이다. 이 이야기를 해준 노파는 아일랜드의 거인도 보았는데, 그는 멋진 남자였지만 이 여인에 비하면 아무것도 아니었다. "왜냐하면 그는 너무 순해서 그렇게 용감히 나서지 못했을 것이기 때문이에요. 그녀는 아무개 부인과 비슷했지요. 이웃에 사는 품위 있는 숙녀분요. 하지만 그녀는 군살 없이 호리호리하고 다부진 체격에, 어깨는 넓었고, 이제까지 본 어떤 사람보다 아름다웠어요. 그녀는 서른 살쯤 되어 보였지요." 노파가 손으로 자기의 눈을 가렸고 손을 다시 내렸을 때는 갑자기 나타났던 환영이 사라지고 없었다고 한다. 그녀는 이웃 사람들이 그녀에게 화를 냈는데 그녀가 신탁이 있는지 알아보려고 기다리지 않았기 때문이라고 나에게 말했다. 왜냐면 그들은 그 환영이 항해사들에게 흔히 모습을 나타내는 메이브 여왕이 틀림없다고 확신했기 때문이었다. 나는 노파에게 메이브 여왕 이외에 다른 요정들을 본 적이 있는지 물어보았다. "그들 중 몇몇은 머리를 아래로 내렸는데, 그들은 신문에서 볼 수 있는 졸려 보이는 숙녀들과는 아주 다르게 생겼어요. 머리를 올린 이들도 마찬가지였고요. 다른 이들은 길고 하얀 드레스를 입었지만, 머리를 올린 이들은 짧은 드레스를 입었어요. 그래서 송아지처럼 곧은 그녀들의 다리를 볼 수 있었지요." 몇 가지 상세한 질문을 하고 나서, 나는 그들이 반장화 같은 것을 잘 신는 것을 알았다. 그녀는 계속해서 "그들은 둘 혹은 셋이서 말을 타고 칼을 휘두르며 산비탈을 내달리는 남자들처럼 멋지고 위풍당당했어요."라고 반복하고 반복해서 말했다. "지금은 그런 생생한 종족은 없어요. 그렇게 멋지게 균형 잡힌 종족은 없지요." 혹은 "현재의 여왕은 예쁘고 상냥하게 생겼지만, 메이브 여왕만은 못해요. 요정들과 비슷한 데라곤 전혀 없는 숙녀들이 괜찮다는 생각은 별로 들지 않아요. 그들은 옷도 똑바로 입을 줄 모르면서 뛰어 돌아다니는 어린아이들 같아요. 숙녀라고요? 왜요? 나는 그들을 그냥 여자라고 부르지는 못할 겁니다."라고 말했다. 다른 날 내 친구 하나가 골웨이 구빈원에 있는 노파에게 메이브 여왕에 관해서 물었다. "메이브 여왕은 아름답고, 개암나무 지팡이로 모든 적들을 물리쳤어요, 왜냐하면 개암나무는 축복받은 최고의 무기이기 때문이지요. 당신은 그 지팡이를 가지고 세상을 걸어 다닐 수도 있어요. 하지만 여왕은 결국에는 화를 낼 거예요. 오, 매우 화를 내겠죠. 그것에 대해 그만 말하는 게 좋겠어요. 그저 책에 쓰인 대로 그대로 놔둡시다." 친구는 그 노파가 머릿속으로 로이Roy의 아들 퍼거스Fergus와 메이브 여왕의 염문을 떠올리고 있다고 생각했다.

나도 한번은 버렌 힐즈에 사는 한 젊은이를 만난 적이 있었다. 그는 아일랜드어로 시를 썼던 한 노시인을 기억하였다. 이 노시인은 젊은 시절, 자신이 그들의 메이브Maeve라고 말하면서 돈이나 쾌락을 얻고 싶으면 구하라고 했던 한 여인을 만난 적이 있다고 한다. 그는 그녀에게 쾌락을 원한다고 말했고, 그러자 그녀는 잠시 그에게 사랑을 주었다가 곧 그를 떠났고, 그는 그 이후로 내내 슬픔에 잠겨 있었다고 한다. 젊은이는 그 시인이 애절한 시를 지어 노래하는 것을 자주 들었지만, 그 시가 '아주 애통하다'는 것과 그가 그녀를 '미인 중의 미인'으로 불렀다는 것만 기억할 수 있었다고 한다.

1902년

▓▓■ 해설

「그리고 아름답고 격렬한 여인들」은 요정 여왕으로 잘 알려진 메이브 여왕과 그녀의 요정들에 관한 이야기이다. 이들은 하늘 요정족 또는 남성들을 홀리는 랴난 쉬leannán sidhe의 부류로 보인다. 그들은 검과 창으로 무장하였으며, 말을 자유롭게 타고 다니는 용맹스러운 여인들이었다. 또한 쉬는 아일랜드 거인족들보다 더 강인하지만 모두 아름답고 호리호리했으며 머리를 길게 늘어뜨리거나 말아 올렸고 팔과 다리를 내놓았다고 한다. 그들의 여왕인 메이브 여왕은 세상에서 가장 아름다운 여인이었고, 한 시인이 그녀와 며칠간 사랑에 빠졌다가, 결국 그가 노인이 될 때까지도 그녀를 잊지 못해서 평생을 슬픔의 시를 짓는 일로 보냈다는 일화도 전한다. 메이브 여왕은 아일랜드 신화의 얼스터 대계에 등장하는 코노트의 여왕이었다.

김영희 (전주대)

마법에 걸린 숲 ENCHANTED WOODS

I

지난여름에 나는 일과를 마치고 나면 너른 숲에 가서 이리저리 걸어 다녔는데, 거기서 나이 든 촌부 존 패럴John Farrell을 종종 만나게 되었고 그의 일과와 숲에 관해 이야기를 나누었다. 한 번인가 두 번은 내 친구(그레고리 부인)와 동행하였는데 노인은 나보다 내 친구에게 선뜻 마음을 터놓고 이야기했다. 노인은 평생을 숲에 살면서 느릅나무와 개암나무, 쥐똥나무와 서어나무를 길에서 쳐내는 일을 했다. 그러면서 숲에 있는 자연의 존재와 초자연적인 존재에 대해 많이 생각했다고 했다. 그는 고슴도치가(그는 아일랜드어로 '그라너 오그grainne oge'라고 불렀다) "기독교인들처럼 툴툴대는" 소리를 들었고 고슴도치가 사과나무 아래서 가시에 모두 사과가 달라붙을 때까지 뒹굴면서 사과를 훔친다고 굳게 믿고 있었다. 또 숲속에는 고양이가 많으며 자기들끼리 쓰는 말이 있는데 마치 옛날 아일랜드에서 썼던 말과 비슷하다고 했다. 이어서 "고양이가 뱀이었는데, 세상에 큰 변화가 있던 시기에 고양이로 변했지요. 그런 까닭에 고양이를 죽이는 건 쉽지 않은 일이고, 함부로 참견하면 위험합니다. 고양이를 화나게 하면 발톱을 세우고 물어서

독을 퍼뜨릴지도 모르는데 그 발톱이 뱀의 이빨에 해당하기 때문이에요."라고 했다. 노인은 고양이가 야생 고양이로 변하면서 꼬리에 발톱이 붙어서 자라게 된 것이라고 했다. 그러나 이 야생 고양이는 숲에서만 사는 담비와는 다른 동물이다. 지금의 고양이처럼 여우도 예전에는 길들인 동물이었는데 도망을 쳐서 야생 동물이 된 거라고 했다. 노인은 자기가 싫어하는 다람쥐를 제외하고는,[19] 모든 야생의 생명체에 애정 어린 관심을 갖고 대했다. 자기가 어렸을 때는 고슴도치 아래로 불타는 짚 한 가닥을 넣어주면 고슴도치들이 몸을 쭉 폈다고 하면서 눈을 반짝이며 재미있다고 하기는 했지만 말이다.

　그 노인이 자연의 존재와 초자연적인 존재를 명확하게 구별하는지 아닌지는 잘 모르겠다. 어느 날엔가 그는 여우와 고양이가 둘 다 밤이 되면 "바깥으로 나오"고 싶어 하고 그렇게 하기를 좋아한다고 했다. 그리고 여우에 대해 이야기하다가 영혼에 관한 이야기로 화제를 옮겨가곤 했는데, 지금은 보기가 힘든 야생 동물인 담비에 관해서 이야기할 때 그의 목소리가 더욱 다채로웠다. 여러 해 전에 그가 정원에서 일을 한 적이 있었다. 다락에 사과를 가득 채워놓은 집에서 잠을 자게 되었는데, 밤새 머리 위 다락방에서 사람들이 접시와 칼을 달그락대는 소리를 들었다고 했다. 언젠가는 숲속에서 기이한 광경을 목격했다고 했다. "한번은 내가 인치Inchy 숲에서 나무를 베고 있었는데 아침 8시쯤 되었을까, 어떤 여자아이가 밤을 줍고 있는 것을 봤어요. 예쁘고 말끔한 인상에 키가 컸고 갈색 머리를 어깨까지 늘어뜨리고 머리는 별다른 치장도 하지 않고 소박했는데, 내가 다가가자 알아차렸는지 경계를 하더니 사라져버렸어요. 마치 땅이 그 애를 삼키기라도 한

---

19) 그레고리 부인은 다람쥐가 순진하게 보이기는 하지만 어린 나무의 외피에 해를 가하기 때문에 싫어한다고 밝힌 적이 있다. 쿨 장원의 숲을 관리했던 존 패럴의 생각도 그러했을 것으로 추측해 볼 수 있다.

듯이 말이에요. 뒤따라가서 그 애를 찾아보았지만 그날 이후로 지금까지 보지 못했어요." 노인은 그 여자아이가 말끔했다고 말했는데, 그 말은 우리가 흔히 상큼하다거나 어여쁘다는 뜻으로 쓰는 말인 듯했다.

다른 사람들도 마법에 걸린 숲에서 요정을 보았다. 한 일꾼이 자기 친구가 샨-왈라Shan-walla 숲에서 본 것을 이야기해 준 적이 있는데, 그는 그 숲 앞에 있는 오래된 마을 출신이었다. 그가 말하기를, "어느 날 저녁에 로렌스 망간Lawrence Mangan과 뜰에서 헤어졌는데 그가 샨-왈라 숲길로 가면서 내게 작별 인사를 했어요. 두 시간이 지나서 망간이 다시 돌아오더니 내게 마구간에 초를 켜달라고 하면서 이야기하는데, 자기가 숲으로 들어가니 자기 무릎만 한 작은 키에 사람의 몸체만 한 머리를 한 남자가 다가오더니 길을 벗어나 돌아가는 길로 가자고 했고, 급기야 석회 굽는 가마까지 데려가더니 자기를 혼자 놔두고 사라져버렸다고 했어요."

한 여성은 다른 사람들과 같이 강 옆의 깊은 웅덩이 옆에서 봤던 광경을 이야기해 주었다. "내가 예배를 마치고 농장 출입문에 다다랐고 다른 사람들은 내 뒤로 오고 있었어요. 그런데 거센 바람이 불더니 나무 두 그루가 구부러져 부러지더니 강으로 떨어졌지요. 강물이 첨벙 하고 튀면서 하늘까지 치솟았어요. 그때 옆에 있던 사람들 눈에는 많은 요정이 보였다고 하던데, 내 눈에는 하나의 요정만 보였고 나무가 쓰러진 둑 옆에 앉아 있었어요. 어두운 색깔의 옷을 입고 있었는데 머리가 없더라고요."

한 남자는 어렸을 때 친구와 함께 들판으로 말을 잡으러 갔던 적이 있었는데 그 들판에는 바위와 개암나무 덤불, 장미가 가득 피어 있었고 그곳은 숲이 약간 훤하게 드러난 호숫가 옆이었다. 같이 간 친구에게 "내가 단추를 걸고 장담하는데 저 덤불에 돌멩이를 던지면 거기 그대로 있게 될 거야."라고 말했다. 즉 덤불이 매우 빽빽하게 우거져서 돌멩이가 그 안으로 들어가지는 못할 것이라고 생각해서 그렇게 말했던 것이다. 친구가 "소똥 돌멩이를 집어서 덤불을 쳤는데 바로 그 순간에 그 안에서 이제까지 한 번도 들어보지 못한 아름다운 음악이 흘러나왔어요."라고 했다. 그들은 도망쳤고 이백 마일가량 뛰다가 뒤돌아보니 하얀 드레스를 입은 아름다운 여자가 그 덤불 주위를 돌면서 걷고 있었다는 것이다. "처음에는 여자였는데 얼마 지나니 남자의 모습으로 그 주위를 돌고 있었지요."라고 했다.

II

나는 종종 인치 숲길보다 더 복잡한 생각들로 머리가 혼란스러워지는데, 그건 바로 요정이 진짜로 무엇인가 하는 데 대한 궁금증 때문이다. 그러나 대개는 소크라테스처럼 말한다. 사람들이 일리서스Ilissus강의 요정들에 관해 해박한 의견을 제시했을 때 소크라테스는 "나는 일반적인 의견만으로 만족합니다."라고 했던 것이다.[20] 자연은 눈에 보이지 않는 존재들로 가득 차 있으며 그 가운데는 추하거나 괴상하고, 사악하거나 어리석은 이들도 있지만, 많은 이들은 우리가 이제껏 보았던 그 어떤 사람보다 아름다우며 우리가 기분 좋게 조용한 곳을 걷고 있을 때 그 존재들이 그 근처 어딘가에 있다는 것이다. 내가 어렸을 때만 해도 숲을 걷고 있을 때 무엇을 찾고 있는지는 모르지만 내가 찾고자 하는 그 누군가 혹은 그 무엇인가가 내 앞에 언제라도 나타날지도 모른다고 상상했다. 그래서 지금도 가끔 조마조마

---

[20] 예이츠는 여기서 플라톤Plato의 『파이드로스Phaedrus』의 내용을 인용하는데, 소크라테스와 파이드로스가 아테네를 벗어나 산보를 하고 나서 일리서스강 옆에서 휴식을 취하고 있을 때의 일이다. 소크라테스는 장소에 얽힌 전설을 상세하게 이야기해 달라는 부탁을 받고서 사람들에게 이야기를 해주었는데, 실제로 그 전설을 믿는지 아니면 이성적으로 보아야 하는지에 대해 질문을 받게 되었다. 소크라테스는 사람의 마음 자체에 대해 공부하는 것이 중요하며, 그러기 위해서는 사람들이 믿는 일반적인 생각에 자신은 만족한다고 대답한다.

한 발걸음으로 다가가서 별것 없는 잡목을 구석구석 다 살피게 되는데 이러한 상상은 나를 아주 깊게 사로잡는다. 여러분들도 여러분의 수호 성이 그런 상상력을 펼치는 곳에서는 어디서나 토성이 여러분을 숲으로 이끌기도 하고, 달이 바닷가 주변으로 데려다주기도 하는 그런 경험을 하고 있을 것이다. 나는 석양빛에 아무것도 없다고 생각할 수가 없다. 우리 선조들은 석양을 보고서 죽은 사람이 양치기인 해를 따라가는 것이라고 상상했고, 거의 움직이지는 않지만 어떤 모호한 존재가 있다고 여겼다. 만약 아름다움이 우리가 태어날 때 걸려든 그물에서 벗어나는 문이 아니라면 그렇게 오랫동안 아름다울 리가 없을 것이며, 빛과 그림자가 초록 잎사귀들 사이에서 만들어 내는 그 절묘한 광경을 보느니 차라리 집의 화롯가에 앉아서 빈둥거리며 체중을 불리거나 재미있는 오락거리를 찾아서 여기저기로 쫓아다니는 편이 더 나을 것이다. 나는 종잡을 수 없는 주장들 밖으로 용케 빠져나와서, 신성한 존재들이 분명히 거기에 있노라고 스스로에게 되뇐다. 왜냐하면 소박함도 지혜도 없는 우리만이 그들의 존재를 부정하고 있으며, 어느 시대이건 소박한 사람들과 고대의 현자들만이 그들을 보았고 심지어 그들에게 말을 걸기도 했기 때문이다. 나는 그 신성한 이들이 우리와 멀리 떨어져 있지 않은 곳에서 열정적으로 살고 있다고 믿으며, 우리의 천성을 소박하고 열정적으로 가꾸기만 한다면 죽어서는 그들과 함께하게 될 것으로 생각한다. 죽어서 우리는 그들과 함께 모든 낭만적인 이야기로 합쳐지게 될 것이며 그리하여 언젠가는 푸른 언덕에서 용과 싸우거나, 모든 낭만적인 이야기가 그저

    지금보다 더 위대했던 시기에
    인간의 악행이라는 이미지와 혼합된 예시들이 되어,

마치 『지상의 낙원』에서 노인들이 기분 좋을 때 상상했던 것처럼 되지 않겠는가?

1902년

▓▒▒▒ 해설

이 이야기에서 숲은 예이츠가 자주 방문하여 머물렀던 그레고리 부인의 쿨 장원의 숲을 말한다. 쿨 장원에는 '일곱 개 숲Seven Woods'이 있는데 샨왈라 Shan-walla, 오래된 고향이라는 뜻, 카일 도사Kyle Dortha, 어두운 숲, 카일 나 노Kyle-na-no, 호두나무 숲, 페어 나 리Pairc-na-lee, 송아지의 들판, 페어 나 캐리그Pairc-na-carraig, 바위 들판, 페어 나 타라브Paire-na-tarav, 황소 들판, 인치 숲Inchy wood, 파도 치는 섬으로 이루어져 있다. 그리고 예이츠에게 여러 가지 일화를 주로 이야기해 준 사람은 쿨 장원의 산림 관리자였던 존 패럴이다. 그레고리 부인은 그를 가리켜 친구이자 가장 훌륭한 조력자라고 부르면서 각별한 친분을 나타냈다. 그레고리 부인은 존 패럴과 같이 숲에서 일하면서 그의 이야기를 즐겨 들었고 예이츠도 자주 같이 들었다고 회상한 바 있다. 여기서 제시된 고양이에 관한 이야기도 존 패럴의 이야기를 듣고 예이츠가 수집한 이야기의 일부이다. 아일랜드 신화를 보면 악한 고양이에 관한 이야기가 많고 고양이가 초자연적인 힘을 갖고 있다고 믿는다.

예이츠는 존 패럴 노인처럼 자연적인 것과 초자연적인 것을 따로 구분하지 않고, 자연 속에서 보이지 않는 세계를 볼 수 있고 상상하는 힘을 매우 귀중하게 여겼다. 가령 아일랜드의 옛 조상들은 노을을 보고 죽은 사람을 다른 세계로 안내하는 양치기로 상상하는가 하면, 자연 세계를 그들 나름대로 해석하고 상상하는 힘을 가지고 있었다는 것이다. 예이츠에게 자연의 아름다움과 초자연 세계에 대한 상상력은 인간의 유한한 운명 그리고 삶의 역경과 슬픔을 벗어나게 해주는 힘이기도 하다. 예이츠는 19세기와 20세기 초에 영국 자본주의의 유입으로 아일랜드인들이 물질주의와 경험주의에 경도되어 점점 보이지 않는 세계를 믿고 그 안의 생명들과 교감하는 능력을 상실해가는 현실을 안타깝게 여겼고, 아일랜드인들이 과거의 상상력을 되찾아야 한다고 주장한다.

박미정 (한국외대)

불가사의한 생명들 MIRACULOUS CREATURES

마법의 숲에는 담비와 오소리, 여우가 살고 있는데 이들보다 더 강한 생명체들이 살고 있을지도 모르고, 호수에는 어떤 그물과 밧줄로도 잡을 수 없는 존재들이 숨어 있을지도 모른다. 이 존재들은 아서Arthur 왕의 이야기 안팎을 넘나드는 하얀 수사슴에 속한 종족이거나 불벤산이 바닷바람과 만나는 곳에서 데어미드Diarmuid를 살해했던 사악한 돼지에 속한 종족이다. 상상해보건대 그들은 희망과 두려움을 주는 마법사들이며, 날아다니거나 혹은 죽음의 문 근처 덤불에서 뒤따라오는 존재들일 것이다. 내가 아는 한 남자는 자신의 아버지가 어느 날 밤에 인치 숲에서 겪었던 일을 기억하고 있었다. "고트Gort. 골웨이에 속한 도시에 사는 사람들은 인치 숲에서 나뭇가지를 훔치기도 했다고 해요. 그때 아버지는 담 옆에 앉아 있었고 옆에는 개가 있었는데, 오우본Owbawn 둑에서 무엇인가 달려오는 소리가 들리는데 보이는 것은 아무것도 없고 마치 사슴이 땅을 밟는 발소리만이 들렸다고 해요. 곧 그 소리가 지나가자 개가 아버지와 담 사이로 오더니 무섭다는 듯이 담을 마구 할퀴었는데 보이는 것은 아무것도 없고 발굽 소리만 들렸답니다. 무엇인지는 모르지만 그 소리가 지나가고 나서야 아버지는 몸을 돌려 집으로 왔다고 해요". 그는 이어서 "또 한번은 아버지가 고트 출신의 두세 사람과 함께 호수로 배를 타고 나갔는데 그중 한 사람이 뱀장어 잡는 창을 물속으로 던졌고 그것이 무엇인가를 쳤다고 해요. 그 남자가 정신을 잃는 바람에 사람들이 그를 배에서 육지로 옮겨다 놓았는데 제정신을 차리고 나서 그가 하는 말이, 자신이 맞힌 것은 마치 송아지 같았는데 아무튼 무엇이었든지 간에 분명히 물고기는 아니었다고 해요."

1902년

▒▒■ 해설

아서왕 이야기와 데어미드Diarmuid Ua Duibhne 이야기는 켈트족의 전래된 신화이다. 예이츠는 토마스 말로리 경Sir Thomas Malory의 『아서왕의 죽음Le Mort D'Arthur』과 『마비노기온Mabinogion』에 수록된 아서왕의 전설에 대해 잘 알고 있었다. 아서왕의 전설에서 하얀 수사슴은 초자연적 존재의 영적인 이미지이며 숲을 상징한다. 이후에 순수를 상징하는 기독교적 이미지로 이어져 본래의 켈트 신화와 기독교의 이미지가 혼합되어 드러나게 된다.

데어미드는 「데어미드와 그라너의 도주"The Pursuit of Díarmuid and Gráinne"」로 알려진 대중적인 로맨스의 주인공이다. 그는 아일랜드에서 이름난 용감한 무사였는데 나이 든 외삼촌 핀Fionn mac Cumhaill과 결혼하기로 되어 있던 그라너와 야반도주하였다. 데어미드와 그라너는 아일랜드 전역을 떠돌다가 케리 지역의 딩글 반도에 정착했다. 세월이 지나 핀이 데어미드와 화해하고 그를 초대하여 불벤산에서 사냥을 하였는데, 여기서 야생 돼지가 그를 뿔로 들이받아 죽게 하였고, 핀의 치유 마법으로도 살려내지 못했다. 『갈대 사이에 부는 바람』에 붙인 주석에서 예이츠는 불벤산 서쪽 끝에서 데어미드를 죽인 털 없는 야생 돼지를 사악한 검은 돼지와 동일시한다.

박미정 (한국외대)

책에 나타난 아리스토텔레스 ARISTOTLE OF THE BOOKS

벌목꾼에게 누구보다도 스스럼없이 이야기를 털어놓게 만드는 친구 (그레고리 부인)가 있는데, 그가 최근에 벌목꾼(쿨 장원의 산림 관리인 존 패럴)의 나이 든 아내를 만나러 갔다. 그 부인은 숲의 변두리에서 멀지 않은 오두막에 살고 있었는데 남편만큼이나 옛날이야기를 많이 알고 있었다. 이번에는 그 부인이 전설적인 석공이었던 고반Goban과 그의 지혜에 관해서 이야기해 주었는데, "책에 나타난 아리스토텔레스도 매우 현명하고 경륜이 많기는 하지만 그래도 결국에는 벌들이 그를 이기지 않았던가요?"라고 주저 없이 말했다. "고반은 벌들이 어떻게 벌집을 만드는지 거의 이 주일간이나 지켜봤는데 도무지 알 수가 없었지요. 그래서 유리 뚜껑 모양으로 벌집을 만들어 벌들 위로 그 집을 가져다 놓았어요. 하지만 가서 유리에 눈을 갖다 대고 보니, 벌들이 밀랍으로 그 집을 다 감싸버려서 솥단지처럼 온통 까맣게 변해 있었지요. 그래서 고반은 그 전과 다름없이 까막눈 신세가 되어버렸죠. 그는 그때까지는 자기가 제대로 된 스코틀랜드 사람이 아니었다고 말했지요. 분명히 벌들이 한 수 위였던 셈이지요!"

1902년

■■■■ **해설**

고반은 아일랜드 역사와 전설 속에 등장하는 인물인데 건축에서 기술과 역량이 매우 뛰어난 장인이어서 성자로 추대될 만큼 그 능력을 인정받았다. 이 이야기에서는 고반이 철학자 아리스토텔레스에 비견될 만큼 건축가로서 그의 역량이 탁월했음을 드러낸다. 이러한 고반도 자연 세계의 꿀벌들이 집을 어떻게 정교하게 만드는지는 호기심의 대상이었으나 끝내 아무런 앎도 얻지 못했음을 재치 있게 지적하고 있다. 아리스토텔레스에 관한 민담은 아일랜드에서 매우 많았다고 하며, 특히 인간의 성애와 재생산에 관한 내용이 사람들에게 인기가 많았고 자연 세계의 신비에 관한 이야기도 그중에 포함되어 있다. 고반은 이 일을 통해 자연의 섭리와 이치에 대해 다 알고 분석하는 것은 불가능하다는 것을 깨달았고 이를 깨닫고야 제대로 된 켈트인이 될 수 있었다고 비유적으로 말하고 있다.

박미정 (한국외대)

신들의 돼지 THE SWINE OF THE GODS

몇 년 전에 내 친구21)가 자신이 젊었을 때 몇몇 코노트Connacht. 아일랜드 서쪽 지역으로 고대 아일랜드의 5개의 왕국 중 하나의 페니언들22)과 훈련하고 있을 때의 일을 들려주었다. 자동차 한 대에 탈 만큼의 인원이어서 산기슭을 따라 차를 몰아 어느 조용한 곳에 이르렀다. 차에서 내려 소총을 지니고 산을 더 올라가서 잠시 동안 훈련을 하였다. 내려오는 길에 그들은 옛날 아일랜드에서 보던 다리가 길고 홀쭉한 돼지를 보게 되었는데, 그 돼지들이 그들을 따라왔다. 그들 중 하나가 농담 삼아 그것을 요정 돼지라고 부르자 모두들 농담으로 계속 따라 하며 뛰었다. 그 돼지들도 뛰었는데, 어떻게 된 것인지는 모르겠지만, 그 공포의 놀림은 실제의 공포가 되었고 그들은 나 살려라 하고 뛰었다. 차가 있는 곳까지 그들은 전속력으로 달렸고 돼지는 계속 따라왔다. 그러자 한 사람이 총을 쏘려 했는데, 그가 총신을 맞추어 보니 보이는 것이 아무것도 없었다. 이윽고 그들은 모퉁이를 돌아서 마을에 이르렀다.

---

21) 예이츠에게 이 이야기를 전해준 사람은 벨파스트Belfast에 사는 로버트 존스턴Robert Johnston으로 추측된다.
22) 페니언Fenian은 19세기 말과 20세기 초에 독립된 아일랜드 공화국1919-1922을 세우기 위해 헌신했던 비밀 정치 조직이며, 아일랜드 공화파 형제단IRB과 이를 지원하는 미국의 페니언 형제단the Fenian Brotherhood을 모두 포괄하는 말이다.

마을 사람들에게 산에서 있었던 일을 이야기하자 사람들은 괭이와 삽, 등등을 들고 돼지를 쫓아 버리려고 길을 따라갔다. 마을 사람들이 모퉁이를 돌아가 살펴보았지만 보이는 것이 아무것도 없었다.

1902년

■■■ 해설

이 이야기에서 돼지는 고대 아일랜드에서 있었다는 소위 사냥꾼 돼지로 알려진 돼지를 가리킨다. 윌리엄 카르통William Carlton의 말에 따르면, 아주 깊은 시골이 아니면 이제는 보기 힘들어진 돼지인데, 사냥철에 개를 구하기 힘들 때 매우 유용했다고 한다. 그 돼지들은 키가 크고 다리가 길며 마음대로 여기저기 돌아다녔고 살집은 거의 없으며 짧은 귀를 가졌다고 한다. 사냥개보다 돼지들이 도랑이나 들판을 건너갈 때 더 민첩하고 빠르게 건너갈 수 있었다는 것이다.

돼지는 고대 신화에서 다양한 의미로 자주 등장하는 동물 가운데 하나이다. 영민하고 강하며 특히 후각이 발달된 신성한 동물로 여겨졌다. 켈트 신화와 민담에서도 돼지는 대체로 귀한 동물로 간주된다. 죽은 자나 지하 세계의 요정들에게 바치는 제물의 의미로 돼지를 인간과 같이 매장하기도 하였다. 그리고 앞서 데어미드의 신화에서도 그렇듯이 영웅들이 돼지와 맞서 싸워 겨루다가 죽기도 한다. 여기에 소개된 민담에서도 돼지는 사람들에게 두려움을 주는 초자연적인 존재로 드러나 있다.

박미정 (한국외대)

목소리 A VOICE

어느 날 내가 인치 숲 주변에 늪지처럼 질척거리는 땅을 걷고 있다가, 아주 잠깐이지만 갑작스럽게 기독교 신비주의의 뿌리를 이루는 감정을 느꼈노라고 혼잣말로 중얼거렸다. 나 자신이 나약한 존재라는 생각이 들었고, 어딘가 멀리 있지만 그러면서도 가까이에 있는 거대한 존재에게 내가 의지하고 있다는 생각에 휩싸였다. 나는 오랫동안 앵거스[23])와 아이딘[24]) 그리고 바다의 아들인 마나난[25])에게 온통 관심이 쏠려있었던 터라 이렇게 의외의 감정에 접하자 당황스러웠다. 그날 밤에 자다가 깼는데, 위에서 내게 말하는 목소리가 들렸다. "어떤 인간의 영혼도 다른 영혼과는 같지 않기에 모든 영혼에 대한 신의 사랑은 무한한 것이오. 왜냐하면 어떤 영혼도 신의 필요를 동일하게 충족시키지는 못하기 때문이지요."라고 말했다. 이 일이 있고

---

23) 앵거스Aengus 또는 Oengus는 아일랜드 신화에서 사랑과 젊음, 그리고 여름과 시적 영감을 상징하는 신이다.
24) 아이딘Étaín 또는 Édain은 아일랜드 신화 『아이딘의 구애The Wooing of Etain』의 여주인공이다.
25) 마나난Manannán은 켈트어로 "바다의 아들"이라는 뜻이며 아일랜드의 바다 신을 일컫는다. 그가 맨섬the Isle of Man에 마법의 궁전을 갖고 있어서 맨섬이라는 이름도 여기서 나왔다고 한다. 마나난은 극락 섬을 통치했고 선원들을 보호하며 풍성한 수확을 가져다주는 신으로 알려져 있다.

나서 며칠 후에 밤에 자다가 깼는데 이제껏 보았던 어느 누구보다도 아름다운 사람들을 보았다. 젊은 남자와 여자가 올리브그린 색의 고대 그리스 의복처럼 재단한 옷을 입고 내 침대 옆에 서 있었다. 그 소녀를 보니 드레스가 목둘레로 모아져서 사슬 혹은 아이비 잎 모양의 빳빳한 자수처럼 되어 있었다. 무엇보다 그 소녀의 얼굴이 매우 온화해서 놀랐다. 지금은 찾아볼 수 없는 얼굴이었다. 보기 드문 아름다운 모습이었지만, 우리가 떠올릴 법한 욕망이나 희망 혹은 두려움이나 사색에 찬 빛을 띠지는 않았다. 동물의 얼굴이나 저녁에 보는 산의 웅덩이처럼 평화로워서 슬프기도 했다. 그 소녀가 앵거스가 사랑하는 사람26)일지도 모른다는 생각이 잠깐 스치기도 했지만, 만날 길 없이 신비하고, 행복하며, 불멸하는 이가 어떻게 그런 얼굴을 할 수 있겠는가?

1902년

■■■ **해설**

이 이야기는 예이츠가 1898년 8월 27일에 「환상록 메모장"Visions Notebook"」에 기록한 경험을 다루고 있다. 어느 날 밤에 깨어보니 무엇을 보았는지 기억이 잘 나지는 않지만 모든 인간을 향한 신의 사랑은 무한하다는 소리를

---

26) 앵거스가 사랑한 이는 케르Caer이다. 예이츠는 앙리 드 즈뱅빌Arbois de Jubainville이 개정판으로 낸 「상사병에 걸린 앵거스"The Love-Sickness of Aengus"」에서 이 이야기를 가져왔을 것이다. 앵거스는 꿈에서 나타난 케르와 사랑에 빠진다. 케르는 새와 여성으로 번갈아가며 모습을 바꾸는데, 앵거스는 용의 입 호수the Lake of the Dragon's Mouth에 가서 그녀를 기다려보라는 말을 듣게 된다. 151마리의 백조가 은빛 줄로 연결되어 쌍을 지어 나타났고 앵거스는 백조로 변하여 케르와 함께 헤엄쳐 보인 골짜기Boyne Valley로 가서 그녀와 결혼했다고 한다. 예이츠는 이 이야기를 변형하여 「매브 여왕의 노년"The Old Age of Queen Maeve"」으로 지었다.

들었다."라고 하면서 이 경험을 소개하고 있다. 기독교적 신비주의Christian Mytsticism는 신과의 합일이 이루어지는 신성하고 초월적인 경험에 주목하고 이를 강조한다. 이 이야기에서는 우주의 모든 개별적인 존재가 다 귀중하다는 생각과 인간을 넘어서서 존재하는 거대한 존재에 대한 인지는 기독교적 신비주의나 켈트 신화의 근간이나 크게 다르지 않다는 생각이 있다.

박미정 (한국외대)

납치자들 KIDNAPPERS

슬라이고 도심에서 약간 북쪽, 그리고 불벤산 남쪽 측면에, 평원 위로 몇 백 피트가량 올라간 곳에 작고 하얀 사각형의 석회암이 있다.[27] 어떤 사람도 이제껏 손으로 그것을 만져본 적이 없고 어떤 양이나 염소도 그 옆에서 풀을 뜯어본 적이 없다. 지상에서 이보다 접근하기 힘든 장소가 없으며, 겁 많은 사람에게는 이보다 더 공포스러운 장소도 없다. 그곳은 요정의 나라로 들어가는 문이다. 한밤중에 그 문이 휙 돌면서 열리면 초자연 세계의 무리들이 튀어나온다. 밤새 소동을 피우는 무리들이 땅 위를 여기저기 휩쓸고 다니는데 눈에 보이지는 않는다. 가령 드럼클리프Drumcliff나 드로마헤어Dromahair보다 더 빈번하게 "요정이 출몰하는" 장소에서, 취침용 모자를 쓴 "요정 의사"나 "암소 의사"들이 그 문으로 튀어나와서 "요정들"이 어떤 장난을 치는지 보려고 하지 않는다면 말이다. 노련한 그 의사들의 눈과 귀로 보면 분명히 들판은 빨간 모자를 쓴 기수들로 가득 차 있으며 대기는 날카로

---

27) 회색이나 흰색의 돌은 특히 아일랜드와 스코틀랜드, 영국 그리고 스칸디나비아 지역의 민담에서는 요정 세계의 입구라고 여겨졌다. 흰색 돌이나 돌무덤과 같은 선사 시대 유적들은 불벤산 주변에 매우 많다. 돌의 정확한 위치는 추적할 수 없으나 예이츠는 「한라한의 비전 "Hanran's Vision"」에서 분명히 그 돌이 불벤산의 남쪽 비탈길에 있다고 말한다.

운 목소리들로 가득 차 있다. 고대 스코틀랜드의 선지자가 기록했듯이 휘파람을 부는 소리처럼 들리는데, 이 소리는 첨성가인 릴리Lilly가 잘 지적했듯이 아일랜드인들처럼 대개 후두로 말하는 천사들의 목소리와는 완전히 다르다. 만약 이웃에 새로 태어난 아기나 갓 결혼한 신부가 있다면 그 "의사들(마법사들)"은 더 주의 깊게 살펴볼 터인데, 그 이유는 초자연 세계에서 온 무리들은 절대로 빈손으로 돌아가는 법이 없기 때문이다.

이제 막 결혼한 신부나 갓 태어난 아기는 그 무리들과 함께 그들이 사는 산으로 가기도 한다. 문이 뒤로 돌게 되면, 새로 태어나거나 갓 결혼한 사람들은 핏기 없는 요정의 나라로 바로 들어가게 된다. 이야기에 따르자면, 그들은 행복하지만 마지막 심판 때 밝은 수증기처럼 녹아버리는 운명을 맞게 되는데, 그 이유는 어떤 영혼도 슬픔 없이는 살 수 없기 때문이라 한다. 하얀 돌로 된 이 문이나 혹은 "일 페니로 기쁨을 살 수 있는" 지상의 다른 문을 통과해서 오늘날까지 전승되는 고대 게일 문학에 등장하는 왕과 여왕들, 왕자들이 사라져버렸다.

슬라이고의 시장 거리의 서쪽 골목, 지금은 정육점이 있는 자리에 마치 키츠John Keats의 『레이미어Lamia』의 궁전처럼, 수수께끼 같은 오펜든 의사가 운영하는 약재상 가게가 갑자기 나타났다. 그가 어디서 왔는지 아는 이는 아무도 없었다. 그 당시 슬라이고에 옴스비Omsby라는 여성이 있었는데 남편이 원인 모를 병에 걸리고 말았다. 의사들도 그 이유를 알 수가 없었다. 특별한 이유 없이 남편은 점점 몸이 허약해져 갔다. 그 부인은 멀리서 사는 오펜든 의사를 찾아갔다. 그녀는 가게의 거실로 안내되었고 거기에는 검은 고양이 한 마리가 화로 앞에 몸을 펴고 앉아 있었다. 그때 그녀는 과일이 부엌 탁자에 가득 있는 것을 보고 "의사가 많이 먹는다면 과일은 분명히 몸에 좋을 거야."라고 중얼거렸고 그때 오펜든이 들어왔다. 그 의사는 고양이처럼 온통 검은색 옷을 입고 있었고 뒤를 따라 들어오는 그의 부인도 검은색 옷을 입고 있었다. 옴스비 부인은 의사에게 일 기니를 건네주고 그 대가로 작은 병 하나를 받았다. 남편은 그 후로 병이 완전히 나았다. 그러는 동안 그 검은 옷의 의사는 많은 사람을 치료했고, 그러던 어느 날 돈이 많은 환자가 죽게 되자, 고양이와 그 의사 부인 그리고 의사가 모두 그다음 날 밤에 사라져버렸다. 일 년이 지나서 남편 옴스비가 다시 병에 걸렸다. 그가 준수한 외모를 지니고 있었던 까닭에 그의 아내는 요정이 그를 시기한 것이라고 확신했다. 그녀는 케언스풋에 사는 "요정 의사"를 찾아갔다. 그녀의 이야기를 듣고 나서 그 의사는 뒷문 뒤로 가더니 주문을 중얼거리기 시작했다. 이번에도 남편의 병은 다 나았다. 그러나 얼마 안 가서 그가 다시 병에 걸렸는데, 이번에는 치명적이어서 부인이 다시 케언스풋에 갔고 의사도 뒷문으로 가서 주문을 외웠지만 곧 되돌아와서 말하기를 크게 효력이 없으니 이번에는 남편이 죽게 될 것이라고 말했다. 아니나 다를까 남편은 죽게 되었고 그 후 남편에 관해 말할 때면 옴스비 부인은 머리를 가로저으며 남편이 어디에 있는지 잘 알고 있는데 그곳은 천국도 지옥도 그리고 연옥도 아닌 곳이라고 했다. 남편이 있던 곳에 통나무가 남겨져 있었으나 마법에 걸려 그것이 죽은 남편의 시신이라고 믿고 있는 듯했다.

그리고 이후에 그 부인이 죽었는데, 많은 이들이 아직도 그녀를 기억하고 있다. 그녀는 한때 내 친척과 관계된 연금 수령자나 하인이었던 것 같다.

사라진 사람들은 몇 년이 지나면 (대개 7년이라고 한다) 마지막으로 친구를 볼 기회를 갖게 된다. 여러 해 전에 슬라이고의 정원에서 남편과 걷고 있던 한 여성이 사라진 일이 있었다. 그 당시에는 아기였던 그녀의 아들이 성장하여 직접 들은 것은 아니지만 어떤 소식을 접하게 되었다. 그 내용인즉슨 그의 어머니가 요정들에게 납치당해서 글라스고Glasgow에 있는 어느 집에 갇혀 있으며 아들을 간절하게 보고 싶어 한다는 것이었다. 돛단배가 있던 당시에 글라스고는 농부에게는 거의 세상 끝이라고 여겨진 곳이었으나 착한 아들이었기에 길을 떠났다. 오랫동안 글라스고의 거리를 걸어 다니다가 마침내 아래쪽 지하실에서 어머니가 일하고 있는 것을 보게 되었다. 어머니는 만족스럽게 잘 지내고 있으며 최고로 맛있는 음식을 먹는다고 하면서 온갖 음식을 차려놓고 아들에게 먹어보라고 권했다. 그러나 아들은 어머니가 요정의 음식을 자신에게 먹여 마법을 걸어서 자기 곁에 두려고 하는 것을 눈치채고는 먹지 않겠다고 하고 고향 슬라이고로 돌아왔다.

슬라이고에서 남쪽으로 약 5마일을 가면 가장자리가 나무로 둘러쳐진 컴컴한 연못이 있는데, 그곳은 물의 악마들이 모이는 거대한 만남의 장소였고 그 모양 때문에 심장 호수the Heart Lake라고 불렀다. 불벤산의 네모난 하얀 돌처럼, 이 지상이 아닌 다른 세상에서 온 무리들이 이 호수 바깥으로 나온다. 한번은 사람들이 그 연못의 물을 다 빼내었다. 그러자 갑자기 그들 가운데 한 사람이 자기 집이 불길에 휩싸이는 것을 봤다고 울부짖었다. 돌아보니, 사람들도 그의 집이 불타는 광경을 보게 되었다. 그것이 요정의 마법이라고 생각했기에 그들은 서둘러 집으로 돌아갔다. 지금까지 호수의 가장자리에는 반쯤 파놓은 구덩이를 볼 수 있는데, 그것은 사람들의 불경함을 나타내는 표식이 되었다. 이 호수에서 약간 떨어진 곳에서 나는 요정에게 납치된 아름답고도 슬픈 사연을 듣게 되었다. 몸집이 작고 하얀 모자를 쓴 노파가 전해주어서 듣게 된 이야기인데, 그 노파는 게일어로 노래를 부르면서 마치 젊었을 때 추던 춤을 기억이라도 하듯이 한 발에서 다른 발로 움직였다.

한 젊은이가 해가 질 무렵에 신혼의 자기 아내를 만나러 집으로 가다가 흥겨운 한 무리의 사람들을 만나게 되었는데, 그 무리 가운데 그의 아내가 있었다. 그들은 요정들이었고 젊은이의 아내를 자기 부족의 족장에게 부인으로 바치려고 했던 것이다. 젊은이의 눈에는 그들이 그저 흥겨운 사람들로만 보였다. 아내는 사랑했던 사람을 보고 인사를 건네기는 했으나, 그가 요정의 음식을 먹고 마법에 걸려서 지상을 떠나 무정하고 어두운 나라로 가게 될까 봐 두려워서 그를 앉혀서 기마대의 세 사람과 카드놀이를 하도록 했다. 젊은이는 놀이를 하다가 그 족장이 자기 품에서 신부를 빼앗아 가는 것도 미처 알아채지 못했다. 곧 그들이 요정임을 깨닫게 되었지만 그 흥겨운 무리는 그림자와 밤의 어둠으로 스르르 사라져 버리고 말았다. 그가 서둘러 집으로 가보니 집 근처에서 곡소리가 들렸고 자기 아내가 죽은 것을 알게 되었다. 어떤 무명의 게일 시인들이 이 사연을 노래로 만들었으나 잊혔고, 그중 몇몇 시편을 하얀 모자를 쓴 내 친구가 기억하고 있어서 내게 노래로 들려주었다.28)

요정들에게 납치된 사람들이 살아 있는 사람에게 선한 정령이 되는 경우를 자주 듣게 되는데, 마법에 걸린 연못 옆에서 들었던 해킷 성Castle Hackett의 존 커완John Kirwan에 관한 이 이야기가 그렇다. 커완 가문29)은 농부들의 이야기에서 많이 오르내리고, 인간과 요정 사이에 태어난 후손이라고 알려져 있다. 그 가문 사람들은 아름답기로도 유명하며, 내가 읽은 바에 따르자면 현재의 클론커리 경Lord Cloncurry의 어머니가 그 가문 사람이라고 한다.

존 커완은 출중한 경마 선수였는데 옛날에 영국 중부 지방 어딘가에서 열리는 경기에 참가하려고 좋은 말을 데리고 리버풀에서 내렸다고 한다. 저녁에 둑 주변을 걷고 있는데 몸집이 작은 소년이 다가오더니 말을 어디에

---

28) 나의 시집 『갈대 속의 바람』에 이 주제에 관한 발라드가 수록되어 있다. (예이츠, 1924)
29) 그 이후에 나는 커완 가문이 아니라는 말을 듣게 되었지만, 해킷 성의 해킷 가문의 선조들은 인간과 요정 사이에서 태어난 사람의 후손이고 외모가 출중했다고 알려져 있다. 아마도 클론커리 경의 모친이 바로 해킷 가문의 후손이라고 생각된다. 이 모든 이야기에서 커완이라는 이름은 더 오래된 이름을 대체하여 사용된 것일 수도 있다. 해킷 성은 내전 시기에 방화범이 불을 질러 다 타버렸다. (예이츠)

둘 것이냐고 물었다. 어느, 어느 장소라고 대답했다. 그 작은 소년은 "거기에 두지 마세요."라고 하면서 "오늘 밤에 그 마구간은 불타버릴 테니까요."라고 했다. 말 주인은 말을 다른 곳으로 옮겼는데 그날 밤에 아니나 다를까 마구간이 불타버렸다. 다음날 소년이 와서는 보상으로 이제 열리게 될 경주에서 기수로 말을 타게 해달라고 부탁을 하더니 가버렸다. 경주 시간이 다가왔다. 경주가 시작되는 찰나에 소년이 뛰어와서 말에 올라타더니 "내가 왼쪽 손에 든 채찍으로 말을 치면 지게 될 것이고 오른손으로 치게 되면 좋은 결과를 가져다줄 겁니다."라고 했다. 내게 그 이야기를 말해준 패디 플린에 의하면 왼손은 아무짝에도 쓸모가 없기 때문이라고 했다. 그렇게 하여, 작은 소년은 말을 오른손으로 쳤고 존 커완은 경기를 다 평정해버렸다. 경주가 끝나고 그는 소년에게 "자 이제, 무엇으로 보답을 해줄까?"라고 물었다. 소년은 "다른 것은 말고 이것만 해주세요. 우리 엄마가 당신의 땅에서 오두막을 짓고 살고 있었는데, 요정들이 요람에서 나를 훔쳐 갔지요. 존 커완 씨, 우리 엄마를 잘 부탁해요. 그렇게 해주면 당신의 말이 어디를 가든지 나쁜 일이 생기지 않도록 해드릴게요. 앞으로는 저를 못 볼 거예요."라고 하면서 대기로 사라져 자취를 감추었다.

때때로 동물들이 납치되기도 하는데 물에 빠지는 동물의 경우에는 더 그렇다. 패디 플린이 해준 말에 따르자면, 메이요군Co. Mayo의 클레어모리스Claremorris에 사는 한 가난한 과부에게 암소 한 마리와 송아지가 있었다고 한다. 그 소가 강에 빠지더니 휩쓸려 가버렸다. 이웃에 사는 한 남자가 붉은 머리의 여성을 찾아갔는데 (이런 일의 경우에는 이렇게 하는 것이 현명하다고 여겨졌다) 송아지를 강가 아래쪽으로 데려가서 숨어서 지켜보라고 일러주었다. 그는 시키는 대로 하겠다고 했다. 곧 저녁이 되자 송아지가 음매 음매 하고 울기 시작했고 얼마 지난 후에 암소가 강가를 따라 다가와서는 송아지에게 젖을 물렸다. 그때 그는 붉은 머리 여인이 일러준 대로 암소의 꼬리를 잡았다. 이 둘은 굉장히 빠른 속도로 울타리와 도랑을 지나서 나아갔고 마침내 성채패디 플린이 둥근 흙벽으로 된 궁전의 뜻으로 사용한 말. rathe, rath. 고대 아일랜드에서 족장이 사는 거처나 요새로 기능하는 둥근 흙담으로 된 성채를 뜻함.에 도착했다. 거기서 그는 그 당시에 자기가 살던 마을에서 죽은 사람들이 모두 걷거나 앉아 있는 것을 보게 되었다. 무릎 위에 아이를 앉힌 채로 가장자리에 앉아 있던 여성이 그에게 붉은 머리의 여인이 일러준 것을 잊지 말라고 소리쳤고, 곧 그는 "소의 피를 흘리게 하라."라던 말을 기억해 냈다. 그래서 칼로 암소를 쳐서 피를 흘리게 했다. 마침내 마법이 풀렸고 그는 고향으로 돌아올 수 있었다. 무릎 위에 아이를 앉힌 그 여성은 "뒷다리를 묶는 밧줄을 잊지 말라." "안쪽 밧줄을 잡아라."라고도 말했다. 그는 숲에 있던 세 개의 밧줄 가운데 하나를 잡아서 암소를 안전하게 과부의 집으로 데려올 수 있었다.

납치당한 이웃 사람들에 대해서 말해줄 사람들이 살고 있지 않은 계곡이나 산등성이는 거의 없다. 심장 호수에서 2, 3마일 떨어진 곳에 한 노파가 살고 있는데, 그녀도 젊었을 때 납치당했다. 7년 후에 이런저런 이유로 다시 집으로 돌아왔는데 발톱이 하나도 남아 있지 않았다. 춤을 추다가 발톱이 다 떨어져 나간 것이다.

■■■ 해설

아일랜드의 시골 외곽 특히 서쪽 지방에서는 초자연적인 존재에 대한 과거의 믿음을 여전히 간직하고 있다. 그 가운데 하나가 요정에 관한 이야기이다. 원래 아일랜드에는 마술의 힘을 가진 요정 쉬sidhe. 요정 언덕의 사람들와 투어허 데 다넌Tuatha de Danaan. 다누 여신의 종족이 살고 있었는데, 현재의 아일랜드인들이 이곳에 거주하게 되면서 그들은 언덕과 산으로 다 숨어버렸다고 전해진다. 그래서 민담에서는 그들이 아일랜드의 자연 풍경 속에서 그들이 아직도 살고 있다고 믿고 있다. 아일랜드인들은 이 요정들을 "작은 사람들", "선한 사람들" 혹은 "젠트리"신사라고 우회적인 어법으로 불렀고, 그들이 언덕이나 산 아래, 그리고 땅 아래의 세계와 보이지 않는 세계에서 여전히 살고 있다고 생각해 왔다.

요정들은 지상에 사는 인간, 특히 갓난아기나 갓 결혼한 여성을 납치하기도 한다고 전해진다. 요정들은 인간의 아기를 데려가고 대신에 자기들의 아기나 노쇠한 요정들을 남겨놓기도 하고, 이 이야기에서처럼 데려가는 사람의 모습을 새긴 나무토막을 남겨놓기도 한다. 또 자신들의 배우자나 연인으로 삼을 목적으로 아름다운 사람들을 데려가기도 한다. 그래서 사람들은 땅 밑에 사는 요정들을 매우 두려워한다.

어떤 이야기에 따르자면 사람들이 요정에게 납치된 이들을 구하려고 애쓰기도 하는데, 이때 요정의 세계에 대해 잘 알고 있는 경륜이 많은 여성의 지시대로 잘 따르면 사랑하는 이를 지상으로 다시 데려올 수도 있다고 한다. 아일랜드 민담에서 붉은 머리는 마법의 힘을 상징하며 유령과 요정을 볼 수 있는 능력으로 여겨진다는 것을 떠올려보면, 이 이야기에서 붉은 머리의 여성을 찾아간 것은 요정의 세계에 대해 조언을 구하기 위해서일 것이다. 붉은 머리 여인의 조언을 잘 따른 덕에 과부는 암소를 요정에게 빼앗기지 않고 안전하게 지킬 수 있었다. 또 납치된 어머니의 아들에 관한 이야기를 보면, 요정들이 인간에게 그들의 음식을 먹여서 요정의 세계로 데려가기도 한다는 것을 알 수 있다. 아들은 현명하게도 어머니가 권하는 음식을 거부하여 고향으로 무사히 돌아올 수 있었다.

박미정 (한국외대)

지치지 않는 이들 THE UNTIRING ONES

우리 인생에 있어 매우 커다란 문제 중 하나는 순수한 감정을 가질 수 없다는 것이다. 우리의 적에게는 우리가 좋아하는 면이, 우리가 사랑하는 이들에게는 우리가 싫어하는 면이 항상 있기 마련이다. 바로 이러한 감정의 얽힘으로 인해 우리는 늙고, 이마와 눈가에 주름이 진다. 만일 우리가 쉬 Sidhe. 게일 신화에 등장하는 요정으로 언덕이나 고분 아래 살았다고 전해진다.처럼 순수한 마음을 가지고 사랑하고 미워할 수만 있다면, 우리도 그들처럼 오래 살 수 있을지도 모르겠다. 하지만 그 시절까지만 하더라도 그들의 지치지 않는 기쁨과 슬픔은 언제나 그들이 가진 매력의 절반이었으리라. 그들과 사랑에 빠지는 일은 결코 싫증나지도 않으며, 별자리들도 그들의 춤추는 발을 지치게 하지 못한다. 도네갈Donegal 농부들은 삽자루를 쥐고 허리를 숙일 때나, 해 질 녘 프라이팬 옆에서 밭일의 피로함으로 찌들어 앉아 있을 때도 이를 기억한다. 그리고 농부들은 이를 이야기로 전하며 잊지 않으려 한다. 조금 전 농부들이 말하기를 하나는 젊은 남자 같고, 하나는 젊은 여자 같은 요정들이 어느 농부 집에 와서는 화로를 청소하고 온 집 안을 정리하며 하룻밤을 보냈다고 한다. 요정들은 다음 날 밤에도 와서 농부가 외출 중일 때 모든 가구를 위층 방 하나에 몰아넣고 벽 둘레로 정렬해 놓고는, 마치 고상한 아름다움을 위해 그러기라도 하듯 춤을 추기 시작했다. 요정들은 계속해서 춤을 췄고, 며칠이 지나자 온 시골 사람들이 그들을 보기 위해 몰려들었다. 하지만 그들의 발은 전혀 지칠 줄 몰랐다. 그러는 동안 집주인 농부는 자기 집에 살 엄두도 내지 못했다. 석 달이 지나서야 그는 더 이상 참지 못하겠다고 생각하여, 요정들에게 가서 신부님이 오고 있다고 말했다. 이 말을 듣자 그 작은 요정들은 자기네 나라로 돌아갔다. 그리고 이 골풀 끝이 갈색으로 물들어 있는 동안 그들의 즐거움은 그 나라에서 계속될 것이고, 이는 하느님이 입맞춤으로 세상을 불태울 때까지도 계속되리라고 전해진다.

    지치지 않는 시절을 아는 이들이 단지 쉬만은 아니다. 아마도 신이 주신 정열의 권한을 가지고서 삶과 감정에 대해 요정 세계보다 더 많은 풍부함을 얻게 된 환희에 찬 이들이 있으니 말이다. 아주 오래전 아일랜드 남부 한 마을에서 이러한 부류의 사람이 태어났다. 여자 아기가 요람에 잠들어 있고, 아기의 엄마는 요람을 조용히 흔들며 아기를 재우고 있었다. 이때 여자 쉬 한 명이 방으로 들어와서는 아기가 어둠의 왕국 왕자의 신부로 간택되었다고 전했다. 그리고 왕자가 사랑의 첫 열정을 간직하는 동안, 그의 아내는 늙지도 죽지도 않아 여자 아기는 요정의 생명을 부여받게 되리라는 것이었다. 아기 엄마가 화로에서 불타는 장작을 꺼내어 화단에다 묻으면 장작이 다 타버려 사라지지 않는 한 아기는 계속 살 수 있게 되었다. 엄마는 장작을 묻어 버렸고, 아기는 자라 아름다운 여인이 되었다. 어느 날 해 질 녘 왕자가 그녀를 찾아와 결혼을 했다. 700년 후 왕자는 죽게 되었다. 다른 왕자가 그를 대신하여 나라를 다스렸고, 그 아름다운 시골 여인과 결혼하였다. 그리고 또 700년 후에 그 왕자도 죽게 되었고, 그다음 왕자이자 남편이 뒤를 이었다. 이런 일이 그녀가 일곱 명의 남편을 맞이하게 될 때까지 계속되었다. 결국 어느 날 마을 신부가 찾아와 그녀에게 이르기를 그녀의 일곱 남편과 그녀의 오랜 수명 때문에 마을 전체가 수치를 입었다는 것이었다.

그녀는 매우 미안하다고 말하면서도 그녀의 잘못은 아니라고 했다. 그리고 그녀는 신부에게 장작에 관한 이야기를 했고, 신부는 곧장 밖으로 나가 화단을 파내어 장작을 찾아냈다. 그들이 장작을 불태워버리자 그녀는 죽고 말았다. 그녀는 순교자처럼 불태워졌고, 모든 이들이 기뻐했다. 클루-나-베어Clooth-na-Bare[30] 역시 이러한 인물인데, 그녀는 그녀가 가진 지긋지긋한 요정의 생명을 익사시킬 만큼 깊은 호수를 찾아 온 세상을 다녔다. 언덕에서 호수로, 호수에서 언덕으로 뛰어다니며 그녀는 발길이 머무는 어디에나 돌무더기를 쌓았다. 슬라이고 새들의 산Birds' Mountain 정상에서 그녀는 마침내 세상에서 가장 깊은 작은 호수 이어Ia를 찾아냈다.

    그 작은 두 요정은 지금도 계속 춤을 추고, 장작 여인과 클라 나 베어는 평화롭게 잠들고 있으리라. 이들은 속박되지 않은 미움과 순전한 사랑을 이해하고 있고, 절대로 "예"와 "아니요" 식의 대답에 스스로 지친 적이 없으며, "어쩌면"과 "아마도" 식의 쓸모없는 올무에 그들의 발을 걸린 적도 없으니 말이다. 거대한 돌풍이 불어와 그들을 휩쓸어 하늘로 데려가 버렸다.

■■■ **해설**

「지치지 않는 이들」에서 예이츠는 춤추는 두 요정, 장작 여인, 클루-나-베어

---

30) 분명 클루-나-베어Clooth-na-Bare는 칼리아흐 베어Cailleac Beare를 말하는데, 이는 노파 베어Beare를 말하는 것 같다. 그녀는 베어Beare, 베레Bere, 비라Berah, 또는 데라Dera, 혹은 디라Dhera로 불리는 정말 유명한 인물로 아마 신들의 어머니였을 것이다. 스탠디쉬 오 그레이디Standish O'Grady가 생각하기를 그녀는 레아Leath 호수나 퓨스Fews 지방 어느 산 중에 있는 그레이 호수Grey Lake에 자주 나타났다고 한다. 이어Ia 호수는 아마 내가 잘못 들은 것이거나 이야기하는 사람이 레아 호수를 잘못 발음한 것일진대, 이는 레아라는 이름의 호수가 아주 많기 때문이다. (예이츠)

라는 여인에 관한 세 가지 짧은 이야기를 소개한다. 다소 관련 없어 보이는 이 이야기들의 공통분모는 제목에서 보이듯이 이들의 지치지 않는 열정이다. 농부의 집에서 며칠 동안 춤을 추던 요정들, 수천 년 동안 요정의 생명을 부여받은 장작 여인, 그리고 역시 영원한 생명을 유지하던 클루-나-베어의 열정은 모두 불의 이미지로 형상화된다. 석 달간 춤을 추며 이들이 발산한 즐거움은 세상이 불로 멸망할 때까지 요정들이 거주하는 지하 세계에서 계속될 것이다. 장작 여인의 끈질긴 수명은 장작이 불타서 사라질 때까지 계속된다. 기독교 순교자처럼 불태워 사라지듯이 말이다. 클루-나-베어 역시 깊은 호수 속에서 자신의 몸을 던져 익사할 때까지 오랫동안 그녀의 생명력이 불꽃처럼 타올랐던 것이다.

불꽃처럼 강렬한 이들의 열정, 비록 이 열정이 춤과 같은 순수한 아름다움에 관한 것인지 또는 생生 자체에 관한 것인지는 분명하지 않다. 그러나 「지치지 않는 이들」에서 예이츠가 주목하는 점은 그가 도입부에서 밝히고 있듯이 감정의 순수함이다. 예이츠의 많은 시에서 이중적 감정, 자아의 분열에 관한 주제가 등장하듯이, 시인에게 감정의 얽힘과 양극단 사이에서의 긴장과 갈등은 분명 시 창작의 훌륭한 소재로 활용되지만, 이는 분명 우리의 육체와 영혼을 늙고 소진되게 만드는 "우리 인생에 있어 가장 커다란 문제"로 인식된다. 예이츠는 시대가 잃어버린 감정의 순수함을 되찾고 싶었던 것일 것이다. "예"와 "아니요"에 대한 확신이 있으면서도, "어쩌면"과 "아마도" 등의 표현에 내포된 사회가 개인에게 요구하는 정치적 태도를 초월할 수 있는 순수함에 대한 예이츠의 동경이 「지지치 않는 이들」의 기저에 흐르고 있다.

김연민 (전남대)

흙, 불 그리고 물 EARTH, FIRE AND WATER

내가 어릴 적 읽었던 어느 프랑스 책 작가가 말하기를 유대인들이 유랑하는 동안 그들 마음속으로 사막이 들어와 지금 그들의 모습을 만들었다 한다. 그 작가가 어떤 논리로 유대인들이 여전히 지구상에서 불멸의 자손임을 증명하려 했는지는 기억나지 않는다. 다만 아마 원소들 흙, 불, 물이 인류를 낳았다는 의미일 것이다. 우리가 불을 숭배하는 이들 고대 페르시아의 조로아스터교 신도들을 좀 더 잘 이해한다면, 수 세기 동안 그들이 관습을 경건히 지켜온 행위가 보상되었고, 그리고 불이 불의 본질을 그들에게 어느 정도 부여했음을 알게 될 것이다. 그리고 나는 물, 즉 바다, 호수, 안개 그리고 비를 이루는 물이 그 이미지를 따라 거의 모든 아일랜드적인 것들을 만들어 냈다고 확신한다. 마치 웅덩이에 반사된 이미지처럼 이미지는 영원히 우리 마음속에서 스스로 형성된다. 고대 우리는 온전히 신화 세계 속으로 참여하여 어디서나 신들을 보았다. 우리는 신들과 대면하여 이야기했고, 그러한 영적 교감에 관한 이야기는 너무도 많아서 유럽 전역에 있는 그런 비슷한 이야기 전부를 합한 것보다 훨씬 많다고 본다. 우리가 죽음을 이해하는 방식대로, 오늘날까지도 시골 사람들은 죽은 자들과 그리고 결코 죽음을 맞이한 적이 없는 어떤 이들과도 대화를 한다. 심지어 우리네 지식인들조차도 환상의 상태인 고요함에 어렵지 않게 이른다. 우리는 마음을 정말 고요한 물처럼 만들 수 있어서 존재들이 우리 주변에 모여들어 아마도 그들 스스로의 이미지를 볼 수도 있을 것이다. 그리고 우리는 우리의 고요함으로 인해 잠시라도 더 분명한, 아마도 더 열정적인 삶을 살 수 있을 것이다. 현자 포르피리오스Porphyry가 모든 영혼은 물로 인해 태어나고 "심지어 마음속에서 이미지가 생성되는 것도 물로부터 나온다."고 하지 않았던가?

1902년

■■■ 해설

흙, 불, 물은 고대 철학자들이 만물의 근본을 탐구하기 위해 원소론을 주창할 때 등장하는 존재의 근본적 요소이다. 흥미로운 점은 예이츠가 이 요소들을 특정 집단 또는 민족의 기질을 설명하는 데 사용한다는 것이다. 예이츠는 먼저 사막에서 유랑하던 유대인들의 특징을 흙의 이미지로 이해하고, 고대 페르시아 조로아스터교의 신자들을 불의 본질과 연관 짓고 있다. 그리고 예이츠는 아일랜드의 정체성을 물의 이미지로 이해한다. 바다로 둘러싸인 섬나라이자, 호수가 많은 아일랜드 지형을 고려해 볼 때, 물의 본질은 곧 아일랜드인의 성정을 의미한다고 볼 수 있었을 것이다.

『도덕경』에서 노자는 물을 최고의 선에 비유하며 물이 가진 다양한 속성인 겸손, 지혜, 포용력 등을 거론한 바 있다. 예이츠는 물의 속성 중 이미지를 반사하는 모습에 주목한다. 그는 이미지를 반사하여 이미지를 생성해내는 물의 모습에서 물을 우리의 마음에 비유한다. 그는 "마음을 정말 고요한 물처럼" 만드는 작업에 관심이 있었다. 현대 사회에서 잃어버린 인류의 능력, 즉 우리 마음이 고요한 물처럼 되어 수많은 이미지를 반사하여 형성하는 미메시스mimesis적 능력에 대한 그리움이「흙, 불, 그리고 물」에 담겨 있다. 물의 능력을 부여받은 우리 마음이 만들어 내는 수많은 이미지 중에는 근대 사회가 미신이라고 치부하는 것들, 예를 들어 죽은 자들 또는 신들과 대면하여 이야기하는 것도 포함된다. 이처럼 예이츠는 물의 이미지를 통해 고대 아일랜드인들이 가지고 있던 마음의 순수함에 대한 노스탤지어를 표현한다. 자신의 마음에 비추어 모든 존재를 투사해 낼 수 있었던 고대 아일랜드인들의 비전을 회복하는 일은 당대 영국 제국주의가 가져온 물질문명으로 인해 급속도로 상실되어 온 아일랜드인의 성정을 회복하는 열쇠로 제시되고 있다. 예이츠는 마음을 물처럼 고요하게 만들어 어떠한 상상의 세계든지 투사해 낼 수 있는 바로 그 능력으로 인해 인류는 상상력과 현실이 분리되지 않았던 고대의 열정을 회복하기를 소망하고 있다.

김연민 (전남대)

오래된 마을 THE OLD TOWN

십오 년 전쯤 어느 날 밤 나는 요정의 마법 같은 것에 빠져들었다. 난 내 친구이자 친척인 한 청년과 그의 누이와 함께 시골 노인에게서 이야기를 듣기 위해 길을 나섰다. 그리고 우리는 그 노인이 말해준 것에 관해 이야기하며 집으로 돌아오고 있었다. 날은 어둑해졌고, 그가 전해준 유령 이야기로 우리의 상상력은 부풀어 있었다. 아마 이런 상황에서 우리는 미지의 영역인 꿈과 현실 사이의 경계로 들어가게 되었는데, 이곳은 스핑크스Sphinxes와 키메라Chimeras가 눈을 부릅뜨고 앉아 있는 곳이자, 항상 웅얼거림과 속삭임이 있는 곳이다. 우리는 나무 아래로 난 컴컴한 길로 들어섰고, 그때 누이는 길을 천천히 가로질러 움직이는 환한 빛을 보았다. 그녀의 오빠와 나는 아무것도 보지 못했다. 삼십 분 동안 강기슭을 따라 좁은 길로 내려갈 때까지 아무것도 보지 못했다. 그 좁은 길을 따라가니 어떤 들판이 나왔는데 거기엔 담쟁이덩굴에 뒤덮여 폐허가 된 교회와 크롬웰Cromwell 시대에 불태워 스러졌다고 알려진 "오래된 마을"의 옛터가 있었다. 기억하기로 우리는 얼마간 그곳에 서서 돌과 들장미 그리고 딱총나무 덤불로 가득한 들판을 바라다보았다. 그때 나는 지평선 위로 조그만 환한 빛을 보았는데, 마치 빛이 하늘을 향해 천천히 올라가는 것만 같았다. 곧 우리는 다른 희미한 빛들을 일이

분 정도 보았고, 그러고는 마치 횃불 같은 환한 불꽃이 강 너머로 순식간에 지나가는 것을 보았다. 우리는 이 모든 것이 마치 꿈인 듯, 현실이 아닌 것처럼 보여 이전까지는 그 경험에 대해 글로 써보지도, 거의 입 밖에 꺼내지도 않았을 뿐만 아니라, 비이성적인 충동으로 인해 그것이 생각날 때조차도 나는 그것에 중요한 의미를 두지 않으려고 회피해왔다. 아마도 나는 현실 감각이 무뎌졌을 때, 내 기억들은 믿을 만한 것이 못 된다고 생각해 왔던 것이다. 하지만 몇 달 전 나는 그 두 친척에게 그것에 관한 이야기를 했고, 그들의 다소 희미한 기억과 내 기억을 비교해 보았다. 그 비현실적인 감각은 오히려 더욱 경이로웠는데, 이는 다음 날 내가 그 빛들처럼 설명하기 어려운 어떤 소리들을 들었기에 그러했다. 그리고 어떠한 비현실적인 감정 없이, 나는 그 소리들을 완전히 분명하고도 확실하게 기억한다. 내 친척 누이는 커다란 고풍스러운 거울 아래 책을 읽으며 앉아 있었고, 나는 약 2미터 떨어진 곳에서 글을 읽고 쓰고 있었다. 그때 나는 완두콩이 소나기처럼 그 거울 위로 쏟아지는 소리를 들었고, 내가 그것을 쳐다봤을 때, 그 소리를 또다시 들었다. 그리고 곧바로 내가 홀로 방에 있는 동안, 완두콩보다 훨씬 큰 무언가가 내 머리 옆 벽에 부딪히는 소리를 들었다. 그날 이후 며칠간 나에게는 아니었지만 그 누이와 누이의 오빠, 그리고 하인들에게 또 다른 광경들이 나타났고 소리도 들렸다. 지금 그것은 환한 빛으로, 지금 읽으려 하면 사라지고 마는 불꽃의 글씨로, 그리고 지금 텅 빈 듯한 집 안을 돌아다니는 무거운 발걸음으로 내게 보인다. 시골 사람들이 생각하듯이 예전에 사람이 살던 곳은 어디에나 살았던 요정들이 저 오래된 마을의 폐허에서부터 우리를 따라온 것은 아닐까? 아니면 그 수풀가 강둑, 처음으로 신비한 빛이 잠시 동안 비쳤던 그곳에서 요정들이 온 것은 아닐까?

1902년

■■■ 해설

「오래된 마을」에서 소개된 비전의 세계는 크게 두 가지 특징이 있다. 첫째, 이곳은 여기 혹은 저기가 아닌 경계의 세계이다. 그가 비전의 세계를 묘사하면서 "미지의 영역인 꿈과 현실 사이의 경계"로 들어간다고 표현할 때, 이곳은 단순히 이성과 비이성의 이분법적 구도로 설명될 수 있는 곳이 아님을 알 수 있다. 예이츠가 언급한 고대 그리스 신화 속의 스핑크스와 키메라의 예시는 먼저 스핑크스의 이미지에서 드러나듯이, 인간의 기존 인식 범위에 포함된 이성적 세계(독수리와 사자라는 이미지가 기계적으로 결합된 스핑크스 이미지)를 의미한다. 동시에 스핑크스는 그가 낸 수수께끼처럼 인간의 이성적 사고를 넘어선 세계를 내포한다. 키메라 역시 머리는 사자, 몸통은 염소, 꼬리는 뱀 또는 용의 모습으로 인간의 인식을 조합한 존재이자, 동시에 스핑크스와 같이 인간의 상상력을 초월한 위험한 세계를 의미한다. 이러한 경계적 특징을 지닌 비전의 세계는 "항상 웅얼거림과 속삭임"이 있어, 들리지만 들리지 않는, 말하지만 전달되지 않는 미지의 세계이다. 그러므로 이 세계에서 기존의 의미 체계는 붕괴되고 감각의 기호들로 충만하게 된다.

충만한 감각의 기호들은 비전의 세계가 가진 두 번째 특징이다. 예이츠가 묘사하는 이 세계는 시각과 청각적 기호들로 가득 차 있다. 이 세계는 먼저 시각적으로 "지평선 위로 조그만 환한 빛" "다른 희미한 빛들" "횃불 같은 환한 불꽃" 등으로 채워져 있다. 특히 "지금 읽으려 하면 사라지고 마는 불꽃의 글씨"가 의미하듯이, 이 세계는 시각적으로 지각되나, 이를 인간의 의미 체계로 해석하려는 순간 사라져버리는, 즉 의미화 과정에 저항하는 세계이다. 동시에 이곳은 풍부한 청각의 세계이다. "완두콩이 소나기처럼 그 거울 위로 쏟아지는 소리"와 "완두콩보다 훨씬 큰 무언가가 내 머리 옆

벽판에 부딪치는 소리"들은 예이츠가 처한 상황과는 전혀 이질적인 것으로 응축과 전이를 특징으로 하는 초현실주의적 성향을 보인다.

영적이고 비이성적인 비전의 세계는 예이츠에게 물질/세속주의가 만연한 현실에 대한, 이성의 논리로 무장한 영국의 제국주의 사상에 저항할 수 있는 대안적 세계임이 분명하다. 그는 「오래된 마을」에서 자신이 20세쯤 청년 시절 경험한 기이한 현상에 대해 기록하며 자신만의 비전의 세계관을 구축하고 있다.

김연민 (전남대)

사내와 장화 THE MAN AND HIS BOOTS

도네갈Donegal에는 한 의심 많은 사내가 있었는데 그는 유령이나 요정 이야기를 믿으려 하지 않았다. 그리고 그곳엔 아주 오랜 세월 동안 유령의 집이 하나 있었다. 이 이야기는 어떻게 그 유령의 집이 그 사내를 굴복시켰는지에 관한 것이다. 그 사내는 그 집에 들어와 유령이 나오는 방 아랫방에서 불을 지피고 장화를 벗어 벽난로 위에 올려 두었다. 그러고는 발을 쭉 뻗고 몸을 덥혔다. 잠시나마 그는 자신이 유령 이야기를 믿지 않는 것에 대해 의기양양했다. 하지만 밤이 찾아오고 얼마 후 사방이 아주 컴컴해지자, 장화 한 짝이 움직이기 시작했다. 장화는 마룻바닥에서 벌떡 일어나 문을 향해 천천히 뛰어올랐다. 그러자 다른 한 짝도 똑같이 뛰었다. 그리고 첫 번째 장화가 다시 뛰어오르기 시작했다. 곧바로 그 사내는 어떤 보이지 않는 존재가 장화 속으로 들어가 장화를 신고 나가려 한다고 생각했다. 장화는 문가에 이르자 위층으로 천천히 올라갔고, 그때 그 사내는 머리 위에 있는 유령의 방에서 장화가 쿵쿵거리며 돌아다니는 소리를 들었다. 몇 분 후, 다시 장화 소리가 계단에서, 그리고 나서는 바깥 통로에서 들려왔다. 그러자 장화 한 짝이 문 앞으로 다가왔고, 다른 한 짝 역시 먼저 온 한 짝을 지나 들어 왔다. 장화 두 짝이 뛰어오르며 그에게 다가왔고, 그때 한 짝이 일어나 그를 때렸다. 그러니 다른 한 짝도 그를 때렸고, 다시 첫 번째 장화가 뛰어 올라 그를 쳤고, 그를 방에서 몰아낼 때까지 계속해서 그를 쳐댔다. 결국 그는 집 밖으로 쫓겨났다. 이런 식으로 그는 자기 장화에 차여 쫓겨났고, 도네갈은 그 의심 많은 사내에게 복수한 것이다. 그 보이지 않는 존재가 유령이었는지, 쉬sidhe였는지는 기록되어 있지 않으나, 그 유령의 집에 나타난 복수의 기이한 모습은 환상의 진수 속에 살고 있는 쉬의 소행과도 같다.

■■■ 해설

「사내와 장화」에서 자신의 이성적 사고를 신뢰하는 한 사내는 유령에 관한 미신이 틀렸음을 증명하고자 스스로 유령의 집에 들어간다. 그러나 얼마 못 가 그는 자신의 신념이 틀렸음을 경험하게 되는데, 이는 그의 장화가 스스로 걷고, 뛰어올라 그를 때리고는 그를 유령의 집 밖으로 쫓아냈기 때문이다. 이러한 과정에서 예이츠는 이 기이한 현상이 의심 많은 사내가 부인할 수 없는 물리적 현상으로 나타난다는 점을 조명한다. 장화가 스스로 걸어 다니며 내는 쿵쿵거리는 소리와, 장화가 자기 몸에 직접 부딪히는 접촉의 감각은 그 어떤 이성의 논리보다 더욱 즉각적인 현실로 그에게 다가왔을 것이다.

유령 또는 쉬가 보여준 이 "기이한 복수"는 영국 식민주의자들이 강조하던 이성의 가치와 차별화된 아일랜드만의 가치를 발견하기 위해 아일랜드 전설과 민담을 수집하던 예이츠의 문화 민족주의적 지향점과 맞닿아 있다고 볼 수 있다. 아일랜드 북서부 해안 지방인 도네갈은 아일랜드 서부 마을들이 그러하듯 고대 신화와 전설로 가득한 곳으로, 여전히 아일랜드 탈식민주의 학자들이 근대적 가치와 결을 달리하는 가능성, 실현되지 않은 가능성이 가득한 세계이다. 「사내와 장화」에서 묘사된 이성적으로 이해되거나 설명되지 않는 이 기이한 현상은 예이츠가 구축하는 비전 세계의 핵심 중 하나이다.

김연민 (전남대)

겁쟁이 A COWARD

어느 날 나는 건장한 농부였던 내 친구 집에 있었다. 그 친구는 불벤산 Ben Bulben과 코프산Cope's mountain 너머에 살고 있었다. 거기서 나는 자기 두 딸에게서 미움받는 것 같은 한 젊은 연배의 사내를 만났다. 왜 딸들이 그를 미워하냐고 내가 묻자 그가 겁쟁이여서 그렇다는 것이다. 난 이 일이 흥미롭게 여겨졌는데, 자연이 낳은 건강한 자녀들이 겁쟁이라고 생각하는 어떤 이들은 바로 자기 삶과 일에 대해 너무 예민한 신경을 가진 이들이기 때문이었다. 나는 그 사내를 바라보았다. 그런데 그게 아니었다. 그의 불그레하고도 흰 낯빛과 건장한 몸은 그가 과도할 정도로 예민하지는 않음을 보여주었다. 잠시 후 그는 자기 이야기를 해주었다. 그는 거칠고 앞뒤가 없던 삶을 살았었는데, 2년 전 어느 날 한밤중 집으로 돌아오고 있었는데, 그는 갑자기 자신이, 말하자면, 유령 세계로 빠져드는 것 같았다 한다. 순간 그는 죽은 형의 얼굴이 자기 앞에 떠오르는 것을 보았고, 그는 뒤돌아 도망쳤다. 그는 멈추지 않고 거의 1마일이나 길을 뛰어 내려가 한 오두막에 이르렀다. 그는 자기 몸을 현관문에 아주 세게 내던져 두꺼운 나무 빗장이 부서졌고, 마룻바닥에 쓰러져버렸다. 그날 이후로 그는 거칠었던 삶을 접고 어떤 희망도 없는 겁쟁이가 되어버렸다. 낮이든 밤이든 그는 형의 얼굴이 나타난 그곳에는 갈 엄두가 나지 않았다. 그곳을 피하려고 그는 2마일이나 돌아가기도 했다. 그가 말하길, "고장에서 아무리 예쁜 아가씨가" 파티가 끝나고 그녀를 집에 바래다주도록 부탁한다 할지라도 그는 혼자서라면 그럴 수 없었다.

■■■ 해설

「아일랜드에서 문학 운동"The Literary Movement in Ireland", 1899」에서 예이츠는 아일랜드의 민족정신과 정체성의 근원으로 시골 농부의 모습을 제시한다. 이들은 고된 노동에서 오는 소박하고도 단순한 삶과 더불어 신실한 종교성과 전통적 신념을 유지하면서 그들의 영성을 유지해 왔다고 여겨진다. 예이츠의 문예 부흥 운동과 함께 그의 낭만주의 문학관을 반영한 이 글은 당대 영국 물질주의와 산업화와 대비되는 아일랜드 농촌 사회를 대안으로 제시한다.

예이츠가 제시하는 건장하고 불굴의 신앙심을 지닌 전형적인 아일랜드 농부의 모습과는 달리, 「겁쟁이」에 등장하는 농부는 다소 예외적이다. 그의 "불그레하고도 흰 낯빛과 건장한 몸"은 예이츠가 이상화한 여느 농부의 모습과 다르지 않다. 그러나 그는 자신의 두 딸로부터 "겁쟁이"라고 질타를 받으며 비난과 조롱의 대상이 된다는 점에서, 예이츠가 찬양한 이상적인 농부의 이미지와 커다란 차이를 보인다. 대부분 누군가를 겁쟁이라 부를 때에는 그가 신경과민으로 삶에 대해 너무 예민하고 왜소한 체격을 가졌을 때일 것이다. 다시 말해, 예이츠는 건장한 몸을 지닌 이들은 삶에 대해 소박하면서도 일희일비하지 않는 신념을 지녔을 것이기에 예민한 신경 때문에 초조해하는 겁쟁이들과는 다를 것이라 짐작한 것이다. 「겁쟁이」

가 예이츠의 전반적인 사상에 비춰 특이한 점은 건장한 신체, 신실한 종교성과 두터운 신념을 지닌 농부마저도 신비의 세계 또는 "유령의 세계" 앞에 서는 전혀 용감한 사람이 되지 못한다는 것이다. 한밤중 죽은 형의 이미지를 마주한 그는 미친 사람처럼 오두막으로 도망쳐 와 쓰러져버리고, 형의 유령이 나타난 근처에는 얼씬도 하지 못하는 모습에서 예이츠가 이상화했던 농부의 모습에 균열이 일어난다. 더욱이 아일랜드 최고의 미녀가 그에게 한밤중 동행을 부탁하는 인생의 가장 낭만적인 순간마저도 거절하겠다는 그 농부의 대답에서 아일랜드 민족주의적 이상 또는 민족주의적 열망을 능가하는 미지의 세계에서 나오는 강렬한 에너지가 암시되어 있다.

김연민 (전남대)

오번 삼 형제와 악령 THE THREE O'BYRNES AND THE EVIL FAERIES

어둠의 왕국에는 훌륭한 것들이 넘치도록 많다. 그곳에는 이승보다 더 많은 사랑이 있다. 그곳에는 이승보다 더 많은 축제가 있다. 또 그곳에는 이승보다 더 많은 보화가 있다. 태초에 이승은 아마 인간의 욕망을 이룰 수 있는 곳이었겠지만, 지금은 세월이 흘러 부패하고 말았다. 저승의 보화들에 한번 손대어 보거나 슬쩍해 본다면 얼마나 멋진 일이겠는가!

예전에 한 친구가 슬리브 리그Slieve League 지방 근처 마을에 살았다. 하루는 그가 '캐쉘 노어Cashel Nore'라 불리는 토채rath, 고대 청동기 시대부터 아일랜드 지역에 흙으로 쌓은 원형 요새 정착촌.에 어슬렁거리고 있었다. 초췌한 얼굴, 흐트러진 머리, 해어진 옷을 걸친 한 사내가 그 토채로 들어와서는 땅을 파기 시작했다. 내 친구는 근처에 일하고 있던 농부에게 다가가 그 사내가 누구인지를 물었다. '오번 삼 형제 중 막내요.'라는 대답을 들었다. 며칠 후 그는 다음과 같은 이야기를 듣게 되었다. 기독교가 전파되기 이전 시대에 그 토채에는 엄청난 양의 보화가 묻혀 있었는데, 수많은 악령이 그 보화를 지켰다. 하지만 언젠가 그 보화는 발견되어 오번 가문의 소유가 될 운명이었다. 그날이 오기 전, 유감스럽게도 오번 삼 형제는 보화를 발견하고는 죽게 될 것이라는 이야기였다. 이미 두 형제가 그렇게 되었다. 첫째 아들이 땅을 팠는데, 마침내 보화가 담긴 석관이 힐끗 보였다. 하지만 그 순간 산에서 털이 수북한 커다란 개 같은 짐승이 달려 내려와 그를 갈기갈기 찢었다. 다음 날 아침 그 보화는 땅속 깊은 곳으로 다시 사라져버렸다. 둘째 오번이 와서 땅을 파냈고 그가 관을 찾아내 뚜껑을 열고 보니 안에는 반짝이는 금이 있었다. 다음 순간 그는 어떤 끔찍한 광경을 보게 되었다. 그러고는 미쳐 고함을 치며 헤매다 곧 죽어버렸다. 다시 보화는 깊이 자취를 감추었다. 이제 셋째 오번이 땅을 파고 있다. 그는 자신이 보화를 발견하게 되는 순간 어떤 끔찍한 모습으로든 죽게 될 거라 믿고 있다. 하지만 그 저주는 풀릴 것이고, 예전에 그랬던 것처럼 오번 가문은 영원히 부유하게 되리라는 것도 말이다.

언젠가 한 이웃 농부가 그 보화를 발견했다. 그는 잔디밭 위에 산토끼 정강이뼈가 놓여 있는 것을 보았다. 그가 뼈를 들춰내어 보니 잔디에 구멍이 하나 나 있었다. 그가 구멍을 들여다보자 땅속에 황금이 쌓여 있는 것이었다. 그는 삽을 가지러 서둘러 집으로 갔다. 하지만 토채에 도착해 보니 그가 봤던 장소를 발견할 수 없었다.

▪▪▪ 해설

금지된 것과 미지의 세계에 대한 호기심은 예이츠에게도 강렬했던 것 같다. 예이츠는 「오번 삼 형제와 악령」에서 저승, 즉 "어둠의 왕국"에 많은 사랑과 즐거움 그리고 보화가 존재한다고 하면서, 이미 부패하여 증오와 근심이 가득한 이승에 대한 반대 가치로서 어둠의 왕국을 묘사하고 있다.

어둠의 왕국에 관한 이야기는 여느 유령 이야기에서처럼 이성적으로 해명되기 어려운 사건들을 보여준다. 고대부터 전해 내려온 땅속에 묻힌 보화에는 다음과 같은 운명이 정해져 있었다. 오번 삼 형제가 이 보화를 찾고 죽게 되지만, 결국 그 보화는 오번가 사람들에게로 돌아간다는 것이다. 첫째와 둘째 아들이 이미 차례로 이 보화를 발견하고는 괴기한 방식으로 죽임을 당했고, 이제 막내아들이 "초췌한 얼굴, 흐트러진 머리, 다 해어진 옷"을 걸친 채로 보화를 찾아 헤매고 있다. 오번 가의 저주인지 축복인지 모를 이 운명에 미치광이처럼 매달려 있는 막내아들의 모습에서 예이츠의 낭만주의적 문학관을 발견할 수 있다. 비록 잔디밭 위에 놓인 산토끼 정강이뼈 아래로 난 구멍의 모습으로, 그리고 결국 자취를 감춘 보화의 모습, 즉 일종의 흔적으로만 존재하는 전설의 힘에 예이츠는 강렬한 호기심을 표현하고 있다.

어둠의 왕국과 보화가 가진 신비하고도 괴기한 에너지는 「오번 삼 형제와 악령」의 이야기 구조와도 관련되어 있다. 예이츠는 오번 삼 형제의 이야기를 친구의 이야기로 소개하면서, 이 작품을 액자식 이야기 형태로 구성하고 있다. 이야기 속 이야기 구조를 통해 독자들은 신비한 어둠의 왕국으로 이끌리는 경험을 하면서 예이츠가 전하는 미지 세계에 대한 동경과 호기심을 간접적으로 체험하게 된다.

김연민 (전남대)

드럼클리프와 로시즈 DRUMCLIFF AND ROSSES

드럼클리프Drumcliff[31])와 로시즈Rosses[32])는 항상-오 하늘이시여-이 세상에 없을 것 같은 신비로움이 깃든 장소였고, 장소이며, 장소가 될 것이다. 나는 몇 번이고 그곳 근방이나 그곳에 머물렀고, 그렇게 하여 요정에 대한 많은 이야기를 수집하였다. 불벤산Ben Bulben 아래에 있는 드럼클리프는 지금은 폐허가 된 수많은 건물을 지었던 위대한 성인 콜럼바Saint Columba가 옛날에 기도를 통해 천국에 다가가려고 올랐던 넓고 푸르른 골짜기이다. 로시즈는 마치 녹색 식탁보와 같은 짧은 잔디로 덮여있고, 둥그런 돌무덤 봉우리가 있는 녹나리Knocknarea[33])와 '매로 유명한 불벤산' 사이의 바다 거품 아래 묻힌, 바다를 가르는 작은 모래 평원인바, 시에 따르면

---

31) 슬라이고 카운티에 있는 마을로, 슬라이고 시로부터 4마일(6.4킬로미터)도 안 되는 거리에 위치해 있다. 이 마을은 불벤산 아래의 넓은 골짜기에 위치해 있으며, 1805년 예이츠의 증조부인 존 버틀러 예이츠가 목사로 임명된 곳이기도 하다. 드럼클리프의 아일랜드 교회는 옛날에 수도원이 있었던 자리에 지어졌고, 이 지역은 아일랜드에 대한 옛 기록에 여러 번 등장한다.
32) 아일랜드 게일어로 로시즈는 자그마하게 튀어나온 땅 또는 반도를 가리킨다. 슬라이고의 로시즈는 3마일(4.8킬로미터) 정도 이어져 있다.
33) 메이브 여왕Queen Maeve이 묻혀 있다는 이야기가 전해져 내려오는 슬라이고 카운티 서쪽에 위치한 언덕이다.

불벤산과 녹나리가 아니라면
많은 불쌍한 선원들이 조난을 당했을 법한

But for Ben Bulben and Knocknarea
Many a poor sailor'd be cast away,

곳이다.

　로시즈의 북쪽 가장자리에는 슬픔이 깃들어 있고, 유령이 출몰하는 모래와 바위와 잔디로 덮인 자그마한 곳이 있다. 요정이 영혼을 빼앗아 '멍청이'가 되기 때문에 곶의 낮은 절벽 아래에서 잠을 청하는 주민은 없었다. 모래 언덕에 가려 보이지 않는 긴 동굴이 '금은보화로 가득하고, 가장 아름다운 응접실과 거실이 있는' 그곳으로 이어지기 때문에 물떼새로 가득한 이곳보다 어둠의 왕국으로 가는 지름길은 없었다. 한번은 모래로 덮이기 전에 개 한 마리가 길을 헤매다 그곳으로 들어갔는데, 땅 깊숙한 곳에 있는 요새에서 개가 컹컹거리는 소리가 들렸다. 역사가 시작되기 전에 만들어진 요새나 원형 요새[34]가 로시즈와 콜럼킬Columcille을 뒤덮고 있다. 개가 컹컹거리던 곳은 다른 대부분 장소와 마찬가지로 안에 벌집이 있었다. 언젠가 내가 그 안을 들여다보고 있었을 때, 나와 같이 와 밖에 있는 구멍 앞에서 무릎을 꿇고 기다리고 있던 드물게 지적이고 '책을 많이 읽은reading' 시골 사람이 겁먹은 목소리로 '괜찮으십니까?' 하고 나에게 속삭였다. 나는 얼마간 땅 밑에 있었고, 그는 내가 개처럼 어둠의 세계로 끌려갔을까 봐 두려워했다.

　이 요새 또는 원형 요새는 북쪽 경사에 오두막 몇 채가 있는 작은 언덕마루에 있었다. 어느 날 밤 농부의 젊은 아들이 그중 한곳에서 와 요새가

---

[34] 원문에는 rath로 표기. "Rath"는 아일랜드 게일어로 원 모양의 요새화된 정착지 영어로는 ringfort 또는 ring fort라고 부름.를 의미하며 이는 청동기, 철기 시대를 거쳐 중세 초기인 서기 1000년 무렵까지 지어졌다.

불꽃에 휩싸인 것을 보고 그쪽으로 달려갔지만, '마법'에 홀려 울타리를 말이라고 생각하고 책상다리를 한 채 울타리로 달려들었다. 다음 날 아침에도 그는 여전히 자신이 시골을 달린다고 생각하고 울타리를 때리고 있었고, 사람들이 집으로 데리고 온 후, 다시 정신을 차리기까지 3년 동안을 바보로 지냈다. 그 후 얼마 되지 않아 한 농부가 요새를 평평하게 만들려고 했다. 농부의 소와 말이 죽었고, 온갖 힘든 일이 닥쳤으며, 그는 다시 집으로 이끌려 와 '숨을 거둘 때까지 난롯가에서 무릎에 머리를 기댄 채' 아무것도 하지 못하는 쓸모없는 사람이 되었다.

로시즈의 북쪽 모서리에서 남쪽에서 몇백 야드가량 떨어져 있는 곳에는 모래로 덮여있지는 않지만 다른 모퉁이가 있다. 20년 전에 범선 한 척이 근처에서 조난을 당해, 3명이나 4명의 어부가 어둠 속에서 버려진 선체를 바라보고 있었다. 자정 무렵 그들은 빨간 모자를 쓴 깽깽이 연주자 두 명이 동굴 입구의 돌 위에 앉아 온 힘을 다해 깽깽이를 연주하고 있는 모습을 보았다. 어부들은 도망쳤다. 많은 무리의 마을 사람들이 깽깽이 연주자를 보기 위해 동굴로 달려갔지만 연주자는 이미 사라진 뒤였다.

지혜로운 농민에게 주변의 푸른 언덕과 숲은 사라지지 않는 수수께끼로 가득 차 있다. 한 나이 많은 시골 여인이 저녁에 문 앞에서 '산을 보며 신의 선하심을 생각한다.'고 말했다. 이교도적인 힘이 그리 멀리 있지 않기 때문에 신은 더 가까이 있다. 왜냐하면 매로 유명한 불벤산의 북쪽에서는 해가 진 다음 흰 정사각형 문이 열리면서 거친 이교도 기사들이 언덕을 향해 몰려오고, 남쪽으로는 메이브 여왕임이 분명한 흰옷의 여인이 녹나리의 넓은 구름 모자 아래에서 방랑하고 있기 때문이다. 그로부터 그렇게 오래 지나지 않아 양치기 소년이 흰옷의 여인을 보지 않았던가? 여인은 드레스의 치맛자락이 스칠 정도로 소년을 가까이 지나갔다. '소년은 넘어져, 사흘 만에 죽었다.'

내가 앉아서 H_____ 부인의 소다빵을 먹고 있을 때 남편이 제법 긴, 로시즈에서 들었던 이야기 중 가장 좋은 이야기를 들려주었다. 핀 맥 쿠알 Finn mac Cumhal35)이 살던 시절부터 많은 가난한 사람들이 모험담을 이야기해 왔는데, 이는 '요정'이 계속해서 찾아오므로 이야기할 만한 모험담이 많기 때문이다. 어쨌든 이야기꾼들은 그렇다. 그는 '예전에, 사람들이 운하로 여행하던 무렵, 저는 더블린에서 내려오고 있었죠. 우리가 멀린가Mullingar에 도착했을 무렵 운하는 끝났고, 저는 뻣뻣하게 굳고 피곤한 상태에서 느릿느릿 걷기 시작했습니다. 저는 몇 명의 친구들과 같이 있었고, 걸었다가 수레 타기를 반복했죠. 그렇게 몇 명의 젖 짜는 소녀들을 보고 농담이나 주고받기 위해서 멈출 때까지 움직였습니다. 얼마 있다가 우리는 소녀들에게 우유 한 잔을 달라고 부탁했습니다. "여기에 넣을 것은 없어요." 소녀들은 말했죠. "그렇지만 저희랑 집에 같이 가시죠." 우리는 소녀들과 집으로 가, 난로 주변에 앉아 이야기를 나누었습니다. 얼마간의 시간이 지나고, 일행은 마지못해 따뜻한 불 앞을 떠나, 저만 집에 두고 제 갈 길을 갔습니다. 저는 소녀들에게 먹을 것을 달라고 했습니다. 불 위에는 냄비가 놓여 있었고, 소녀들은 고기를 꺼내 그릇 위에 놓은 다음, 고기가 머리와 분리되었을 때만 먹으라고 말했습니다. 내가 음식을 먹은 다음, 소녀들은 밖으로 나갔고 나는 그들을 다시는 볼 수 없었습니다. 안은 점점 어두워졌고, 저는 불 옆을 떠나기 싫어 그 자리에 계속 앉아 있었는데, 얼마간의 시간이 지나고 두 남자가 시체를 들고 안으로 들어왔습니다. 저는 남자들이 오는 것을 보고 문 뒤에 숨었습니다. 남자 중 한 명이 "누가 뒤집어 가면서 고기를 구울래?"라고 묻자, 다른 한 명이 "마이클 H_____, 그 뒤에서 나와 고기를 구워라."라고 말했습니다. 저는 벌벌 떨면서 나와 시체를 굽기 시작했습니다. 처음에 말했던

---

35) 핀의 아들 쿠알이라는 뜻. Finn mac Cumhal [coo'al 또는 cool으로 발음됨]은 Fianna라 불렸던 용맹한 전사 집단의 리더이며, Fenian Cycle이라 불리는 전설의 중심인물이다.

남자가 "마이클 H_____, 고기가 타게 내버려 두면 네 놈을 꼬챙이에 꽂을 줄 알아라."라고 말했습니다. 그 말을 한 후 남자들은 밖으로 나갔습니다. 저는 자리에 앉아 자정이 가까워질 때까지 벌벌 떨면서 시체를 구웠습니다. 남자들이 돌아왔고, 그중 한 명은 시체가 탔다고 했지만 다른 한 명은 알맞게 구워졌다고 했습니다. 하지만 그 일에 대해 의견이 갈렸기 때문에, 두 사람 모두 이번에는 아무런 해를 입히지 않겠다고 말했습니다. 그리고 불 옆에 앉아, 남자 중 한 사람이 "마이클 H_____, 이야기 하나 해줄 수 있나?"라고 물었습니다. 저는 "악마에게나 들려주지."라고 말했습니다. 그 말을 들은 남자는 제 어깨를 잡고 총을 발사하듯이 밖으로 내쫓았습니다. 바람이 거세게 부는 거친 밤이었습니다. 제가 태어난 이후로 그런 밤-이 세상의 그 어떤 밤보다도 어두운 밤-을 본 적이 없었습니다. 저는 도무지 제가 어디에 있는지 알 수 없었습니다. 그래서 남자 중 한 명이 나를 뒤따라와 어깨를 치며, "마이클 H_____, 지금은 이야기를 해줄 수 있나?"라고 했을 때 저는 "할 수 있습니다."라고 말했습니다. 그는 저를 다시 안으로 들여 불 앞에 앉혀 놓고, "시작해라."라고 말했습니다. "제가 할 이야기는 딱 하나예요." 저는 말했습니다. "바로 제가 여기에 앉아 있는데, 당신 둘이 시체를 가지고 들어와 꼬챙이에 꽂고 저에게 시체를 뒤집어가며 구우라고 했던 겁니다." 그는 "그걸로 됐어."라고 하고는, "저 안으로 들어가 침대에 누워."라고 말했습니다. 저는 더 이상 불평 없이 들어가 누웠습니다. 그리고 아침에 제가 누워 있었던 곳은 텅 빈 풀밭 한가운데였습니다!'

드럼클리프는 징조로 가득한 곳이다. 어업이 번창하는 시기에는 청어를 담은 통이 폭풍 구름 사이에 나타나고, 콜럼킬의 해변Columcille's Strand이라 불리는, 온통 습지와 수렁인 지역에서는 달이 빛나는 밤에 바다로부터 옛 배를 타고 콜럼바 성인이 들어오는데, 이는 풍성한 수확을 알리는 징조다. 드럼클리프에는 무서운 징조도 있다. 몇 년 전 한 어부가 저 멀리 지평선 너머에서 하이 브라질Hy Brazil36)이라는, 손을 대면 노동과 걱정, 냉소적 웃음이 사라지고 가장 그늘진 덤불 아래에서 쿠훌린과 영웅들과 대화할 수 있게 만드는 존재를 보았다. 하이 브라질의 비전은 국가적 환난의 징조이다.

드럼클리프와 로시즈는 귀신으로 가득 차 있다. 늪지, 길, 원형 요새, 언덕, 바다와 육지의 경계에 목이 잘린 여자, 갑옷과 투구 차림을 한 남자, 유령 토끼, 불의 혀를 가진 사냥개, 휘파람 소리를 내는 물개 등 온갖 형태로 존재한다. 물개가 예전에 배를 침몰시킨 적이 있었다. 드럼클리프에는 오래된 무덤이 하나 있다. 『네 왕의 연대기The Annals of the Four Masters』에는 "콘 족의 충성스러운 전사가 드럼클리프의 헤이즐 나무 십자가 아래에 묻혀 있네A pious soldier of the race of Conn lies under hazel crosses at Drumcliff."라고 노래했던, 871년에 세상을 떠난 Denadhach라는 병사에 관한 시가 있다. 얼마 전에 한 노파가 밤에 묘지에 기도하러 가기 위해 몸을 돌렸을 때 갑옷과 투구 차림을 한 남자가 노파에게 어디에 가느냐고 물었다. 동네 주민에 따르면 그 남자는 예로부터의 충성심으로 묘지를 감시하고 있는 '콘 족의 충성스러운 병사'였다. 이곳에서는 (믿음에 따르면) 아주 어린 아이가 죽었을 때 닭 피를 문지방에 뿌려 너무 약한 영에 있던 악귀를 핏속으로 끌어들이는 풍습을 아직도 흔히 볼 수 있다. 피는 악귀를 잘 끌어들인다. 요새로 들어갈 때 돌에 손을 베이는 것은 매우 위험하다고 알려져 있다.

드럼클리프와 로시즈에는 호기심 많은 귀신만큼의 도요새 귀신이 있다. 내가 잘 아는 동네의 한 집 뒤에 덤불이 있다. 아주 좋은 이유에서 그 집이 드럼클리프나 로시즈나 불벤산 언덕에 있는지, 아니면 녹나리 주변의

---

36) Hy Brazil또는 Hy-Brasil, Hy-Brasail은 아일랜드 서부에 존재했다고 여겨지는 환상 속의 섬이다. 아일랜드의 옛 민담에 따르면, 이 섬은 아일랜드 서부 해안에서 7년에 단 하루만 볼 수 있으며 나머지 기간에는 안개에 가려 보이지 않는다고 한다.

평원에 있는지도 말하지 않겠다. 그 집과 덤불에 얽힌 역사가 있다. 한때, 집에는 슬라이고 부두에서 지폐로 300파운드가 들어있는 짐 보따리를 발견한 한 남자가 살고 있었다. 이 짐 보따리는 외국의 한 선장이 떨어트린 것이었다. 그 남자는 그 사실을 알았지만, 아무런 말도 하지 않았다. 그 돈은 화물에 대한 비용이었고, 주인을 볼 엄두가 나지 않았던 선장은 항해 도중 스스로 목숨을 끊었다. 그 후 얼마 되지 않아 집주인이 세상을 떠났다. 남자의 영은 안식을 찾지 못했다. 어쨌든 남자의 집 주변에서는 이상한 소리가 들렸다. 죽은 남자의 영이 종종 출몰했기 때문에 아내가 정원의 덤불 가에서 기도를 올리는 모습이 사람들에 의해 자주 목격되었다. 그 덤불은 오늘날에도 남아 있다. 한때 울타리의 한 부분이었던 덤불은 사람들이 감히 삽이나 정원 가위를 대려고 하지 않았기에 덩그러니 홀로 서 있다. 이상한 소리와 목소리는 몇 년 전, 집을 수리하는 과정에 단단한 회반죽에서 도요새가 날아가며 사라졌다. 이웃에 의하면 쪽지를 발견한 사람의 고통받는 영혼이 마침내 떨어져 나간 것이다.

    내 선조와 친척은 최근 수년 동안 로시즈와 드럼클리프 근방에서 살아왔다. 그로부터 몇 마일 북쪽 지역은 전혀 모르는 곳이고, 아무것도 찾을 수 없다. 내가 요정에 관한 이야기를 해달라고 부탁했을 때, 이에 대한 답은 바다를 향해 있는 불벤산의 한 모퉁이 아래의 흰 돌로 만들어진 요새-아일랜드에 있는 몇 안 되는 돌 요새-근처에 사는 여인에게서 왔다. 여인은 '요정은 자기네 일에 신경 쓰고 저는 제 일에만 신경을 써요.'라고 답했는데, 이는 요정에 대해 말하는 것은 위험한 일이기 때문이다. 오직 그 사람들이 나와 친분이 있거나 내 조상을 알고 있어야만 그 조심스러운 입을 열 수 있다. 내 친구 중 한 명-참견하기 좋아하는 사람들이 있을까 봐 그 사람의 이름을 말하지는 않겠다-은 가장 고집 센 이의 마음을 여는 방법을 알고 있지만, 그 사람은 토기를 만드는 사람에게 자기 밭에서 난 곡식을 준다. 또

한 그는 잘 알려진 게일 마법사의 후손이고, 온갖 초자연적 존재에 관한 이야기를 들을 절대적 권리가 있다. 사람들이 이야기하는 마법사의 혈통에 대한 말이 맞는다면 주민들은 모두 그의 친척이다.

■■■ 해설

이 이야기는 드럼클리프와 로시즈에 얽힌 요정 이야기를 하고 있다. 드럼클리프는 슬라이고에 위치한 큰 교구로, 예이츠의 증조할아버지인 존 버틀러 예이츠가 목사를 지냈던 지역이다. 또한 나중에 예이츠가 묻힌 지역이기도 하다. 로시즈는 슬라이고에 있는 자그마한 모래사장이다. 이야기에서는 예이츠가 요정과 관련된 민담을 수집하기 위하여 드럼클리프와 로시즈를 방문하였을 때 들은 내용을 소개하고 있다.

로시즈에서 들은 이야기 중 하나는 Michael H_____라는 한 남자의 이야기로, 그 남자는 다른 일행 몇 명과 여행에서 돌아오던 중 소녀의 모습을 한 요정 둘을 만나게 된다. 오랜 여행에 지쳐 있던 H_____는 소녀에게 우유를 한 잔 줄 수 있느냐고 물었고, 소녀는 집에 남자를 초대하게 된다. 시간이 지나 같이 왔던 일행이 다시 길을 떠나고 남자만 거기에 남는다. 그렇게 얼마의 시간이 지나고 남자 두 명이 시체를 들고 들어온다. H_____는 겁에 질려 문 뒤에 숨어 있다가 마지못해 시체를 뒤집어가며 굽게 된다. 그렇게 자정이 가까워질 때까지 시체를 굽다가 두 명의 남자가 다시 들어와 H_____에게 이야기를 하나 하라고 하고, H_____가 이를 거부하자 남자는 H_____를 쫓아낸다. 칠흑 같은 어둠 속에서 떨던 H_____는 결국 이야기를 하겠다고 하고 다시 집으로 들어와 자신이 겪은 일을 남자에게 이야기한다. 남자는 그걸로 됐다고 말하고 H_____에게 침대로 가서 누우라고 한다.

아침에 깨어나 보니 이는 모두 환상이었다.

    드럼클리프와 로시즈에서 전해져 내려오는 이 이야기를 들은 후에 「마술"Magic", 1901」이라는 에세이에서 예이츠가 했던 말을 상기시킨다. 이 글에서 예이츠는 도시 사람보다 가난한 농민이 더 초자연적인 존재에 민감하다고 말한다. 왜냐하면 각종 유흥 거리에 둘러싸여 있는 도시 사람과 달리 시골 사람은 그러한 요소로부터 자유롭기 때문이다. 드럼클리프와 로시즈라는 지역은 예이츠가 그레고리 부인과 함께 민담을 수집하기도 했던 아일랜드 서부 지역에 속한다. 또한 이 지역은 1695년부터 1728년 무렵까지 영국이 아일랜드에서 시행했던 법Irish Penal Laws에 따라 원래 살고 있던 지역에서 쫓겨난 가톨릭교도들이 정착한 가난하고 척박한 지역이기도 하다. 그러한 점에서 예이츠가 드럼클리프와 로시즈에서 만났던 농민들이 유령이나 요정 등의 초자연적 존재를 도시인들보다 더 자주 보고 민감하게 감지한다고 생각했던 것은 자연스러운 일로 보인다.

조수진 (단국대)

행운의 두꺼운 두개골THE THICK SKULL OF THE FORTUNATE

I

옛날에 아이슬란드의 많은 농부들은 시인 에질Egil37)이 묻힌 공동묘지에서 아주 두꺼운 두개골을 발견했다. 두개골의 엄청난 두께 때문에 농부들은 그 두개골이 의심할 여지없이 에질이라는 위대한 인물의 두개골이라는 것을 확신하게 되었다. 한 번 더 확인하기 위해 농부들은 두개골을 돌담 위에 놓고 망치로 세게 내리쳤다. 두개골은 두들겨 맞은 곳이 하얗게 변했으나, 부서지지 않았다. 그래서 농부들은 그것이 사실 시인 에질의 두개골이었으며, 모든 영예를 누릴 가치가 있다고 확신했다. 아일랜드에서 우리는 우리가 '데인 사람Danes'38)이라고 부르는 아이슬란드 사람들과 스칸디나비아 국

---

37) 에질Egil Skallagrimmson, 901~982은 아이슬란드의 시인이고 전사였다. 에질의 업적은 노르웨이와 영국까지 퍼져나갔다. 에질의 놀라운 삶은 12세기에 에질사가Egilssaga의 토대를 형성했다. 『에질사가Egilssaga』는 에질의 엄청난 힘과 잔인함, 시인으로서의 역량을 기록했으며, 그가 죽은 지 오랜 후에 그의 뼈가 발견되는 것으로 마무리된다. 존 버틀러 예이츠John Butler Yeats의 오랜 친구이며, 베드포드 파크Bedford Park의 이웃이었던 포웰Frederick York Powell은 에질의 열성팬이었다. 포웰은 『코르푸스 포에티쿰 보레아레Corpus Poeticum Boreale』에 에질의 시를 번역해서 출판했다. 1893년 7월에 포웰의 초상화를 그렸던 예이츠의 아버지는 아들에게 에질의 뼈에 대하여 설명해주었을 것이다.

가의 다른 모든 거주자와 친밀한 관계를 유지하고 있다. 일부 산간 지역이나 척박한 지역, 우리의 해안 마을에서, 아이슬란드 사람들이 에질의 머리를 실험한 것과 거의 같은 방식으로 우리는 여전히 서로를 테스트한다. 우리는 고대 데인 해적들로부터 풍습을 얻었을지도 모른다. 로시즈Rosses곶에 사는 사람들이 나에게 말하길, 데인 해적의 후손들은 한때 선조들이 소유했던 아일랜드의 모든 들판과 작은 언덕을 여전히 기억하고 있으며, 여느 원주민 못지않게 로시즈곶 자체를 묘사할 수 있다.

롤리Roughley. 라글리 반도Raghly Peninsula라고 알려진 해안 지역이 하나 있는데, 그곳에서 남자들은 거칠게 기른 붉은 수염을 깎거나 잘라낸 적이 없고, 언제나 발로만 싸움을 한다. 나는 보트 경주에서 그들이 서로 반칙하는 것을 본 적이 있다. 그리고 많은 게일어Gaelic로 소리친 후에, 노로 서로를 친다. 첫 번째 보트는 좌초되었고, 두 번째 보트는 긴 노들로 보트를 쳐서 지나가지 못하게 막아서, 결국 세 번째 보트가 승리를 거둔다. 어느 날 슬라이고Sligo 사람들이 말하길, 롤리에서 온 한 남자는 잇달아 두개골을 깨뜨린 혐의로 슬라이고에서 재판을 받았고, 일부 머리들은 너무 얇아서 책임질 수 없다고 변호한 것으로 아일랜드에서 알려졌다. 그 남자는 기소한 변호사에게 아주 경멸스러운 눈길을 보내면서, "저 꼬맹이의 두개골을 때리면 달걀 껍데기처럼 될 거야."라고 외쳤다. 그 남자는 재판관에게 밝게 미소를 짓고, 감언이설로 속이는 목소리로 "그러나 남자라면 당신의 영주 집에서 2주일간 강타할 수도 있겠죠."라고 말했다.

---

38) 9~11세기경에 아일랜드를 침입한 북유럽인으로 덴마크 사람들이다.

II

　나는 이 모든 것을 몇 년 전에 썼는데, 그 당시에도 오래된 기억이었다. 나는 며칠 전 롤리에 갔었는데, 그곳이 다른 황량한 곳과 아주 비슷하다는 것을 알았다. 어린 시절의 기억은 의지하기에는 부서지기 쉬운 것이기에, 나는 훨씬 더 황량한 곳인 마우고로Moughorow. 마우게로Maugherow 반도를 생각하고 있었을 것이다.

1902년

▨▨■ **해설**

　이 이야기에서 예이츠는 시인 에질에 관한 민담으로 아일랜드인들의 친족 관계와 아일랜드의 토지 문제, 그리고 앞으로 그가 어떤 시인이 될 것인가에 관한 청사진을 제시하고 있다. 현대인의 시각에서 보면, 시인 에질은 파제트 병Paget's disease. 변형성 골염을 앓아서 두개골뿐만 아니라 온몸의 뼈가 일반 사람보다 훨씬 더 커지는 병 때문에 거대한 몸과 엄청난 힘을 지녀서 아일랜드인들과 쉽게 구별되었다. 그러나 그 당시 아일랜드인들은 에질이 병 때문에 몸이 거구이며, 엄청난 힘을 지녔다는 것을 알지 못했다.

　시인 에질과 같은 데인 사람들은 아일랜드의 북쪽 지역, 특히 도네갈과 로시즈곶과 같은 해안 지역을 침략하여 약탈을 하다가 그 지역에 정착하여 농장을 소유했다. 그들은 100년 이상 동안 그 지역에 살다가 쫓겨났다. 맥마누스Seamus MacManus에 따르면, "오늘날까지 모든 덴마크인은 죽기 전에 아일랜드 농장을 장남에게 물려주면서 그들이 약속의 땅을 되찾게 될 것이라는 희망을 품고 살다가 죽는다."(Gould, Warwick & Deirdre Toomey 279)

라고 한다. 이처럼 덴마크 사람들은 아일랜드 북쪽 지역에 아직도 자신이 소유한 농장이 있다고 말하곤 한다.

데인 사람들은 롤리와 드럼클리프와 같은 해안 지역에 정착해 살면서 보트 경주를 하고, 술을 먹고 싸우곤 했다. 붉은 수염을 가진 데인 사람들은 보트 경기에서 노를 익숙하게 저으면서 사납게 전투하듯이 경주했다. 더불어 데인 사람들은 아일랜드 사람들과 박치기를 한 것 같다. 서로 머리를 박는 박치기에서 아일랜드 사람들은 두개골이 크고 튼튼한 데인 사람들과 박치기를 하다가 머리가 깨지는 경우가 종종 일어나곤 했다. 그래서 데인 사람과 아일랜드 사람 사이의 박치기에 대한 재판이 열리곤 했다.

예이츠는 이 민담에 아이슬란드의 유명한 시인 에질을 제시하여 앞으로 그가 어떤 시인이 될 것인지에 대한 청사진을 보여주고 있다. 에질은 아이슬란드, 덴마크, 아일랜드, 영국, 노르웨이 등과 같은 나라에서 유명한 시인이었다. 에질의 삶과 시를 모아 놓은 『에질사가*Egilssaga*』가 그 결과물이다. 이처럼 예이츠는 이 민담을 통해서 그가 앞으로 어떤 시인으로 성장할 것인지에 대한 열망과 포부를 제시한다고 볼 수도 있다.

요컨대, 예이츠는 "행운의 두꺼운 두개골"이라는 민담에서 아일랜드 민족의 다양성뿐만 아니라 토지 문제, 그 자신의 미래 청사진을 제시하여 영국으로부터의 독립과 독립 후에 일어날 일들이 어떤 것인지와 자신이 앞으로 어떤 시인이 될 것인지를 제시하고자 했다.

고준석 (조선대)

선원의 종교 THE RELIGION OF A SAILOR

선장은 함교 위에 서 있거나 갑판실에서 밖을 내다볼 때 신과 세상에 대해 많이 생각한다. 저 멀리 계곡에서 사람들은 밀과 양귀비 사이에서 얼굴을 비추는 태양의 따스함과 산울타리 아래의 친절한 그림자를 제외하곤 모든 것을 잊을 수 있다. 그러나 폭풍과 어둠을 뚫고 여행하는 사람은 생각하고 생각해야 한다. 2년 전 어느 7월에 나는 내가 알지 못하는 어느 곳에서, 서쪽 강으로 입항한 마가렛S.S. Margaret호의 뱃전에서 모란 선장Captain Moran과 함께 저녁을 먹었다. 나는 그가 선원들과 마찬가지로 모든 것에 운치를 곁들이는 성격을 가진 생각을 많이 하는 사람이라는 것을 알았다.

"선생님." 그가 말했다. "선장의 기도에 대해 들어본 적이 있나요?"

"아니요."라고 내가 말했다. "그 기도가 무엇인가요?"

"그것은." 그가 대답했다. "오 주여, 저에게 딱딱한 윗입술을 주세요."

"그것이 어떤 의미인가요?"

그가 말하길, "어느 날 밤 그들이 나에게 와서 나를 깨우면서, '선장님, 우리 배는 가라앉고 있어요.'라고 하면, 나는 거기에 바보처럼 넘어가지 않겠다는 뜻이죠. 아니, 선생님. 우리는 대서양의 바닷속에서 고군분투하고 있었어요. 내가 함교에 서 있는데, 삼등 항해사가 안색이 좋지 않은 모습으로 나에게 다가와 나에게 말하길, '선장님, 모든 것이 우리에게 달려 있어요.' 내가 말하길, '당신이 합류했을 때 매년 일정 비율로 배가 가라앉고 있다는 것을 몰랐나?' '아뇨, 선장님.'이라고 그가 대답하자, 내가 말하길, '당신은 배가 가라앉고 있는데 돈을 받지 않았나?' '받았습니다, 선장님.'이라고 그가 대답하죠. 내가 말하죠, '그러면 사나이답게 가라앉아라, 빌어먹을 자식!'"

▨▧■ **해설**

이 이야기는 예이츠와 마가렛호의 모란 선장이 대화하는 형식으로 된 철학적 의미를 함축하고 있는 난해한 글이다. 어느 날 예이츠는 슬라이고 항구에서 모란 선장을 만난 것 같다. 그 당시에 슬라이고 항구는 바다 깊이가 낮아서 대형 선박들이 많은 화물을 싣고 입항할 수 없었다. 대형 선박들은 상당수의 화물을 로시즈곶Rosess point에 내려놓고, 나머지 화물을 싣고 슬라이고 항구로 들어와 그 화물을 항구에 하역했다. 다른 국가나 지역에서 슬라이고 항구로 항해하는 배에 탄 선장과 선원들은 대서양을 횡단하거나 연안을 항해하면서 많은 어려움을 겪었다. 선장과 선원들은 태풍, 폭우, 높은 파도, 지진으로 인한 큰 파도, 난파, 해적 등과 같은 무수한 어려움을 겪으면서 화물을 운송했다. 이런 곤경이 다가올 때 선장과 선원들은 "딱딱한 윗입술"을 가진다고 모란 선장은 예이츠에게 말하고 있다. "딱딱한 윗입술"은 선장과 선원들이 바다를 항해할 때 닥친 많은 어려움을 슬기롭게 헤치고 나가겠다는 강한 신념을 드러내는 상징적 이미지이다.

또한 예이츠와 모란 선장과의 대화에서 "go down"은 독자들이 "go down"를 어떻게 해석하느냐에 따라 이 글의 전체 의미가 다르게 이해될 수 있는 길을 열어놓고 있다. "go down"은 사전적으로는 "가라앉다(침수하다), 침몰하다, 넘어지다, (화물을) 하역하다"를 의미한다. 그러나 인간의 삶에 적용했을 때 "go down"은 "하계로 내려가다, 죽어 가고 있다" 등으로 철학적 의미를 가질 수 있다. 이에 대한 사례를 들어보면 다음과 같다.

첫째, "가라앉다"는 배 안으로 바닷물이 들어와서 배가 바닷속으로 가라앉고 있다는 표현이다.

둘째, "침몰하다"는 배가 태풍과 지진으로 인하여 큰 파도가 일어서 배가 바닷속으로 침몰하는 중에 사용하는 표현이다.

셋째, "(화물을) 하역하다"는 배에 있는 화물을 육지로 내리는 장면에 관한 묘사이다.

넷째, "하계로 내려가다"는 "go down like a man"처럼 인간이 죽으면 영혼이 하계로 내려가는 것을 철학적으로 상징한다.

이처럼 예이츠는 이 글에 "선원들의 종교"라는 철학적 의미의 제목을 붙여서 이 글을 읽는 독자들이 "go down"을 어떻게 해석하느냐에 따라 글의 내용이 완전히 다르게 해석될 수 있는 여지를 남겨놓고 있다.

고준석 (조선대)

천국과 현세와 연옥이 함께 가까이 있음에 관하여
CONCERNING THE NEARNESS TOGETHER OF HEAVEN, EARTH, AND PURGATORY

아일랜드에서 현세와 우리가 사후에 가는 내세는 멀리 떨어져 있지 않다. 나는 나무 속에서 오랜 세월을 보내거나 다리의 아치형 통로에서 오랜 세월을 보낸 유령에 대해 들은 적이 있다. 내가 알고 있는 한 늙은 메이요족Mayo 여성39)이 말하길, "내가 소유한 집 위쪽에는 덤불이 있고, 사람들은 그 덤불 속에서 참회하고 있는 두 영혼이 있다고들 해요. 바람이 이쪽으로 불면 한 영혼은 은신처를 갖고, 바람이 북쪽에서 불면 다른 영혼이 은신처를 갖는답니다. 그들은 은신처를 위해 덤불 아래에 뿌리박고 있는 방식으로 뒤틀려 있어요. 나는 그것을 믿지 않으나, 밤에 그곳을 지나치는 사람은 많지 않아요." 실제로 두 세계가 너무 가까워서 현세의 우리 재산이 단지 내세의 사물의 그림자에 불과할 뿐인 것처럼 보일 때가 여러 번 있다.

    옛날에 내가 알았던 한 부인40)은 어느 마을의 한 아이가 길게 질질 끄는 페티코트를 입고 뛰어다니는 것을 보고, 코트를 왜 짧게 자르지 않았느

---

39) 이 여성은 예이츠가 1898년 10월경에 킬라니Kilanly에서 만난 배틀Mary Battle이라는 사람이다.
40) 이 부인은 시거슨 부인Mrs Sigersons이다. 시거슨 부인은 예이츠의 친구들인 도라Dora와 베시 시거슨Bessie Sigerson의 어머니이다. 예이츠는 젊은 시절 시거슨 가족과 친했고 시거슨 부인이 가장 좋아하는 젊은이였다.

냐고 물었다. 그 꼬마 아이가 말하길, "그 코트는 할머니 거예요."라고 했다.
"당신은 그녀가 무릎까지 내려오는 페티코트를 입고 저쪽에서 돌아다니는데, 그녀는 죽은 지 나흘밖에 되지 않았어요?"
나는 한 유령이 그녀가 아는 사람들에게 출몰했다고 말했던 한 여성에 관한 이야기를 읽고 있다. 사람들은 그녀의 수의를 너무 짧게 만들어서 연옥의 불이 그녀의 무릎을 태웠기 때문이었다. 농부들은 무덤 너머에 지상의 집과 아주 흡사한 집들을 갖기를 기대한다. 그곳에서는 초가지붕이 비가 전혀 새지 않을 것이고, 흰 벽이 광택을 잃지 않을 것이며, 낙농장에는 언제든지 좋은 우유와 버터가 떨어지지 않을 것이다. 그러나 가끔 지주나 작인이나 세리稅吏가 빵을 구걸하러 가서, 하느님이 어떻게 의인과 악인을 나누는지를 보러 갈 것이다.

1892년과 1902년

■■■ 해설

이 이야기에서 예이츠는 초기 시의 핵심 소재 중 하나인 유령에 관한 민담을 말한다. 그는 초기에 유령과 요정을 시의 핵심 소재로 사용하여 이상세계를 노래하였다. 특히 유령은 초기 시뿐 아니라 후기 시에도 지속적으로 사용되는 시의 소재였다. 초기에 아일랜드 농부들의 신앙과 「스웨덴보리, 영매와 황폐한 곳"Swedenborg, Mediums and the Desolate Places"」에서 유령과 단테의 『연옥Purgatorio』을 읽은 후에 알게 된 연옥은 후기에 『비전A Vision』에서 「꿈속으로 되돌아가기"Dreaming Back"」와 극작품, 『연옥Purgatory』과 같은 작품들의 토대를 형성한다.
예이츠는 「천국과 현세와 연옥이 함께 가까이 있음에 관하여」에서 천국과 연옥이 멀리 떨어져 있는 것이 아니라 현세에 가까이 있음을 몇 가지 사례로 제시한다.

　첫 번째 사례는 나무 속이나 아치형 다리의 통로에서 오랜 세월을 보낸 유령이다. 죽은 사람의 영혼은 유령이 되어 참회를 위해 나무들에 던져져 거기에서 7년을 보내고 나서, 아치형 다리의 통로에서 7년을 보낸 후에 심판받는다고 한다.

　두 번째 사례는 죽은 사람의 영혼이 덤불 속으로 던져져서 그곳에서 참회하는 사례이다. 영혼들은 이곳을 은신처로 삼고 자신의 업이 소멸될 때까지 참회한다고 한다.

　세 번째 사례는 죽은 사람에게 입히는 수의를 짧게 만들어서 연옥의 불에 무릎이 타버린 영혼에 관한 사례이다. 죽은 후에 짧은 수의를 입은 영혼이 연옥에 떨어졌는데, 수의가 너무 짧아서 죽은 영혼의 무릎이 연옥의 불에 타버려서 현세에 유령으로 출몰한 경우이다. 이외에도 유령들은 현세의 사람들에게 신발과 스타킹을 요구하기도 한다고 한다.

　요컨대 예이츠는 「천국과 현세와 연옥이 함께 가까이 있음에 관하여」에서 아일랜드 농부들의 민간 신앙을 설명하면서 밀턴이나 단테와 달리 현세와 내세(연옥과 천국)가 상호 연결되어 있으며, 두 세계의 거리가 멀리 떨어져 있지 않다고 제시하고 있다. 다시 말해서 인간의 마음에 선한 생각이 일어서 그것을 실천하면 마음은 천국이요, 마음에 악한 생각이 일어나서 그것을 실천하면 그것이 연옥과 지옥이다. 현세의 토대 위에 천국과 연옥이 유기적으로 연결되어 있음을 예이츠는 주장하고 있는 듯하다.

고준석 (조선대)

보석을 먹는 존재들 THE EATERS OF PRECIOUS STONES

가끔 공동의 이익으로부터 차단되어 활동하는 것을 잠시 잊었을 때, 나는 이제는 희미하고 그림자 같고, 이제는 내 발밑의 물질세계처럼 생생하고 견고하게 보이는 백일몽을 꾼다. 희미하든지 생생하든지 간에, 꿈들은 내 의지의 힘을 넘어서 어떤 식으로든지 변한다. 꿈들은 자신들의 의지가 있고, 이리저리 휩쓸리고, 꿈의 명령에 따라 변한다. 어느 날 나는 거대한 암흑 구덩이를 희미하게 보았는데, 그 주위에는 원형 흉벽이 있었고, 그 흉벽 위에는 손바닥으로 보석을 먹고 있는 무수한 원숭이들이 앉아 있었다. 그 보석은 초록색과 진홍색으로 빛났고, 원숭이들은 만족할 줄 모르는 굶주림으로 보석을 게걸스럽게 먹었다. 나는 그곳에서 예술가의 지옥이라는 나 자신의 지옥을 보았고, 지나친 갈증으로 아름답고 경이로운 것을 찾으려고 애쓰는 모든 사람이 평안과 사람의 형상을 잃고, 볼품없고 평범한 존재로 사는 것을 알았다.

또한 나는 다른 사람들의 지옥도 들여다보았고, 그중에 한 지옥에서 베드로Peter를 보았다. 베드로는 얼굴이 검은색이었고 입술은 하얀색이었으며, 눈에 보이지 않는 망령들의 악행을 저지르고 선행을 짓지 않아서 기이한 이중 저울 위에서 무게를 달았다. 나는 저울이 오르락내리락하는 것을 볼 수 있었으나, 그 주위에 떼 지어 있는 망령들을 볼 수 없었다. 또 다른 경우에서, 나는 내 지옥에 있는 구덩이 같은 검은 구덩이 주위에 앉아 있으며, 구덩이의 깊은 곳에서 빛나던 천국의 달과 같은 반사열을 바라보고 있는 물고기 모양, 뱀 모양, 원숭이 모양, 개 모양 등 갖가지 모양의 많은 악마를 보았다.

■■■ 해설

이 이야기는 예이츠가 꿈이라는 매개물을 사용하여 지옥이라는 주제를 제시하는 신화적 글이다. 프로이트에 의하면, 꿈은 잠재의식이 의식으로 표출된 것이며, 라캉에 의하면 꿈은 무의식에 내재된 것이 수면 중에 의식으로 표출된 것이다. 예이츠는 이 꿈을 현실 세계와 내세를 연결하는 연결 고리로 사용하여 지옥에 관한 자신의 관념을 의식에 연결시킨다.

예이츠의 지옥은 '켈트족의 지옥'에 토대를 두고 있어서 기독교와 가톨릭, 밀턴의 『실낙원 Lost Paradise』, 단테의 『신곡』에서의 지옥과 다르게 설명한다. 기독교와 가톨릭, 그리고 『실낙원』에서 지옥은 사탄이라는 악마와 함께 예수 그리스도를 믿지 않은 자들이 거주하는 고통의 장소이다. 『신곡』에서 지옥은 예루살렘 바로 아래의 지하에 있는 장소로 죄지은 사람들이 죄지은 만큼 고통을 당하는 장소이다. 이와 달리, 예이츠의 지옥은 암흑 구덩이로 묘사되고, 그 지옥에는 무수한 원숭이들이 초록색과 진홍색으로 빛나는 보석을 게걸스럽게 먹는 장소이다. 이곳에는 예술가의 지옥이 있으며, 예이츠 자신의 지옥도 있다. 이처럼 예이츠의 지옥은 그에게는 '아름답고 경이로운' 시를 창작하려고 '평안'을 상실한 상태이며, 일반 사람들에게 있어서 지옥은 '보석을 게걸스럽게 먹으려고', 다시 말해서 부자가 되려고 탐욕에 사로잡혀 살았던 삶을 반영하는 상태를 예이츠가 비유적으로 설명하고 있다.

이에 대한 비유는 베드로의 지옥이다. 베드로는 예수 그리스도의 열두 사도 중의 한 사도이다. 로마 병사들이 예수를 십자가에 처형하기 위해 잡아간 후에 어떤 병사가 베드로에게 그가 예수의 제자인지를 물었을 때 베드로는 예수처럼 십자가에 못 박히는 처형이 무서워서 예수의 제자임을 부인하였다. 예수 그리스도는 십자가에 못 박혀 돌아가신 후 삼일 만에 부활하였다. 그 이후에 기독교는 전 세계로 전파되었는데, 그 사역을 한 사람은 베드로가 아니라 사도 바울이었다. 그래서인지 이 신화에서 베드로는 지옥에 떨어져 물고기 모양, 뱀 모양, 원숭이 모양, 개 모양을 가진 영혼들과 함께 선악을 구별하는 이중 저울 위에 서 있다. 이는 베드로 자신뿐만 아니라 베드로라는 호칭을 사용하는 중세 시대 교황들의 삶을 반영하는 상징으로도 볼 수 있다.

요컨대 예이츠는 이 이야기에서 꿈이라는 매개물을 사용하여 지옥이 어떻게 생겼으며, 누가 지옥에 가는지를 피력하고 지옥에 관한 그의 관점을 제시하고 있다. 이는 정신의 성숙보다 물질적 탐욕에 사로잡힌 사람들의 삶 자체가 바로 지옥이라는 것을 비유적으로 설명하고 있는 이야기이다.

고준석 (조선대)

언덕 위의 우리의 성모 OUR LADY OF THE HILLS

우리는 어렸을 때 "우체국에서 아주 멀리 떨어져 있어." 또는 "정육점이나 식료품점에서 너무 멀어."라고 말하지 않고, 숲속에 감춰진 우물이나, 또는 언덕 위에 있는 여우의 굴로 사물의 거리를 측정했다. 그때 우리는 하느님, 하느님의 일, 고대로부터 전해져 내려온 것들에 속했다. 우리는 산 위의 흰 버섯 사이에서 한 천사의 빛나는 발을 만났을지라도 크게 놀라지 않았을 것이다. 그 당시에 우리는 엄청난 절망과 헤아릴 수 없는 사랑, 즉 모든 영원한 기분을 알고 있었으나, 지금 새잡이 그물은 우리 발에 관한 것이다. 록 길Lough Gill에서 동쪽으로 몇 마일 떨어진 곳에서, 얼굴이 예쁘고 파란색과 흰색 옷을 곱게 차려입은 한 젊은 개신교 소녀[41]는 산 버섯 사이를 헤매고 있었다. 그리고 나는 그 소녀가 어떻게 아이들 무리를 만났고, 아이들 꿈의

---

41) "젊은 개신교 소녀"는 이더 리지 메리 리틀Either Lizzie Mary Little, 1864-1909, 또는 나중에 리치먼드Richmond라고 불리는 이사벨라 리틀Isabella Little 중의 한 소녀이다. 이 소녀들은 나중에 라이스Rhys라고 불린 그레이스 리틀Grace Little의 언니들이다. 괴짜 지주였던 그녀들의 아버지 조셉 베넷 리틀Joseph Bennett Little J. P.은 술에 취해 도박으로 전 재산을 탕진했다. 그 후 조셉은 딸들을 친척들에게 보내서 양육했다. 그레이스 리틀의 언니들은 1889년에 런던으로 이주했다. 그레이스 리틀은 1890년 여름 베드포드 파크Bedford Park에 있는 예이츠의 집에서 열린 파티에서 미래의 남편을 만났다. 예이츠는 「언덕 위의 우리의 성모」의 초안에서 "젊은 개신교 소녀"를 토지를 소유한 계층이라고 설명했다.

일부가 되었는지를 말하는 소녀의 편지 한 통을 가지고 있다.

아이들이 그 소녀를 처음 보았을 때 아이들은 마치 큰 두려움에 빠진 것처럼 골풀 밭에 엎드렸다. 그러나 조금 후에 다른 아이들이 그 아이들에게 다가왔고, 그 아이들은 일어서서 아주 용감하게 그녀를 따라갔다. 그 소녀는 아이들의 두려움을 눈치채고는 이내 가만히 서서 그녀의 팔을 내밀었다. 한 꼬마 소녀가 "아, 당신은 그림에 나온 동정녀로군요!"라고 외치며 아이들 속으로 몸을 던졌다. 다른 아이가 가까이 다가와서 말하길, "아니야, 그 소녀는 하늘의 색깔을 가지고 있기에 하늘의 요정이야." 세 번째 아이가 말하길, "아니야, 그 소녀는 크게 성장한 디기탈리스 풀[42]에서 나온 요정이야."

그러나 다른 아이들은 그 소녀가 동정녀 색깔의 옷[43]을 입었기에 진짜 동정녀라고 생각하고 싶었다. 그 소녀의 선한 개신교의 마음은 크게 괴로웠다. 그래서 그 소녀는 아이들을 그녀 주위에 앉히고, 그녀가 누구인지 설명하려고 노력했으나, 그 아이들은 그녀의 설명을 들으려 하지 않았다. 그 소녀는 설명이 아무 소용이 없다는 것을 알고서 아이들에게 그리스도에 대해 들어본 적이 있느냐고 물었다. 한 아이가 대답하길, "예." "그러나 우리는 그리스도를 좋아하지 않아요. 동정녀가 아니었다면, 그리스도는 우리를 죽일 것이기 때문이에요." 다른 아이가 그녀의 귀에 속삭이길, "나에게 잘해 달라고 그리스도에게 전해줘요." 세 번째 아이가 버럭 소리를 지르며 말하길, "그리스도는 내가 그에게 가까이 다가가는 것을 허락하지 않을 거예요. 아버지는 내가 악마라고 말하기 때문이에요."

그 소녀는 오랫동안 아이들에게 그리스도와 사도들에 관해 이야기했으

---

42) 디기탈리스 풀은 아일랜드에서 요정과 관련된 식물이다. 이 풀은 아일랜드에서 '요정 여자의 식물us na mban sidhe'이나 '요정 여자의 골무mearacan na mban sidhe'라고 불린다.
43) 성모 마리아는 일반적으로 파란색과 흰색 옷을 입는 것으로 말해진다.

나, 막대기를 든 한 노파에 의해 결국 방해를 받았다. 그 노파는 아이들이 여기에 천국의 위대한 여왕이 산 위로 걸어와 아이들에게 친절을 베풀기 위해 왔다고 설명했음에도 불구하고 그 소녀를 개종자들을 위한 모험적인 사냥꾼으로 여기고, 아이들을 쫓아냈다. 아이들이 가버리자 그 소녀는 그녀의 길을 갔고, 반 마일 정도 걸어갔을 때 '악마'라고 불렸던 아이가 오솔길 옆의 높은 도랑에서 뛰어내렸다. 그리고 그 아이가 말하길, "그 소녀가 '치마 두 개'를 입었으면 '평범한 숙녀'라고 믿을 것이에요. 숙녀들은 항상 치마 두 개를 입어요."

'치마 두 개'를 보여줬을 때 그 아이는 멋쩍어하면서 가버렸으나, 얼마 정도 지나서 다시 도랑에서 뛰어내리며 화를 내며 소리치길, "아빠는 악마, 엄마도 악마, 나도 악마야, 그리고 당신은 그냥 평범한 숙녀일 뿐이야." 그리고 그 아이는 진흙과 자갈을 한 움큼 던지고 흐느끼며 달아났다. 내 예쁜 개신교 소녀가 그녀의 집에 도착했을 때 그녀는 양산의 끈들을 떨어뜨렸다는 것을 알았다. 1년 후에 그 소녀는 우연히 산 위에 올라갔다. 그러나 지금 그 소녀는 평범한 검은색 드레스를 입고 있으며, 처음에 그 소녀를 그림에 나온 동정녀라고 말했던 아이를 만났고, 아이의 목에 달린 양산 끈을 보았다. 그리고 그 소녀가 말하길, "나는 네가 작년에 만났던 여자야. 너에게 그리스도에 대해 말해 줬어?" 그러자 그 아이는 열정적으로 대답하길, "아니요, 당신은 아니에요! 아니요, 당신은 아니에요! 아니, 당신은 아니야!"

▨▨▧ 해설

이 이야기에서 예이츠는 한 소녀와 아이들을 등장시켜서 가톨릭 국가인 아일랜드에 기독교가 전파되는 과정에서 일어난 아일랜드인들의 마음의 동요를 제시하고 있다.

　이 이야기에서 가톨릭에서 개신교로 개종한 한 소녀는 파란색과 흰색 옷을 곱게 차려입고 산 버섯 사이를 거닐고 있었다. 이때 그 지역에 살고 있던 아이들이 이 소녀를 보았다. 아이들은 이 소녀가 성모 마리아의 발현이거나, 하늘의 요정이거나, 아일랜드 요정이라고 말한다. 그러나 이 소녀는 아이들에게 예수 그리스도와 열두 사도에 관하여 설명한다. 이 말을 들은 아이들은 그리스도에 대한 그녀의 설명을 냉소적으로 응대한다. 이때 한 노파는 그 소녀를 아이들을 기독교로 개종시키려는 모험적인 사냥꾼으로 간주하고 아이들을 쫓아버린다. 1년 후에 이 소녀는 과거의 파란색과 흰색의 옷이 아닌 검은색 드레스를 입고 나타난다.

　19세기에 아일랜드에서는 성모 마리아가 여러 지역에서 발현했다. 1879년 8월 21일에 성모 마리아는 크녹 뮤어Cnoc Mhuire 지역에 살았던 비언 Mary Beirne과 다른 사람들에게 발현했다. 예이츠가 어린 시절을 보낸 슬라이고Sligo 카운티의 엘핀Elphin 교구는 성모 마리아를 중요하게 여겼던 교구이다. 이 교구는 1874년에 웅장한 신 로마네스크 양식으로 가톨릭 성당을 건축했다. 성모 마리아는 망토로 인류를 물리적으로 보호하거나, 미켈란젤로의 〈최후의 심판"The Last Judgement"〉에서처럼 그리스도와 함께 인류를 대신하여 중재한다. 아이들이 동정녀 마리아를 모든 은총의 중재자로 이해하는 것은 마리아 부흥 운동이 농민 공동체까지 얼마나 깊이 침투했는지를 보여준다. 예이츠는 『작은 반점들이 있는 새The Speckled Bird』에서 "하나님은 마리아를 통하지 않고는 은혜를 주시지 않는다."(YA 156)라고 말했다.

　또한 아일랜드에서 기근 동안에 소수의 초기 기독교 단체들은 배고픈 사람들을 위해 무료 급식소를 만든 후에, 가톨릭 신자에게 음식을 제공하여 기독교도로 개종시켰다. 기근 전후에 메이요Mayo 북서부와 슬라이고 지방에서는 공격적인 복음화 운동이 펼쳐져 개신교 교리가 전파되었다. 위의 이야기에서 한 소녀가 아이들에게 예수 그리스도와 열두 사도에 관하여 설명하는 장면은 기독교 교리가 아일랜드에 전파되는 장면을 상징적으로 표현한 것이다. 이는 한 소녀가 파란색과 흰색 옷을 입고 있다가 1년 후에 검은색 드레스를 입고 있는 것으로 비유적으로 묘사된다.

요컨대, 예이츠는 「언덕 위의 우리의 성모」에서 아일랜드가 요정의 나라에서 가톨릭 국가로 개종한 뒤에 다시 일부 지역이 기독교로 개종할 때 아일랜드 사람들의 마음이 어떻게 변화하고 있는지를 설명했다.

고준석 (조선대)

황금시대 THE GOLDEN AGE

얼마 전에 나는 기차를 타고 슬라이고Sligo 근처에 도착했다. 마지막으로 거기에 갔을 때 뭔가가 내 마음을 괴롭혔다.[44] 그리고 나는 영혼의 세계에 거주하는 존재들, 혹은 육체가 없는 기분moods, 혹은 그들이 무엇이든 간에 그들로부터 메시지 받기를 바랐다. 메시지가 왔다. 어느 날 밤 비몽사몽 상태로 누워 있을 때 나는 눈부실 정도로 선명하게 절반은 족제비 같고, 절반은 개 같은 검은 동물이 돌담 위를 따라 움직이는 것을 보았고, 곧 그 검은 동물은 사라졌다. 반대편에서 흰 족제비 같은 개가 왔으며, 그 개는 분홍색 살이 흰 털 사이로 빛났고 온통 빛을 발산하고 있었다. 그리고 나는 낮과 밤, 선과 악을 대표하는 두 마리의 요정 개에 대한 농부의 신앙[45]을 기억하고 훌륭한 징조에 위로를 받았다. 그러나 지금 나는 다른 종류의 메시지를

---

44) 예이츠는 1892년 10월 할머니 엘리자베스 폴렉스펜Elizabeth Pollexfen의 장례식에 참석하러 슬라이고에 간 여행을 언급하고 있다. 그 이야기를 쓰기 전, 예이츠가 슬라이고에 마지막으로 머물렀던 때는 1887년 8~11월경이었다. 그 시기에 그는 시를 창작하는 데서 오는 극심한 스트레스로 심리적 불안 상태에서 「어쉰의 방랑"The Wanderings of Oisin"」을 완성하고 있었다.
45) 켈트족의 민간 신앙에서는 검정색 개, 흰색 개와 똑같은 형상을 가진 피온Fionn의 요정 개들이 등장한다. 이들은 초자연적 개로, 사냥개 브란Bran과 같은 개들이 대표적인 요정 개의 사례이다. (Au 13)

켈트의 황혼 163

갈망했고, 기회가 된다면 그 기회가 메시지를 가져왔으면 했는데, 그것은 한 남자가 마차에 올라타고 외관상 검게 보이는 낡은 상자로 만들어진 바이올린을 연주하기 시작했기 때문이다. 나는 음악적 소양이 상당히 부족했을지라도,[46] 그 소리는 나를 가장 야릇한 감정으로 가득 채웠다.

나는 황금시대로부터 비탄하는 목소리를 듣는 것 같았다. 그 목소리가 나에게 말하길, 우리는 불완전하고, 미완성이며, 더 이상 아름답게 짜인 그물과 같지 않으며, 함께 매듭을 지어 구석에 던져진 끈 묶음과 같다. 그 목소리가 말하길, 세상은 한때는 모두 완벽하고 인정 많은 세상이었으며, 여전히 그 인정이 많은 완벽한 세상은 존재하였으나, 많은 삽에 가득 찬 흙 속의 장미 한 송이처럼 묻혀 있다. 요정들과 더 순수한 영혼들이 그 세상에 거주하면서, 바람에 흔들리는 갈대의 비탄, 새들의 노래, 파도의 신음, 바이올린의 감미로운 외침 속에서 우리의 타락한 세상을 한탄했다. 그 목소리가 말하길, 우리와 함께 아름다운 사람은 영리하지 않고, 영리한 사람은 아름답지 않으며, 우리의 가장 좋은 순간은 약간의 저속함이나, 혹은 슬픈 기억의 바늘 찔림으로 손상되며, 바이올린은 그 모든 것에 대하여 항상 한탄해야 한다. 그 목소리가 말하길, 황금시대에 사는 요정과 영혼들이 죽을 수 있다면 우리는 행복할 것이다. 슬픈 목소리는 고요해질 것이기 때문이다. 그러나 요정들과 영혼들은 노래해야 하고, 우리는 영원의 문[47]이 바람에 흔들려 열릴 때까지 울어야 한다.

---

46) 예이츠는 음치였던 것으로 알려져 있다. 고가티Oliver Gogarty는 "예이츠가 음악에 싫증을 냈으나, 음악을 이해하는 데에는 어려움을 겪지 않았다."고 회상했다. 무어George Moore는 예이츠가 "낮은 음과 높은 음을 구별"할 수 없다고 주장했다.

47) 예이츠는 「한라한의 환상"Hanrahan's Vision"」에서 요정 나라의 영원의 문이 환상가들에게 간헐적으로 열린다고 노래했다. 그는 영원의 문이 블레이크와 스웨덴보리와 뵈메Boehme에게 열리듯이 자신에게도 열릴 것이라고 확신했다.

■■■ **해설**

이 이야기에서 예이츠는 오컬트occult의 환상으로 시인들이 영원 세계의 문으로 들어가서 '황금시대'를 경험하는 과정을 설명한다. 헤시오도스Hesiod는 인간의 시대를 네 시대, 즉 황금시대, 은 시대, 청동 시대, 철기 시대로 구분했다. 헤시오도스는 황금시대를 죄악이 없는 행복한 시대로 설명하였으나, 예이츠는 황금시대를 요정과 영혼이 거주하는 세계로 묘사한다. 예이츠는 "모든 예술이 황금시대를 다시 가져오기 위한 노동"(E&I)이라고 설명하면서 시인이 환상과 상상력으로 황금시대에서 영감을 얻어, 시에 그 시대를 복원하길 고대했다.

예이츠는 두 가지 환상을 통해서 황금시대에 들어간다. 첫 번째 환상은 "절반은 개 같은 검은 동물"과 "흰 족제비 같은 개"를 본 것이며, 두 번째 환상은 한 남자가 마차에 타서 "검게 보이는 낡은 바이올린을 연주"하는 장면이다. 이 두 가지 환상은 예이츠가 황금시대로 들어가도록 영혼의 문이 열리게 하는 매개물이다. 이렇게 영혼의 문을 통과한 예이츠는 황금시대에 살고 있는 영혼들의 비탄의 소리를 듣는다. 영혼의 목소리는 "세상은 한때 모두 완벽하고 인정 많은 세상"이라는 황금시대였으나, 현시대는 타락한 세상으로 "불완전하고 미완성"의 세상이며 "아름답게 짜인 그물"이 아니라 "매듭을 지어 구석에 던져진 끈 묶음"과 같은 세상이라고 비탄한다.

요컨대 예이츠는 황금시대와 현시대, 선과 악, 낮과 밤과 같은 이원론적 대립이 그의 작품의 주제로 사용되고 있음을 제시한다. 예이츠가 환상을 통해서 얻게 된 이러한 이원론적 대립은 초기 시의 주제로 사용되었다.

고준석 (조선대)

유령과 요정의 성향에 관심을 잃게 한 것에 대하여 스코틀랜드인들과의 항전
A REMONSTRANCE WITH SCOTSMEN FOR HAVING SOURED THE DISPOSITION OF THEIR GHOSTS AND FAERIES

아일랜드에서만 요정 신앙이 여전히 존재하는 것은 아니다. 며칠 전에 나는 집 앞 호수에 물 말water-horse[48)]이 출몰했다고 믿었던 한 스코틀랜드 농부에 관한 이야기를 들었다. 그 농부는 물 말을 두려워하여, 그물로 호수를 끌고 호수가 텅 비도록 펌프질을 시도했다. 그 농부가 물 말을 찾았다면 그것은 물 말에게 나쁜 일이있을 것이다. 아일랜드 농부는 오래전부터 물 말과 타협했을 것이다. 아일랜드에는 사람과 요정spirits 사이에 소심한 애정 같은 것이 있기 때문이다. 사람과 요정은 이성적으로 서로를 냉대한다. 서로는 타자가 감정을 품고 있음을 인정한다. 어느 쪽도 가지 않아야 할 지점이 있다. 캠벨Campbell[49)]이 말한 한 남자처럼 어떤 아일랜드 농부도 포획

---

48) 물 말water-horses과 물 황소water-bulls는 스코틀랜드와 아일랜드 민간 신앙에서 흔히 볼 수 있다. 스코틀랜드에서 물 말은 '켈피kelpies'로 알려져 있으며, 남성이나 여성의 영혼으로 나타난다. 스코틀랜드 민간 설화에서 켈피는 일반적으로 인간에게 적대적인 존재로 말해지나, 반면에 아일랜드의 민간 설화에서 물 말은 일반적으로 우호적이며 자발적인 존재로 간주된다.

49) 캠벨John Francis Campbell, 1822~1885은 스코틀랜드의 중요한 민속 수집가이자 민속학자이다. 예이츠는 캠벨의 『서쪽 하이랜드의 대중적인 이야기Popular Tales of the West Highlands』 사본

된 요정을 대우하려 하지 않았다. 한 농부는 요정녀 켈피kelpie[50]를 잡아 그 뒤에 있는 말 등에 묶었다. 켈피는 사나웠으나, 농부는 송곳과 바늘을 켈피에게 박음으로써 켈피를 조용하게 만들었다. 농부와 켈피는 강에 이르렀고, 켈피는 아주 불안해하면서 물 건너는 것을 두려워했다. 다시 농부는 송곳과 바늘을 켈피에게 박았다.

켈피는 외치길, "나를 송곳으로 찔러라. 그러나 그 가느다란 머리카락 같은 노예(바늘)를 나에게 접근하지 못하게 하라." 농부와 켈피는 여관에 도착했다. 농부는 켈피에게 등불을 비췄다. 즉시 켈피는 '별똥별처럼' 떨어졌고, 젤리 덩어리로 변했다. 켈리는 죽었다. 옛날 하이랜드Highland 시詩에서 사람들이 켈피를 대우한 것처럼, 사람들은 요정을 대우하려 하지 않았다. 어떤 요정은 요정의 언덕 옆에서 잔디를 베던 어린아이를 사랑[51]했다. 매일 요정은 언덕에서 마법이 부여된 칼을 쥔 손을 내밀었다. 아이는 그 칼로 잔디를 베곤 했다. 칼에 매료되는 것은 오래 걸리지 않았다. 그녀의 오빠들은 그녀가 왜 그렇게 빨리 잔디를 베는지 궁금해했다. 마침내 오빠들은 그녀를 지켜보기로 결정했고, 누가 그녀를 도와주는지를 알았다. 오빠들은 작은 손이 땅에서 나오는 것을 보았고, 어린아이는 요정의 손에서 칼을 가져왔다. 어린아이가 잔디를 모두 깎은 후에, 오빠들은 어린아이가 칼의 손잡이로 땅을 세 번 두드리는 것을 보았다. 작은 손이 언덕 밖으로 나왔다. 오빠들은 어린아이에게서 칼을 빼앗아 일격에 요정의 손을 잘랐다. 요정은 다시는 볼 수 없었다. 요정은 피를 흘리는 팔을 땅에 대고 생각하길, 기록에 따르면, 어린아이의 배신으로 손을 잃었다고 생각했다.

을 소유한 것으로 알려져 있다.
50) 켈피는 스코틀랜드 전설에서 물 말의 모습으로 나타나 사람을 익사시킨다고 한다.
51) 한 요정과 꼬마 소녀 사이의 사랑에 관한 이야기는 예이츠가 그랜트 부인Mrs Anne Grant의 『스코틀랜드 하이랜드에 사는 사람들의 미신에 관한 에세이Mrs Anne Grant's Essays on the Superstitions of the Highlanders of Scotland』의 2권에 출처를 두었다.

스코틀랜드에서 사람들은 너무 신학적이거나, 너무 우울하다. 사람들은 사탄조차 종교로 만들었다. 사람들은 마녀가 재판을 받은 후 큰길에서 마녀를 만날 때 말하길, "어디에 사세요, 착한 마녀님. 그리고 목사님은 어떻게 지내시나요?" 사람들은 모든 마녀를 불태워버렸다. 아일랜드에서 우리는 마녀들을 내버려 두었다.52) 확실히 '충성스러운 소수파'는 1711년 3월 31일에 캐릭퍼거스Carrickfergus 마을에서 양배추 줄기로 한 사람의 눈을 실명시켰다. 그러나 그때 '충성스러운 소수파'는 절반이 스코틀랜드인이었다. 그들은 요정들이 이교도적이고 사악하다는 것을 알았다. 그들은 치안 판사 앞에 모든 요정을 데려가고 싶을 것이다. 아일랜드에서 호전적인 사람들은 요정들에게로 가서 전투에서 요정들을 도왔다. 그래서 요정들은 답례로 인간들에게 약초에 대한 훌륭한 기술을 가르쳤고, 일부는 요정들의 음악을 듣도록 허락했다.

캐롤란Carolan53)은 요정의 원형으로 된 흙벽54) 위에서 잠이 들었다. 요정들의 음악이 캐롤란의 머릿속을 맴돌고 나서, 그 음악 때문에 그는 위대한 음악가가 되었다. 스코틀랜드에서 사제들은 설교에서 요정들을 비난했다. 아일랜드에서 사제들은 영혼의 상태에 대해 요정들과 상담하는 것을 허락했다. 사제들은 말하길, 불행하게도 요정들은 영혼이 없어서, 마지막 날

---

52) 스코틀랜드에서는 수많은 마녀가 재판을 받고 처형당했다. 16~17세기에 약 3천 건의 마녀 재판이 열렸다는 기록이 있다. 예이츠는 아일랜드에서 역사 전체를 통틀어 마녀재판이 단 6번만 있었다고 말한다. 아일랜드에서 가장 유명한 마녀재판은 1324~1325년에 키텔러 부인Dame Alice Kyteler의 재판이었다. 그는 킬케니 시의 마법사 집단의 우두머리였으며, 악마에게 제물을 바쳤다는 혐의로 기소되었다. 그는 아홉 마리 붉은 수탉과 아홉 마리 공작의 눈을 제물로 만들었고, 때로는 고양이나 검은 개를 제물로 만들어 악마에게 바쳤다. 예이츠는 「1919년"Nineteen Hundred and Nineteen"」에서 그 부인을 회상했다.
53) 오캐롤란Turlough O'Carolan, 1670~1738은 시인이자 하프 연주자이다.
54) 아일랜드에서 원형으로 된 흙벽은 울타리를 이루고 부족장을 위한 요새와 거주지로 사용되었다.

에 아주 찬란한 수증기처럼 마를 것이나, 분노하기보다는 더 슬퍼할 것이다. 가톨릭교는 이웃들과 사이좋게 지내는 것을 좋아한다.

각 나라에서 사물을 바라보는 두 가지 다른 방식은 모든 요정과 도깨비의 세계에 영향을 미쳤다. 요정과 도깨비의 명랑하고 우아한 행위를 보려면 아일랜드로 가야 한다. 요정과 도깨비의 공포스러운 행위를 보려면 스코틀랜드로 가야 한다. 아일랜드 요정에 대한 공포는 요정들에 관한 약간의 흉내 놀이make-believe와 관련된다. 한 시골 사람이 마법에 걸리는 오두막집으로 잘못 들어가서 불 앞에서 밤새도록 시체에 침을 뱉어야 했을 때, 우리는 걱정하지 않는다.[55] 우리는 그가 낡은 코트에 이슬이 맺힌 푸른 들판 한가운데서 깨어날 것임을 알고 있다. 스코틀랜드에서는 상황이 전혀 다르다. 사람들은 뛰어난 유령과 도깨비의 성향을 천성적으로 싫어한다. 헤브리디스Hebrides 제도[56]의 피리 부는 사람인 맥크리먼M'Crimmon[57]은 피리를 어깨에 메고, 시끄럽게 연주하며 바다 동굴로 행진했고, 그의 개가 뒤따라왔다. 오랫동안 사람들은 그 피리 소리를 들을 수 있었다. 그와 그의 개가 싸우는 소리를 들었을 때, 그는 거의 1마일을 갔을 것이다. 그때 갑자기 피리 소리가 멈췄다. 시간이 좀 지나자, 그의 개는 완전히 껍질이 벗겨진 채로 동굴에서 나왔고, 너무 약해져서 울부짖을 수도 없었다. 동굴에서는 다른 어떤 것도 나오지 않았다. 그다음에 보물이 있다고 생각되는 호수로 잠수한 한 남자의 이야기가 있다. 그 남자는 큰 철로 된 커다란 귀중품 상자를 보았다. 귀중품 상자 가까이에는 괴물이 누워 있었으며, 그 괴물은 그 남자가 온 곳으로 돌아가라고 경고했다. 그 남자는 수면 위로 떠올랐다. 그러나 구경꾼

---

55) 이 설화는 아일랜드에서 잘 알려진 민간 설화이다. 하이드Douglas Hyde는 이 민간 설화를 「테이그 오카네와 시체"Teig O'Kane and the Corpse"」에 기록했다.
56) 스코틀랜드 북서쪽에 있는 여러 개의 섬이다.
57) 맥크리먼MacCrimmon 가족은 스카이Skye의 던베건 성Dunvegan Castle에 살며 조상 대대로 피리 부는 사람들이다.

들은 그 남자가 보물을 보았다는 소식을 듣고 다시 잠수하도록 그를 설득했다. 그 남자는 잠수했다. 잠시 후에 그 남자의 심장과 간이 물 위로 떠올랐고 물이 붉어졌다. 아무도 그 남자의 몸의 나머지 부분을 본 적이 없다.

물귀신water-goblins과 물괴물water-monsters은 스코틀랜드 민담에서 흔히 볼 수 있다. 또한 우리도 그러한 민담을 갖고 있으나, 그 민담들을 훨씬 덜 무섭게 받아들인다. 슬라이고 강에 있는 한 구멍에서는 이 괴물 중 하나가 출몰한다. 많은 사람이 그 남자를 열렬히 믿고 있으나, 그렇다고 해서 그 남자는 시골 사람들이 그 주제를 가지고 장난을 치거나, 그 주제를 의도적인 환상으로 포장하는 것을 막을 수는 없었다. 어렸을 때, 나는 어느 날 괴물의 구멍에서 붕장어류를 낚았다.

커다란 뱀장어를 어깨에 메고, 뱀장어 머리는 앞에서 퍼덕거리고, 꼬리는 뒤에서 땅에 끌리면서, 내가 집으로 돌아오는 길에 잘 아는 어부를 만났다. 나는 내가 가지고 있던 것보다 세 배나 더 큰 거대한 붕장어가 낚싯줄을 끊고 도망쳤다는 이야기를 시작했다. 그 어부가 말하길, "그 사람이야. 그가 어떻게 내 동생을 이주시켰는지 들어봤나? 알다시피 내 동생은 잠수부였고 항만 위원회Harbour Board를 위해 돌들을 파냈어. 어느 날 한 짐승이 그에게 다가와서 말하길, '무엇을 찾고 있나요?' 그가 말하길, '돌이요.' '이민 가는 편이 낫다고 생각하지 않으세요?' 그가 말하길, '예.' 그래서 그것이 내 동생이 이민을 간 이유랍니다."

■■■ 해설

예이츠는 이 이야기에서 유령과 요정에 관한 아일랜드 사람들과 스코틀랜드 사람들 사이의 문화적 차이점을 몇 가지 사례로 제시한다. 각 나라에서 유령과 요정을 어떻게 볼 것인가에 대한 인식의 차이는 문화에서 비롯된다. 그 문화의 토대는 종교, 전통, 교육, 그리고 지역적 특성이 어우러져서 생긴 사람들의 사유 방식과 밀접한 관계를 갖는다.

예이츠가 유령과 요정에 대하여 아일랜드 사람들과 스코틀랜드 사람들이 차이점을 드러내는 사례는 다음과 같다.

첫째는 물 말에 관한 요정 신앙이다. 스코틀랜드의 한 농부는 호수에 살고 있다는 물 말을 두려워해서 그 물 말을 잡으려고 호숫물을 마르게 했다. 켈피라는 물 말을 잡으면, 스코틀랜드 사람들은 송곳과 바늘을 물 말에 박아서 꼼짝 못하게 만들었다. 그러나 아일랜드 사람들은 물 말과 타협하고 타자의 감정을 서로 인정한다.

한 남자 요정이 어린 소녀를 사랑했다. 그 소녀는 엄마로부터 가혹한 대우를 받고 힘든 일을 해야 했다. 그 일은 그 소녀가 매일 잔디를 깎는 것이었다. 언덕에 살고 있던 요정은 그 소녀가 잔디를 베러 오면 칼을 빌려주어 소녀가 쉽게 풀을 베도록 도와주었다. 나중에 이 사실을 알게 된 그녀의 엄마와 오빠들은 요정의 칼로 요정의 팔을 잘랐다. 결국 요정과 어린 소녀 사이의 순수한 사랑은 끝나고 말았다.

둘째는 마녀사냥에 관한 것이다. 스코틀랜드 사람들은 사탄을 종교로 만들 만큼 아주 신학적인 사람들이어서, 그들의 종교와 대립되는 마녀를 재판한 후에 모두 처형시켰다. 16세기와 17세기에 3천 건의 마녀재판이 열렸다고 한다. 그들은 요정들이 이교도적이고 사악하다고 생각했다. 그러나 아일랜드 사람들은 마녀들에게 관대했다. 아일랜드 역사를 통틀어 마녀재판은 여섯 번밖에 없었다. 아일랜드에서 호전적인 사람들은 요정이 전투할 때 전투에 참여하여 그 보상으로 요정들로부터 약초 다루는 기술을 배우거나, 혹은 캐롤란처럼 요정 음악을 듣고 위대한 음악가가 되기도 하였다.

셋째는 요정과 도깨비에 대한 관점이다. 스코틀랜드 사람들은 요정과 도깨비를 공포스러운 존재로 생각한다. 한 남자는 피리를 불면서 자기의 개를 데리고 요정이나 도깨비가 사는 동굴로 들어갔다. 결국 개는 완전히 껍질이 벗겨진 채로 동굴 밖으로 나왔으나, 그 남자의 행방은 묘연해졌다. 그러나 아일랜드 사람들은 요정과 도깨비를 명랑하고 우아한 존재로 여긴다. 한 시골 사람은 마법에 걸리는 오두막집으로 들어가서 밤새 내내 시체에 침을 뱉는 행위를 한 후 아침에 푸른 들판에서 깨어났다고 한다.

    요컨대, 예이츠는 아일랜드 사람들과 스코틀랜드 사람들의 유령과 요정에 관한 사례로 유령, 도깨비, 요정에 대한 신앙이 국가마다 다양하다는 점을 강조한다. 이는 문화 시대에 살고 있는 현대인들에게 자국 문화의 우수성만을 탐닉할 것이 아니라, 타국 문화의 우수성도 수용하고 인정하는 자세를 갖춰야 한다고 주장하는 것 같다.

고준석 (조선대)

전쟁 WAR

얼마 전 프랑스와 전쟁이 임박했다는 소문이 떠돌 때, 이전에 알던 슬라이고Sligo 출신 여자를 만난 적이 있다. 그녀는 군인 남편과 사별하고 가난하게 살아가고 있었다. 그녀에게 런던에서 온 편지 한 구절을 읽어주었는데, "이곳 사람들은 전쟁에 들떠 있지만 프랑스인은 차분하게 받아들이는 것 같아요."이거나 그 비슷한 내용이었다. 전쟁과 관련된 많은 것들이 그 여자의 머리에 떠올랐는데, 그중 일부는 병사들한테서 들었던 것이고, 또 일부는 '1898년 반란the rebellion of 1898'의 전승된 이야기에서 상상으로 꾸며낸 것이었다. 편지의 발신지가 "런던"이라는 말에 그녀의 관심이 배가되었는데, 런던에 사람들이 많이 살고 있음을 알고 있었고, 그녀도 한때 "인구 과밀 지역"에 산 적이 있었기 때문이었다. "런던에서는 너 나 할 것 없이 사람이 너무 많아요. 사람들이 세상에 지쳐가고 있어요. 무언가 되고 싶다는 마음이 싹 사라지죠. 그래도 그런 건 별문제 아니에요. 하지만 분명 프랑스인들은 평화와 안식을 갈망하고 있지요. 이곳 사람들은 전쟁이 일어나든 말든 상관 안 해요. 지금보다 나빠질 게 없으니까요. 차라리 신 앞에서 군인답게 죽는 편이 나아요. 그러면 틀림없이 천국에서 움막은 얻을 테니까요." 그러더니 여자는 아이들이 총검을 이리저리 흔들어대는 걸 보기 힘들다고 말했다. 그녀가 대반란에서 전승된 민담을 생각하고 있음을 알 수 있었다. 이윽고 그녀가 말을 이었다. "전투에 참가했던 사람이 전투에 대해 말을 꺼내고 싶어 하는 걸 본 적이 없어요. 모두 입을 다물고 헛간에서 건초를 꺼내 쌓을 뿐이죠." 여자는 어린 시절 이웃 사람들과 모닥불을 쬐며 나누던 전쟁 이야기를 시작하더니, 이제 전쟁이 다시 일어날까 무섭다고 했다. 만灣이 온통 '밀려오는 해초로 뒤덮여 꼼짝하지 못하는' 꿈을 꾸었기에 그러하다고 여자는 말했다. 전쟁이 날까 두려워했던 시절이 페니안Fenian이 활약하던 때냐고 묻자, 그녀가 큰 소리로 외쳤다. "페니안 시절만큼이나 재밌고 즐거웠던 때는 없었지요. 저는 장교들이 머물던 집에 살았는데, 낮에는 군악대를 따라다녔고, 밤에는 정원 언저리까지 가서는 빨간 코트의 병사가 집 뒤 벌판에서 페니안을 훈련시키는 걸 보곤 했어요. 어느 밤엔가 남자아이들이 죽은 지 삼 주나 된 늙은 말馬에서 간을 빼다가 문고리에 달아놓은 적이 있었어요. 제가 아침에 문을 열려다가 덜컥 보게 됐죠." 이내 전쟁에 관한 대화는 으레 그러하듯 '검은 돼지 골짜기 대전투the battle of the Black Pig'에 관한 화제로 바뀌었다. 과부는 그 전투를 아일랜드와 영국 간의 전투로 받아들였다. 하지만 나는 그것을 '고대 암흑세계'를 모두 소멸시킨 아마겟돈으로 생각했다. 화제는 다시 전쟁과 복수로 바뀌었다. 그 여자가 말했다. "사 대조의 저주the curse of Four Fathers를 아세요? 그 사람들이 어느 남자아이를 창에 꿰어 죽이자 누군가가 말했지요. '너희 사 대손係들에게 저주가 있으리.' 그런 연유로 질병이나 비슷한 것이 언제나 사 대손에게 닥치죠."

1902년

■■■ **해설**

이 이야기는 프랑스와의 전쟁이 임박했다는 소문이 아일랜드에 떠돌던 때 예이츠가 어느 노파에게 들은 것을 옮겨 적은 것이다. 여러 세대 동안 불행 속에서 살던 아일랜드 농민들은 '검은 돼지 골짜기The Valley of the Black Pig'의 환상에서 위안을 얻었다. 이 환상에 따르면, 이 '검은 돼지 골짜기'에서 대전투가 벌어지지만 결국에는 아일랜드가 적을 물리친다. 어느 일화에 따르면, 언젠가 슬라이고 지방의 리사델 남작the barony of Lisadell 저택에서 한 노인이 환상에 사로잡혀 땅바닥에 쓰러져, '검은 돼지 골짜기'에서의 대전투 이야기를 큰 소리로 읊었다고 한다. 예이츠 자신도 그 계곡에서 살아남을 사람이 거의 없기에 말의 배를 묶었던 배 띠들이 썩어갈 것이라고 그 노인이 외치는 소리를 직접 들었다고 한다. 흔히 아일랜드인들은 '검은 돼지 골짜기의 대전투'를 아일랜드와 영국 간의 전투로 여긴다. 하지만 예이츠는 이 대전투를 모든 전투의 원형으로 삼아 '고대 암흑세계'를 소멸시킨 아마겟돈으로 받아들인다.

이 이야기에 등장하는 페니안Fenian은 켈트 시대의 전설적인 영웅 전사들의 무리를 일컫는 '피어나Fianna'에서 유래되었다. 1868년 '아일랜드 공화단the Irish Republican Brotherhood'의 존 오마호니John O'Mahoney는 '68년의 남자들men of '68'을 '페니안'으로 명명함으로써 켈트 시대의 영웅 전사에 관한 역사적 기억을 영속화하는 데 성공했다. 존 오마호니와 제임스 스테판스James Stephens를 주축으로 한 이 단체는 미화 400달러의 기금현재 가치로 약 8,600달러을 모아 '페니어 회The Fenian Brotherhood'를 구성했는데, 미국에 살고 있는 아일랜드 사람들로 구성된 비밀 결사였다. 이 단체는 급진적이고 혁명적인 방법으로 아일랜드 공화국을 세워 조국의 독립을 가져오려고 했다. 1867년에 무력으로 영국에 잠입하려던 계획이 실패로 끝나자 위세가 약화되었다.

윤일환 (한양대)

여왕과 바보 THE QUEEN AND THE FOOL

클레어Clare와 골웨이Galway의 접경 지역에 살았던, 어느 히어니가Hearne家의 주술사가 하는 말을 들은 적이 있다. 그 남자는 "요정 집안마다 여왕과 바보가 있는데" 둘 중 누구의 "손이라도 닿으면" 다른 요정의 손길과 달리, 절대로 원래의 상태로 되돌아가지 못한다고 했다. 그는 "세상에서 아마 가장 현명한" 바보는 "전국을 돌아다니는 광대"와 같은 옷차림을 하고 있다고 말했다. 지금 내가 글을 쓰고 있는 곳에서 얼마 떨어지지 않은 곳에 늙은 물방앗간 주인의 오두막이 있다. 언젠가 그 오두막의 화롯가에서 키가 크고 누더기 차림을 한 수척한 한 남자가 앉아 있던 것을 본 적이 있는데, 그 남자가 바보라고 사람들이 수군대던 것을 기억한다. 친구가 수집한 이야기를 통해 알아낸 사실은 그 바보가 잠을 자는 동안 요정에게 끌려가 그렇게 되었다고 사람들이 믿는다는 것이었다. 그 남자는 본래 아마단-나-브리나Amandan-na-Breena, 즉 천치 바보였기 때문에 기어이 요정 집안사람이 되었는지는 나로서는 알 방도가 없다. 내 친구에게 그 바보에 대해 말해준 사람은 요정 집안사람인 어느 노파인데, 그 노파를 나도 잘 알고 있었다. 그 노파는 이런 이야기를 해주었다. "요정 집안에는 바보가 있지. 우리가 눈으로 볼 수 있는 바보는 발릴리의 아마단처럼 밤에는 요정들과 함께 어디론가 사라져.

어석스Oinseachs라 불리는 여자 바보도 마찬가지야." 클레어 카운티 접경 지역에는 주술사의 친척으로 마법에 걸린 사람과 소를 치료할 수 있는 한 여자가 살았는데, 그녀가 한 이야기를 들려주었다. "내가 치료할 수 없는 것들이 있어요. 요정 여왕이나 천치 바보의 손길이 닿은 사람은 내가 어찌해 볼 수 없지요. 요정 여왕을 본 적이 있다는 어느 여인을 아는데, 그 여인은 여느 기독교인과 같았어요. 바보를 본 적이 있다고 제가 들은 사람은 어떤 여자 한 명뿐이었는데, 당시에 그녀는 고트Gort 마을 근처를 걷고 있었다고 해요. 그녀가 '천치 바보가 나를 쫓아와요.'라고 소리쳤대요. 함께 있던 친구들이 아무것도 안 보이지만 냅다 소리를 질렀어요. 내 생각에는 큰 소리가 나는 바람에 바보가 떠나버린 것 같아요. 여자가 아무런 해도 입지 않았으니까요. 그 바보가 덩치가 크고, 힘이 세고, 반쯤 옷을 벗고 있었다고 했는데, 그것이 여자가 말한 전부였어요. 나는 본 적이 없어요. 난 히어니의 사촌인데, 삼촌이 어디론가 사라져버린 지가 21년이나 되었지요." 방앗간 노인의 아내가 해준 이야기도 있다. "요정들은 대체로 좋은 이웃이지만, 바보의 손길이 닿으면 치료약이 없어요. 손길이 닿은 이는 어디론가 사라지지요. 우리는 그 바보를 아마단-나-브리나라고 불러요." 킬타탄Kiltartan의 습지에 사는 몹시 가난한 노파가 들려준 이야기도 있다. "정말 천치 바보의 손길이 닿으면 약이 없어. 내가 오래전에 알던 한 노인은 줄자를 갖고 있었는데, 사람을 재어보고 무슨 병이 있는지 알아냈지. 그 노인은 아는 게 많았어. 한번은 나한테 '일 년 중 어느 달이 최악이지?'라고 묻더군요. '물론, 5월이지.'라고 대답했어. 그러자 '아니야. 6월이지. 아마단의 손길이 뻗치는 때가 그 시기니까.'라고 말하더군. 아마단은 여느 사람처럼 생겼고, 덩치가 크고, 똑똑지 않다고 해. 언젠가 몹시 겁먹은 남자아이를 본 적 있어. 수염 달린 양이 담 너머로 그 아이를 쳐다보고 있었는데, 아이는 그 양이 아마단이란 것과 마침 6월이라는 것을 알아차렸지. 그래서 사람들이 줄자 노인에게 아이를 데려갔어요. 아이를 보자마자 노인이 말했어. '신부님한테 보내 미사를 받게 해.' 그래서 사람들은 그 말대로 했지. 그래서인지 아이는 아직 살아 있고, 결혼해서 가족도 있어! 리간Regan이란 사람이 이런 말을 했어. '다른 요정이 여기 가까이에서 당신을 만지고 지나가도 괜찮아요. 하지만 아마단-나-브리나의 손길이 닿으며 그 사람은 끝장이에요.'" 아마단이 손을 뻗치는 때가 6월이라는 것은 분명하다. 나는 그 손길이 닿았던 남자아이를 알고 있는데, 그 아이가 이야기를 직접 해주었다. 어느 밤에 한 신사가 그 남자아이를 찾아왔는데, 가까이 보니 이미 죽은 예전의 지주였다. 그 지주는 그 아이를 다른 사람과 싸움을 시키려 자기를 따라오라고 했다. 가보았더니 한 무리의 요정이 있었는데, 다른 무리도 살아 있는 사람을 데려다 놓았다. 그 요정들은 아이가 다른 무리가 데려온 그 사람과 싸우게 했다. 아이와 그 사람이 격렬히 싸웠는데, 아이가 이길 것 같아지자, 그 아이 편의 요정 무리가 큰 소리를 질러댔다. 그 일이 있은 후 그 아이는 집으로 돌아왔다. 그 사건이 있은 지 삼 년 정도 지났을 때다. 그 아이는 숲에서 덤불을 치고 있었는데, 아마단이 자기에게로 다가오는 걸 보았다. 아마단은 큰 통을 팔로 안고 있었는데, 그 통이 반짝거려 그 아이는 통 말고는 아무것도 볼 수가 없었다. 그러다 아마단이 통을 등에 지고 달려왔다. 그 아이의 말로는 아마단은 산비탈처럼 우람하고 사나웠다. 아이가 도망치자 아마단은 아이의 뒤통수에다 통을 냅다 던졌고, 통이 떨어져 와지끈 소리를 내고 부서졌다. 그 통에서 뭔가가 튀어나왔다. 그때 이후 아이는 넋이 나가버렸다. 한동안 아이는 우리에게 많은 말을 하곤 했지만 제정신은 아니었다. 아이는 자기가 상대편을 두들겨 패는 걸 요정들이 바라지 않았을 것으로 생각했다. 아이는 자신에게 닥쳐올 일을 생각하며 두려움에 떨었다. 골웨이 구빈원에서 지내는 한 노파는 메이브 여왕Queen Maeve에 대해 좀 아는데, 언젠가 이런 이야기를 해주었다. "아마단-나-브리나는 이틀마다 모습을 바꾸지. 어떤 때는 청년 같은 모습으로, 어떤 때는 흉물스러운 짐승의 모습으로 다가와서는 늘 하던 대로 손을 뻗치려고 해. 최근에 들리는 소문으로는 아마단이 총에 맞았다고 해. 맞추기 쉽지 않았을 텐데 말이야."

내가 아는 어떤 이는 상상력을 발휘해 사랑과 시와 황홀의 옛 아일랜드 신神인 앵거스Aengus의 이미지를 떠올려보려 했고, 입맞춤 네 번을 새鳥로 둔갑시키려 보려고 애쓰고 있었다. 그때 갑자기 방울이 달린 광대 모자를 쓴 사람의 이미지가 점점 또렷해지더니 자신이 '앵거스의 심부름꾼'이라고 소개했다고 한다. 내가 아는 또 한 사람은 진정한 예시자인데, 환상의 정원에서 흰색 옷차림의 바보를 보았다고 했다. 그 정원의 나무에는 이파리 대신 공작 깃털이 달려 있었다. 바보가 광대 모자로 꽃을 건드리자 봉오리가 열리고 조그만 사람 얼굴이 나타났다고 했다. 또 어떤 때는 흰색 옷차림의 바보가 물웅덩이 옆에 앉아 웅덩이에 떠오르는 미녀들의 영상을 보고 미소 짓고 있었다고도 했다.

죽음이 지혜와 힘과 미의 시작이 아니라면 무엇이란 말인가? 어리석음 또한 일종의 죽음일지 모른다. "요정의 집안"의 바보는 너무나 강력해서 인간의 머리로는 감당할 수 없는 마력, 지혜, 꿈을 가득 담고 있는 통을 가지고 있다. 그런 바보를 보는 일이 굉장한 일이라고 생각하지 않는다. 요정 집안마다 여왕이 있지만 왕에 대해서는 별로 들어보지 못했다는 것은 지극히 자연스러운 일이다. 그러한 지혜에 쉽게 다가갈 수 있는 것은 남자가 아니라 여자이기 때문이다. 그것은 옛사람이나 야생에서 사는 지금 사람들이 지닌 진정한 지혜이다. 지식의 토대인 자아는 어리석음으로 깨지고, 여자에 대한 격정으로 잊힌다. 그러니 바보나 여자는 분명 고통스러운 여정 끝에 발견하게 되는 신성한 지혜를 알고 있다. 흰색 옷차림의 바보를 봤다는 남자는 어느 여자의 이야기를 해주었는데, 시골 아낙네는 아니었다. "내가 그 여자 같은 예지력을 가졌다면 신의 모든 지혜를 알 수 있겠지만, 그 여자는 예지력에 별로 흥미가 없어요." 내가 아는 또 한 여자도 시골 아낙네는 아닌데, 잠이든 상태에서 이 세상에서 볼 수 없는 온갖 아름다운 곳을 돌아다니곤 했다. 하지만 그녀는 평소에는 집안 살림과 아이 돌보는 일로 분주했다. 지금은 자칭 약초 주술사 덕분에 잠에서 돌아다니는 것은 치유되었다.

지혜와 미와 힘은 살아가는 매일 죽음을 겪는 이에게 때로 찾아온다. 하지만 그런 죽어감이 셰익스피어가 말했던 것과는 다를 것이다. 산 자와 죽은 자 사이에는 전쟁이 있고, 아일랜드의 이야기는 계속해서 그 전쟁을 노래해 왔다. 지상에서 감자나 밀이나 과일이 썩어갈 때 요정의 세계에서 무르익고, 우리의 꿈이 지혜를 잃을 때 나무는 수액이 차오르고, 우리의 꿈으로 나무가 시들 때 요정 나라의 양들이 11월에 "매에" 하는 것이 들려오고, 눈먼 자가 눈뜬 자보다 더 잘 보게 된다. 영혼은 항상 그러한 것이거나 그 비슷한 것을 믿기에 암자나 황야를 오래도록 비워둘 일이 어떤 경우에도 없을 것이다. 그렇지 않다면 다음의 시를 이해하지 못하는 세상의 연인들이 있게 될 것이다.

> 그대는 듣지 못했는가, 저 하늘까지 퍼지는
> 음유 시인의 노래 속 달콤한 말들을?
> 그대는 듣지 못했는가, 죽은 자들이
> 환희의 세계에서 깨어난 것을?
> 팔과 다리가 엉켜 있을 때 사랑이,
> 그리고 인생의 밤이 나누어질 때 잠이,
> 그리고 세계의 흐릿한 경계에 매달리는 생각이,
> 그리고 사랑하는 사람이 노래할 때 음악이;
> 죽음과 다르지 않다는 것을?

1901년

■■■■ **해설**

이 이야기에서 요정 여왕과 바보는 지혜와 죽음에 연결된다. 지혜에 쉽게 다가갈 수 있는 것은 남자가 아니라 여자이거나 바보이다. 지혜는 옛사람들이나 야생에서 사는 지금 사람이 얻게 되는 것인데, 고통스러운 삶의 끝에서 발견하게 되는 신성한 선물이다. 자아가 지식의 토대이기는 하지만, 진정한 지혜는 요정 여왕의 예지력이나 요정 바보의 어리석음으로 견고한 자아가 깨질 때 생겨난다. 지혜는 또한 죽음과도 연결된다. 이때의 죽음은 세상 물질에 대한 집착의 죽음을 의미한다. 그 죽음에서만 비로소 영적인 삶으로 다시 태어난다. "지혜와 미와 힘은 살아가며 매일 죽음을 겪는 이에게 때로 찾아온다." 요정 여왕과 바보의 손길이 닿으면 누구든 치유될 수 없다. 여왕의 예지력과 바보의 어리석음으로 견고한 자아와 물질의 집착이 깨지고 일단 깨지면 절대로 원래대로 돌아갈 수 없다.

이 이야기에는 요정의 이교와 가톨릭이 공존하는 아일랜드의 모습을 보여준다. 예컨대, 여느 기독교인과 다름없는 여인이 요정 여왕을 본다거나, 염소로 변한 요정 아마단이 담 너머로 자신을 쳐다보자 겁에 질린 남자아이를 치유하기 위해 신부에게 데려가 미사를 받게 한다. 아일랜드의 민담과 요정 이야기에서 종교와 문화적으로 이질적인 것들이 같은 공간과 시간 속에 함께 부대끼며 존재한다.

윤일환 (한양대)

요정 족속의 친구 THE FRIENDS OF THE PEOPLE OF FAERY

요정 족속을 자주 보아 매우 지혜롭게 된 사람들은 대개 무척 가난하지만, 흔히 인간의 한계를 뛰어넘는 힘이 있다. 그러한 것은 우리가 무아경의 문턱을 넘어설 때, 마치 (메일던Maeldun이 지켜보았던) 깃털 빠진 독수리가 몸을 씻고 다시 쌩쌩해지는 그 감미로운 호숫가로 다가가는 것과 같다.

예전에 마틴 롤런드Martin Roland라는 노인이 고트Gort 마을에서 조금 벗어난 습지 근방에 살고 있었다. 그 노인은 어린 시절에 요정 족속들을 자주 보았고, 인생의 말년에는 늘 보았다. 하지만 그를 요정 족속의 친구라고는 부르지 못하겠다. 노인은 죽기 몇 달 전에 "그 요정들"이 밤이면 아일랜드 말로 뭐라고 떠들어대고 피리를 연주해대는 바람에 잠을 잘 수가 없었다고 내게 토로했다. 노인이 친구에게 어떻게 하면 좋겠냐고 물었더니, 피리를 사서 불면 어쩌면 요정들이 떠들어대거나 피리를 연주하면서 괴롭히는 짓을 그만둘지도 모르겠다고 했다. 노인은 친구의 말을 따랐다. 그가 피리를 불기 시작하면, 요정들은 늘 들판으로 나가버렸다. 노인은 나에게 피리를 보여주며 입에 대고 시끄러운 소리를 냈다. 하지만 정작 연주할 줄은 몰랐다. 그러고는 노인은 굴뚝을 떼어낸 자리를 보여주었는데, 요정 하나가 걸터앉아 피리를 연주하던 곳이라고 했다. 얼마 전에 노인의 친구이자 내 친구이기도 한 여자가 노인을 보러 갔다. "그 요정들 중 세 명"이 노인에게 곧 죽을 거라는 말을 했다고 들어서였다. 요정들이 가버리자 함께 집 주위에서 연주하던 아이들(내 생각에는 요정들이 "데려간" 아이들)도 "다른 곳으로 가버렸다. 아마 집이 너무 '추워서'였을 것이라고 했다." 이 말을 하고 나서 일주일 뒤에 노인은 세상을 떠났다.

    이웃들은 그 노인이 노년에 정말로 무엇인가를 보았다고는 잘 믿으려 하지 않았지만, 젊었을 때는 분명 보았을 것이라고 확신했다. 노인의 동생은 "늙고 나서 형이 본 것은 모두 머릿속에서 나온 것이야. 하지만 형이 젊었을 때 보았던 일은 믿을 만해."라고 덧붙였다. 그러나 그 노인은 경솔한 인물이었고 "형제들과 잘 지내지 못했다." 어느 이웃 여자가 말했다. "가여운 사람 같으니. 다들 요정들이 그의 머리에서 나온 거라고 말해요. 이십 년 전 어느 밤에 요정들이 여자아이들처럼 둘씩 짝지어 걸어가는 걸 봤었던 그 시절엔 그 노인도 멋지고 쌩쌩했지요. 요정들이 펠른Fallon의 어린 딸을 데려간 게 그날 밤이었어요." 그러고는 이웃집 여자는 "은처럼 빛나는 붉은 머리의" 여자 요정을 그 어린 딸이 어떻게 만나게 되었는지 말해주었다. 요정들이 있는 보루로 들어갔다가 그들 중 한 명에게 "귀때기를 얻어맞은" 또 한 이웃 사람이 말했다. "난 그 요정들이 그 노인의 머릿속에서 나왔다고 믿어요. 간밤에 그 노인이 문에 서 있기에 '바람 소리가 항상 내 귀에 들리고, 그 소리가 멈추질 않네요.'라고 말했어요. 노인도 그럴 거라는 의미로 말한 것이죠. 그랬더니 그가 대답했어요. '난 늘 요정들이 노래하고 연주하는 걸 들어. 요정 중 하나가 조그만 피리를 갖고 와서는 요정들에게 연주를 해주지.' 그리고 이것만은 내가 알아요. 요정들이 피리를 연주하려 걸터앉았던 굴뚝을 떼어낼 당시 그는 노인이었지만 돌을 번쩍 들어 올렸어요. 내가 젊고 힘이 셀 때도 그 돌을 들어 올릴 수는 없었을 거예요."

    얼스터Ulster에 사는 한 친구가 요정 족속과 참된 교우 관계에 있던 사람에 관한 이야기를 나에게 보내왔다. 그 이야기는 내가 그것을 듣기 얼마 전 친구가 노부인에게 들은 것으로, 정확히 기록된 것이다. 친구는 여러 차례 노부인이 이야기를 반복하게 하고, 그것을 받아 적었다. 친구는 유령들과 요정 족속들 때문에 집에 혼자 있기가 싫다는 말로 대화를 시작했다. 그러자 노부인이 말했다. "매니 아가씨, 요정에 대해 무서워할 게 하나도 없어. 난 요정 혹은 인간 이하도 이상도 아닌 여자한테 말을 건넨 적이 많았어. 그 여자는 네 할아버지-그러니까 네 어머니의 할아버지-집에 오곤 했지. 그때는 내가 어렸을 때야. 그 여자에 대한 것을 전부 들려줄게." 내 친구는 그 여자 이야기를 아주 오래전에 듣긴 했지만 다시 듣고 싶다고 노부인한테 말했다. 그러자 노부인이 말을 이었다. "내가 처음으로 그 여자 얘기를 듣게 된 건 네 할아버지-그러니까 네 어머니의 삼촌-조셉이 결혼했을 때야. 조셉은 아내를 아버지 집에 처음 데려와서는 집을 지었지. 호수 옆의 집 위쪽에 말이야. 아버지와 우리가 살던 곳이 조셉의 새 집터와 아주 가까웠어. 일꾼들을 감독하려는 거였어. 아버지는 직조공이랑 베틀이랑 그런 것들 모두 근처 오두막으로 다 갖다 놓았어. 집터를 표시하고, 주춧돌들을 쌓아놓고, 석수들이 오길 기다리고 있었지. 어느 날 집 건너편에서 내가 어머니와 서 있었는데, 멋진 꼬맹이 여자가 시내를 건너 밭을 지나 우리 쪽으로 오는 걸 봤어. 그때 나는 아이라 근처에서 놀고 있었지. 지금도 내 눈 앞에서 보듯이 그 여자를 기억해." 친구가 물었다. "그 여자는 어떤 차림이었어요?" "회색 외투에 풀색 캐시미어 스커트, 까만 실크 천을 머리에 두르고 있었지. 당시 시골 여자들처럼 말이야." "얼마나 작았어요?" "지금 생각해보면 그리 작진 않았어. 우리가 그냥 꼬맹이 여자라고 불렀던 게지. 보통 여자보다 몸집은 컸지만 키가 크다고는 할 수 없었어. 서른 살 정도 되어 보였고, 갈색 머리에 둥근 얼굴이었어. 이모할머니 베티 아가씨와 비슷해 보였어. 베티 아가씨는 다른 사람들이나 네 할머니 같지는 않았거든. 얼굴은 둥글고 건강해 보였지만, 결혼은 안 했고 남자도 안 만났어. 우리는 베티 아가씨와 닮은 그 꼬맹이 여자가 다 자라기도 전에 요정 무리가 데려갔을 거라고 말하곤 했지. 그 꼬맹이 여자는 언제나 우릴 따라다니며 경고나 예언을 했으니까. 이번에는 그 꼬맹이 여자는 어머니가 서 있는 곳으로 곧장 걸어오더니, "당장 호수 쪽으로 가."라는 식으로 명령했어. "호수로 가서, 조셉더러 가시나무 덤불 건너편, 내가 가리키는 곳으로 집터를 옮기라고 해. 거기가 집을 지어야 하는 곳이야. 조셉이 운이 있고 잘 되려면, 내가 지금 말하는 대로 해야 해."라고 말했어. '길'에다 집을 지으라는 거였지. 그 길은 요정 족속들이 다니는 길이었던 것 같아. 어머니가 조셉을 데려와 그곳을 알려줬고, 조셉은 시키는 대로 집터를 옮겼지. 하지만 옮기라고 했던 꼭 그 자리는 아니었어. 결국에는 그 집에 온 뒤 아내가 사고로 목숨을 잃었지. 말馬이 덤불과 벽 사이에서 오른쪽으로 돌아가는데, 피할 공간이 없어서 그만 사고를 당한 게지. 꼬맹이 여자가 다음번에 와서 화를 내며 우리한테 하는 말이, '시키는 대로 안 하면 그가 대가를 치르게 돼 있어.'라고 했어." 내 친구는 이번에는 꼬맹이 여자가 어디에서 왔는지, 옷은 이전처럼 입었는지 물었다. 노부인은 말했다. "늘 오는 대로 시내 건너편 들판 쪽에서 왔지. 여름에는 얇은 숄을 둘렀고, 겨울에는 코트를 걸쳤어. 매번 올 때마다 어머니한테 좋은 조언을 해주기도 하고, 복을 받으려면 이런저런 걸 하지 말라고 경고도 해주었지. 식구 중에서 아이가 그 여자를 본 것은 나뿐이야. 난 그 여자가 시내를 건너오는 걸 보면 기뻐서 언제나 뛰어가 그 여자의 손과 외투를 붙잡고는 어머니한테 소리쳤지. '꼬맹이 여자가 왔어요.' 남자들은 아무도 그 여자를 보질 못했어. 아버지는 보기를 원했지만 보지 못하니 어머니와 내가 거짓말을 하거나 실없는 소릴 한다고 생각하고는 우리에게 화를 내셨어. 어느 날 그 여자가 와서는 화롯가에서 어머니와 이야기를 나누고 있었어. 그때 내가 살짝 빠져나가 아버지가 땅을 파고 있던 밭으로 갔지. '그 여잘 보려면 어서 가보세요. 지금 화롯가에서 어머니하고 얘기하고 있어요.' 그래서 나와 같이 집으로 들어갔지. 하지만 둘러보셨는데 아무것도 없었어. 아버지는 가까이 있던 빗자루를 들고 날 때리셨어. '맞아도 싸. 날 바보 취급했어!'라며 나한테 화를 내시면서 확 나가버리셨지. 꼬맹이 여자가 그 뒤에 나에게 하는 말이 '날 보여주겠다고 사람을 불러왔으니 매질을 당하게 되지. 어떤 남자도 날 본 적이 없어. 앞으로도 그럴 거야.'라고 했어."

"그러던 어느 날 그 여자가 아버지를 묘하게 겁을 줬어. 아버지가 그 여자를 봤는지 못 봤는지는 알 수 없지만, 아버지가 가축과 같이 있다가 그 일이 벌어졌지. 아버지는 벌벌 떨며 집에 오시더니 말했어. '꼬맹이 여자 얘기는 내 앞에서 꺼내지도 마. 이번에 실컷 들었다.' 또 한번은 이런 일도 있었어. 평소처럼 아버지가 고틴Gortin 마을로 말을 팔러 가셨어. 아버지가 집을 나가기 전에 꼬맹이 여자가 총총걸음으로 들어오더니 어머니한테 약초를 건네면서 말했어. '남편이 고틴 마을로 갈 텐데, 집으로 돌아오는 길에 깜짝 놀랄 나쁜 일이 생길 거야. 이걸 남편 외투 속에다 넣고 꿰매. 그러면 아무 해가 없을 거야.' 어머니는 약초를 받아들고는 '이 약초가 무슨 효과가 있겠어.'라고 생각하면서 약초를 바닥에다 던져버렸어. 그 결과야 뻔했지! 고틴 마을에서 집으로 돌아오는 길에 아버진 인생에서 둘도 없는 깜짝 놀랄 일을 당하셨어. 그게 무슨 일인지 기억이 나지 않지만, 어쨌든 아버지는 그 일로 상당한 피해를 보셨지. 어머니는 자신이 한 짓 때문에 어딘지 꼬맹이 여자를 무서워했어. 당연히 꼬맹이 여자는 다음번에 와서는 화를 냈어. '날 안 믿고 내가 준 약초를 불에다 던져버리다니. 난 할 만큼 했어.' 또 어느 때는 윌리엄 히어니William Hearne가 미국에서 어떻게 세상을 떠났는지 말해주었어. 그리고 '호수로 가서 윌리엄이 죽었다고 말해. 그는 마음 편하게 죽었어. 이게 그가 읽었던 성경의 마지막 장이야.'라고 말하면서 그 성경 구절을 알려 주었지. '자, 가서 다음 공부 모임 때 성경의 그 장을 읽고, 그가 죽을 때 내가 머리를 받치고 있었다고 말해.' 아니나 다를까 그 후 꼬맹이 여자가 말한 바로 그날에 윌리엄이 어떻게 죽었는지에 대한 소식이 전해졌어. 여자가 시킨 대로 성경 구절을 읽긴 했지만, 이전에 그런 기도 모임을 한 적이 없었지. 어느 날 그 여자와 어머니와 나, 이렇게 셋이 서서 대화를 나누고 있었는데 그 여자가 뭔가에 대해 경고를 하더니 느닷없이 말했어. '레티 아가씨Miss Letty가 잔뜩 빼입고 오네. 이제 내가 갈 시간이군.' 그 말을 하고는 빙그르르 한 바퀴 돌아 공중으로 올랐어. 그 여자는 마치 나선형 계단을 오르듯 위로 점점 더 빨리 올라갔지.[58) 오르고 오르더니 마침내 구름 아래 새 한 마리 정도의 크기로 보였어. 그때 그 꼬맹이 여자가 노래를 불렀지. 그것은 이제까지 내가 들어본 가장 아름다운 노래였어. 찬송가는 아니었고, 시詩였지. 아름다운 시였어. 나와 어머니는 입을 벌리고 서서 몸을 와들와들 떨고 있었지. 내가 물었어. '저 여잔 대체 누구예요?' '천사예요, 요정이에요. 아니면 뭐예요?' 그 말을 할 때 레티 아가씨가 왔어. 네 할머니 말이야. 하지만 그때는 레티 아가씨라고 불렀어. 달리 부를 말이 없었거든요. 하여간 이 이야기를 털어놓을 때까지 우리가 그렇게 입을 벌린 채 서 있는 것이 레티 아가씨한테는 이상하게 보였을 게야. 레티 아가씨는 그때 화사하게 차려입고 있었고 예뻤지. 레티 아가씨가 길을 따라오고 있을 때, 우리는 볼 수 없었지만 꼬맹이 여자가 '레티 아가씨가 잔뜩 빼입고 오네. 이제 내가 갈 시간이군.'이라고 말하고는 묘한 방식으로 공중으로 올라가 버린 거지. 어느 먼 나라로 갔는지, 아니면 죽어가는 누군가를 보러 갔는지 누가 알겠어?"

---

58) 쿨Coole 근처의 시골 사람들은 나에게 영혼이 상승하는 것에 대해 말해주었다. 스웨덴보리 Swedenborg는 『영혼 일기Spiritual Diary』에서 영혼의 원뿔gyre에 대해 말하고, 블레이크는 야곱의 사다리를 상승하는 원뿔로 그렸다. (원주)

"어두워지면 그 여자가 온 적이 없었어. 언제나 밝을 때 왔지. 내가 기억하는 한 그래. 그날은 만성절 전야Hallow Eve였어. 어머니는 화롯가 곁에서 저녁을 준비하고 계셨어. 오리와 사과를 내놓았지. 그때 꼬맹이 여자가 살짝 들어오더니 말했어. '만성절 전야를 함께 지내려고 왔어.' '좋지요.' 어머니는 그렇게 말씀하시고 '맛있게 저녁을 대접할 수 있지.'라고 혼자 생각하셨지. 그 여자는 화롯가 곁에 잠시 앉아 있더니 '저쪽 방 베틀 옆에, 의자와 접시를 갖다 놓아.'라고 말했어. '저녁을 같이 보내려면 식탁에서 우리와 함께 식사해야 하지 않겠어요?' '시키는 대로 해. 저쪽 방에 음식을 갖다줘. 거기서 먹을 거야. 다른 곳이 아니고.' 그래서 어머니는 오리 한 접시와 사과 몇 개를 차려주었지. 어찌 됐든 그 여자가 시키는 곳에다 놓아두고, 우리는 우리 저녁을, 그 여자는 그 여자 저녁을 먹었지. 식사를 끝내고 그 방으로 갔더니, 원 세상에, 접시에 담긴 음식에 군데군데 떼어먹은 흔적이 있었고, 그 여자는 감쪽같이 사라졌더군!"

1897년

▪▪▪ 해설

이 이야기는 밤마다 피리를 연주해대는 바람에 잠을 잘 수 없었던 노인의 일화와 "꼬맹이 여자" 요정이 어느 가족에게 이런저런 경고와 예언을 해주는 일화를 중심으로 구성된다. 두 일화에서 요정은 노인을 괴롭히는가 하면 (모든 것이 노인의 머리에서 나왔을 가능성을 배제할 수 없다), 꼬맹이 여자는 자신의 말을 따르지 않아 나쁜 일이 생겼다고 화를 내기도 한다. 또 그 여자는 갑자기 하늘로 올라가 시를 노래하는가 하면, 만성절 전야에 함께 지내려고 왔지만 딴 방에서 혼자 저녁 식사를 하고 감쪽같이 사라지기도 한다. 이처럼 요정은 개구쟁이나 어린아이의 모습을 보이다가도, 또 한순간에 초자연적인 존재의 모습을 보여준다. 하지만 요정의 여러 모습 중에서 가장 특징적인 모습은 예지력과 예술과 시와 관련된 모습이다. 꼬맹이 여자 요정은 노부인이 어렸을 때 그 가족에게 여러 일을 미리 알려주는 예지력을 갖고 있다. 노인을 괴롭히던 요정은 굴뚝에 걸터앉아 피리를 연주하고, 한 요정은 동료 요정에게 조그만 피리를 불어주고, 꼬맹이 여자 요정은 하늘로 올라가 아름다운 시를 노래 부른다. 요정의 예지력이 인간에게 현실의 세계에서 일어날 일에 대한 지혜를 가져다준다면, 요정이 보여주는 예술과 시는 현실과 상상이 겹쳐 펼쳐지는 무한한 여백을 상징적으로 보여준다.

　　이 이야기는 신화적 시공간을 그려낸다. 사건들은 언제 어디에서 일어났는지 특정하기 힘들다. "어느 날one day", "어젯밤last night", "그때at the time", "그것이 일어났을 때when it happened" 등 시간을 알려주는 말들을 사용하고 있지만, 독자는 그것이 정확히 언제인지 알 수 없다. 예이츠는 이 이야기에서 선형적 시간 개념을 암묵적으로 거부하기 때문에, 시간 감각을 의도적으로 모호하게 한다. 이야기에서 객관적 시간은 그리 중요하지 않다. 마찬가지로 장소에 대한 진술은 모호하고 흐릿하다. "고트", "얼스터", "고틴"처럼 구체적인 지명을 언급하고 "가시나무 덤불 건너편"으로 집터를 삼으라고 말하지만, 독자는 그곳이 정확히 어디인지 알 수 없다. 그곳은 아일랜드의 현실 공간이자 신화적 장소로, 요정이 농민들과 함께 거주하는 경계지일 뿐만 아니라 켈트 신화의 고유한 가치가 빛나는 장소를 상징하기 때문이다.

윤일환 (한양대)

도덕이 없는 꿈들 DREAMS THAT HAVE NO MORAL

메이브Maeve 여왕과 개암나무 지팡이에 관한 이야기를 들었던 친구가 어느 날 구빈원으로 갔다. 그녀는 노인들이 추위에 떨고 비참한 것을 보고 '겨울철 파리 같다.'라고 말했다. 그러나 노인들이 떠들기 시작하자 그들은 추위를 잊어버렸다.

한 노인은 해자에서 카드놀이를 하던 요정 무리를 막 떠나왔는데, 그들은 '아주 공정하게' 게임을 했다고 말했다. 또, 한 노인은 어느 날 밤 마법에 걸린 검은 돼지를 보았다고 했다. 내 친구는 두 노인이 래프테리Raftery와 캘러넌Callnan 중 누가 더 나은 시인인가를 두고 다투는 것을 들었다. 래프테리를 두고 한 노인은 "그는 위대한 사람이야. 그의 노래는 온 세상에 퍼져나갔지. 내 기억이 생생해. 바람 같은 목소리를 가졌어." 하고 말했다. 그러나 다른 한 노인은 "너는 눈 위에 서서라도 캘러넌의 노래를 들으려고 할 것"이라고 확신했다.

이윽고 한 노인이 내 친구에게 이야기를 시작하자 때때로 웃음을 터뜨리며 모두 즐겁게 들었다. 내가 들은 대로 전해주려는 이 이야기는 오래되고 산만하며 교훈이 없는 이야기이고, 단순한 자연 속에 인생을 맡긴 떠돌이와 가난한 자의 기쁨에 대한 것이다. 이 이야기 속의 시간에는 인과관계가 전혀 없어서, 설사 당신이 살해당한다 해도 선한 마음을 갖고 있다면, 누군가가 지팡이를 갖다 대어 당신을 다시 소생시킬 수도 있고, 당신이 왕자인데 형하고 똑같이 생긴 바람에 형의 부인하고 잠자리를 같이 해도 그 후에 약간의 말다툼만 있을 뿐이다. 우리 또한, 우리가 너무 약하고 가난해서 모든 것이 불운으로 우리를 위협한다고 해도 세상의 무게를 어깨에서 날려 버릴 만큼 충분히 강력했던 예전의 모든 꿈들을 기억해 내기만 하면 될 것이다.

옛날에 어느 왕이 있었는데, 아들이 없어 몹시 안달을 하다가 결국 최고 고문관을 찾아가 의논했다. 그러자 고문관이 조언했다. "제 말씀대로 하신다면 쉽게 처리하실 수 있습니다. 누군가를 모처에 보내 생선을 잡아오라 하시고, 그 생선을 가져오면 왕비 마마께 올려 드시도록 하십시오."

그래서 왕은 고문관의 조언대로 사람을 보내어 생선을 잡아 대령하게 한 다음, 요리사에게 건네면서 불에다 올려놓을 때 껍질이 터지지 않게 조심하라고 일렀다. 그러나 불에 생선을 올려놓고 껍질이 갈라지지 않게 굽는 것은 불가능한 일이었다. 껍질이 부풀어 오르자 요리사는 손가락을 대어 매끄럽게 하였고, 뜨거운 손가락을 식히기 위해 입에다 넣는 바람에 생선 맛을 보게 됐다. 그런 다음 구운 생선을 왕비에게 가져가, 그녀가 먹었고, 왕비가 먹고 남은 건 뜰에 던져졌다. 던져진 생선 조각들은 뜰에 있던 암말과 그레이하운드 사냥개가 먹었다.

그리고 일 년이 채 되기 전에 왕비는 아들을 낳았고, 요리사도 아들을 낳았으며, 암말은 망아지 두 마리를, 사냥개는 강아지 두 마리를 낳았다.

어린 두 아들은 얼마간 다른 곳으로 보내 돌보도록 했고, 다시 돌아왔을 땐 둘이 하도 비슷해서 누가 왕비의 아들인지 요리사의 아들인지 아무도 구별할 수 없었다. 심기가 불편해진 왕비는 최고 고문관을 찾아가 말했다. "누가 내 아들인지 구별할 방법을 알려 주시오. 내 아들과 똑같이 요리사의 아들에게 음식과 음료를 주는 것은 싫소." 고문관이 대답했다. "알려드리는 대로만 하신다면 구분하는 건 쉽습니다. 밖에 나가셔서 문 앞에 서 계십시오. 둘이 지나가다 왕비님을 뵙게 되면, 왕자님은 절을 할 것이며 요리사 아들은 웃기만 할 겁니다."

왕비가 고문관의 말을 그대로 따르자, 왕자는 머리 숙여 절을 했고, 시종들이 그에게 표시를 해서 왕비가 알아볼 수 있게 했다. 그 후 저녁 식사 시간에 모두 모였을 때, 왕비는 요리사의 아들 잭Jack에게 말했다. "넌 이 자리에서 나가야겠어, 내 아들이 아니니까." 그러자 왕비의 아들 빌Bill이 말했다. "그를 내보내지 마세요. 우린 형제가 아니던가요?" 그러나 잭은 "여기가 내 친아버지와 친어머니가 소유한 곳이 아니란 걸 알았다면 난 오래 전에 이 궁을 나갔을 거예요."라고 말했다. 그러나 잭이 떠나기 전에 잭과 빌은 정원에 있는 우물가에서 만났다. 잭이 빌에게 말했다. "만약 나쁜 일이 나에게 일어난다면, 우물 위쪽의 물은 피가 되고, 아래쪽 물은 꿀이 될 거야."

잭은 강아지 한 마리와 암말이 생선을 먹고 낳은 망아지 한 마리를 데리고 떠났다. 그의 뒤를 따르는 바람은 그를 쫓아가지 못했고, 그는 앞서가던 바람을 따라잡았다. 잭은 계속해서 길을 가다 베 짜는 사람의 집에 이르러 숙식을 청했더니 그가 잭에게 내주었다. 또 길을 가다 이번에는 어떤 왕의 궁전에 이르렀다. 잭은 문 앞으로 가서 물었다. "하인을 구하시지 않습니까?" 왕이 대답했다. "나에게 필요한 건 매일 아침 들판으로 젖소를 몰고 나갔다가 저녁에 돌아와서 우유를 짤 사내애야." 잭이 "제가 하지요."라고 대답했고 왕은 그를 고용했다.

다음 날 아침, 잭이 스물네 마리의 젖소를 끌고 나왔는데, 가라고 한 장소에는 소가 뜯을 풀은 한 포기도 없고 돌만 가득했다. 그래서 잭은 좋은 풀이 있는 곳을 찾아 둘러보다, 곧 푸른 풀밭이 있는 들판을 발견했다. 그곳은 어떤 거인의 소유였다. 그러나 잭은 담 일부를 부수고 소를 몰고 들어갔다. 잭은 사과나무로 올라가 사과를 따서 먹기 시작했다. 그때 거인이 들판으로 왔다. "피-포-품. 아일랜드인의 냄새가 나는데. 네가 어디 있는지 알지, 바로 나무 위야. 너 한 입에 먹기엔 크고 두 입에 먹기엔 작고. 갈아서 코로 빨아들이지 않는다면 어떡해야 할지 모르겠네."

잭이 나무 위에서 말했다. "힘센 분이 자비를 베푸세요." 거인이 말했다. "거기서 내려와, 이 난쟁이야. 아니면 너하고 나무를 박살 내버릴 테다." 그래서 잭이 내려왔고 거인이 다시 말했다. "시뻘겋게 단 칼을 서로의 가슴에 쑤셔 넣을까, 아니면 시뻘건 깃발 아래서 싸울까?" "시뻘건 깃발 아래서 싸우는 게 내 고향에서 하던 거지." 잭이 말했다. "네 더러운 발은 그 속으로 꺼지고 내 발은 떠오를 거야." 그래서 그들의 싸움이 시작되었다. 단단하던 지면이 물러졌고, 무르던 지면은 단단해졌으며, 샘물이 푸른 깃발들 사이로 뿜어져 나왔다. 하루 내내 그 누구도 우위를 차지하지 못하자, 결국 작은 새 한 마리가 날아와 덤불에 앉더니 잭에게 말했다. "네가 거인을 해질 때까지 못 끝내면 거인이 널 끝장낼 거야." 그러자 잭이 힘을 쏟아서 거인의 무릎을 꿇게 했다. 거인이 말했다. "목숨을 살려주면 내가 갖고 있는 제일 좋은 선물을 줄게." "그게 뭔데?" 잭이 말했다. "어떤 것도 버티지 못하는 칼이지." "그게 어디 있어?" 잭이 말했다. "언덕에 있는 빨간 문 안에 있지." 잭은 그 칼을 꺼내 왔다. "칼을 어디다 시험해 보지?" 하고 말하니까 "저기 보기 흉한 시커먼 나무 밑동에다 해 봐." 하고 거인이 대답했다. 그러자 잭이 "네 머리보다 더 보기 흉하고 시커먼 게 어디 있어?" 하고는 단칼에 거인의 목을 베었다. 거인의 목이 하늘로 올라갔다 떨어질 때 칼날로 받아 두 토막을 내버렸다. 머리가 말했다. "내가 몸하고 합쳐지지 못한 게 너에겐 좋은 일이다. 안 그랬으면 넌 다시 칼을 휘둘러보지도 못했을 거야." 잭이 말했다. "너에게 그런 기회를 주지 않았지."

켈트의 황혼 193

그렇게 해서 저녁때 잭은 젖소를 궁으로 데려갔고, 밤에 우유를 짜자 모든 이들이 어리둥절했다. 왕은 그의 딸인 공주와 다른 사람들이 다 함께 앉은 식사 자리에서 말했다. "오늘 밤 이후에는 세 사람 자리에서 두 사람 웃음소리만 들리겠는걸."

다음 날 아침 잭이 다시 젖소를 몰고 나섰다. 풀이 가득한 또 다른 들판을 보자 담을 부수고 소떼를 들여보냈다. 전날과 똑같은 일이 벌어졌고 이번에 온 거인은 머리가 두 개였다. 잭과 거인이 싸우기 시작했고, 작은 새가 날아와서 전과 똑같이 잭에게 말했다. 잭이 거인의 무릎을 꿇리자, 그가 말했다. "목숨을 살려주면 내가 갖고 있는 제일 좋은 걸 줄게." "그게 뭔데?" 잭이 물었다. "네가 입을 옷이지. 입으면 너는 다른 사람을 봐도 다른 사람은 널 못 봐." "어디 있는데?" 잭이 물었다. "언덕 쪽에 있는 조그만 빨간 문 안에 있지." 잭은 가서 옷을 꺼내 왔다. 그리고 거인의 두 목을 날려 보내고, 내려오는 두 목을 네 토막으로 만들었다. 그러자 몸체와 합쳐질 기회를 주지 않았던 게 잘한 일이라고 목이 말했다. 그날 저녁 젖소들을 집에 몰고 와서 젖을 짜니 너무 많이 나와서 보이는 그릇마다 가득 채웠다.

다음 날 아침 잭은 다시 나갔고, 전과 같은 일이 벌어졌다. 이번의 거인은 머리가 네 개여서, 잭은 여덟 토막을 냈다. 거인이 말한 대로 언덕의 조그만 파란 문으로 가서, 신으면 바람보다 빨리 갈 수 있는 신발을 가져왔다. 그날 저녁엔 젖소들에게서 나온 우유가 너무 많아 다 담을 그릇이 없자 소작인이나 가난한 행인들에게 주고 나머지는 창문 밖으로 부어버렸다. 나는 마침 그 길을 지나가다 우유를 한 잔 얻어 마셨다.

그날 밤 왕이 잭에게 말했다. "요새 젖소에게서 어떻게 그리 많은 우유가 나오지? 젖소를 다른 풀밭으로 데려가는 건가?" "아뇨, 저에게 좋은 막대기가 하나 있습니다. 젖소들이 멈추거나 누울 때마다 그걸로 때리죠. 그러면 소들이 담을 넘고 돌무더기나 도랑을 건너뛰지요. 그래서 젖소들이 우유를 많이 만들어낸답니다." 그리고 그날 저녁 식사 시간에서 왕이 말했다. "큰 웃음소리가 전혀 들리지 않는군."

다음 날 아침 왕과 공주는 창문을 통해 잭이 들판에 나가 뭘 하는지 지켜보고 있었다. 잭은 왕과 공주가 거기 있는 걸 알고서 막대기를 가지고 젖소들을 때리기 시작했다. 젖소들은 돌무더기를 건너뛰고 담을 넘고 도랑을 뛰어넘었다. 왕이 말했다. "잭이 말한 데는 거짓이 없군."

그 당시 칠 년마다 나타나는 거대한 뱀이 있었다. 뱀은 왕의 딸을 잡아먹으려고 했고, 그녀를 위해 싸워줄 용감한 남자가 없다면 잡아먹히게 되었다. 제물은 바로 당시 잭이 머무는 궁의 공주였다. 왕은 칠 년 동안 지하에서 한 용사를 키우고 있었다. 여러분은 아마 왕이 뱀과 싸울 모든 최고의 조건을 다 갖추었다고 믿을 수 있을 것이다.

때가 되자, 공주는 고용된 용사와 함께 바닷가로 나갔다. 거기에 이르자 그가 한 일이란 공주를 나무에 묶어 뱀이 지체 없이 그녀를 삼켜버릴 수 있도록 하고, 자신은 담쟁이 나무로 올라가 숨는 것이었다. 잭은 무슨 일이 일어나고 있는지 알고 있었다. 공주가 그에게 상황을 설명하고 도움을 요청했기 때문이었다. 하지만 그때 그는 도와주지 않을 거라고 대답했다. 그러나 잭이 첫 번째 거인에게 얻은 검을 갖고 밖으로 나와 공주가 있는 데로 왔을 때, 공주는 잭을 알아보지 못했다. "공주가 나무에 묶여 있는 게 맞는 건가요?" 잭이 말했다. "아뇨, 전혀 안 그래요." 공주는 잭에게 무슨 일이 있었는지, 그녀를 차지하기 위해 뱀이 어떤 식으로 올 것인지 설명했다. 잭이 말했다. "공주님 무릎을 베고 잠시 잠을 잘 수 있게 해주면, 뱀이 올 때 날 깨울 수 있을 거예요." 잭은 자기 말대로 했고, 공주는 뱀이 오는 걸 보자 그를 깨웠다. 잭은 일어나서 싸움을 시작해 뱀을 바다로 내몰았다. 그런 다음 공주를 묶었던 밧줄을 끊고서 가버렸다. 그때 고용된 용사가 나무에서 내려왔다. 그리고 왕에게 공주를 데려가서 말했다. "오늘 내 친구가 와서 뱀과 싸운 건, 내가 오랫동안 지하에 갇혀 있던 뒤라 약간 겁을 먹어서 그랬던 겁니다. 하지만 내일은 내가 직접 싸울 겁니다."

다음 날 그들이 다시 나가자, 똑같은 일이 벌어졌다. 고용된 용사는 뱀이 쉽게 공주에게 다가갈 수 있는 곳에 공주를 묶어 두고 자신은 담쟁이 나무 속에 몸을 숨겼다. 그때 잭이 두 번째 거인에게 얻은 옷을 입고 걸어 나가자 공주는 그를 알아보지 못했지만, 어제 무슨 일이 벌어졌는지 그리고 알지 못하는 어떤 젊은 신사가 와서 자신을 어떻게 구해줬는지 말해주었다. 그래서 잭은 그녀의 무릎에 머리를 대고 누워 잠을 자면 뱀이 올 때 깨워달라고 했다. 일어난 일은 전날과 같았다. 그리고 고용된 용사는 공주를 왕에게 데리고 가 그날은 다른 친구를 데려와 싸우게 했다고 변명했다.

다음 날에는 그 전처럼 다시 공주를 바닷가로 데려갈 때, 많은 사람이 모여들어 왕의 딸을 뱀이 데려가는 것을 보려고 했다. 잭과 공주는 그전처럼 대화를 나눴다. 그러나 이번에 공주는 그를 확실히 다시 알아보겠다는 생각에, 잭이 자고 있을 때 가위로 그의 머리카락을 잘라 다발로 만들어 감춰두었다. 거기에 한 가지 더, 그가 신고 있던 신발 한 짝을 벗겼다. 그런 다음 뱀이 다가오는 것을 보고 잭을 깨우자 잭이 말했다. "이번에는 뱀이 다시는 왕의 딸들은 잡아먹지 못하게 하겠어." 그래서 잭은 거인에게 받은 칼을 뽑아 뱀의 목뒤 쪽을 찔렀다. 피와 물이 뿜어져 나와 내륙으로 팔십 킬로미터까지 뻗쳤고, 그것으로 모든 일은 끝장이 났다. 그런 다음 잭은 길을 떠났고 아무도 그가 어디로 가는지 보질 못했다. 고용된 용사는 공주를 왕에게 데려가 공주를 구했노라 주장했고, 그렇게 해서 가장 큰 이익을 챙긴 건 고용된 용사였다. 왕의 오른팔이 된 것이다.

그러나 결혼식을 위한 향연을 준비하고 있을 때, 공주는 갖고 있던 머리카락을 꺼내 이것에 맞는 머리카락을 가진 남자와 결혼하겠다고 주장했다. 그리고 신발 한 짝을 보여주며, 이 신발에 맞는 발을 가진 남자와 결혼하겠다고 했다. 고용된 용사는 신발을 신어보려 했지만, 발가락이 너무 커 들어가질 않았고, 머리카락도 그녀를 구한 남자에게서 잘라낸 머리카락과 전혀 맞질 않았다.

그래서 왕은 성대한 무도회를 열어 나라에서 최고라는 남자들을 불러들여 신발이 맞는지 신어보도록 했다. 남자들은 목수나 가구장이를 찾아가 신발을 신을 수 있도록 발을 약간씩 잘라냈지만 아무런 소용이 없었고 아무에게도 신발이 맞지 않았다.

그러자 왕은 그의 최고 고문관에게 가서 어떻게 할지 물었다. 최고 고문관은 무도회를 한 번 더 열도록 조언하며, 이번에는 이렇게 말했다. "가난한 사람이나 부자나 모두 부르세요."

무도회가 열렸고 많은 사람이 몰려들었지만 신발이 맞는 사람은 아무도 없었다. 최고 고문관이 말했다. "이 궁전에 있는 모든 사람이 여기 다 있습니까?" 왕이 대답했다. "모두 다 있지. 젖소를 돌보는 남자애만 빼고. 난 걔가 여길 오는 걸 좋아하지 않아."

잭은 그때 뜰아래 있다가 왕이 말하는 걸 듣고 몹시 화가 나서는, 칼을 들고 계단을 뛰어 올라가 왕의 머리를 날려버리려 했다. 하지만, 왕에게 이르기 전 계단에서 잭을 만난 문지기가 그를 진정시켰고, 잭이 계단 꼭대기에 도달했을 때는 공주가 그를 보고 소리치며 품에 안겼다. 신발을 잭에게 신기자 그의 발에 맞았고, 머리카락도 잘라낸 조각과 들어맞았다. 그들은 결혼했고 성대한 향연이 사흘 낮 사흘 밤에 걸쳐 이어졌다.

연회가 끝날 무렵, 어느 날 아침 창문 바깥에 방울을 단 사슴이 방울을 달랑거리며 찾아왔다. 사슴은 소리쳤다. "여기 사냥감이 있는데, 사냥꾼과 사냥개는 어디 있지?" 잭은 그 소리를 듣자 벌떡 일어나 말에 올라타서 사냥개를 데리고 사슴을 사냥하러 나갔다. 그가 언덕 위에 있으면 사슴은 골짜기에 있고, 그가 골짜기에 있으면 사슴은 언덕 위에 있고, 이런 식으로 하루가 다 지나가고 밤이 되자 사슴은 숲으로 들어갔다. 잭이 사슴을 쫓아 숲으로 들어가니 진흙 벽의 오두막이 눈에 들어왔다. 안으로 들어갔더니 이백 살 정도 된 노파가 난롯가에 앉아 있었다. "혹시 이 길로 사슴이 지나가는 걸 보셨나요?" 잭이 물었다. "아니, 하지만 지금은 사슴을 쫓기가 너무 늦었으니 오늘 밤 여기서 묵고 가게나." 노파가 대답했다.

"제 말과 사냥개는 어쩌죠?" 잭이 말했다. "여기 머리채를 두 개 줄 테니 이걸로 묶어두게나." 그래서 잭은 밖으로 나가 말과 사냥개를 묶어 두고 집 안으로 다시 들어왔다. 노파가 말했다. "넌 내 세 아들을 죽였어. 이제는 내가 널 죽이겠다." 노파는 권투 장갑을 꼈는데 하나의 무게가 돌덩이 아홉 개 무게이며, 거기에 한 자 길이의 못이 박혀 있었다. 그들은 싸우기 시작했고, 잭이 열세에 빠졌다. "도와줘, 사냥개야!" 잭이 소리쳤다. "좁혀라, 머리채야." 노파가 소리쳤다. 그러자 사냥개의 목에 걸려 있던 머리채가 개의 목을 조여 죽였다. "도와줘, 말아!" 잭이 소리쳤다. "좁혀라, 머리채야." 노파가 소리치자 말의 목에 걸려 있던 머리채가 점점 팽팽해지더니 목을 조여 죽였다. 그러자 노파는 잭을 끝장내서 문밖으로 던져버렸다.

이제 이야기는 다시 빌에게로 되돌아간다. 어느 날 빌이 정원에 나왔다가 우물을 들여다보니 윗물은 피가 되었고 아랫물은 꿀이 되었다. 그는 집으로 다시 들어가 어머니께 말씀드렸다. "잭한테 무슨 일이 일어났는지 알기 전까지는 같은 식탁에서 두 번 다시 음식을 입에 대지 않을 것이며, 같은 침대에서 두 번 다시 잠을 자지 않을 거예요."

빌은 말을 타고 사냥개를 데리고 길을 떠나 수탉이 울지 않고, 뿔 나팔 소리가 들리지 않고, 악마가 나팔을 불지 않는 언덕 너머로 갔다. 마침내 베짜는 사람의 집에 이르러 그 집에 들어가자, 그가 말했다. "잘 오셨어요. 지난번에 여기 들렀을 때보다 더 나은 대접을 해 드리지요." 그가 빌을 잭이라고 생각한 것은 그들이 너무 닮았기 때문이었다. 빌은 혼잣말을 했다. "알겠어. 잭이 여기 왔었군." 그는 아침에 떠나기 전에 베 짜는 사람에게 금 한 대야를 주었다.

빌은 계속 말을 달려 왕의 궁에 도착하여 문 앞에 이르렀다. 공주가 계단을 달려 내려와 말했다. "다시 오셨군요." 그리고 모든 사람들도 말했다. "결혼 후 사흘 만에 사냥하러 가서 그토록 오랫동안 돌아오지 않은 게 이상했어요." 그래서 빌은 공주와 그날 밤을 지냈고, 공주는 그를 남편이라 여겼다.

다음 날 아침에 사슴이 창문 아래에서 방울을 울려 대며 소리쳤다. "사냥감이 여기 있는데, 사냥꾼과 사냥개는 어디 있지?" 그러자 빌이 일어나서 말을 타고 사냥개를 데리고 사슴을 쫓아 언덕으로, 골짜기로, 숲에 이를 때까지 계속 갔다. 그러자 진흙 벽이 보였고 노파가 난롯가에 앉아 그날 밤을 묵어가라고 하며, 머리채 두 개를 주어 말과 사냥개를 묶어 두라고 했다. 하지만 빌은 잭보다 꾀가 많아서 나가기 전에 몰래 머리채를 불에 던져버렸다. 그가 들어오자 노파가 말했다. "네 형이 내 세 아들을 죽여서 내가 그를 죽였지. 너도 함께 죽여주겠다." 그러더니 노파는 장갑을 끼었고, 그들은 싸우기 시작했다. 빌이 소리쳤다. "도와줘, 말아!" "좁혀라, 머리채야." 노파가 소리쳤다. "못 해, 난 불 속에 있는걸." 머리채가 말했다. 그러자 말이 들어와 발굽으로 노파를 걷어찼다. "도와줘, 사냥개야!" 빌이 소리쳤다. "좁혀라, 머리채야." 노파가 소리쳤다. "못해. 난 불 속에 있는걸." 두 번째 머리채가 말했다. 그때 사냥개가 노파를 물었고, 빌이 노파를 때려눕히자 노파는 살려 달라고 했다. "날 살려주면 네 형과 사냥개와 말을 어디서 되찾을 수 있는지 말해 주지." "어디야?" 빌이 말했다. "저기 불 위에 지팡이가 보여? 저걸 가지고 문밖으로 나가면 초록색 돌이 세 개가 있을 거야. 그게 네 형과 말과 사냥개이니 지팡이로 두드리면 다시 살아날 거야." "그러지. 하지만 널 먼저 초록색 돌로 만들어야겠어." 빌이 말했다. 그리고 빌은 칼로 노파의 목을 베어버렸다. 그 후 밖으로 나가 돌을 두드리니 예상대로 잭과 말과 사냥개가 말짱히 소생했다. 그리고 주위의 다른 돌을 두드리자, 돌로 변했던 수백, 수천 명이 다시 사람으로 변했다.

그들 모두 집으로 향했지만, 가는 길에 형제는 논쟁을 벌였다. 잭은 빌이 자기 아내와 하룻밤을 보낸 것을 듣고 기분이 언짢았기 때문이다. 화가 난 빌이 잭을 지팡이로 때리자 그는 다시 초록색 돌로 변해 버렸다. 빌이 집에 오자 공주는 그가 뭔가 딴생각을 하고 있다고 여겼다. 그가 말했다. "내 형을 죽였어." 그러나 빌은 다시 돌아가 잭을 소생시켰다. 그들은 그 뒤로 행복하게 살면서 애들을 잔뜩 낳아 한 삽 분량을 내다 버렸다. 나는 거길 지나가고 있었고, 그들이 들어오라고 부르더니 나에게 차 한 잔을 주었다.

1902년

■■■ **해설**

「도덕이 없는 꿈들」은 일견 「잭과 콩대"Jack and Beanstalk"」를 연상시키면서, 동화의 전형적 구성 요소들을 대거 등장시킨다. 신비로운 출생, 쌍둥이처럼 닮은 친구, 왕자와 공주, 사나운 거인, 복수하는 노파, 인간을 꾀어 곤경에 빠뜨리는 동물, 주인공을 구해 주는 동물이나 무기 등이 이 짧은 이야기에 적절히 배치되고 융합되어 있다.

이야기 기법에 있어서도 반복되는 상황을 이야기 방식을 바꾸거나 짧게 줄여서 독자들의 집중을 유지하며 이야기를 이어간다. 예를 들면 거인 1, 2, 3과 대결하는 상황을 거인 1의 경우에는 자세히, 다음에는 점점 짧고 간략하게 전달한다. 괴물에게 잡아먹힐 위기에 처한 공주를 구하는 이야기도 첫날 상황은 자세히, 이틀, 사흘째는 점점 줄여서 서술한다.

도덕이 없는 꿈들이라는 제목이 암시하는 바는 죽은 사람에게 지팡이를 갖다 대면 다시 소생시킬 수 있다는 초자연적 이야기나 외모가 너무 닮아서 친구의 아내와 하룻밤을 보낸 해프닝 등을 전할 때 당시 엄격한 가톨릭 교리에 양해를 구하는 문구로 이해할 수 있을 듯하다.

최윤주 (한양여대)

길가에서 BY THE ROADSIDE

어젯밤 나는 킬타탄Kiltartan 길의 넓은 곳으로 가서 몇몇 아일랜드 노래를 듣고자 했다. 가수들을 기다리는 동안, 한 노인이 그곳의 아름다웠던 여인이 오랜 세월 전에 죽었다는 이야기를 노래했고, 자신이 알았던 한 가수에 대해 이야기했는데, 그 가수가 너무 아름답게 노래를 불러서 어떤 말도 그를 그냥 지나치지 못하고, 머리를 돌려 귀를 쫑긋 세우고 들어야만 했다고 말했다. 잠시 후, 남자들과 소년들, 소녀들, 머리에 숄을 두른 사람들이 나무 아래에 모여들어 노래를 들었다. 누군가가 「사 미르닌 다일즈"Sa Muirnín Díles"」를 불렀고, 이어 다른 누군가는 「지미 모 밀레스토"Mo Mílestór"」를 불렀다. 이별, 죽음, 망명에 대한 슬픈 노래들이었다. 그러자 몇몇 남자들이 일어나 춤을 추기 시작했고, 다른 누군가는 그들이 춤추는 곡조를 흥얼거렸다. 그 후에 누군가가 「에이블린 아 루안"Eibhlín a Rúin"」을 불렀다. 이 기쁜 재회의 노래는 다른 노래들보다 나를 더 감동시켰다. 왜냐하면 내가 어린 시절 매일 바라보았던 산의 그림자 아래서 연인이 자신의 연인에게 불렀던 노래였기 때문이다.

목소리들은 황혼 속으로 녹아들어 나무들과 섞였고, 그 단어들을 생각할 때 그 단어들 역시 사라져 여러 세대의 사람들과 섞여버렸다. 이제는 한 구절이었고, 이제는 마음의 태도나 감정적 형태였는데, 그것들이 나의 기억을 더 오래된 시구들이나 심지어 잊힌 신화들로 이끌었다. 나는 너무 멀리 떠내려가 마치 네 개의 강 중 하나에 다다른 것 같았고, 그 강을 따라 낙원의 벽 아래로, 지식의 나무와 생명의 나무 뿌리로 갔다. 농가들 사이에 전해 내려오는 노래나 이야기는 모두 사람을 이토록 멀리 데려가는 단어들과 생각들을 담고 있다. 비록 그 오름의 전부를 알 수는 없지만, 그것들이 중세 족보처럼 끊임없이 세상의 시작으로 올라가며 존엄성을 유지하고 있다는 것은 알 수 있다.

민속 예술은, 사실상 생각의 가장 오래된 귀족이며, 그것은 사라지고 하찮은 것들, 단지 영리하고 예쁜 것들, 천박하고 진실하지 않은 것들을 거부하기 때문에, 그리고 그것이 여러 세대 동안 가장 단순하고 잊히지 않는 생각들을 모아왔기 때문에, 모든 위대한 예술이 뿌리내리는 토양이다. 어디에서든지 그것이 난롯가에서 말해지거나, 길가에서 노래로 불리거나, 문지방에 새겨질 때, 하나의 마음이 통일성과 디자인을 부여하는 예술에 대한 감상은 때가 되면 빠르게 퍼진다.

상상력의 전통이 배제된 사회에서는, 수백만 명 중에서 자신의 성격과 행복한 상황 덕분에, 그리고 많은 노력을 기울인 후에야 겨우 몇천 명(삼사천 명)만이 상상적인 것들에 관해 이해한다. 그럼에도 불구하고 '상상력은 인간 자체'이다. 중세의 교회들은 사람들의 상상력이 빈곤해질 때 지혜로운 희망과 지속 가능한 신앙, 이해심 있는 자비를 깨우기 위해 주요 목소리—어떤 이들은 유일한 목소리라고도 한다—가 말을 더듬거나 침묵하지 않으면 깨질 수밖에 없다는 것을 이해했기 때문에 모든 예술을 그들의 예배로 끌어들였다.

그래서 나는 오래된 노래들을 다시 살리거나, 옛이야기를 책으로 모아 상상적 전통을 되살리려는 우리들이 갈릴리의 다툼에 참여하는 것처럼 느겼다. 아일랜드인이면서 외국의 방식을 퍼뜨리려 하는 사람들, 이들은 대부분 영적으로 빈곤한 방식이지만, 이들도 역시 참여하고 있다. 그들의 역할은 유대인이면서도 "이 사람을 놓아주면 당신은 카이사르의 친구가 아니다."라고 외친 자들과 같다.

1901년

■■■ 해설

예이츠는 아일랜드의 길타탄Kiltartan이라는 곳에서 옛 노래와 이야기를 들으며 느꼈던 감정을 묘사한다. 사람들은 그곳에 모여 아일랜드의 전통 노래를 부르고, 춤을 추며 함께 시간을 보낸다. 이러한 노래들은 슬픔, 이별, 죽음 같은 인간의 보편적인 경험을 담고 있으며, 그가 어린 시절 경험했던 감정들과 연결된다.

예이츠는 민속 예술이 단순히 노래나 이야기에 그치지 않고, 세대를 넘어 전해지면서 사람들의 기억과 상상력을 풍부하게 한다고 강조한다. 그는 민속 예술이 매우 오래된 생각들, 잊힌 신화들로 이어지는 연결 고리가 될 수 있다고 설명한다.

또한 예이츠는 민속 예술을 "생각의 가장 오래된 귀족"이라고 표현하며, 그것이 진정한 예술의 토양이라고 주장한다. 민속 예술은 단순한 오락거리가 아니라, 여러 세대에 걸쳐 강력한 생각들을 모아놓은 것으로, 이를 통해 위대한 예술이 탄생할 수 있는 기반이 마련된다고 본다.

예이츠는 상상력이 인간 존재의 핵심이며, 상상력이 배제된 사회에서는 소수만이 그 가치를 이해할 수 있다고 주장한다. 그는 중세 교회가 예술을 예배의 일부로 끌어들인 이유가 바로 상상력이 빈곤해질 때 사람들에게 지혜와 신앙을 불어넣기 위해서라고 설명한다. 그는 상상력의 중요성을 역설하면서, 예술과 신앙의 연결을 강조한다.

예이츠는 아일랜드의 전통을 지키려는 노력을 성경의 "갈릴리의 다툼"에 비유하여 설명한다. 그는 아일랜드의 민속 전통을 되살리는 것을 중요하게 여기고, 외국의 방식을 받아들이려는 사람들을 비판적으로 본다. 이러한 사람들은 아일랜드의 영적 전통을 위협하는 존재로 묘사되며, 이들이 로마 제국의 권위를 지지했던 사람들과 같다고 비유된다.

결국 예이츠는 아일랜드의 민속 예술이 단순한 전통 이상의 깊은 의미를 지니고 있으며, 상상력과 인간 존재의 본질에 밀접하게 연결되어 있음을 강조한다. 그는 이러한 전통을 되살리고 지키는 것이 아일랜드인의 정체성과 깊이 연관되어 있다고 주장한다.

최윤주 (한양여대)

여명[59] 속으로 INTO THE TWILIGHT

지쳐버린 시간 속에, 지쳐버린 마음이여,
시비是非의 그물에서 완전히 벗어나;
잿빛 여명 속에서, 마음이여, 다시 웃어라,
아침의 이슬 속에서, 마음이여, 다시 탄식하라.

그대의 어머니 에이레Eire는[60] 언제나 활기차고,
이슬은 언제나 반짝이고 여명은 잿빛이구나;
희망이 그대를 떠나가고 사랑이
비방하는 혀의 불길 속에서 타올라 사그라질지라도.

오라, 마음이여, 언덕 너머 언덕이 있는 곳으로;[61]
왜냐하면 그곳에선 해와 달, 계곡과 숲
그리고 강과 시냇물의 신비한 형제애가

---

59) 여명. 희미하게 날이 밝을 무렵, 검은 밤이 밝아 동트는 시간.
60) 에이레Eire. 아일랜드 공화국의 옛 이름.
61) 이상향, 이니스프리의 호도처럼 인간사에서 벗어난 무위자연.

그들의 의지를 실행하고;[62]
신은 외로운 뿔피리[63]*를 불며 서 있고,*
시간과 세상은 변함없이 흘러가고;
잿빛 여명이 사랑보다 더 다정하며,
아침 이슬이 희망보다 더 소중한 곳이기에.

끝

■■■ 해설

이 책의 서문에서 예이츠는 "모든 예술가들과 마찬가지로 나 또한 꼴사납게 망가진 이 세상에, 그래도 여전히 존재하는 아름답고 즐겁고 의미 있는 것들에서 자그마한 어떤 세계를 창조해 내고자 했다."라고 밝힌 바 있다. 「여명 속으로"Into the Twilight"」에서 예이츠는 자연自然. 스스로 그러하다의 의미를 왜곡하고 자연을 자신들의 이익을 위해 무차별하게 개발하여 그 결과 낭만과 인간애Humanity를 잃고 살아가는 현대인들에게 경종을 울리고 있다.

'최후의 낭만주의자Last Romantist'로 불리는 예이츠는 죽는 날까지 자연을 사랑했으며, 자연이란 단어의 의미를 제대로 이해하고 작품에 반영하여 독자들에게 선한 영향력을 끼친 시인이라고 해도 과언이 아니다. 예이츠에게 아일랜드의 파괴되지 않은 자연은 세속에 찌든 인간들에게 낭만과 인간애, 희망을 가져다줄 수 있는 유일한 통로일지도 모른다.

이 시에 나타난 아일랜드의 이미지는 예이츠 초기 시에 나타난 현실

---

62) 모든 자연과 만물이 인위적인 힘, 즉 작위에 의해서가 아니라 자연 스스로의 힘에 의해서 생성 소멸하는 곳, 주체와 객체의 구분이 없는 곳.
63) 신의 뿔피리God's horn. 풍요의 뿔.

도피적, 신화적 장소가 아니다. 이곳은 예이츠가 후기에 동양 사상의 영향으로 깨달은 주체와 객체의 구별이 없어진 '허심虛心, Disinterestedness을 통해 만날 수 있는 무위자연無爲自然'을 느낄 수 있는 곳이다. 니체의 관점에서 보면, 이 자연 속에는 모든 존재들이 힘의 의지에 따라 "그들의 의지를 실행하고" 있기에 필연보다는 우연이 춤을 추는 곳이다. 그래서 신은 "외로운 뿔피리"를 불고 있는 것이다.

한학선 (경남대)

비밀의 장미
THE SECRET ROSE

1897

생활에 관해서는, 우리의 시종들이 우리를 위해 도움을 줄 것이다.
-빌리에르 드 리슬라-아담[1]

헬렌도, 거울을 들여다보다 노년의 주름을 발견하고 눈물을 흘렸다, 그리고 그녀가 두 번이나 넋을 잃었다는 사실에 대해 의아해했다.[2]
-레오나르도 다 빈치의 노트 중「오비드」[3]로부터 인용.

---

1) "As for living, our servants will do that for us." 프랑스 상징주의 작가인 오귀스트 빌리에르 드 리슬라-아담Auguste de Villiers de L'Isle-Adam이 1890년에 출판한 희곡『악셀Axël』에 나오는 유명한 격언이다. 예이츠는『비밀의 장미The Secret Rose, 1897』의 제사題詞, Epigraph로 이 구절을 사용했다.

2) "오 시간이여! 만물의 파괴자여; 오 질투하는 나이여! 그대는 만물을 멸하고, 세월이라는 가차 없는 이빨로 만물을 게걸스럽게 먹어 치우는구나, 서서히 죽음을 맞이하도록. 헬렌도, 거울을 들여다보다 노년의 주름을 발견하고 눈물을 흘렸다, 그리고 그녀가 두 번이나 넋을 잃었다는 사실에 의아해했다." (Da Vinci 2016: 442)

3) 퍼블리우스 오비디우스 나소Publius Ovidius Naso, B.C.43~A.D.17?. 고대 로마의 시인. 서사시로 쓰인 15권의 연속적인 신화 이야기인『변신Meta-morphoses』으로 잘 알려져 있다. 레오나르도 다 빈치Leonardo Da Vinci는 그의 노트Note-books에 오비드Ovid의 글을 인용했다.

비밀의 장미에게 TO THE SECRET ROSE

태고의, 가장 신비하고 순결한 장미여,⁴⁾
내 가장 소중한 시간 안에 나를 감싸 안아 주오; 그곳에선
성묘나 성배⁵⁾에서 그대를 찾았던 사람들이
패배한 꿈의 동요나 소란을 벗어나 살고 있소;
그리고 졸음으로 무거워지고 창백한 눈꺼풀로
사람들은 그대의 아름다움을 칭송해왔소. 그대의 커다란 꽃잎은
동방박사⁶⁾의 하얀 수염과 홍옥과 금으로 만든 왕관과;
그의 두 눈이 못 박힌 손과 선조의 십자가⁷⁾가
드루이드⁸⁾의 연기 속에서 솟아올라

---

4) 예이츠 시에서 장미는 조국 아일랜드, 미의 상징, 그리고 연인 모드 곤 등을 의미한다.
5) 성묘Holy Sepulchre는 예수의 무덤을 말하며 성배wine-vat는 예수가 처형당하기 직전 제자들과 가진 마지막 만찬 때 포도주를 담은 술잔을 말한다.
6) 마태복음 2장 1~12절은 아기 예수를 경배하러 동쪽에서 온 세 박사(현인)에 대해 말하고 있다. 그들은 왕관을 쓰고 좋은 옷을 입고 황금(그리스도의 왕권), 유향(그리스도의 신성), 몰약(그리스도의 인성) 세 가지 선물을 들고 왔다.
7) 못 박힌 손Pierced Hands은 못 박혀 피 흘리는 예수의 손을, 선조의 십자가Rood of Elder는 예수가 짊어지고 가서 못 박힌 십자가를 말한다.
8) 드루이드Druid. 그리스의 지리학자이자 역사가인 스트라보Strabo와 로마의 율리우스 카이사르

횃불을 희미하게 하는 것을 보았던 왕9)과;

헛된 광란10)이 일어나 그가 죽을 때까지;

그리고 바람이 불지 않는 잿빛 물가에서

반짝이는 이슬 속을 걸어가고 있는 판을 만나,

한 번의 입맞춤으로 세상과 에머를 상실한 그와;11)

그리고 그들의 마을에서 신들을 몰아낸 그를,12)

백 명의 조문객들이 그의 시신이 실린 손수레를

붉은 꽃으로 장식하고, 장례식을 거행하며, 울부짖을 때까지;

그리고 왕관을 던져버리고 슬픔을 멀리하고,

시인과 광대를 불러 깊은 숲속에서

Gaius Julius Caesar 장군을 비롯한 고대 그리스·로마 기록자들은, 신성한 설화의 수호자로서 켈트에서 최고의 존경을 받았던 드루이드의 역할을 자세히 전한다. 그들에 따르면 드루이드들이 미신과 종교의식에만 관여했을 뿐만 아니라 길고 복잡한 법 조항들을 외우고, 법률 사건에 관한 판결을 내려야 했다. 고대 켈트족이 믿었던 승려, 학자, 예언자인 드루이드는 자연계와 신의 세계 사이의 매개자였다. 그들은 미래를 엿보고 전쟁, 곡물 수확, 왕의 즉위 등 켈트인의 생활에서 중요한 행사들을 치르기에 가장 좋은 시간을 알아낸다고 여겨졌다. (Wood 2014: 104-108)

9) 여기서 왕은 예수를 말한다. 예수는 이미 자신의 운명이 어떻게 될지를 드루이드가 펼친 마법을 통해 보고 있었다. 이 부분은 기독교의 지도자인 예수의 운명을 켈트의 종교 지도자인 드루이드의 마법을 통해 보여준다는 점에 주목해야 한다. 예이츠는 이 구절을 통해 아일랜드 고유의 켈트 문화가 기독교에 미친 영향을 나타내고자 한 것으로 추측된다.

10) 헛된 광란vain frenzy이란 유대인 율법학자와 어리석은 군중의 광기에 의해 예수가 십자가형을 당한 사실, 제자 유다의 배반과 베드로의 예수에 대한 세 번의 부정을 말하는 것이 아닐까 추측된다.

11) 판드Fand 또는 판은 아일랜드 신화에 등장하는 여성으로 마나난 막 레르Manannán mac Lir의 아내이다. 마나난은 바다에 위치한 이계의 왕이다. 판은 요정으로 영웅 쿠훌린Cuchulainn을 너무나 사랑한 나머지 마나난의 곁을 뛰쳐나갔다는 전설이 있다. 쿠훌린의 아내 에머Emer는 이에 질투하여 남편이 판을 습격하게 만든다. 이 시에서 '그'는 아일랜드 신화의 영웅 쿠훌린을 말한다. (Lyo 2014: 62)

12) 여기서 '그'는 수많은 켈트 고유의 토착 신들을 몰아내고 아일랜드에 기독교 신앙을 확립하는 데 가장 큰 역할을 한 아일랜드의 수호성인이 성 패트릭Saint Patrick을 의미하는 것으로 여겨진다.

술 취한 방랑자들 가운데서 살았던 고귀한 높은 꿈을 꾸는 왕과;13)
그리고 경작지와 집, 그리고 세간살이들을 팔고,
무수한 세월을 육지와 섬을 방랑했던 그를 감싸고 있구나,
그가 웃음과 눈물로 찾을 때까지
너무나 빛나고 사랑스러운 한 여인을
남자들이 한밤중에 훔친 작은 나뭇단으로
옥수수를 타작하게 할 만큼. 나 역시 기다리고 있다
그대의 사랑과 증오의 거대한 바람이 일 시간을.
언제 별들은 하늘을 비추다
대장간에서 흩어져 나온 불꽃처럼 사라질까?
그대의 시간은 분명히 도래했고, 그대의 위대한 바람도 불고 있구나,
태고의, 가장 신비하고 순결한 장미여.

■■■■ 해설

이 시에서 예이츠는 조국 아일랜드를 가장 신비롭고 순결하고 아름다운 장미에 비유하고 있다. 아이러니하게도 그곳에 사는 사람들은 아일랜드의 토착 신을 숭배하는 자들이 아니라 '성묘나 성배'를 찾는 자들이다. 그러나 그들이 조국 아일랜드를 칭송하는 마음은 누구에게도 뒤지지 않는다.

---

13) 예이츠의 시 「퍼거스와 드루이드'Pergus and Druid'」에 나오는 자랑스러운 '붉은 나뭇가지' 기사단의 왕인 퍼거스를 말한다. 그는 무거운 짐이 되는 왕좌를 코나하에게 물려주고, 자연과 사람들 속에서 춤을 추고 잔치를 벌이거나 홀로 숲 속을 거닐거나 하얀 바닷가로 전차를 몰고 다니기를 즐겼다. '왕이란 어리석은 노동자에 지나지 않는다.'고 생각한 그에게 왕좌는 커다란 부담과 슬픔을 주었지만 진정한 삶의 지혜는 주지 못했다. 그는 드루이드에게 그가 지닌 꿈꾸는 지혜를 배우고자 청하고, 드루이드는 그에게 작은 꿈 주머니를 준다.

이 시를 통해 예이츠는 기독교가 아일랜드를 지배한 것이 아니라, 아일랜드(장미)가 기독교를 품고 있다고 말하고 있다. 왜냐하면 장미의 커다란 꽃잎은 아일랜드 토착 신화적 인물인 쿠훌린과 퍼거스뿐만 아니라 기독교의 상징인 동방박사들과 예수도 아울러 감싸고 있기 때문이다.
　예이츠는 인내를 가지고 아일랜드에 "사랑과 증오의 거대한 바람이 일 시간"을 기다리고 있다고 말한다. 여기서 예이츠는 "사랑의 거대한 바람"이라고 말하지 않는다. 이 시에서 "사랑과 증오"는 분열과 갈등을 초래하는 이분론적 개념이 아니라, 음양처럼 서로 상생하며 조화롭게 발전하는 데 꼭 필요한 요소들이다. 그리고 "별들은 하늘을 비추다 대장간에서 흩어져 나온 불꽃처럼 사라질까?"에서 별들이 아일랜드를 오랫동안 지배해 왔던 외부적 힘을 의미한다고 볼 수 있다. 예이츠는 이러한 힘들이 사라지고 이제 아일랜드에 위대한 바람이 불 시간이 분명히 왔다고 말하고 있는 것이다.

한학선 (경남대)

버림받은 자의 십자가형 THE CRUCIFIXION OF THE OUTCAST[14]

얇은 갈색 머리에 창백한 얼굴의 한 남자가 남쪽에서 슬라이고 마을로 이어지는 길을 따라 절반은 달리고 절반은 걸어서 왔다. 많은 사람들은 그를 코르막Cormac[15]의 아들, 쿠알Cumhal[16]이라 불렀으며, 그리고 많은 사람들이 그를 날렵한 야생마라고 불렀다. 그는 음유 시인이었고, 부분적으로 색깔이 섞인 짧은 더블릿doublet[17]을 입고 있었으며, 뾰족한 신발을 신고 불룩한 지갑을 지니고 있었다. 또한 그는 에르난Ernaans[18]의 혈통을 이어받았으며, 그의 출생지는 황금의 들판Field of Gold이었다. 그러나 그가 숙식을 해결하는 곳은 에리Eri[19]의 네 지방이었지만, 그의 거처는 대지의 언저리에는 존

---

14) '버림받은 자의 십자가형The Crucifixion of the Outcast'이란 제목은 올리브산의 겟세마네 동산에서 십자가형을 당하기 직전 유다나 베드로 같은 제자들에게 버림받은 예수를 연상시킨다.
15) 코르막 막 아르트Cormac mac Airt. 중세 아일랜드의 전설과 역사적 전통에 따르면, 그는 아일랜드 고위 왕들 중에서 가장 유명한 인물이며, 그의 통치 기간은 2세기에서 4세기까지 거슬러 올라간다.
16) 쿠알 막 트렌모르Cumhall mac Trénmór. 아일랜드 신화에 따르면, 그는 피니언 대계(영웅 핀 막 쿠알과 그를 따르는 피아나Fianna 전사들을 중심으로 한 이야기)에 등장하는 인물이다.
17) 르네상스기에 입은 몸에 밀착하는 남자용 상의.
18) 에르난Ernaans. 벨기에 또는 다난 부족. 투아하 데 다난은 악독한 포모레족을 쳐부수고 아일랜드의 황금시대를 초래한 신들이다.
19) 에리Eri=에이레Eire. 아일랜드를 의미한다.

재하지 않았다.

그의 눈은 카르멜 수도회White Friars[20]의 수도원 탑과 마을의 총안이 있는 흉벽에서 벗어나 마을에서 동쪽으로 조금 떨어진 언덕에 하늘을 배경으로 눈에 띄게 한 줄로 늘어 서 있는 십자가들로 향했다. 그리고 그는 주먹을 쥐고 십자가들을 향해 주먹을 흔들었다. 새들이 그것들 주위에서 퍼덕거리고 있었기 때문에, 그는 그 십자가들이 공허하지empty 않다는 것을 알았다. 그리고 그는, 꼭 같지는 않더라도, 그 자신과 같은 그런 또 다른 방랑자가 어떻게 그 십자가들 중 하나에 매달려 처형을 당했을까 하고 생각했다. 그리고 그는 이렇게 중얼거렸다.

'만약 그것이 교수형이나 교살, 혹은 돌팔매질이나 참수형이었다면, 그것으로도 충분히 심했을 것이다. 하지만 새들이 당신의 눈을 쪼고 늑대들이 당신의 발을 먹도록 했다면! 나는 드루이드들Druids의 붉은 바람이 야만적인 땅에서 죽음의 나무를 가져온 다티Dathi[21]의 군인을 그의 요람cradle에서 쇠약게 했거나, 혹은 번개가 산기슭에서 다티를 내리쳤을 때, 그것이 그에게 일격을 가했거나, 혹은 깊은 바다의 심연에서 푸른 머리와 녹색 이빨을 가진 인어들merrows[22]에 의해 그의 무덤이 파헤쳐졌으면 좋겠다.'

그는 말하면서, 머리부터 발까지 부르르 떨었고, 그의 얼굴에선 땀이 흘렀다. 그는 이유를 몰랐다. 왜냐하면 그는 많은 십자가들을 보고 있었을 뿐이기에. 그는 두 개의 언덕을 넘고, 총안이 있는 성벽의 문 아래를 지나, 왼쪽 길로 돌아서 수도원 문 앞까지 갔다. 그 문에는 커다란 못들이 박혀

---

20) 카르멜 수도회White Friars. 베르톨드가 1154년 이스라엘의 서북부 갈릴리 지방의 카르멜산에 창설한 수도회. 1226년 교황 호노리우스 3세로부터 정식으로 회칙을 인정받았고, 1247년 교황 인노켄티우스 4세로부터 탁발 수도회로 최종 승인을 받았다. (다음 백과)
21) 다티Dathi. 민첩함을 의미하는 아일랜드 남성의 이름으로, 다티의 군인soldier of Dathi은 아일랜드의 용감하고 민첩한 군인을 의미한다.
22) Merrow is an Irish-English Term for a mermaid or merman.

있었다. 그가 그 문을 두드리자, 문지기인 평수사가 잠에서 깨어났다. 그는 그에게 게스트 하우스가 있는지 물었다. 그리고 나자 그 평수사는 삽 위에 이글거리는 토탄을 올려서, 아주 더러운 골풀이 널려 있는 크고 텅 빈 외양간으로 가는 길로 안내했다. 그리고 그는 벽의 두 돌 사이에 골풀 양초를 고정시켜 불을 밝혔다. 그리고 난로 위에 이글거리는 토탄을 놓고 그에게 두 개의 불이 붙지 않은 뗏장과 한 줌의 짚을 보여주었다. 그리고 그에게 못에 걸린 담요 한 장과 한 덩이의 빵과 물이 담긴 항아리가 있는 선반, 그리고 먼 구석에 있는 물통을 보여주었다. 그리고 나서 평수사는 그를 떠나 문 옆에 있는 그의 처소로 돌아갔다. 코르막의 아들 쿠알은 두 개의 뗏장과 한 줌의 짚에 불을 붙이기 위해서 이글거리는 토탄에 바람을 불어 넣기 시작했다. 그러나 뗏장과 짚이 축축해서 불이 잘 붙지 않았다. 그래서 그는 자기의 뾰족한 구두를 벗고, 큰길에서 묻은 발의 먼지를 씻으려고 구석에서 물통을 꺼냈다. 그러나 물이 너무 더러워서 그는 바닥을 볼 수 없었다. 그는 하루 종일 아무것도 먹지 않아 매우 배가 고팠기 때문에 물통에 대해서는 화를 많이 내지 않았다. 대신, 그는 검은 빵을 집어 들고 그것을 한 입을 베물었다. 그러나 빵이 딱딱하고 곰팡이가 끼어 있어서 그것을 다시 내뱉었다. 아직도 그는 분노하지 않았다. 왜냐하면 그는 오랜 시간 동안 아무것도 마시지 않았기 때문이다. 그래서 하루가 끝나기 전에 히스 맥주나 와인을 마실 수 있다는 희망을 품고, 그는 자신의 저녁 식사를 더욱 즐겁게 하려고 브룩 위스키는 맛보지 않고 남겨 두었다. 이제 그는 물항아리를 입에 가져다 댔지만, 즉시 그것을 던져버렸다. 왜냐하면 그 물은 쓰고 역한 냄새가 났기 때문이었다. 그런 다음 그가 물항아리를 발로 차자, 그것은 맞은편 벽에 부딪혔다. 이제 그는 담요를 내려서 밤 동안 몸을 감싸려고 했다. 그러나 그가 그 담요에 손을 대자마자, 그것은 톡톡 튀는 벼룩들로 가득했다. 이에, 이성을 잃을 정도로 분노하여, 그는 게스트 하우스의 문으로 달려갔지만, 그 문은 밖에서 잠겨있었다. 그래서 그는 물통을 비워, 평수사가 문으로 와서, 무엇이 그를 고통스럽게 했으며, 왜 그를 잠에서 깨어나 밖으로 나오게 했는지 물을 때까지, 그 물통으로 문을 두드리기 시작했다. '무엇이 나를 괴롭히고 있느냐고!'라고 쿠알은 소리쳤다. '옛장은 쓰리 로시즈Three Rosses[23]의 모래처럼 젖어 있질 않나? 담요 속 벼룩은 바다의 파도만큼 많고 생동적이질 않나? 빵은 하느님을 잊은 평수사의 마음만큼 딱딱하질 않나? 항아리 안의 물은 그의 영혼에서 나는 냄새만큼 역겹질 않나? 발 씻는 물은 그가 불멸의 불Undying Fires에 그을렸을 때 그에게 입혀진 색과 같질 않나? 평수사는 문이 단단히 잠겨 있는 것을 확인하고, 편안하게 이야기를 나누기에는 너무 졸려서, 그의 처소로 돌아갔다. 쿠알은 문을 계속 두드렸고, 곧 그는 평수사의 발소리를 한 번 더 들었다. 그래서 그에게 소리쳤다. '오, 겁쟁이에 폭군적인 수도사 종족이여, 방랑 시인과 음유 시인을 학대하는 자들이여, 삶과 기쁨을 혐오하는 자들이여! 오, 칼을 뽑지도 않고 진실을 말하지도 않는 종족이여! 오, 비겁과 속임수로 백성의 뼈를 녹이는 종족이여!'

'음유 시인이여.' 평수사가 말했다. '나 또한 시를 짓는다오. 난 문 옆의 나의 처소에 앉아 있는 동안 많은 시를 지었소. 그래서 나는 방랑 시인들이 수도사들에게 악담하는 것을 듣는 것이 슬프다오. 형제여, 나는 잠을 잘 것이오. 그래서 말인데, 여행객들의 숙소와 관련된 모든 것을 명령하시는 분은 우리 은혜로운 수도원장이라는 것을 당신에게 알려주는 것이오.'

'그대는 자도 좋소.' 쿠알이 말했다. '나는 수도원장에게 방랑 시인의 저주를 내리겠소.' 그리고 그는 물통을 뒤집어서 창문 아래에 놓았다. 그리고 그 위에 서서 매우 큰 소리로 노래하기 시작했다. 그 노랫소리가 수도원

---

[23] 로시즈Rosses. 아일랜드 도네갈주 서쪽에 자리 잡은 지역.

장을 깨웠다. 그래서 그는 침대에서 일어나 평수사가 올 때까지 은으로 만든 호루라기를 불어댔다. '저 소음 때문에 한숨도 잘 수가 없군.' 수도원장이 말했다. '무슨 일이오?'

'뗏장, 빵, 항아리에 든 물, 발 씻는 물, 그리고 담요에 대해 불평하는 자는 음유 시인입니다.'라고 평수사가 말했다. '그리고 이제 그는 당신에게 음유 시인의 저주를 노래하고 있습니다. 오, 수도원장님, 그는 당신의 부모님과 조부모님, 그리고 당신과 관련된 모든 사람에게 저주의 노래를 하고 있습니다.'

'그가 시로 저주를 하고 있단 말이오?'

'그는 시로 저주를 하고 있습니다. 그것도 그의 저주의 모든 시행에는 두 개의 유운24)이 있습니다.'

수도원장은 그의 수면 모자를 당겨 벗어서 그의 손에서 구겼다. 그의 대머리 한가운데에 있는 둥근 회색 머리카락 부분은 마치 녹나리Knocknarea25)의 원추형 돌무덤처럼 보였다. 왜냐하면 코노트Connacht26)에서 그들은 아직도 옛 삭발식tonsure을 포기하지 않았기 때문이다. '우리가 뭔가 조처하지 않으면, 그는 거리의 아이들, 수도원 문 앞에서 빙빙 돌고 있는 여자아이들, 불벤산27)의 강도들에게도 저주를 가르칠 것이야.'라고 그가 말했다.

'제가 가서 그에게 마른 뗏장과, 신선한 빵, 항아리에 든 깨끗한 물, 깨끗한 발 씻는 물, 그리고 새 담요를 가져다주어, 그가 복된 성인 베니그누스

---

24) 유운assonances. 'summer fun' 또는 'rise high'에서처럼 서로 같거나 유사한 모음 소리를 가지는 단어들을 사용하는 방식.
25) 녹나리Knocknarea. 아일랜드의 슬라이고 서쪽에 있는 크고 우뚝 솟은 언덕.
26) 코노트Connacht. 아일랜드 서부에 있던 왕국.
27) 불벤산Ben Bullben. 아일랜드 북서쪽 슬라이고 마을에 있는 산.

Saint Benignus[28])와 태양과 달에 대고, 거리의 아이들과 수도원 문 앞에서 빙빙 돌고 있는 여자아이들, 그리고 불벤산의 강도들에게 그의 시를 읊지 않겠다는 맹세를 하게 만들까요?'

'우리의 복된 태양과 달도 전혀 이용하지 않을 것이다.'라고 수도원장이 말했다. '왜냐하면 내일이나 모레 그에게 저주를 내려야 한다는 분위기가 형성되거나, 혹은 그러한 시에 대한 자부심이 그를 움직여, 그는 아이들, 소녀들, 그리고 강도들에게 그의 시를 가르칠 것이기 때문이다. 그렇게 하지 않으면 그는 게스트 하우스에서 그가 어떻게 지냈는지를 또 다른 사람에게 말할 것이다. 그리고 그는 차례로 저주를 퍼붓기 시작할 것이고, 그러면 나의 명성은 시들해지겠지. 배움에 대해서 말하자면, 목적의 확고함은 길 위에 있는 것이 아니라, 지붕 아래와 네 개의 벽 사이에만 존재하는 법이지.[29]) 그러므로 나는 그대가 가서, 케빈 형제, 도브 형제, 리틀 울프 형제, 대머리 패트릭 형제, 대범한 브랜든 형제, 야고보 형제, 그리고 베드로 형제를 깨우도록 명령하네. 그러면 그들이 그를 데리고 가서, 밧줄로 묶고, 강물에 그를 담가 그가 노래를 중단하도록 만들 것이야. 그리고 아침에, 이 일로 그가 더 큰 소리로 저주를 퍼붓지 않도록, 우리는 그에게 십자가형을 내릴 것이야.'

'십자가들이 모두 가득 찼습니다.'라고 평수사가 말했다.

'그럼 우리가 십자가를 하나 더 만들어야겠지. 우리가 그를 막지 않으면 또 다른 놈이 설쳐대겠지. 그와 같은 놈들이 세상을 돌아다니는데 누가

---

28) 성인 베니그누스Saint Benignus. 아일랜드 미스Meath의 족장이던 세세넨Sesenen의 아들. 성 파트리키우스Patricius에게 세례를 받고 그리스도인으로 성장. 주로 성가대를 조직하는 일을 맡았는데, 그의 집안이 음유 시인과 연관이 있는 듯하다. (가톨릭 Goodnews)
29) 꼭 길을 떠나 방랑해야만 배움에 도달하는 것이 아니라, 방구석에 처박혀 있어도 배움에 도달할 수 있다는 의미로 추측된다. For learn, there is not steadfastness of purpose upon the roads, but only under roofs and between four walls.

편히 먹고 잘 수 있겠나? 우리는 복된 성인 베니그누스 앞에서 참으로 부끄러움을 느끼며 서 있게 될 것이야. 그리고 마지막 날에 그가 우리를 심판하러 왔을 때, 그의 얼굴에 못마땅함이 드러날 것이야, 만약 그가 우리의 손안에 들어왔는데도 그와 같은 적을 살려둔다면 말이지. 형제여, 이 방랑 시인과 음유 시인 중 누구도 다섯 왕국 전역에 그의 사생아들을 흩뿌리지 않은 자가 없다네. 그리고 그들이 가방이나 목구멍을 가늘고 길게 찢는다 할지라도,[30] 그리고 그것은 항상 둘 중 한쪽인데, 고해하고 속죄한다는 생각은 그들의 머리에 떠오르지 않는 법이거든. 그의 마음속에서 이교도가 아닌 자의 이름을 하나 불러 볼 수 있겠는가? 그들은 항상 러의 아들Son of Lir, 앵거스Anegus, 브리지트Bridget, 다그다Dagda, 어머니 여신 다나Dana,[31] 그리고 모든 옛 거짓 신들을 늘 갈망하고 있지. 그리고 그들은 언제나 악마들의 왕들과 여왕들, 그들의 집이 크루아크마Cruachmaa 아래에 있는 핀바라Finvaragh,

---

[30] "if they slit a purse or a throat". 재산을 몰수당하거나 목숨을 잃는다 해도 자신이 소신껏 한 일에 대해서는 목숨을 부지하기 위해서 거짓으로 고해하거나 속죄하지 않는다는 의미로 추측된다.

[31] 러Lir. 바다의 신이며 마나난 막 레르의 아버지. 둘째 아내의 질투로 인하여 이전에 둔 네 자식이 백조가 되는 비극을 당했다. (Lyo 2014: 12)
앵거스Anegus. 다그다의 아들 중 한 명. 막 오크Mac Oc라고 불렸으며 '젊은이의 아들' 또는 '젊은 신'이라는 뜻이다. 켈트 신화가 만들어낸 가장 매력적인 인물로, 게일족의 에로스, 영원히 젊은 사랑과 미의 전형으로 그려지고 있다. 금으로 된 하프를 가지고 있다. (Squire 2009: 60)
브리지트Bridget. 기독교 이전의 아일랜드 여신. 투아하 데 다난 종족으로 다그다의 딸.
다그다Dagda. 선한 신, 대지의 신, '운드리'라고 하는 가마솥을 가지고 있다. 그의 아내는 보안Boann으로 강에 이름을 짓고 강을 존재하게 만들었다. (Squire 2009: 60)
어머니 여신 다나Dana the Mother. 켈트 종교에서 가장 널리 알려진 여신은 어머니 신으로 풍요한 대지, 그리고 여성의 출산과 재생 원리를 상징한다. 아일랜드 설화에서 다누라 불리던 여신은 가장 강력한 신들의 집단인 투아하 데 다난(여신 다누의 자식들이란 뜻)족의 어머니였다. 그녀는 강과 연관 있었지만 먼스터 지방의 풍요의 여신 아누와의 연관성 때문에 아일랜드의 켈트인들 사이에서는 땅의 풍요를 책임지는 강력한 어머니 신으로 여겨진다. (Wood 2002: 46)

크록나쉬드의 붉은 아오드Red Aodh of Cnoc-na-Sidha, 파도의 클리오나Cliona of the Wave, 회색 바위의 아오이브힐Aoibheal of the Grey Rock, 그리고 그들이 바다의 항아리라고 부르는 돈Donn of the Vats of the Sea32)을 찬양하는 시를 쓰지. 그리고 그들은 신과 그리스도, 그리고 축복받은 성자들을 향해 악담을 하지.' 그는 말을 하면서 성호를 그었다. 그리고 그가 말을 끝내자, 그는 소음을 차단하기 위해 그의 귀 위로 수면 모자를 덮어쓰고, 눈을 감고 잠을 청했다.

평수사는 케빈 형제, 도브 형제, 리틀 울프 형제, 대범한 패트릭 형제, 대머리 브랜든 형제, 야고보 형제, 베드로 형제가 침대 위에 앉아 있는 것을 발견하고 그들을 일어나게 했다. 그리고 그들은 쿠알을 묶어 강으로 끌고 가서 버클리의 포드Buckley's Ford라고 불리는 곳에서 그를 강에 담갔다.

그들이 그를 다시 게스트 하우스로 끌고 갈 때 평수사가 말했다. '음유 시인이여, 왜 그대는 불경스럽고 부도덕한 이야기와 구절을 만들어 내기 위해 신이 그대에게 주신 재주를 사용하는 것이오? 그렇게 하는 것이 그대가

---

32) 크녹나쉬드Cnoc-na-Sidha. 아일랜드어로 '요정들의 언덕'을 뜻한다.
다오인 쉬Daoine Sidhe. 아일랜드와 스코틀랜드 신화에서 요정에 비유되는 초자연적인 종족. 그들은 요정의 언덕, 서쪽 바다를 가로질러, 또는 인간의 세계와 공존하는 보이지 않는 세계에서 산다고 전해진다.
붉은 아오드Red Aodh. 아일랜드 신화에서 다오인 쉬드의 왕자이자 지하 세계의 신. 그의 비문에 따르면, 그는 투아타 데 다난의 왕 레르의 장남으로 알려져 있다.
핀바라Finvaragh. 아일랜드 신화에 나오는 서아일랜드의 도인 시데Daoine Sidhe의 왕이다. 어떤 전설에 따르면, 그는 죽은 자들의 지배자이기도 하며, 말과 연관되어 있고 풍년을 보장하며 인간에게 부를 보장해주는 자비로운 인물이다. (위키 백과)
아오이브힐Aoibheal. 고대 오브라이언 가문의 수호 요정. 그녀는 금빛 하프를 가지고 있었는데, 그녀의 음악은 그것을 들은 사람은 누구나 죽음을 맞이하리라는 것을 예고했다. 클론타르프 전투 전날 밤, 브라이언의 보루 왕은 그녀의 하프 음악을 들었고 그가 최후를 맞으리라는 것을 알았다. (Tales From The Wood)
돈Donn. 아일랜드 신화에서 저승은 돈(암흑)이라는 신이 다스리는 죽은 자들의 나라이기도 했다. (Time Life 2008: 31)

재능을 발휘하는 방식이겠지. 나도, 진심으로, 그러한 많은 이야기와 시들을 거의 암송하고 있소. 그리하여 내가 진실을 말한다는 것을 나는 알고 있소! 왜 그대는 시로 그러한 악마들과 핀바라, 붉은 아오드, 클리오나, 아오이브힐, 그리고 돈Donn을 찬양하는 것이오? 나 역시 뛰어난 재치와 학식을 가진 자요. 그러나 나는 우리의 은혜로운 수도원장과, 우리의 수호성인 베니그누스와 이 지방의 왕자들을 찬양하오. 나의 영혼은 품위 있고 예의 바르지만, 당신의 영혼은 버드나무 정원들salley gardens33) 사이로 불어오는 바람과도 같소. 나 역시 생각이 많은 사람이기에, 내가 당신을 위해 할 수 있는 것을 말했소. 그러나 누가 당신과 같은 사람을 도울 수 있겠소?'

음유 시인이 대답했다. '친구여, 나의 영혼은 진실로 바람과도 같소. 그리고 그것은 내가 이리저리, 위아래로 흔들리게 하오. 그리고 많은 것을 내 마음속에 불어 넣었다 뺐다 해서 나는 날렵한 야생마라고 불리오.' 그러고 나서 그는, 추위로 이가 떨렸기 때문에, 그날 밤에는 더 이상 한마디도 하지 않았다.

수도원장과 수사들이 아침에 그에게 와서 십자가형을 당할 준비를 하라고 명령했다. 그리고 그를 게스트 하우스 밖으로 끌고 나왔다. 그리고 그가 아직도 계단에 서 있는 동안, 거대한 초원 기러기 떼grass-barnacles가 퍼드덕 소리를 내며 그의 머리 위로 높이 지나갔다. 그는 그것들을 향해 그의 두 팔을 들어 올리고 말했다, '오, 거대한 초원 기러기 떼들이여, 조금만 더 기다려줘, 아마도 나의 영혼은 너희들과 함께 황량한 해변과 제어할 수 없는 바다로 여행할 것이다.' 문 앞에 있던 한 무리의 거지들이 그들 주위로 몰려들었다. 그들은 게스트 하우스에서 하룻밤을 지냈을지도 모르는 어떤

---

33) 버드나무 정원Salley Garden. Salley는 영어로 버드나무sallow를 의미한다. 이 정원은 슬라이고 근처의 Ballisodare 강둑에 위치한다. 아일랜드 주민들은 지붕에 이엉을 얹을 재료로 버드나무를 길렀다고 한다.

여행자나 순례자에게 구걸하러 온 것이었다. 수도원장과 수사들은 그 음유 시인을 약간 떨어진 숲속의 한 장소로 데리고 갔다. 그곳에는 곧은 어린나무들이 자라고 있었다. 그들은 그에게 그중 하나를 베어 적당한 길이로 만들게 했다. 그동안 거지들은, 이야기를 나누거나 몸짓을 하면서, 그들 주위에 빙 둘러섰다. 그때 수도원장이 그에게 또 하나의 좀 더 짧은 나무를 잘라 첫 번째 나무 위에 그것을 올려 못을 박으라고 명령했다. 그리하여 그를 위한 십자가가 그의 손에 의해 만들어졌다. 그들은 그것을 그의 어깨에 얹었다. 왜냐하면 십자가형은 다른 십자가들이 있는 언덕 꼭대기에서 진행될 예정이었기 때문이었다. 반 마일 정도를 가다가 그는 그들에게 멈추어서 그가 그들을 위해 재주를 부리는 것을 보도록 부탁했다. 왜냐하면, 그는 미묘한 마음을 지닌Subtle-hearted 앵거스의 모든 재주를 알고 있었기 때문이었다. 늙은 수사들은 그를 압박하기 위해 그곳에 갔지만, 젊은 수사들은 그의 재주를 보고자 했다. 그래서 그는 그들을 위해, 심지어 그의 귀에서 살아 있는 개구리를 끄집어내는 일에 이르기까지, 많은 불가사의한 것들을 했다. 그러나 얼마 후에, 그들은 그에게 등을 돌리고, 그의 재주가 우둔하고 다소 불경하다고 말하며, 다시 그의 어깨에 십자가를 얹었다. 다시 반 마일을 가자 그는 그들에게 멈추어서 그가 그들을 위해 익살을 부리는 것을 들어달라고 부탁했다. 왜냐하면 그는, 등에 양털이 자라난 대머리 코난Conan the Bald[34]의 모든 익살을 알고 있었기 때문이었다. 젊은 수도사들은, 그의 유쾌한 이야기를 듣자, 그에게 십자가를 지라고 다시 명령했다. 왜냐하면 그런 어리석은 것들을 듣는 것은 그들을 불쾌하게 했기 때문이었다. 또 반 마일을 가다

---

34) 대머리 코난Conan the Bald. 아일랜드 영웅 피온Fionn의 추종자이자 위대한 전사 골 맥 모르나 Goll Mack Morna의 형제이다. 그는 대머리로 인해 코난 마올Conan Maol이라는 애칭으로 불린다. 그는 종종 그가 얼마나 대단한지, 얼마나 존경과 칭찬을 받을 자격이 있는지, 그리고 비교할 사람이 없을 정도로 그가 어떻게 잘 해냈는지에 대해 목소리를 내기 때문에, 무례한 자insulter를 의미하는 말라흐탄Mallachtán이라고도 알려져 있다.

가, 그는 그들에게 멈춰서 그가 하얀 가슴의 데어드라White-breasted Deirdre[35]와, 그녀가 어떻게 많은 슬픔을 견뎌내었는지, 그리고 우스나Usna의 아들들이 그녀를 섬기기 위해 어떻게 죽었는지에 대한 이야기를 하는 것을 들어달라고 부탁했다. 젊은 수도사들은 몹시 그의 이야기를 듣고 싶었다. 그러나 그가 이야기를 끝내자, 그들의 마음속에 있던 잊힌 그리움을 일깨웠기 때문에 화가 나서 그를 때렸다. 그래서 그들은 그의 등에 십자가를 얹고 서둘러 그를 언덕으로 데리고 갔다.

그가 언덕 꼭대기에 오르자, 그들은 그에게서 십자가를 받아, 그것이 세워질 구멍을 파기 시작했다. 그동안 거지들은 주변으로 모여들어 서로 이야기를 나누었다. '죽기 전에 한 가지 부탁이 있소.'라고 쿠알이 말한다says.[36]

'우리는 더 이상의 지연을 허락하지 않을 것이다.'라고 수도원장이 말한다.

'나 역시 더 이상 지체하지 않을 것을 요구하오, 왜냐하면 나는 칼을 뽑았고 진실을 말했으며, 나의 꿈을 이루었고, 만족하기 때문이오.'

'그럼, 고해를 하겠는가?'

'태양과 달에 대고, 나는 고해하지 않을 것이오. 나는 내 가방에 들어 있는 음식을 먹게 해줄 것만은 부탁하오. 여행을 갈 때마다 나는 가방에 음식을 넣고 다니지만, 내가 거의 굶어 죽기 직전이 아니면 나는 그것을 맛보지 않소. 나는 요 근래 이틀 동안 아무것도 먹지 못했소.'

'그럼 먹어도 좋다.'라고 수도원장이 말했다. 그리고 그는 수사들이 구

---

[35] 데어드라Deirdre. 아일랜드 북동부의 얼스터 전설에 의하면, 드루이드교의 사제는 갓 태어난 데어드라를 보고 많은 남자들이 그녀 때문에 죽을 것이라고 예언한다. 이 예언으로 인해 그녀는 격리되어 아름다운 여인으로 성장한다. 코노트 왕은 데어드라를 사랑하지만 그녀는 우스나Usna의 아들인 니셰와 사랑에 빠진다. 결국 코노트에게 니셰는 죽임을 당하지만 데어드라는 바위에 머리를 부딪쳐 스스로 목숨을 끊는다. (다음 백과)

[36] 여기서부터 갑자기 시제가 현재형인 says로 바뀐다.

덩이를 파는 것을 돕기 위해 몸을 돌렸다.

그 음유 시인은 가방에서 한 덩어리의 빵과 차가운 튀긴 베이컨 몇 조각을 꺼내어 그것을 땅에 놓았다. '나는 가난한 사람들에게 십일조를 낼 것이오.'라고 그는 말한다says.37) 그리고 그는 빵과 베이컨에서 십분의 일을 잘라내었다cut. '그대들 중에 누가 가장 가난하오?' 그러자 큰 소란이 일었다. 왜냐하면, 거지들은 그들의 애환과 가난의 역사를 이야기하기 시작했고, 그들의 누런 얼굴들이, 홍수가 그곳을 늪의 물로 가득 채웠을 때의 가브라 로크Gabhra Lough38)처럼 동요했기 때문이었다.

그는 잠시 귀를 기울였다. 그리고 말한다. '나는 포장되지 않은 길과 바다의 언저리를 따라 여행했기 때문에, 나 자신이 가장 가난하오. 그리고 내 등에 있는 얼룩덜룩한 색의 천으로 만들어진 너덜너덜한 더블릿과 내 발에 있는 찢어진 뾰족한 신발은, 내 마음속에는 고귀한 옷들로 가득 찬 우뚝 솟은 도시가 있었기 때문에,39) 나를 심지어 더 격앙케 했소. 그리고 나는 그녀의 가장자리가 장미꽃으로 장식된 드레스40)가 바스락거리는 소리를 내 마음속으로 들었기 때문에, 나는 길 위에서 그리고 바닷가에서 더욱 외로웠소. 그녀는 미묘한 마음의 앵거스보다 더 미묘하고, 대머리 코난보다 더 아름다운 웃음이 넘치며, 하얀 가슴을 가진 데어드라보다 지혜의 눈물이 더

---

37) 현재 시제 says 다음에 오는 동사는 다시 과거형인 cut으로 변한다. 'I will give a tithe to the poor,' says he, and he cut a tenth part from the loaf and the bacon.
38) 가브라 로크Gabhra Lough. '염소들의 호수'라는 뜻을 가진 아일랜드의 미스Meath주에 있는 지역.
39) '나의 초라한 겉모습으로 인해 내 마음속에 있는 고귀한 성품들을 사람들이 알아주지 못하는 것 같아 화가 나거나 괴로울 때도 있었다.'라는 의미인 것 같다.
40) 가장자리가 장미꽃으로 장식된 그녀의 드레스rose-bordered dress of her는 아일랜드를 상징한다. 예이츠는 「다가올 시대의 아일랜드에게」To Ireland in the Coming Times」란 시에서 다음과 같이 말한다. "아일랜드의 역사는 / 하느님이 천사의 무리를 창조하기 이전에 시작되었다 / 붉은 장미 수놓은 그녀(아일랜드)의 치맛자락으로 인하여Because the red-rose-bordered hem / Of her, whose history began / Before God made the angelic clan" (CP 39)

넘치고, 어둠 속에서 길을 잃은 자들에게 밝아오는 새벽보다 더 사랑스러웠소. 그리하여, 나는 나 자신에게 십일조를 바치오. 하지만, 이젠 모든 것이 끝났기 때문에, 나는 그대들에게 그것을 바치오.'[41]

그리하여 그가 빵과 베이컨 조각을 거지들 사이에 던지자, 그들은 마지막 남은 찌꺼기를 다 먹을 때까지 아우성을 치며 싸웠다. 그 와중에, 수사들은 그 음유 시인을 그의 십자가에 못 박았다. 그리고 그것을 구덩이에 똑바로 세우고 삽으로 흙을 떠서 그 구멍을 막았다. 그리고 그곳을 단단하고 평평하게 했다. 그리고 나서 그들은 떠났다. 그러나 거지들은 십자가 주변에 그대로 머물러 앉아 있었다. 그러나 해가 지자, 그들 또한 공기가 쌀쌀해졌기 때문에 떠나려고 일어섰다. 그들이 좀 더 멀리 가자, 근처 잡목 숲 가장자리에서 몸을 드러내고 있던 늑대들이 더 가까이 다가왔고, 새들은 점점 더 가까이 주변을 맴돌았다. '멈추시오, 버림받은 자들이여, 아직 조금만 더, 그리고 짐승들과 새들로부터 나를 지켜주시오.'라고 십자가에 못 박힌 자가 약한 목소리로 거지들에게 소리쳤다. 그러나 거지들은 그가 그들을 버림받은 자들이라고 불렀기 때문에 화가 났다. 그래서 그들은 그를 향해 돌과 진흙을 던졌다. 아이와 함께 온 여인은 그의 눈앞에 그 아이를 들어 올려 그가 그 아이의 아버지라고 말했다. 그리고 그녀가 그를 저주하자 그들은 그를 떠났다. 그러고 나자 늑대들이 십자가의 아랫부분에 모여들었고, 새들은 일제히 그의 머리와 팔과 어깨에 주위로 몰려들어 그를 쪼기 시작했고, 늑대들은 그의 발을 먹기 시작했다. '버림받은 자들이여, 그대들이 어찌하여 버림받은 자에게 등을 돌리는가?'라고 그가 신음하며 말했다.

---

[41] 예수가 십자가형에 처해지기 직전에 제자들과 나눈 마지막 식사 장면이 떠오르게 하는 부분이다.

■■■ **해설**

이 글은 제목에서부터 범상치 않은 기운이 흘러넘친다. 성경에 따르면 버림받아서 십자가형에 처해진 사람은 바로 유대인들이 그렇게 따르고 섬기던 예수이기 때문이다. 예수가 처형되기까지의 과정에서, 그들을 통치하던 로마의 총독 빌라도는 예수가 죄가 없을 뿐만 아니라, 있다고 하더라도 처형당할 만큼 중대한 죄를 범하지 않았음을 인식하고 예수를 살려주고자 노력했다. 그러나 끝까지 예수를 십자가형에 처해야 한다고 한 사람들은 대제사장들과 그들이 충동한 불쌍하고 버림받은 민중들이었다.

이 글에서 쿠알은 음유 시인으로 방랑을 하던 중 어느 수도원이 운영하는 게스트 하우스에 묵게 된다. 더러운 물과 곰팡이 핀 빵, 벼룩이 득실대는 담요 등, 그곳의 열악한 환경에 매우 화가 난 그는 밤새 부당함을 알리고 수도원장을 향해 욕설을 퍼붓는다. 이 소리를 듣고, 수도원장은 그를 그냥 내버려 두면 대중을 선동하여 자신의 입지를 위태롭게 만들 것으로 판단하고, 그를 십자가형에 처하기로 결정한다. 수사들은 그 음유 시인으로 하여금 그가 짊어질 십자가를 직접 나무를 자르고 못을 박아서 만들게 한다. 자신이 만든 십자가를 지고 가면서 그는 중간중간 멈추어 서서 수사들과 구경하러 몰려온 거지들에게 아일랜드 고유의 설화와 신화를 들려준다. 그는 자신을 매단 십자가가 언덕 꼭대기에 세워지기 전, 마지막으로 그가 지니고 다니는 음식들을 먹게 해달라고 청한다. 그러나 자신은 먹지 않고 거지들에게 십일조로 그 음식을 나누어 준다. 마지막 한 조각까지 거지들이 다 먹어 치우자 그를 매단 십자가가 세워지고 그는 마지막 순간까지 아일랜드의 고유한 전통을 노래한다.

수도원장과 수사들이 제일 먼저 떠나고, 거지들은 그가 베풀어준 음식을 먹은 보답으로 조금 더 오래 머물러 있지만, 해가 지자 그들도 떠난다.

그들이 떠나자마자, 숲속에서 기다리고 있던 늑대들과 새떼들이 달려들어 그의 몸과 심장을 파먹기 시작한다. 그는 떠나가는 거지들을 향해 '버림받은 자들이여 좀 더 있어 달라.'라고 애원하지만 그들은 '버림받는 자들'이란 말에 화가나 진흙과 돌을 던지고, 욕을 하며 사라진다.

그 음유 시인의 운명은, 마치 예수가 굶주리고 버림받은 유대인들에 의해 버림받았듯이, 자신이 이야기를 들려주고 십일조로 굶주림을 해결해 주었던 거지들, 즉 '버림받은 자들에게서마저 버림을 받게 된다.'라는 내용으로 이 이야기가 끝이 난다.

그가 이 글의 서두에서 카르멜 수도회의 수도원 탑에서 벗어난 언덕 위에서 한 줄로 늘어선 십자가들을 바라보며, 십자가형을 당한 어느 이름 모를 방랑자에 대한 상념에 빠진 적이 있었다. 그리고 교수형이나 참수형 정도로도 충분했을 그에게 혹독한 십자가형을 내리고 그의 시신이 늑대와 새들의 먹잇감이 되도록 한 가혹한 처사에 대해 분노하며 저주의 말을 퍼부으면서, 온몸이 부르르 떨렸고 얼굴에서 식은땀이 주르륵 흘렀다. 당시에 그는 이유를 몰랐지만, 그 방랑자와 똑같은 처지가 되어 십자가형에 처해지고 동물과 새들에게 몸을 뜯기는 운명을 맞이하게 되니, 그 식은땀이 나도록 섬뜩한 느낌은 바로 그의 운명에 대한 예감이었음을 알게 되었다.

한학선 (경남대)

장미로부터 OUT OF THE ROSE

어느 겨울밤 녹슨 쇠사슬로 된 갑옷을 입은 늙은 기사가 바다 너머 진홍색 구름 속으로 태양이 가라앉는 것을 보면서, 불벤산Ben Bulben의 숲이 우거진 서쪽 비탈을 따라 말을 타고 천천히 내려오고 있었다. 그의 말은 긴 여정을 끝낸 듯 지쳐 있었고, 그는 투구 위에 매 순간 더 깊은 진홍색으로 빛을 내는 루비로 만들어진 조그만 장미 한 송이를 제외하고는, 이웃하는 왕이나 왕족의 표식도 없는 문장을 달고 있었다. 하얗게 센 머리칼은 가는 곱슬머리로 어깨 위에 떨어져 있었고, 엉클어진 머리칼이 그의 얼굴의 우울함을 더해줬다. 그의 얼굴은 이 세상에 온 적이 있다 하더라도 좀처럼 와본 적이 없는 사람들, 그것도 항상 이 세상의 문제를 해결하기 위해서 온 사람들, 꿈꾸는 것을 행해야만 하는 꿈꾸는 자들, 행하는 것을 꿈꾸어야 하는 행위자들 중 하나의 얼굴이었다.

잠시 동안 태양을 응시한 후에, 그는 고삐를 말의 목 위에 내려놓고, 두 팔을 서쪽으로 향해서 쭉 펴면서, '오, 지성의 불꽃인 신성한 장미여, 당신의 평화의 문이 마침내 저에게 열리게 해주소서!'라고 말했다. 그때 갑자기 꽥꽥하는 커다란 소리가 산 옆으로 수백 야드 떨어져 있는 숲속에서 나기 시작했다. 그는 말을 멈추고 귀를 기울였다. 그 뒤쪽에서 발소리와 목소리가 들렸다. '놈들을 때려서 협곡 옆에 있는 좁은 길로 몰자.'라고 누군가가 말했다. 그리고 잠시 후에 짧은 창으로 무장을 한 수십 명의 농부들이 그 기사와 마주쳤고, 그들은 파란색 모자를 손에 쥐고 조금 떨어져 서 있었다.

'창을 들고 어디로 갑니까?' 하고 그가 물었다. 우두머리처럼 보이는 사람이 대답했다. '숲의 도적떼가 얼마 전 언덕에서 내려와서 글렌-카 로크 Glen-Car Lough 옆에 살고 있는 노인의 돼지들을 몰고 갔어요. 그래서 우리가 그놈들을 뒤쫓아서 이렇게 왔습니다. 그들이 우리보다 네 배는 많아서 그놈들이 간 길을 알아내기 위해서 따라왔어요. 조만간 드 코르시De Courcey에게 도움을 요청하려고 해요. 만약 그가 도와주지 않으면 피츠제럴드Fitzgerald에게 부탁할 겁니다. 드 코르시와 피츠제럴드는 최근에 서로 평화협정을 맺어서 우리가 어느 쪽에 속하는지 모르거든요.'

'하지만 그때가 되면,' 기사가 말했다. '돼지들은 다 잡아 먹힐 거요.'

'열두 명으로 그 이상은 할 수 없어요. 돼지 두 마리나 두 다스를 구하기 위해 계곡 전체 사람들이 다 나와서 목숨을 거는 것은 합당하지 않아요.'

'그 돼지 주인인 노인이 신앙심이 깊고 진실한 마음을 가진 자인지 말해줄 수 있겠소?'라고 기사가 말했다.

'그는 다른 사람만큼 진실하고 그 누구보다도 더 독실해요. 매일 아침 식사 전에 성인에게 기도를 하거든요.'

'그러면 그의 명분을 위해 싸우는 것이 좋을 것 같소.'라고 기사가 말했다. '만약 당신들이 숲의 도적들에 맞서서 싸운다면, 내가 가장 큰 공격을 책임지겠소. 갑옷을 입은 사람 하나가 양털과 가죽을 입은 수많은 숲의 도적 떼만큼의 역할을 한다는 것을 알지 않소.'

그 우두머리는 그의 동료들에게로 돌아서서 그들이 이 제안을 받을 것인지 물었다. 하지만 그들은 그들의 오두막으로 돌아가고 싶은 것처럼 보였다.

'숲의 도적들은 신뢰할 수 없고 불경스러운가?'

'그들이 하는 모든 거래를 신뢰할 수 없고, 어떤 사람도 그들이 기도한다는 것을 알지 못합니다.'라고 한 농부가 말했다.

'그렇다면, 이 싸움에서 도적의 머리를 가져오면 내가 다섯 크라운crown을 주겠소.'라고 기사가 말했다. 그리고 우두머리에게 앞장서라고 명령했고 그들 모두는 함께 길을 나섰다. 잠시 후에 빈번한 발자국이 남겨진 오솔길이 숲으로 굽이진 곳에 이르렀다. 그 길로 가다 보니, 이전에 왔던 경로로 되돌아가게 되어 있었다. 그들은 숲으로 우거진 비탈길을 오르기 시작했고 잠시 후에 길은 매우 곧고 가파르게 되었다. 그래서 기사는 나무 기둥에 말을 묶어 놓은 채로 내려가야 했다. 부드러운 진흙에 남겨져 있는 뾰족한 신발의 표시와 그것들과 뒤섞여있는 돼지들의 두 쪽으로 갈라진 발자국을 볼 수 있어서 그들이 제대로 가고 있다는 것을 알 수 있었다. 이윽고 길은 훨씬 더 험해졌고 두 쪽으로 갈라진 발자국이 더 이상 없는 것을 보고는 그 도적들이 돼지를 집어 들고 갔다는 것을 알았다. 이따금씩 보이는 진흙에 남겨진 길게 남아 있는 표시는 돼지 한 마리가 미끄러져서 좁은 길로 질질 끌려갔다는 것을 알 수 있었다. 이렇게 그들은 약 20분 동안 계속 뒤쫓아 갔다. 그리고 그때 뒤섞인 목소리로 그들이 도적들을 본 것 같다고 말했다. 그러고 나서 그 목소리가 멈추었다. 그들은 자기들이 방향을 전환할 때 들려온 것으로 생각했다. 그들은 신속하게 그리고 조심스럽게 밀고 나갔다. 그리고 약 5분 후에 그들 중 하나가 개암나무 수풀 뒤에 반쯤 숨은 가죽조끼를 보았다. 화살 하나가 기사의 사슬로 된 갑옷을 타격했지만 튕겨 나갔다. 그런 다음 화살들이 그들의 머리 위로 스쳐 지나갔다. 그들은 도적들을 향해서 달리고 기어 올라가고, 기어 올라가고 그리고 뛰었다. 이제 그 도적들이 아직 떨리고 있는 활을 손에 쥔 채로 숲 가운데 서 있는 것이 보였다. 그들은 단지 창만을 가지고 있었기 때문에 즉시 손을 마주 잡아야 했다. 기사가 선봉에 섰다. 처음에 숲의 도적 중 하나를 공격하고 그러고 나서 또 하나를 공격했다. 농부들은 소리쳤다. 계속 밀고 나가면서 산 정상의 평평한 곳이 나올 때까지 도적들을 몰아붙였다. 그리고 거기에서 돼지 두 마리가 조용히 짧은 풀 사이에서 뒤적이고 있는 것을 보았다. 그래서 그들은 원을 그리면서 그들 주위로 달려 좁은 길을 향하여 되돌아가기 시작했다. 늙은 기사는 이제 제일 마지막으로 오면서 도적들을 하나씩 타격했다. 농부들은 어떤 심각한 상처도 입지 않았다. 왜냐하면 기사의 갑옷에 찢어진 부분에서 흘러나오는 피로 알 수 있는 것처럼 그 자신이 가장 큰 타격을 입었기 때문이다. 그들이 좁은 길의 입구에 다다랐을 때, 그는 그들로 하여금 돼지들을 계곡 아래로 몰고 내려가라고 했다. 그동안 그는 그들 뒤에서 엄호하기 위해 거기에 서 있었다. 그래서 잠시 동안 그는 혼자 남게 되었다. 만약 공포가 그들로 하여금 서둘러서 기사의 시야 밖으로 가도록 하지 않았다면 기사는 피를 너무 많이 흘려 체력이 고갈되어서 숲속 도적들에 의해 그 자리에서 목숨을 잃을 수도 있었다.

    한 시간이 흘렀다. 그들은 되돌아오지 않았다. 이제 기사는 더 이상 경계를 설 수가 없었고 풀 위에 누워야 했다. 반 시간이 더 지났다. 그때 모자 둘레로 수많은 수탉의 털이 달라붙어 있는 것처럼 보이는 모자를 쓴 어린 소년이 기사가 있는 뒤쪽 길로부터 나타났다. 그리고 죽은 도적떼 주위를 돌면서 그들의 머리를 베었다. 그런 다음 그는 머리들을 기사 앞에 수북이 쌓아 놓고 말했다. '오 위대한 기사님이시여, 저는 당신이 수급首級에 주겠다고 약속한 상금을 받아 오라는 명령을 받았습니다. 두당頭當 다섯 크라운이오. 하느님과 성모 마리아께 당신이 만수무강할 수 있게 기도했다고, 당신에게 말하라고 그들이 시켰어요. 그러나 그들은 가난한 농부들이어서, 당신이 죽기 전에 그 돈을 받아야 한다고 말하라고 했어요. 이것을 이야기하고 또 하고 했어요. 혹시라도 제가 잊어버릴까 걱정되어서요. 그리고 만약 제

가 잊어버리면 저를 때리겠다고 했어요.'

기사는 팔꿈치를 딛고 겨우 몸을 일으켜 세웠다. 그리고 그의 허리띠에 매달아 놓은 가방을 열어서 두당 다섯 크라운을 쳐서 계산했다. 모두 합쳐서 머리는 서른 개였다.

'오 위대한 기사님이여,' 그 소년은 말했다. '그들은 또한 저보고 당신을 돌보고, 불을 피우고 그리고 당신의 상처에 이 약을 발라주라고 했어요.' 소년은 나뭇가지와 나뭇잎을 모아서 함께 모아 놓고 마른 잎들 더미 아래에서 부싯돌과 부시를 번쩍이게 해서 불을 붙였다. 그런 다음, 쇠사슬 갑옷을 당겨서 벗긴 후에, 상처에 연고를 바르기 시작했다. 하지만 들은 대로 그대로 외워서 하는 사람처럼 그는 매우 서툴렀다. 기사는 소년에게 그만하라고 하고 '너는 착한 소년 같구나.'라고 말했다.

'제가 요청하고 싶은 것이 있어요.'

'아직 몇 크라운이 남았는데, 그걸 너에게 줄까?'라고 기사가 말했다.

'아 아니에요.' 소년이 말했다. '그것들은 저에게 아무 소용이 없어요. 제가 관심이 있는 것은 오직 하나예요. 그리고 그것을 하는 데 그 돈은 필요하지 않아요. 저는 이 마을에서 저 마을로 그리고 이 언덕에서 저 언덕으로 돌아다녀요. 그리고 좋은 수탉을 발견할 때마다 그것을 훔쳐서 그 숲으로 가져다주고, 제가 또 다른 수탉을 잡아 올 때까지 바구니 아래에 보관하다가 그 둘을 싸우게끔 해요. 사람들은 제가 순수하고 어떤 해도 주지 않는다고 말해요. 가끔 소식을 전달하는 것 외에 저 보고 어떤 일도 하라고 시키지 않아요. 그들이 그 돈을 가져오라고 저를 보낸 것은 제가 순수하기 때문이에요. 저 말고 다른 사람이라면 그 돈을 훔쳐 갈 거예요. 당신이 없어서 그들은 숲속 도적들이 무서워서 감히 자발적으로 돌아오지 못할 거예요. 당신은 그 도적들이 세례를 받을 때 어떻게 늑대들이 그들의 대부가 되었고, 그들의 오른팔은 전혀 세례를 받지 못했는지 들어본 적 있나요?'

'애야, 네가 이 돈을 받지 않으면, 너에게 줄 것은 아무것도 없어. 이제 곧 내게는 더 이상 필요가 없게 될 이 낡은 쇠사슬 갑옷을 가지를 원하지 않는다면 말이야.'

'원하는 게 있었어요. 그래요, 저 이제 생각이 났어요.' 소년이 말했다. '당신이 왜 그 이야기 속에 나오는 챔피언과 거인처럼 싸웠는지 말해주세요. 그렇게 작고 사소한 것을 위해서요. 당신은 정말로 우리와 같은 인간인가요? 그보다는 이 언덕에 살고 있는 늙은 마법사 아닌가요? 즉시 바람이 일어서 당신을 먼지로 부수어 버리지 않을까요?'

'나에 대해서 말해주마.' 기사는 대답했다. '왜냐하면 그 무리 중의 마지막이기 때문이다. 하느님에 대한 간증이 될 모든 것을 말할지도 모르겠구나. 내 투구에 있는 루비로 된 장미를 봐라. 나의 삶과 나의 희망의 상징을 보아라.' 그러고 나서 그는 소년에게 이야기해 주었다. 하지만 평소보다 더 자주 쉬면서 이야기했다. 말하는 동안, 그 장미는 불빛 속에서 깊은 피 색깔로 빛나고 있었다. 소년은 그 앞에 있는 흙 속에 수탉의 깃털을 꽂았다. 그리고 마치 그가 그것들을 연극 속의 배우들로 만들 것처럼 그것들을 움직였다.

'나는 여기에서 아주 멀리 떨어진 곳에 산단다. 난 성 요한의 기사 중 하나였다.'라고 늙은 기사는 말했다. '그러나 단지 마음속에서만 이해될 수 있는 진리를 섬기는 데 있어서, 항상 더욱 고된 고난을 갈망하는 무리에 속한 사람 중의 하나였다. 마침내 팔레스타인의 기사 한 명이 우리에게 왔지. 그는 진리 중의 진리는 하느님에 의해 직접 드러난다고 믿었어. 그는 불로 된 거대한 장미를 보았고, 그 장미로부터 나온 한 목소리가 어떻게 인간들이 자신들 마음의 빛으로부터 돌아서서 외적 질서와 외적인 불변 앞에 굴복하게 되는지 말해 주었어. 그리고 빛은 그치고, 생각할 수 없는 바보 같은 선한 사람과 생각하지 않으려고 하는 열정적인 사악한 사람을 제외하고는,

어떤 사람도 그 저주를 피할 수 없다고 말해주었어. 이미, 그 목소리는 마음의 빛이, 약간 불투명한 빛으로, 비추고 있다고 그에게 말해주었어. 그 빛이 옅어졌을 때, 염증이 세상을 부패로 오염시켰는지를, 그리고 그 진리를 명확하게 본 적이 있는 사람들은, 만약 부패된 세상에 머무르려고 한다면, 그 누구도 장미의 심장부에 있는 주님의 왕국으로 들어갈 수 없다고 말했어. 그래서 그들은 장미를 섬기는 데 있어서 죽음으로써 부패 세력에 반대하는 그들의 분노를 증명해야 했어. 팔레스타인의 기사가 이러한 것들을 말해주는 동안 공기는 향기로 가득 채워졌어. 이것으로 우리는 그 기사를 통해서 우리에게 말한 것이 바로 하느님의 목소리라는 것을 알았어. 그래서 우리는 모든 일에 있어서 우리를 이끌어 달라고 하고, 하느님의 목소리에 복종하는 방법을 가르쳐 달라고 했어. 그는 우리를 맹세로 하나 되게 하고, 우리에게 많은 세월이 지난 후에도 우리가 서로를 알아볼 수 있도록 하는 표시와 암호를 주었어. 그리고 만날 장소를 정했지. 그는 좋은 명분을 찾아 그것을 위해 싸우다가 죽도록 하려고 군대를 구성해서 우리를 세상에 내보냈어. 처음에 우리는 어떤 성자에게 경의를 표하여 금식으로 죽음에 이르게 함으로써 더 쉽게 죽을 수 있다고 생각했어. 하지만 그는 이것은 악이라고 말해주었어. 왜냐하면 우리가 그것을 죽기 위해서 했고, 그래서 우리의 죽음의 시간과 방식에 대한 선택권을 하느님의 손에서 빼앗았고 그렇게 함으로써 우리는 하느님의 힘을 약화시켰기 때문이야. 우리는 훌륭한 봉사를 선택해야 하고, 이것을 위해서만 해야 하고, 우리에게 보상해주시는 것을 주님의 시간과 주님의 방식으로 하실 수 있도록 주님께 맡겨야 하는 거야. 그래서 이후에 그는 우리에게 항상 두 사람이 한 식탁에서 서로서로를 보면서 식사하라고 명령했어. 그래서 우리가 합당하지 않게 굶어 죽지 않도록 하려고 했어. 그리고 여러 해가 지났어. 나의 동료들이 거룩한 땅에서 또는 세속의 사악한 왕자들에 관련된 전쟁에서 또는 강도들을 물리치는 길에서 하나둘씩 죽게 되었지. 그리고 그들 가운데 팔레스타인의 성자도 있었어. 그리고 마침내 나는 혼자 남게 되었어. 나는 소수가 다수에 대항해서 다투는 모든 사건에서 싸웠지. 나의 머리는 하얗게 세었고, 내가 주님의 불만족 아래에 떨어지는 게 아닐까 하는 끔찍한 공포가 밀려왔어. 그러나, 마침내 이 서구의 섬이 어떤 다른 땅보다 전쟁과 약탈로 더 많이 가득 차 있다는 것을 들었을 때 여기로 왔어. 그리고 내가 추구했던 것을 발견했지. 그리고 봐! 나는 거대한 기쁨으로 가득 차 있어.'

그때 그는 라틴어로 노래하기 시작했다. 그가 노래하는 동안, 그의 목소리는 머뭇거리다 희미해졌다. 그런 다음 그의 눈이 감겼다. 그리고 그의 입술이 처지면서 벌어졌다. 소년은 그가 죽었다는 것을 알았다. '그는 나에게 좋은 이야기를 해주었어. 이야기에는 전투가 있었어. 하지만 나는 그것의 많은 것을 이해하지 못했어. 그렇게 긴 이야기를 기억하기는 어려운 거야.'라고 말했다.

그는 기사의 칼을 들고, 부드러운 땅에 무덤을 파기 시작했다. 열심히 땅을 팠고 수탉이 아래 계곡에서 울 때, 그는 거의 일을 마쳤다. '아' 그는 말했다, '저 새를 잡아야지.' 그리고 그는 좁은 길을 따라 계곡으로 내려갔다.

▪▪▪ 해설

한 늙은 기사가 세상의 부패와 맞서서 싸우다 결국은 죽음을 맞이하게 되는 이야기이다. 그의 투구에 박혀 있는 루비로 된 장미로부터 그가 예이츠가 속해 있던 장미 십자회의 일원이라는 것을 추측할 수 있다. 이야기 속에서 자신을 성 요한의 기사들 중 하나라고 소개하는 늙은 기사는, 장미의 심장부에 있는 주님의 왕국에 들어가기 위해서 장미 투구 기사들은 죽음으로써 부패의 힘에 반대하는 분노를 증명해야 한다고 말한다. 그러한 그들의 뜻을 실행하는 과정에서 그의 동료들은 하나둘씩 죽음을 맞이하게 되고 늙은 기사만이 남게 된다. 기사는 돼지를 숲속 도적떼에게 도난당한 농부가 신앙심이 높다는 이야기를 듣고, 이것이 그가 봉사해야 할 좋은 명분이라 생각해서 숲속 도적떼와 맞서 싸우다 마침내 그도 죽음을 맞이하게 된다. 죽기 전에 그가 내건 상금을 받으러 온 어린 소년에게 장미 투구 기사들에 관한 이야기를 해주는데, 숭고한 기사들의 이야기와 이것을 듣는 어린 소년의 태도가 서로 첨예한 대조를 이룬다. 소년은 이미 죽어 있는 숲속 도적떼의 머리를 베어서 기사가 내건 상금을 달라고 한다. 그리고 기사의 이야기를 다 들은 후에도 그렇게 긴 이야기를 기억하기는 어렵다고 하고 바로 새를 잡는 자신의 세속적인 일에 관심을 돌린다. 이러한 대조는 늙은 기사의 숭고한 영웅적 모습을 더욱 부각시켜 준다고 할 수 있다. 예이츠의 마지막 극작품인 『쿠훌린의 죽음 The Death of Cuchulain, 1939』에서 주인공 쿠훌린이 현상금을 목적으로 온 장님에게 기꺼이 목숨을 내주는 장면에서 세속적인 장님과 쿠훌린의 영웅적 모습이 대조되어 영웅주의가 더욱 선명하게 구별되는 지점을 떠올리게 된다.

임도현 (대진대)

왕의 지혜 THE WISDOM OF THE KING

아일랜드의 상왕비上王妃가 아이를 낳다가 죽고, 아이는 숲의 경계 안에 있는 작은 집에 살고 있는 한 여인에게 맡겨졌다. 어느 날 밤 여인은 앉아서 아기의 요람을 흔들고 있었다. 그리고 아이의 아름다움에 대해 묵상하고, 신들이 그의 아름다움에 적합한 지혜를 그에게 부여해 주시기를 기도했다. 문 두드리는 소리가 났고 그녀는 벌떡 일어섰다. 왜냐하면 가장 가까운 이웃은 1마일이 떨어진 상왕의 궁전에 있었고 지금은 늦은 밤이었기 때문이다. '누구세요?' 하고 그녀는 소리쳤다. 가는 목소리가 대답했다. '문을 여시오! 나는 회색 매 노파요. 큰 숲의 어둠에서 왔소.' 공포에 떨며 그녀는 빗장을 열었다. 나이가 엄청 많고 키도 인간보다 훨씬 더 큰 회색 옷을 입은 노파가 들어와 아기 요람의 머리 부분 옆에 섰다. 유모는 벽에 바짝 붙어서 그 노파로부터 눈을 뗄 수가 없었다. 왜냐하면 회색 매의 깃털들이 노파의 머리카락을 대신하고 있다는 것을 어슴푸레한 난로의 불빛에 의해 보았기 때문이다. '문을 여시오.' 하고 또 하나의 목소리가 외쳤다. '나는 회색 매의 노파요. 큰 숲의 어둠 속에서 그의 둥지를 지켜보았소.' 유모는 몸이 떨려서 손가락이 좀처럼 빗장을 잡기 어려웠지만 문을 다시 열었다. 그리고 또 한 명의 노파가, 먼저 온 노파보다 덜 늙지 않고, 머리카락 대신 깃털과 같은 것을 달고 있는 노파가 들어와서 처음 온 노파 옆에 섰다. 잠시 후에, 세 번째 노파가 왔다. 그리고 그다음에 네 번째 그리고 그런 다음 또 한 명 그리고 또 한 명의 노파가 와서, 그 오두막이 그들의 거대한 몸들로 가득 찰 때까지 들어 왔다. 그들은 오랫동안 조용하게 서 있었다. 그러나 마침내 한 명이 낮고 가는 목소리로 중얼거렸다. '자매님들, 나는 아주 멀리에서부터 그의 은색 피부 아래 붉은색 심장으로 그를 알아봤어요.' 그런 다음 또 한 명이 말했다. '자매님들, 나는 그의 심장이 은색 그물 아래 있는 새처럼 퍼덕거렸기 때문에 그를 알아봤어요.' 그런 다음 또 한 명이 뒤이어 말했다. '자매님들, 나는 그의 심장이 은색 새장 안에서 행복한 새처럼 노래했기 때문에 그를 알아봤어요.' 그 후에 그들은 함께 노래했다. 가장 가까이 있는 노파들은 길고 주름진 손가락으로 요람을 흔들었다. 그들의 목소리는 이제 부드럽고 어루만져주는 것 같았고 큰 숲에서 부는 바람과 같았다. 이것이 그들의 노래였다.

안 보면 마음도 멀어져:
남성과 여성은 오래전에
무거운 의지와 가벼운 분위기로,
우리의 밀로 만든 음식을 가져가 버렸고
우리의 성석을 가져가 버렸어;
우박과 비와 천둥만이,
그리고 우리가 회색으로 변하게 한 붉은 심장이,
진실하다. 촛불처럼 꺼져버릴 때까지.

노래가 희미해져 갈 때, 제일 처음에 말했던 노파가 말했다. '이제 우리의 피 한 방울을 그의 피와 섞는 것 말고는 더 이상 할 일이 없어요.' 그리고 그녀는 유모에게 가져오라고 한 나무 막대기의 뾰족한 끝부분으로 자신의 팔에 상처를 내서, 안개처럼 뿌연 피 한 방울을 아이의 입 속에 떨어뜨려 주고는 어둠 속으로 사라졌다.

노파들이 모두 가버렸을 때, 유모는 정신을 차리고 상왕의 궁전으로 급히 갔다. 그리고 의사당 한가운데서 요정 나라 사람들Sidhe, 요정들 혹은 요정 언덕의 사람들이, 밤에 아이를 보고 갔다고 소리쳤다. 왕과 시인들, 그리고 법률가들이 유모와 함께 오두막으로 와서 요람 주위에 모여서 까치들처럼 시끄럽게 떠들어댔다. 아이는 일어나 앉아서 그들을 보았다.

2년이 흘렀다. 왕은 죽었고 시인들과 재판관들이 그 아이의 이름으로 나라를 대신 통치하고 있었다. 그러나 얼마 가지 않아 그 아이가 통치자가 되기를 고대했다. 왜냐하면 어떤 누구도 그렇게 현명한 아이를 보지 못했고, 모든 사람을 혼란스럽게 하기 시작한 하나의 기적을 제외하고는 모든 것들이 괜찮았기 때문이다. 모든 여자들이 그것에 대해 정말로 끊임없이 떠들어댔다. 회색 매의 깃털이 그 아이의 머리에서 자라기 시작했던 것이었다. 비록 유모가 깃털들을 계속해서 잘라 주었지만, 조금 지나면 전보다 더 많이 자라났다. 그 당시에는 기적 같은 것이 대수로운 일이 아니었기 때문에 이것이 큰 문제는 아니었다. 하지만 몸에 흠이 있는 자는 어떤 누구도 왕좌에 오를 수 없다는 아일랜드의 고대법은 예외였다. 그리고 회색 매는 공중을 나는 야생물이기 때문에, 머리에 깃털이 자라는 자를 흠이 없고 손상된 것이 아니라고 생각하는 것은 불가능한 것이었다. 백성들도 그가 지닌 지혜에 대한 경배와 비인간적인 피를 가진 존재에 대한 공포를 분리시킬 수 없었다. 하지만 모두가 그가 통치를 해야 한다는 데는 단호했다. 왜냐하면 그들은 어리석은 왕들과 그들 자신의 무질서에 의해서 너무 많이 고통받아 왔기 때문이다. 그리고 아무도 그의 위대한 지혜가 그를 법에 복종하게 해서, 어떤 다른 이를 불러서 그 대신에 통치하게 할 수도 있다는 것을 제외하고는 어떤 다른 두려움을 갖고 있지 않았다.

    그 아이가 일곱 살이 되었을 때, 시인들과 법률가들은 최고 시인에 의해 모두 소환되었다. 그리고 이 모든 문제를 깊이 논의했다. 아이는 이미 주위에 있는 사람들은 단지 머리카락만 가지고 있다는 것을 알고 있었다. 비록 그들이 원래 깃털이 있었는데 선조들이 저지른 죄악으로 잃어버리게 되었다고 말하였지만, 아이가 나라 전체를 돌아다니게 될 때 곧 진실을 알게 되리라는 것을 알았다. 고심한 끝에 모든 사람이 죽을 만큼의 고통을 겪더라도 인위적으로 회색 매의 깃털을 그들의 머리카락 사이에 심도록 하는 새로운 법을 만들었다. 그리고 충분한 깃털을 수집하도록 사람들을 그물과 새총 그리고 화살을 들려 전국으로 보냈다. 그들은 또한 아이에게 진실을 말하는 사람은 죽게 될 것이라고 공표하였다.

    세월이 흘렀다. 이제 아이는 유아기에서 소년기로 성장했고, 소년기에서 청년기로 자랐다. 그는 낯설고 미묘한 생각들에 빠지게 되고, 오랫동안 같아 보였던 것들 사이의 차이와 오랫동안 다르다고 생각한 것들 사이의 유사성을 깨닫느라 바쁜 시간을 보냈다. 많은 무리가 다른 나라에서 그를 알현하고 조언을 구하기 위해 찾아왔다. 국경에 경비대를 두고 오는 모든 사람들에게 머리에 회색 매의 깃털을 달게 했다. 그의 조언을 듣는 동안 그의 말은 모든 어둠을 빛나게 하고, 그들의 마음을 음악으로 가득 채워 주었다. 그러나 그들 자신의 나라로 되돌아갔을 때 그의 말은 너무 동떨어진 것처럼 보였고, 그들이 기억할 수 있는 것은 너무 생경하고 미묘한 것이어서 그들의 삶에 전혀 도움이 되지 못했다. 참으로 많은 수가 그 이후에는 다르게 살았지만, 그들의 새로운 삶은 그 이전의 것보다 더 낫지 않았다. 그들 가운데 몇몇은 오랫동안 좋은 뜻을 갖고 봉사해 왔지만 왕이 그것을 칭찬하는 것을 들었을 때, 그들은 자신들의 나라로 되돌아가서 그들이 사랑했던 것들이 덜 사랑스럽다는 것을 발견했다. 왜냐하면 그가 진실과 거짓을 구분할 수 있는 것이 얼마나 사소한 것인지를 가르쳤기 때문이다. 어떤 명분을 가진 것은 아니었지만, 그들 가정의 행복을 평화롭게 추구해 왔던 이들은 그들의 뼈가 보다 더 부드러워지고 고된 일을 할 준비가 덜 되었다는 것을 발견하게 되었다. 왜냐하면 왕이 그들에게 보다 더 큰 목적을 보여 주었기 때문이다. 그래서 많은 젊은이들이 이 모든 것에 대한 그의 말을 들었을 때 일상적인 기쁨을 아무것도 아닌 것으로 만들고, 불가능한 기쁨을 추구하면서 불행하게 만드는 그런 말들을 기억했다.

그의 조언을 듣기 위해 온 사람들 가운데 아주 멀리 떨어진 곳에 살고 있었던 왕의 딸이 있었다. 그녀를 보자 그는 사랑에 빠졌다. 왜냐하면 그녀는 다른 여자들의 미모와는 다른 아름다움을 갖고 있었기 때문이었다. 하지만 그녀의 심장은 다른 여자들의 심장과 같았다. 그래서 매의 깃털의 미스터리에 대해 생각했을 때 그녀는 두려웠다. 그의 위대함에 압도되어서, 그녀는 그의 사랑을 반쯤은 수락을 했지만 반쯤은 거절했다. 왕은 매일 그녀에게 상인들이 인도나 아마도 중국에서 가져온 물건들을 선물했다. 여전히 그녀는 미소와 찡그림 그 중간에 있었다. 굴복과 거절 그 사이에 있었다. 줄 듯 말 듯 했다. 그는 자기의 모든 지혜를 그녀의 발밑에 내려놓고, 심지어 요정 나라 사람들도 잊어버렸던 수많은 것들을 이야기해주고, 그녀의 미모는 그녀의 지혜와 같으므로 그녀가 이해했을 것으로 생각했다.

궁전에 키가 큰 금발의 젊은이 한 명이 있었다. 그는 몸싸움에도 매우 능숙했다. 어느 날 왕이 낮은 덤불 숲 가운데에서 그의 목소리를 들었다. '내 사랑,' 목소리는 말했다. '이렇게 우중충한 깃털들을 그대의 아름다운 머리카락 사이에 심어 놓게 한 그들을 증오하오. 왕좌에 있는 맹금은 밤마다 편하게 잠이 들겠지.' 그런 다음 그가 사랑한 그 낮고 음악 소리와 같은 목소리가 대답했다. '내 머리칼은 당신의 것만큼 아름답지 않아요. 이제 당신의 머리카락에서 깃털들을 다 뽑아냈으니까 당신의 머리칼을 만질 거예요.

이렇게, 이렇게, 그리고 이렇게. 당신의 머리칼은 나를 두렵게 만들지 않기 때문이에요.' 그때 왕은 그가 이해하지 못한 채로 잊어버렸던 많은 것들, 시인들과 법률가들의 우연한 말들, 그가 이성으로 몰아냈던 의심들을 기억해냈다. 그는 떨리는 목소리로 그 연인들을 소환했다. 그들은 낮은 수풀 사이에서 나와서 그의 발에 엎드려 몸을 조아렸다. 그는 몸을 굽혀서 그녀의 머리카락에서 깃털을 뽑아냈다. 그런 다음 한마디도 하지 않고 돌아서 가버렸다. 그는 의회의 홀로 들어가서 시인들과 법률가들을 그 주위에 모아놓고 연단 위에 서서 크고 분명한 목소리로 말했다. '법률가들이여, 왜 그대들은 내가 법을 어기도록 하였는가? 시인들이여, 왜 그대들은 내가 지혜에 대한 비밀 엄수를 깨도록 하였는가? 법은 인간의 행복을 위하여 인간에 의해 만들어진 것이나 지혜는 신들이 만든 것이다. 그리고 어떤 인간도 지혜의 빛을 보고 살 수 없을 것이다. 왜냐하면 지혜와 우박, 비, 그리고 천둥은 유한한 것들에는 치명적인 방식을 따르게 할 것이기 때문이다. 법률가들과 시인들은 당신들과 같은 종족에 따라 사시오. 그리고 성급한 마음의 요히Eochaid of the Hasty Mind를 불러 여러분들을 통치하게 하시오. 나는 나와 같은 종족을 찾기 위하여 떠날 것이오.' 그런 다음 그는 그들 가운데로 내려와서 첫 번째 서 있는 사람의 머리카락에서 회색 매의 깃털을 뽑아내었다. 그런 다음 또 다른 사람에게서 깃털들을 뽑아내고 그것들을 바닥에 내팽개치듯 뿌리고는 밖으로 나갔다. 아무도 감히 그를 따라가지 못했다. 왜냐하면 그의 눈은 맹금의 눈처럼 이글거렸기 때문이다. 그리고 어떤 사람도 그를 다시 보거나 그의 목소리를 듣지 못했다.

■■■▶ **해설**

예이츠와 같은 근현대 저자들이 '쉬sidhe, sith'라고 부르는 아일랜드와 스코틀랜드 신화에 등장하는 초자연적 존재인 요정 나라 사람들에 관한 이야기이다.

요정 나라의 회색 매 노파들은 요람에 누워 있는 우즈섬의 왕의 어린 아들 입에 그들의 피를 넣어주고 사라진다. 요정의 피를 받은 아이는 아주 지혜롭고 총명한 젊은이로 성장해서 왕위에 오르게 된다. 하지만 그의 머리에 자라는 회색 매의 깃털은 온 나라의 걱정거리가 된다. 그러한 걱정에도 불구하고 그가 갖고 있는 탁월한 지혜를 필요로 하는 궁전 사람들은 그의 통치를 원한다. 그래서 왕이 자신이 다른 사람들과 다르다는 것을 알지 못하도록, 모든 백성이 머리에 회색 매의 깃털을 심도록 하고 왕에게 이 사실을 함구하도록 한다. 하지만 이러한 노력에도 불구하고 왕이 아름다운 소녀와 사랑에 빠지면서 왕은 모두가 숨겨왔던 비밀과 직면하게 된다. 왕은 소녀에게 사랑을 갈구하지만 머리에 회색 매의 깃털이 자라는 왕에 대한 두려움을 갖고 있는 소녀는, 그녀가 사랑하는 금발의 청년에게 그가 머리에 회색 매의 깃털을 갖고 있지 않아서 그의 머리를 만질 수 있다는 말을 하고 왕이 이것을 듣게 된다. 그것으로 인해 왕은 그가 다른 이들과 다르다는 것을 알게 되고, 그가 갖고 있는 지혜는 요정 나라의 지혜이고 이것을 말해서는 안 되는 법을 어겼음을 알게 된다. 결국 왕은 그와 같은 종족을 찾아 궁을 떠나게 된다. 왕의 지혜는 인간들의 능력을 초월한 것으로 유한한 존재에게는 치명적인 것이 될 수 있기 때문이다.

임도현 (대진대)

봄의 심장 THE HEART OF THE SPRING

얼굴이 거의 새의 발처럼 살이 없는 아주 늙은 노인이 길 호수Lough Gill[42] 호수의 가장 넓은 부분을 차지하는 평평한 개암나무로 덮인 섬의 바위 해안가 앉아 명상을 하고 있었다. 황갈색 얼굴의 17세의 한 소년이 그 노인 옆에 앉아, 잔잔한 물의 파리를 잡으려고 물을 적시는 제비들을 바라보고 있었다. 노인은 낡은 파란색 벨벳羽緞을 입고 있었고, 그 소년은 프리즈 코트를 입고 목에 묵주를 걸고 있었다. 그 두 사람 뒤에는 나무들로 인해 반쯤 가려진 작은 수도원이 있었다. 오래전, 여왕 일행의 신성 모독자들에 의해 그것이 불탔으나, 노인은 자신의 마지막 여생을 위한 안식처를 위해 그 소년으로 하여금 골풀로 지붕을 새로 덮게 하였다. 그러나 그는 정원에 삽을 대지 않았기에, 수도사들의 백합과 장미들은 번져나갔다. 그 혼란스러운 화려함은 양치식물들과 만나 뒤섞여 있었다. 백합과 장미 너머에는 양치류들이 아주 **빽빽**하게 자라서, 그 사이를 걷는 어린아이가 발끝으로 서 있어도 보이지 않을 정도였다. 양치류 너머에는 많은 개암나무와 작은 떡갈나무들이 자랐다.

---

[42] 아일랜드의 슬라이고 카운티Sligo County에 대부분 위치하며, 길 호수는 '즐거운 호수'를 의미한다.

소년이 말했다. "주인님, 이 오랜 금식과 해가 진 후, 호수와 개암나무와 떡갈나무들 사이에 사는 존재들에게 오라고 손짓하는 수고는 주인님의 힘에 너무 벅찬 일입니다. 이 모든 수고에서 잠시 쉬십시오. 오늘 주인님의 손은 내 어깨를 더 무겁게 짓누르고 주인님의 발은 제가 알고 있는 것보다 덜 안정적인 것 같습니다. 사람들은 주인님이 독수리보다 나이가 많다고 합니다. 그러나 주인님은 연세에 알맞은 안식을 구하지 않고 계십니다." 마치 소년은 그의 마음이 자신의 말 속에 있는 것처럼 열정적으로 말했다. 그러자 노인은 마치 그의 마음이 먼 시절과 사건들에 빠져있는 것처럼 천천히 그리고 신중하게 대답했다.

노인은 말했다. "내가 쉬지 못한 이유를 말하겠네. 자네는 지난 5년 동안 나를 충실히 섬겼고, 심지어 애정을 가지고 봉사함으로써 항상 현인들에게 닥치는 외로움의 운명을 조금이나마 덜어주었기 때문이지. 이제 내 수고의 끝과 내 소망의 승리가 가까웠으니, 이 지식을 갖는 것이 자네에게 더욱 필요하다네."

"주인님, 제가 주인님을 의심한다고 생각하지 마세요. 불을 피우고, 비가 새어들지 않도록 하고, 나무들 사이로 바람이 불 때 초가지붕을 강타하지 않도록 유지하고, 또 책장에서 무거운 책을 꺼내고, 호기심 없는 경건한 마음을 가지는 것이 저의 삶입니다. 하나님이 그분의 풍성하심으로 모든 생물을 위하여 각각의 개별적 지혜를 내셨으니, 이런 일을 하는 것은 저의 지혜입니다."

"자네는 두려워하고 있군."이라고 노인은 말했고, 그의 두 눈은 순간적인 분노로 빛났다.

소년이 말했다. "때때로 밤에, 주인님이 손에 마가목馬牙木 지팡이를 들고 책을 읽을 때, 저는 문밖을 내다보며, 한 회색 거인이 개암나무 사이에서 돼지를 몰고 가는 것을 봅니다. 그리고 지금 빨간 모자를 쓴 많은 난쟁이들이 작은 흰 소들을 몰고 호수에서 나오는 것을 봅니다. 저는 회색 인간만큼 이 난쟁이들을 그렇게 많이 두려워하지는 않습니다. 왜냐하면 난쟁이들이 집 가까이 와서 젖소의 젖을 짜고 거품이 이는 우유를 마시고 춤추기 시작하기 때문입니다. 저는 춤을 사랑하는 마음에 선함이 있다는 것을 알고 있습니다. 그러나 저는 그런 모든 것에도 불구하고 난쟁이들을 두려워합니다. 그리고 저는 공중에서 나와 천천히 이리저리 움직이며 장미나 백합 왕관을 쓰고 살아 있는 머리카락을 흔들어대는 키 큰 흰 팔의 여인들을 두려워합니다. 왜냐하면 그 여인들은 그들의 생각의 움직임으로 난쟁이들에게 말하며 곧 퍼져나갔다가 곧 그들의 머리 가까이 모이는 소리를 들었습니다. 그들은 온화하고 아름다운 얼굴을 가지고 있지만 저는 요정Sidhe[43])이 두렵고 난쟁이들을 우리 주위로 끌어들이는 예술을 두려워합니다."

노인이 말했다. "전쟁에서 네 선조의 창을 튼튼하게 만든 고대의 신들과 밤에 깊은 호수로부터 나와 선조들의 화로 위와 귀뚜라미들 사이에서 노래를 부르는 난쟁이들을 왜 두려워하는가? 그리고 우리의 악한 시대에도 그들은 여전히 땅의 아름다움을 지켜보고 있단다. 그러나 나는 다른 사람들이 노인의 잠에 빠질 때 내가 금식하고 수고한 이유를 말해야 하네. 이는 한 번 더 자네의 도움이 없다면 나는 금식하며 수고한 결과가 좋지 않을 것이기 때문이지. 자네가 이 마지막 일을 내게 행한 후에 가서 자네의 오두막을 짓고 밭을 경작하고 어떤 여인을 아내로 맞이하고 고대 신들을 잊어버려도 좋아. 자네 오두막의 지붕 나무를 튼튼하게 만들고 지하실과 저장고를 가득 채울 돈을 이 작은 집에 남겨 둘 것이네. 나의 청년 시절엔 행복하게 살지

---

43) 아일랜드 신화와 스코틀랜드 신화에 등장하는 초자연적 존재들로 요정이다. 보다 옛날 형태로는 에스 쉬고대 아일랜드어 aes Sidhe [eːs ˈʃiːðə]라 했다. 요정 쉬sidhe는 게일어로 바람을 의미하며 바람과 상당히 관련성이 있다. 옛 시골 사람들은 도로에 있는 나무들이 소용돌이치면 쉬가 지나가기 때문에 그들은 축복했다. 이들은 무덤 속 지하, 서쪽 큰 바다 너머, 또는 인간의 눈에는 보이지 않는 어딘가에 살고 있다고들 전해진다. (*A Yeats Dictionary*, 171-172)

않았지. 이는 그 시절이 지나가리라는 것을 알았기 때문이지. 그리고 나는 늙음이 다가오고 있다는 것을 알았기에 나의 성인 시절은 행복하지 않았지. 그래서 나는 젊은 시절, 성인 시절 그리고 노인 시절 내내 커다란 비밀을 추구하기 위하여 나 자신을 바쳤지. 나는 풍요가 수 세기를 가득 채우는 삶을 갈망했고, 팔십 년의 겨울의 삶을 경멸했었지. 나는-아니, 나는 될 것이다-이 나라의 고대의 신들처럼 되고 싶다. 나는 젊었을 때, 스페인 수도원에서 발견한 히브리어 문서에서 다음과 같은 글을 읽었지. 태양이 양자리에 들어간 후, 사자자리를 통과하기 전, 사자자리는 불멸의 능력자들 노래로 떨렸고, 이 순간을 발견하고 그 노래를 듣는 자는 누구나 스스로 불멸의 능력자처럼 된다는 내용이지. 나는 아일랜드로 돌아와 요정들과 소 의사들에게 이 순간이 언제인지 아느냐고 물었지. 그러나 모두가 그것에 대해 들었지만 모래시계에서 그 순간을 찾을 수 있는 사람은 아무도 없었다네. 그래서 마법에 나 자신을 바쳤고, 신들과 요정들을 내 편으로 데려오기 위해 금식과 수고로 내 인생을 바쳤지. 그리고 이제 마침내 요정들 중 한 명이 나에게 그 순간이 다가왔다고 말했지. 빨간 모자를 쓰고 새로운 우유 거품으로 입술이 하얗게 된 한 사람이 내 귀에 그것을 속삭였지. 내일, 나는 여명의 첫 한 시간이 끝나기 조금 전, 그 순간을 발견하게 될 것이라네. 그런 다음 나는 남쪽 땅으로 떠나가서 오렌지 나무 사이에 흰 대리석 궁전을 짓고, 내 주변에 용사들과 미인들을 모아 영원한 내 청춘의 왕국으로 들어갈 예정이라네. 그러나 내가 그 노래 전체를 들을 수 있도록 자네가 많은 양의 푸른 가지를 가져와 내 방의 출입문과 창문에 쌓아야 하며, 또 신선한 녹색 골풀(녹색 가지)을 방바닥에 깔고 탁자와 골풀을 수도사의 장미와 백합으로 덮어야 한다고 입술에 신선한 우유 거품을 물고 있는 난쟁이 친구가 내게 말을 했다네. 자네는 오늘 밤에 이것을 행하고 아침 동이 튼 후 첫 시간이 끝날 무렵에 날 찾아와야 하네."

"그럼 주인님은 아주 젊어져 있겠죠?"라고 소년이 말했다.

"그때는 나도 자네처럼 젊어져 있겠지만 지금은 여전히 늙고 지쳤으니 의자에 앉아 책을 읽도록 나를 도와주게나."

소년은 마법사를 그분의 방에 남겨 두고, 어떤 인위적인 방법으로 묘한 꽃처럼 달콤한 향기를 내는 등에 불을 붙인 후, 숲으로 들어가 개암나무의 푸른 가지와 작은 바위 대신 완만하게 경사진 모래와 찰흙이 차지하고 있는 섬의 서쪽 경계선으로부터 많은 다발의 골풀을 자르기 시작했다. 해 질 녘이 되어 소년은 자신의 목적에 맞게 충분히 잘랐다. 거의 자정이 되어 마지막 다발을 옮길 자리에 놓고 장미와 백합을 따기 위해 다시 갔다. 모든 것이 보석으로 새긴 것 같이 하나의 따스한 아름다운 밤이었다. 남쪽으로 떨어진 슬루스 숲Sleuth Wood[44]은 푸른 녹주석을 잘라낸 것처럼 보였고 그것을 비추는 물은 옅은 단백석蛋白石처럼 빛났다. 그가 채집하고 있는 장미는 빛나는 루비 같았고 백합은 희미한 진주의 빛을 내었다. 반딧불이를 제외하고는 모든 것이 불멸의 모습을 하고 있었다. 반딧불이는 어두운 그림자들 속에서 희미하게 타오르며 천천히 이리저리 움직이고 있었다. 그것은 살아 있는 것처럼 보이는 유일한 것이요, 사라질 것처럼 보이는 필멸의 유일한 희망이었다. 소년은 많은 장미와 백합 다발을 모아 진주와 루비 사이에 반딧불이를 집어넣고 그것들을 방으로 가져갔다. 그 방에서 노인은 반쯤 졸고 있었다. 소년은 방바닥과 탁자 위에 한 다발씩 놓았다. 그리고 소년은 문을 살며시 닫고 골풀 침대에 몸을 던지고, 바람직한 아내와 웃는 아이들과 함께하는 평화로운 성인이 되는 꿈을 꾸었다. 새벽에 그 소년은 일어나 모래

---

44) 슬루스 숲은 이니스프리Innisfree 및 많은 섬을 포함하는 록길의 남쪽 해안에 있는 아름답고 우뚝 솟은 삼림 지대이다. 슬라이고에서 불과 몇 마일 떨어진 곳에 위치한다. 지역 주민들은 이 지역을 Slish 또는 Slesh Wood라고도 부른다. 이는 '경사'를 의미하는 아일랜드어 sliu에서 유래되었다. 따라서 슬루스 숲은 '경사진 숲'을 의미한다. "The Stolen Child"에 언급되어 있다. (*A Yeats Dictionary*, 173)

시계를 들고 호숫가로 내려갔다. 그는 주인이 여행을 시작할 때 음식이 부족하지 않도록 빵과 포도주를 배에 싣고, 여명의 첫 한 시간이 끝날 때까지 앉아서 기다렸다. 점차 새들이 노래하기 시작했고 마지막 모래시계의 알갱이가 떨어지자 갑자기 모든 것이 새들의 음악으로 넘쳐나는 것 같았다. 일 년 중 가장 아름답고 생생한 순간이었다. 그 속에서 봄의 심장이 뛰는 소리를 들을 수 있었다. 소년은 일어나 주인을 찾으러 갔다. 녹색 가지들이 문을 가득 채웠고 그는 그 가지들을 통과해야 했다. 그가 방에 들어갔을 때 햇빛은 바닥, 벽과 테이블에 깜박거리는 원을 그리며 떨어지고 있었고 모든 것은 부드러운 녹색 그림자로 가득 차 있었다. 그러나 노인은 팔에 장미와 백합 한 송이를 안고 머리를 가슴에 묻은 채 앉아 있었다. 그의 왼편 탁자 위에는 여행에 쓸 금과 은 조각들이 가득 찬 가죽 지갑이 있었고 그의 오른편에는 긴 지팡이가 놓여 있었다. 그 소년은 그를 만졌지만 노인은 움직이지 않았다. 그는 노인의 손을 들어보았지만 아주 차가웠고 무겁게 떨어지고 말았다.

"기도를 하고 묵주에 입을 맞추는 것이 그분에겐 더 좋을 거야!"라고 소년이 말했다. 소년은 낡은 푸른 벨벳을 보았고 그것이 꽃가루로 뒤덮인 것을 보았다. 그가 그것을 보고 있는 동안 창가에 쌓인 나뭇가지 사이에 내려앉은 개똥지빠귀가 노래하기 시작했다.

■■■ 해설

이 작품은 팔순의 한 노인과 시중을 드는 17세의 한 소년의 이야기로 이루어진다. 노인과 소년의 대화는 요정이 등장하는 길 호숫가에서 이루어진다. 장미, 백합, 양치식물, 개암나무, 떡갈나무들이 자라나는 장소이다. 소년은 가끔 등장하는 요정들을 두려워하지만 노인은 선조들의 창을 튼튼하게 한 자들이니 두려워 말라고 한다. 노인은 신들과 요정을 자신의 편으로 데려오기 위해 마법도 배우고 금식과 노동으로 일생을 바쳤다고 소년에게 설명한다. 요정 쉬는 인간 세계와 공존하는 보이지 않는 세계에 살고 있으며 살아 있는 사람들 사이를 거니는 존재이다. 쉬는 아일랜드 신화의 신이자 신격화된 조상인 다누 여신의 사람들Tuatha De Danann의 문학적 버전이다. 또한 요정 쉬는 요정의 언덕, 특별한 나무, 또는 특정한 호수나 숲 등에서 거하며 이를 수호하는 맹렬한 수호자 역할을 한다. 그러한 의미에서 노인은 이러한 요정의 역할을 젊은 소년에게 전하고 있다. 마침내 노인은 마지막 유언이라고 할 정도의 부탁을 소년에게 요청한다. 소년은 노인의 요청대로 노인의 방과 출입문을 골풀과 수도사의 장미와 백합으로 장식한다. 아침 여명에 노인은 장미와 백합 한 송이를 안고 머리를 가슴에 묻은 채 움직이지 않는다. 이것이 노인의 마지막이다. 소년은 노인을 위해 기도를 한다. 창가엔 여전히 새들이 노래한다.

유병구 (안동대)

불과 그림자의 저주 THE CURSE OF THE FIRES AND OF THE SHADOWS

평화가 존재하던 어느 여름날 밤, 프레더릭 해밀턴 경Sir Frederick Hamilton[45])이 이끄는 20명의 청교도 병사들이 슬라이고Sligo에 있는 화이트 프라이어즈White Friars 수도원의 문을 부수고 들어왔다. 쾅 하고 문이 열리자 그들은 제단 주위에 모여 있는 작은 무리의 수도사들을 보았고, 수도사들의 흰 수도복은 꾸준히 타오르는 거룩한 성초의 불빛으로 반짝이고 있었다. 큰 놋쇠 십자가를 손에 들고 제단 계단 위에 서 있던 대수도원장을 제외하고 모든 수도사들이 무릎을 꿇고 있었다. "저 사람들을 쏘아버려!"라고 프레더릭 해밀턴 경은 소리쳤다. 그러나 그들은 모두 새로운 개종자이며 촛불과 십자가를 두려워하였기에 아무도 움직이지 않았다. 잠깐 동안 모두가 침묵을 지켰고 프레더릭 해밀턴 경의 경호원인 다섯 명의 병사들은 머스켓 구식 소총을 들고 다섯 명의 수도사를 쏘아 쓰러지게 했다. 그 소음과 연기는 제단의 희미한 불빛의 신비스러움을 내쫓았다. 그리고 다른 병사들도 용기를 가지고 공격하기 시작했다. 순식간에 수도사들은 제단 계단

---

45) 프레더릭 해밀턴 경은 독일의 30년 전쟁에서 스웨덴을 위해 아일랜드, 스코틀랜드, 영국 북부에서 종교개혁 단원Covenanters을 위해 싸웠던 스코틀랜드 군인이다. 그는 아일랜드 레이트 림Leitrim주 메너해밀턴Manorhamilton 성을 지었다.

에 쓰러졌다. 그들의 하얀 수도복은 피로 물들었다. "집을 불 질러버려!"라고 프레더릭 해밀턴 경은 소리쳤다. 그러자 한 병사가 마른 짚단을 들고 왔다. 그리고 그 짚을 서쪽 벽에 쌓아두었다. 그러나 그는 그것에 불을 붙이지는 않았다. 왜냐하면 그는 여전히 십자가와 성초를 두려워하였기 때문이다. 이것을 알고, 프레더릭 해밀턴 경의 경호원 5명이 제단으로 올라갔다. 그리고 각각 성초를 들고 짚단에 불을 질렀다. 불의 붉은 혀는 지붕 위로 돌진했고 마루를 따라 기어가며 사원의 긴 의자들을 불태웠고, 기병들의 그림자는 코벨corbels과 위패들 사이에서 춤을 추었다.

잠깐 동안 제단은 안전하게 서 있다가 흰 불빛 속에서 떨어져 나갔다. 병사들의 눈은 그곳을 향했다. 병사들이 생각하기에 죽었다고 생각한 대수도원장은 일어나서 지금 제단 앞에서 그의 머리보다 높이 양손으로 십자가를 들고 있었다. 갑자기 그는 큰 목소리로 외쳤다. "주의 빛으로 살아온 자들을 해친 자들에게는 화가 있을 것입니다. 그분들은 그림자들 사이로, 불과 불 사이를 거닐고 다니기 때문입니다." 아주 크게 외친 후, 그는 얼굴을 땅에 대고 쓰러져 죽었다. 그러자 놋 십자가는 제단 계단으로 굴러갔다. 연기가 아주 짙어졌기 때문에 기병들은 밖으로 나가게 되었다. 그들 앞에는 집들이 불타고 있었다. 그들 앞에는 성스러운 황홀 상태로부터 살아 있는 생명으로 부활하여 깨어난 화난 성인들과 순교자들로 가득 찬 대사원의 창문들이 빛나고 있었다. 병사들은 눈이 부셨고 잠시 불타오르는 성도들과 순교자들의 얼굴 이외엔 아무것도 볼 수 없었다.

그러나 곧바로 그들을 향해 달려오고 있는 먼지에 싸인 한 남자를 보았다. 그 남자는 외쳤다. "패배한 아일랜드인이 전령 두 명을 보내 해밀턴 장원Manor Hamilton. 아일랜드의 슬라이고 북동쪽에 위치 인근의 전 지역을 공격하게 했소. 그들을 막지 않으면 집에 다시 도착하기 전 숲에서 제압당할 것이오! 그들은 불벤산Ben Bulben46)과 카셀-나-게일Cashel-na-Gael47) 사이의 북동쪽으로 말을 타고 가고 있소."

프레더릭 해밀턴 경은 수도사들에게 처음 발포한 다섯 명의 병사들을 불러 말했다. "속히 말을 타고 숲을 지나 산으로 가시오. 이 사람들보다 앞서 가서 그들을 죽이시오." 잠시 후, 기병들은 사라졌다. 얼마 지나지 않아 그들은 현재 버클리 포드Buckley's Ford[48]라고 불리는 강을 건너 숲속으로 뛰어들었다. 그들은 강의 북쪽 제방을 따라 구불구불 이어진 길을 따라갔다. 자작나무 가지와 마가목이 뒤섞여 구름 낀 달빛을 가린 채, 길은 거의 완전한 어둠에 휩싸였다. 그들은 빠른 속도로 말을 타며 함께 수다를 떨었고, 길 잃은 족제비나 토끼가 어둠 속을 허둥지둥 도망가는 것을 지켜보았다. 점차 숲의 어둠과 침묵이 그들을 짓누르자 그들은 서로 더 가까워지고 빠르게 이야기하기 시작했다. 그들은 오랜 동지였고 서로의 삶을 알고 있었다. 한 사람은 기혼자인데 아내는 그가 백색 수도사들에 대한 이 무모한 원정에서 무사히 귀환하는 것을 보면 얼마나 기뻐할까, 또 행운의 신이 이러한 무모함을 어떻게 보답해 주었는지를 들으면 얼마나 기뻐할까 하고 그는 말했다.

다섯 명 중 가장 나이 많은 사람은 그의 아내가 죽었는데, 방의 위쪽 선반에서 그를 기다리고 있는 포도주 병에 관해 말하기도 했다. 반면에 가장 어린 세 번째 병사는 자기가 돌아오기를 기다리는 애인이 있었다. 그는 말을 전혀 하지 않고 다른 사람들보다 먼저 조금 앞서 말을 타며 달려갔다.

---

46) 불벤산은 아일랜드의 슬라이고 카운티에 있는 꼭대기가 평평하고 아름다운 암석으로 된 산이다. 이는 아일랜드 신화의 Fin cycle에 나오는 Diarmuid와 Grania의 이야기에서 유명하다. 이 산은 슬라이고 항구를 지키는 두 산 중 하나이며, 다른 하나는 Knocknarae이다.
47) 아일랜드 슬라이고 카운티에 있으며 길 호수 인근에 위치한 성으로 추정된다. Cashel은 '성 castle' 또는 '돌 요새stone fort'를 의미한다.
48) 이것은 아일랜드 슬라이고 카운티에 있는 Garavogue 강의 가장 좁은 지점을 말한다. 그것은 상류를 가로질러 거의 200미터 너비에서 Buckley's Ford로 알려진 지역에서 약 42미터 너비로 이어진다.

갑자기 젊은 남자가 멈추었다. 그의 말이 떨고 있음을 그들은 알아차렸다. 그는 다음과 같이 말했다. "무언가를 보았어요. 하지만 그림자였을지도 모릅니다. 그것은 머리에 은관을 쓴 큰 벌레 같았습니다." 다섯 사람 중 한 사람이 성호를 그을 것처럼 이마에 손을 얹었다가 자기가 종교를 바꾼 것을 생각하고는 손을 내려놓으며 말했다. "나는 그것이 단지 그림자라고 확신합니다. 그 이유는 우리 주변에 많은 사람들이 있으며 매우 낯선 종류의 사람들이 존재하기 때문입니다." 그런 다음 그들은 조용히 말을 타고 갔다. 이른 아침에 비가 와서, 나뭇가지에서 떨어지는 빗방울이 그들의 머리카락과 어깨를 적셨다. 조금 후에 그들은 다시 이야기하기 시작했다. 그들은 많은 반란자에 대항하여 함께 많은 전투를 치렀고 이제 서로에게 그들의 상처에 관한 이야기를 반복했기에 숲의 끔찍한 고독을 반쯤 잊고 있었다.

갑자기 앞서가던 두 마리의 말이 울면서 꼼짝 않고 서서 더 이상 나아가지 않으려 했다. 그들 앞에는 반짝거리는 물이 흘렀고 급속히 흐르는 물소리 때문에 그것이 강이라는 것을 그들은 알아차렸다. 그들은 말에서 내리고 많은 끌어당김과 달래기 끝에 말을 강가로 데려왔다. 물 한가운데는 회색 드레스 위로 흘러내리는 백발을 한, 키 큰 노파가 서 있었다. 그녀는 물속에서 무릎을 꿇고 때때로 씻는 것처럼 몸을 구부렸다. 이제 그들은 그녀가 반쯤 떠 있는 무엇인가를 씻고 있는 것을 볼 수 있었다. 달이 그 위에 깜박이는 빛을 비추니, 그것이 사람의 시체인 것을 그들은 깨달았다. 그들이 그 시체를 보고 있는 동안 강의 소용돌이가 그 얼굴을 그들에게로 돌렸다. 그러자 다섯 명의 기병이 각각 동시에 자신의 얼굴을 알아차리게 되었다. 그들이 공포에 질려 움직이지 않고 말을 못 하고 서 있는 동안, 여자는 천천히 큰 소리로 말하기 시작했다. "내 아들을 보았나요? 그는 머리에 은 면류관을 쓰고 있어요." 그때 기병 중 나이가 가장 많고 가장 자주 부상을 당했던 사람이 칼을 빼들고 말했다. "나는 내 하나님의 진리를 위해 싸웠으니 사탄의 그림자를 두려워할 필요가 없소." 그리고 그는 그 칼을 가지고 물속으로 돌진했다. 잠시 후 그는 돌아왔다. 여자는 사라졌고 그는 공중과 물에 칼을 찔러댔지만 아무것도 찾지 못하였다.

    5명의 기병은 다시 말에 올라탔다. 그런 뒤 그들은 그들의 말을 개울에 끌고 갔지만 아무 소용이 없었다. 그들은 몇 번이고 시도했지만, 말들은 거품을 물고 앞다리를 치켜들며 이리저리 날뛰었다. 늙은 기병이 말했다. "자, 다시 숲속으로 말을 타고 좀 가봅시다." 그들은 나뭇가지 아래로 말을 타고 들어갔다. 발굽 아래에서 담쟁이덩굴이 딱딱거렸고, 나뭇가지들은 그들의 강철 모자에 부딪히곤 했다. 그들은 20분 정도 말을 탄 후, 다시 강으로 나왔다. 다시 10분 후에 말의 발 받침대 위까지 잠기지 않고 건널 수 있는 장소를 찾았다. 반대편의 숲은 매우 엷어서 달빛을 긴 강에 투영시켰다. 바람이 불자, 구름들은 빠르게 달 표면으로 스쳐 지나가기 시작했다. 여기저기 흩어진 덤불들과 작은 전나무들 사이에서 가느다란 빛의 흐름들이 춤을 추고 있었다. 나무 꼭대기는 울어대기 시작했고 그 소리는 바람 때문에 죽은 자의 소리와도 같았다. 그리고 기병들은 죽은 사람들이 연옥으로부터 나무 끝과 바위 끝에 침을 뱉는다는 이야기를 기억하고 있었다. 그들은 잘 다져진 길을 다시 밟을 수 있기를 바라며 남쪽으로 조금 방향을 틀었지만 길의 흔적을 찾을 수 없었다.

    그러는 동안 신음 소리는 점점 더 커졌고 달빛의 춤은 점점 빨라지는 것 같았다. 점차 그들은 멀리서 들려오는 음악 소리를 알아차리기 시작했다. 그것은 백파이프 소리였고 그들은 큰 기쁨으로 말을 타며 그쪽을 향해 달려갔다. 그 소리는 컵 모양의 깊은 골짜기 아래에서 들려왔다. 그 골짜기 한가운데는 빨간 모자를 쓰고 쇠약한 얼굴을 한 노인이 있었다. 그는 장작불 곁에 앉아, 발밑의 땅속으로 불타는 나무토막을 쑤셔 넣으며 낡은 백파이프를 격렬하게 연주하고 있었다. 그의 붉은 머리카락은 바위 위 녹슨 철 같은 자기 얼굴 위로 흘러내렸다. 그는 잠시 올려다보며 "내 아내를 보았소?"라고 말했다. "그녀는 목욕하고 있었죠! 그녀는 목욕하고 있었죠!"라고 젊은 기병이 말했다. "나는 이 사람이 두렵소. 이 사람은 온전한 사람이 아니니 두렵소."라고 늙은 기병이 말했다. "아니오. 그는 우리와 같은 사람이오. 나는 그의 얼굴에 주근깨가 있음을 볼 수 있소. 우리는 그에게 우리의 안내자가 되도록 강요하겠소." 그가 칼을 뽑아 겨누자, 다른 사람들도 그렇게 하였다. 그들은 피리 부는 사람 주위에 원을 그리며 서서 그에게 칼을 겨누었다. 늙은 기병은 그에게 불벤산과 카셀-나-게일이라고 불리는 큰 산봉우리 사이의 길을 선택하여 도망간 두 명의 반란군을 죽여야 한다고 말했다. 그들이 길을 잃었으니 피리 부는 사람이 기병들 중 한 사람보다 먼저 말을 타고 그들의 길을 안내해 주어야 한다고 말했다. 피리 부는 사람이 옆에 있는 나무를 가리키자, 이미 여물을 먹고, 고삐를 하고, 안장이 갖추어진 늙은 백마를 그들은 보았다. 피리 부는 사람은 파이프를 등에 걸고 손에 횃불을 들고 말을 타며 힘껏 그들 앞에서 출발했다.

 이제 나무가 더 희박해지고 땅은 산 쪽 방향으로 경사지기 시작했다. 이미 달은 졌지만 구름 사이로 별들이 밝게 빛나고 있었다. 땅은 점점 더 경사가 심해졌다. 마침내 그들은 산 정상의 넓은 숲보다 훨씬 더 높이 말을 타고 갔다. 아래에는 수 마일에 걸쳐 숲들이 펼쳐져 있었다. 저 멀리 남쪽에는 불타고 있는 마을의 강렬한 화염 빛이 치솟아 오르고 있었다. 가이드는 갑자기 고삐를 당기고 횃불을 잡지 않은 손으로 위쪽을 가리키며 소리쳤다. "봐요. 거룩한 성초를 봐요!" 그런 다음 횃불을 이리저리 흔들며 전속력으로 앞으로 뛰어들었다. "전령들의 말발굽 소리가 들리나요?" 가이드가 외쳤다. "빨리, 빨리! 그렇지 않으면, 그들은 당신의 손에서 사라질 것이오!" 그리고 그는 추적의 기쁨을 지닌 것처럼 웃었다. 기병들은 멀리서도 자기들의 바로 아래에 있는 것처럼 전령들의 말발굽 소리를 들을 수 있다고 생각했다. 그러나 이제 땅은 점점 더 기울기 시작했고 속도는 시시각각 더 빨라졌다. 그들은 말을 세우려 했지만 할 수 없었다. 왜냐하면 말이 미친 것 같았기 때문이다. 안내자인 피리 부는 사람은 늙은 백마의 목에 고삐를 얹고 팔을 흔들며 게일어로 노래를 부르고 있었다. 갑자기 그들은 엄청난 거리에 있는 강의 희미한 불빛을 보았다. 그들이 지금 루그나골Lugnagall[49] 또는 영어로 '낯선 자들의 가파른 장소'라고 불리는 심연의 가장자리에 있음을 알았다. 여섯 마리의 말이 앞으로 뛰쳐나왔고, 다섯 사람의 비명소리가 허공으로 울려 퍼져 올라갔다. 잠시 후, 다섯 사람과 그들의 말이 둔한 충돌 소리와 함께 바위 아래, 푸른 비탈면에 떨어지고 말았다.

■■■ 해설

1642년 7월 1일, 프레더릭 해밀턴 경은 아일랜드의 슬라이고 마을을 약탈했고, 그 마을의 일부를 불태웠다. 그중에는 슬라이고 수도원도 포함되어 있었다. 지역 전설에 따르면, 산을 넘어 매너해밀턴Manorhamilton[50] 성으로 돌아오는 길에, 그의 부하 중 몇몇이 짙은 안개 속에서 길을 잃었다고 한다. 흰 말을 탄 가이드가 그들을 산 너머로 안전하게 인도해 주겠다고 제안했지만, 의도적으로 그 병사들을 절벽 너머로 떨어지게 만들었다. 이 전설이 "불과 그림자의 저주"의 주제가 된 것이다. 본문의 내용은 아일랜드에서의 신교와 구

---

49) 루그나골은 아일랜드 슬라이고 카운티의 산이며 드럼클리프Drumcliffe가 보인다. 산의 아일랜드 이름은 '낯선 가파른 장소'를 의미한다. 예이츠의 시 "The Man Who Dreamed of Faeryland"에 언급된다. "He slept under the hill of Lugnagall"
50) 매너해밀턴은 아일랜드 레이트림Leitrim 카운티에서 두 번째로 큰 도시이다. 슬라이고에서 26킬로미터 떨어진 곳에 있다.

교의 종교 분쟁의 일면을 보여주고 있다. 16세기 영국 성공회(신교)가 당시 영국의 식민지였던 아일랜드로 건너가 로마 가톨릭(구교) 신자들에게 개종을 강요하면서 분쟁이 시작되었다. 본문에서도 수도원을 불태우고 수도사들을 죽이는 장면들이 나온다. 이는 아일랜드에서의 종교 분쟁이 얼마나 격심하였는지를 잘 보여주고 있다.

유병구 (안동대)

아무것도 없는 곳에 신이 계신다
WHERE THERE IS NOTHING, THERE IS GOD

평소에 수사들이 해 질 녘 들판에서 돌아와 기도를 드리거나 몸을 굽혀 공예품을 만들던 툴라Tullagha. 도니골Donegal에 있는 마을의 버드나무 가지로 만든 작은 집들은, 수사들이 겨울의 추위를 피해 모두 목조 성당의 그늘에 있는 작은 목조주택으로 모이면서 비게 되었다. 말라스지니어스Malathgeneus 수도원장, 도브Dove 수사, 볼드 폭스Bald Fox 수사, 베드로Peter 수사, 패트릭Patrick 수사, 비턴Bittern 수사, 페어브라우Fair-Brow 수사와 함께 전쟁에서 명성을 얻기에는 너무 어린 여러 명이 난로 근처에 붉은 얼굴로 앉아, 장어를 잡기 위해 강에 치는 낚싯줄을 손질하거나, 새를 잡는 올가미를 만들거나, 부러진 삽의 손잡이를 수선하거나, 큰 책에 글씨를 쓰거나, 그 책을 넣을 보석 장식이 달린 상자를 만들고 있었다. 그리고 그들의 발치에는 언젠가 수사들이 될 학생들이 누워 있었다. 여기는 이들의 학교였고, 또 이 어린 학생들을 위해 큰 난로에 불이 활활 타오르고 있었다. 이들 중에 오리올Olioll이라는 이름의 여덟 살이나 아홉 살쯤의 아이가 자리에 누워 연기가 빠져나가는 지붕의 구멍을 통해 마치 들판의 짐승의 눈처럼 부드러운 눈with mild eyes, like the eyes of a beast of the field으로 연기 속에서 깜빡이는 별들을 보고 있었다. 그 아이는 큰 책에 글씨를 쓰면서 아이들을 지도하는 역할을 하는 수사에게 말했다. "도브 수사님, 저 별들은 어디에 매달려 있나요?" 그 수사는 학생들 중에서 가장 머리가 나쁜 아이가 보이는 큰 호기심에 기뻐서 펜을 놓고 말했다. "하늘에는 아홉 개의 맑은 천체crystalline spheres가 있는데 첫 번째 천체에는 달이 매달려 있고, 두 번째에는 수성이, 세 번째에는 금성이, 네 번째에는 해가, 다섯 번째에는 화성이, 여섯 번째에는 목성이, 일곱 번째에는 토성이 매달려 있는데, 이 별들은 모두 행성이란다. 그리고 여덟 번째 천체에는 움직이지 않는 별들이 매달려 있고. 그런데 아홉 번째는 태초에 신의 숨결이 움직이던 그 본질로substance 이루어진 천체란다."

"그 너머에는 뭐가 있나요?" 아이가 물었다.

"그 너머에는 아무것도 없지. 거기에는 신이 계신단다."

그때 그 아이의 눈은 커다란 루비가 불빛에 빛나는 보석 장식이 달린 상자를 보았고 그는 물었다. "왜 베드로 수사님은 상자에 큰 루비를 달았나요?"

"루비는 신의 사랑을 상징하는 거야."

"왜 루비가 신의 사랑을 상징하는 건가요?"

"왜냐면 루비는 불처럼 빨갛기 때문이야. 불은 모든 것을 다 태워버리지. 그리고 아무것도 없는 곳에 신이 계시기 때문이지."

그 아이는 침묵에 잠기더니 곧 일어나 말했다. "밖에 누가 있어요."

"아니야." 수사는 대답했다. "그건 늑대들이야. 늑대들이 눈 속을 돌아다니는 걸 들었어. 겨울이 그들을 산에서 몰아내는 바람에 그놈들이 매우 사나워졌어. 어젯밤에도 늑대들이 울타리를 넘어 양을 여러 마리 물어갔는데, 조심하지 않으면 그놈들이 모든 걸 잡아먹을 거야."

"아니요. 이건 큼직한 걸 보니까 사람 발자국이에요. 그런데 늑대 발소리도 들려요."

이 말이 끝나자마자 누군가 문을 세 번 두들겼는데, 그리 큰 소리는 아니었다.

"내가 가서 열게요. 그는 정말 추울 거예요."

"열지 말아라. 늑대인간일 수도 있어. 그러면 그가 우리를 다 잡아먹을 거야."

그러나 그 아이는 벌써 무거운 나무 걸쇠를 벗겨냈고, 모두들 겁에 질린 얼굴로 서서히 열리는 문을 바라보았다.

"묵주와 십자가를 가지고 있어요. 늑대인간일 리가 없어요."라고 아이가 말할 때 길고 거칠게 자란 수염과 어깨를 지나 거의 허리까지 늘어진 텁수룩한 머리가 온통 눈으로 덮여있는 사내가, 그의 야윈 팔다리를 반밖에 가리지 못하는 다 떨어진 넝마 코트에서 눈을 털며 안으로 들어와서는, 부드럽고 황홀한 눈으로 모두의 얼굴을 바라보았다. 화로에서 조금 떨어져 서서 마침내 말라스지니어스 수도원장을 발견하고 그는 말했다. "수도원장님. 제발 들어와서 화로에서 불을 쬐고 수염과 머리, 그리고 외투의 눈을 녹일 수 있도록 허락해 주세요. 제가 산속 추위에 얼어 죽어서 내 맘대로 죽었다고 주님께서 화를 내시지 않도록."

수도원장이 말했다. "불 가까이 오세요. 몸을 녹이고 오리올이 가져다 줄 음식을 좀 먹어요. 예수님께서 희생해서 구원한 사람 중에 누군가가 당신처럼 가난하다는 것은 정말 슬픈 일이지요."

그 사내는 불 옆에 앉았고, 오리올은 물이 뚝뚝 떨어지는 그의 외투를 가져가고, 그에게 고기와 빵, 그리고 포도주를 가져다주었다. 그러나 그는 빵만 먹었으며, 포도주를 사양하고 대신에 물을 달라고 부탁했다. 그의 수염과 머리가 어느 정도 마르고 팔다리가 추위에 떨지 않게 되었을 때 그는 다시 말했다.

"수도원장님. 이 가난한 사람을 불쌍하게 여기시고, 오랫동안 거친 세상을 방랑한 비렁뱅이를 불쌍하게 여기셔서 제게 일을 좀 주세요. 가장 힘든 일도 좋아요. 왜냐면 저는 세상에서 가장 가난한 사람이기 때문입니다."

수사들은 이 사내에게 어떤 일을 맡겨야 할지 논의했으나, 이 바쁜 수도원에는 누군가에게 맡겨지지 않은 일이 없어서 처음에는 결론을 내지 못했다. 그러다 누군가가 너무 멍청해서 다른 일은 하지 못하고 맷돌 창고에서 큰 맷돌을 돌리는 일을 맡은 볼드 폭스 수사가, 이제는 너무 늙어 그런 힘든 일을 하지 못한다는 것을 기억해내고는 그 거지에게 다음날부터 맷돌을 맡기기로 했다.

이제 추위도 물러가고 봄이 지나 여름이 되어도 맷돌은 한 번도 게으른 적도 없고 마지못해 돌아간 적도 없었는데, 누구라도 그 거지 옆을 지날 때 그가 맷돌을 돌리며 부르는 노래를 들을 수 있었다. 그러면서 이 행복한 수도원에도 마지막 걱정거리가 사라졌는데, 놀랍게도 항상 멍청하고 전혀 깨우치지 못하던 오리올이 갑자기 똑똑해지는 기적이 일어났다. 어느 날 그는 평소보다 더 멍청해서 매를 맞고는, 그다음 날에도 공부를 못하면 그를 놀려대는 어린 학생들의 반으로 보내질 것이라고 들었다. 그는 울면서 나갔는데 어리석기는 해도 모든 지나가는 소리를 듣고 모든 빛을 궁금해하는 마음을 타고나 오랫동안 학교에서 조롱거리였던 그가, 바로 그다음 날부터 공부를 잘해서 반에서 일 등을 하고 학생 중에서 최고가 되었다. 처음에 도브 수사는 이것이 그가 성모 마리아에게 드린 기도의 응답이라고 생각했고, 그를 향한 성모님의 사랑의 증거라고 받아들였다. 그러나 이를 약간이라도 증명하기 위한 모든 열정적인 기도가 응답이 없게 되자, 그는 그 아이가 방랑 시인이나 드루이드, 또는 마녀와 접촉했으리라 생각하면서 그 아이를 따라다니며 지켜보기로 했다. 그는 이 생각을 수도원장에게 말했고, 수도원장은 뭔가 사실을 알게 되면 즉시 보고하라고 지시했다. 그다음 날은 일요일이었는데, 그는 수도원장과 다른 수사들이 하얀 사제복을 입고 저녁 기도를 마치고 돌아오는 길에 서서 수도원장의 사제복을 잡고 말했다. "그 거지가 위대한 성인이며 기적을 일으키는 분입니다. 저는 방금 오리올을 따라갔는데, 그의 느린 발걸음과 숙인 고개를 보고 그의 어리석음의 무료함이 그를 사로잡았다는 것을 알 수 있었습니다. 그 아이가 맷돌 창고 옆에 있는 작은 숲으로 갔을 때, 저는 잡목에서 끊어진 오솔길과 진흙에 찍힌 발자국을 보고 그가 그곳에 자주 갔다는 것을 알 수 있었지요. 저는 경사진 곳에서 길이 겹친 곳에 관목 뒤에 숨어서 그의 눈물을 보고는, 그가 아주 오랫동안 어리석었고 현명해진 것은 아주 최근이기에 아직 회초리의 공포를 극복하지 못했다는 것을 알 수 있었습니다. 그가 맷돌 창고로 들어갔을 때 저는 유리창으로 가서 안을 들여다보았습니다. 그러자 그 신성한 곳을 겁내지 않는 새들이 날아와 제 머리와 어깨에 앉았고, 늑대가 제 사제복과 관목의 잎사귀 사이로 지나갔습니다. 오리올은 책을 펴고 제가 공부하라고 시킨 페이지를 열고는 울기 시작했습니다. 그러자 거지가 그 아이의 옆에 앉아, 그가 잠이 들 때까지 아이를 위로해 주었습니다. 아이가 아주 깊게 잠이 들자 거지가 무릎을 꿇고는 다음과 같이 소리 내 기도를 했습니다. '오 별들 너머에 살고 계시는 주님이시여. 태초에서처럼 당신의 권능을 보여주시고 주님이 보내주신 지혜가 그의 마음속에서 깨어나도록 해주시옵고, 이 세상에서 온 것은 아무것도 없고wherein is nothing from the world 아홉 계급의 천사들이 당신의 이름을 거룩하게 하옵소서.' 그러자 갑자기 빛이 나타나 오리올을 감쌌고, 저는 장미의 향기를 맡을 수 있었습니다. 제가 너무 놀라서 잠깐 움직였고 그 거지가 저를 보고는 허리를 숙이며 말했습니다. '도브 수사님. 만일 제가 잘못했다면 용서해주세요. 제가 속죄를 하겠습니다. 저를 움직인 것은 저의 연민이었습니다. 그러나 저는 너무 무서워서 도망을 쳐 여기로 왔습니다.'"

그러자 모든 수사들이 한꺼번에 말하기 시작했다. 어떤 수사는 그가 이러이러한 성인이라고 했고, 다른 수사는 그 성인이 아니라 다른 성인이라고 했으며, 또 다른 수사는 그 성인들이 모두 그들 수도원에 있으니까, 그 어느 성인이 아니라 다른 이러이러한 성인이라고 말했다. 이렇게 모두 각자 자기네 고향의 수호성인들이라고 주장해서, 이 조용한 수도원이 거의 난장판이 되었다. 마침내 수원도장이 말했다. "그는 여러분이 말한 그 누구도 아닙니다. 부활절에 모두 내게 인사를 해 왔기에 내가 알아요. 다들 자기네 수도원에 있었어요. 그 사람은 주님의 연인인 앵거스Aengus입니다. 그는 야생 동물들 사이에서 살다가 황야에서 살려고 떠났지요. 10년 전에 그는 패트릭의 언덕 아래에 있는 그의 수도원에서, 해야 할 일이 너무 많아 부담을 느껴 노래만으로 주님께 예배드릴 수 있는 숲으로 들어갔어요. 그런데 그의 신앙심이 널리 알려져 수많은 사람이 그의 오두막을 방문했지요. 그랬더니 모든 것을 다 버린 그의 영혼에 약간의 자만심이 자리를 잡게 되었지요. 9년 전에 그는 누더기를 입고 사라졌고, 그날 이후로 아무도 그를 본 사람이 없었지요. 아마도 그가 산속에서 늑대들과 함께 살았고 들판의 풀을 뜯어 먹는다는 말이 사실일 수도 있겠어요. 다들 그에게 가서 인사를 합시다. 마침내 오랜 수행 후에 그는 신성을 가진 무nothing를 찾았나 보네요. 가서 그가 걸어온 길을 우리에게 알려달라고 부탁합시다."

그들은 하얀 사제복을 입고 숲속의 오솔길을 따라갔고, 견습 사제가 그들의 앞에서 향로를 흔들었으며 수도원장은 보석이 박힌 지팡이를 들고 향내 속에서 걸어갔다. 그들은 모두 맷돌 창고에 도착했고 아이가 깨어나기를 기다리면서 거기에서 무릎을 꿇고 기도를 올리기 시작했다. 그 성인은 아이를 바라보다 말고 밖으로 나와 태양이, 마치 그가 걸어온 길처럼, 알지 못하는 어둠 속으로 지는 것을 바라보았다.

■■■ **해설**

『예이츠 신화집』뿐만 아니라 다른 작품들에서도 예이츠는 특히 제도화된 기독교에 대해 호의적인 태도를 보이지 않는다. 이 이야기에서도 마찬가지로 공부를 하지 못해 제대로 대접받지 못하지만 사실은 자연과 신에 대한 깊은 이해와 관심을 가지고 있는 오리올에 대한 오해와 실체를 말하려고 한다. 오리올이 던지는 매우 의미 있고 실체를 파악하려는 질문에 대해 수도원의 성직자들은 그저 자신들도 이해하지 못하는 대답으로 일관한다. 이는 상징적으로 추운 겨울밤에 찾아온 거지에 대해 진심으로 걱정하고 받아들이는 사람은 오리올뿐이라는 것에서 알 수 있다. 영적인 것을 추구하는 신앙심보다는 세속적인 욕심과 관행 속에 살면서 순수한 마음보다는 성적이나 점수 등의 기준으로 어린아이들을 대하는 성직자들에게는 어리석어 보이는 오리올이 갑자기 똑똑해지고 성적이 좋아진다는 것은 실제로 이 아이가 현명해지는 것이 아니라 제도화된 성직자들의 기준에 맞추어진 것일 뿐이다. 이 오리올의 이야기는 늙고 가난한 거지가 사실은 진정한 믿음과 영혼을 가진 성인이라는 것과 병치되면서 성직자들의 어리석음을 더욱 강조시킨다. 이 이야기를 통해 우리는 아일랜드의 민중들이 기독교를 바라보는 진정한 시각과 함께 세속적인 가치 기준의 암담함을 엿볼 수 있을 것이다.

김주성 (단국대)

여명의 노인들 THE OLD MEN OF THE TWILIGHT

로시즈Rosses, 슬라이고에 있는 마을.에 데드맨곶Dead Man's Point 근처에 눈처럼 생긴 두 개의 둥근 창문으로 바다를 지켜보던 이제는 사용하지 않는 창고가 있는 장소에는 지난 세기에 진흙으로 만든 오두막집이 하나 있었다. 그것은 초소이기도 했는데, 예전에 밀수업자였었고 그 아버지와 할아버지도 모두 밀수업자들인 마이클 브루엔Michael Bruen이라는 노인이 이곳에 살면서, 밤이 되면 큰 프랑스 스쿠너schooner. 두 개의 돛대가 있는 범선.가 러플리Roughley에서 만을 따라 올라오면, 뿔처럼 생긴 등을 남쪽 창에 거는 게 그의 일이었는데, 그러면 그 소식이 도렌섬Dorren's Island으로 전달되고 거기에서 다시 다른 등을 통해 로시즈 마을로 전달이 되는 것이었다. 그러나 이런 깜빡이는 등을 통한 소식의 전달은 노인에게는 다른 사람들과는 별로 관련이 없는 일이었다. 왜냐하면 그가 매우 늙어서 허리가 스페인 묵주 위로 완전히 구부러졌고, 그에게는 죽음을 준비하는 것 말고는 아무런 생각도 없었기 때문이다. 어느 날 밤, 부드러운 순풍이 부는데 자비로우신 마리아La Mere de Misericorde 호는 예상보다 많이 늦어졌기에, 그는 바다를 몇 시간 동안이나 바라보았다. 마침내 그는 그 배가 이 시간에는 러플리를 올라오지는 않을 것이며 새벽이 지난 후에 닻을 내리리라는 것을 알고, 막 짚더미 위에 누우려고 했을 때, 왜가리들이 긴 줄을 이루어 도렌섬 쪽에서 세컨드 로시즈Second Rosses로 불리는 반쯤 갈대로 뒤덮인 호수 쪽으로 천천히 날아가는 것을 보았다. 그는 왜가리들이 해변에 사는 새들이라서 바다 위로 날아가는 것을 한 번도 본 적이 없어서 졸음이 깰 정도로 놀라기도 했고, 무엇보다도 스쿠너가 오랫동안 도착하지 않아 찬장에 먹을 것이 다 떨어졌기에 총신이 끈으로 묶여 있는 녹슨 총을 들고 호수 쪽으로 향했다.

잠시 후 그는 얕은 물에서 한쪽 다리를 들고 서 있는 정말로 많은 왜가리를 보았는데, 그는 속새의 둑 뒤쪽에 웅크려서 그의 총의 뇌관을 살펴보고는 묵주에 고개를 숙여 잠깐 기도를 드렸다. "신성하신 패트릭 성인이시여, 저는 왜가리 파이를 정말로 좋아합니다. 만일 제 총탄이 빗나가지 않게 해 주신다면, 그 파이를 다 먹을 때까지 밤마다 기도를 올리겠습니다." 그리고 그는 엎드려서 커다란 돌 위에 그의 총을 올려놓고는 물속에 있는 왜가리를 쏘면 물에 들어가서 건져 오다가 관절염에 걸릴까 두려워서, 호수로 흘러들어오는 작은 시냇물 위에 부드러운 풀로 뒤덮인 언덕에 서 있는 왜가리를 겨냥했다. 그러나 그가 총신을 겨누어 보았더니, 놀랍고 두렵게도 왜가리는 사라지고 그 자리에 정말로 나이가 많은 남자가 서 있었다. 그가 총을 내리고 보자, 다시 왜가리 한 마리가 고개를 숙이고 날갯짓을 멈추고 서 있었다. 그는 다시 총을 들었고 총신을 보자 다시 노인이 있었고 총을 내리니 노인이 다시 사라져 버렸다. 그는 총을 내려놓고 성호를 세 번 그은 후에 주기도문과 성모송을 외운 후 조용히 말했다. "주님의 어떤 적이 이 신성한 물에서 낚시를 하는구나." 그러고는 아주 조심스럽게 천천히 겨냥하고는 총을 쏘았다. 화약 연기가 사라졌을 때, 그는 노인이 풀밭에 웅크리고 있는 것을 보았고 왜가리들은 긴 줄을 이루어 바다 쪽으로 날아올랐다. 그는 호수의 굽은 곳을 돌아서 작은 시냇물로 가서 핏자국이 있는 옛날 무늬의 낡은 옷에 덮여있는 어떤 존재를 보았다. 그는 그 사악한 장면을 보고는 고개를 흔들었다. 그런데 갑자기 옷이 움직이더니 팔 하나가 그의 목에 걸려있는 묵주를 향해 쑥 나오더니, 길고 쇠약한 손가락이 거의 십자가를 건드리려고 했다. 그는 깜짝 놀라 뒤로 물러서면서 소리쳤다. "악마야. 어떤 사악한 존재도 내 신성한 묵주를 만지지 못해."

그러자 너무나도 희미해서 마치 한숨처럼 들리는 목소리가 들렸다. "내 말을 듣는다면 당신은 내가 악마가 아니라는 것을 알게 될 것이며, 내가 죽기 전 십자가에 입맞춤하도록 할 거라네."

"당신의 말을 듣기는 할 거야. 그러나 여전히 당신은 내 묵주를 만질 수 없어."라고 그가 대답하면서, 그 죽어가는 남자에게서 조금 떨어진 풀밭에 앉아 총을 다시 장전하고는 무릎 위에 올려놓고 이야기를 들을 준비를 했다.

"언제인지 모르겠지만 아주 먼 옛날에 우리는 지금처럼 왜가리가 아니라 학자들이었다네. 우리는 사냥도 하지 않았고 전쟁에 나가지도, 기도를 하거나, 노래를 하지도, 애정 행각도 하지 않았지. 드루이드들은 종종 우리에게 새로운 드루이드 패트릭new Druid Patrick에 대해 말했다네. 그들 대부분은 그에게 화가 나 있었지만, 몇몇은 그의 사상이 그들의 사상을 새롭게 표현한 것일 뿐이라고 환영하는 이들도 있었지. 그러나 우리는 드루이드들이 패트릭에 대해 말할 때 하품이나 하고 지루해했지. 마침내 그들은 그가 왕의 궁전으로 오고 있다고 외치며 서로 싸우기 시작했다네. 그러나 우리는 운율이나 라임, 유사 음, 음절과 강세 등의 상대적 중요성을 토론하고 있었기에, 그들 양쪽의 말을 듣지 않았지. 또 우리는 그들이 옆구리에 마술봉을 끼고 우리네 문을 지나 숲을 향해서 가거나 어둠이 내린 후 창백한 얼굴과 절망하는 한숨으로 돌아올 때도 별로 신경 쓰지 않았다네. 오검 문자Ogham, 20자로 이루어진 고대 아일랜드 문자,로 우리의 생각을 정리해 기록하는 조각칼 소리에 기뻐하고 있었거든. 그다음 날 많은 사람이 왕의 궁전으로 갔는데,

우리 중의 하나가 조각칼을 내려놓고 하품하면서 기지개를 켜다가 멀리서 들리는 소리를 들었다네. 그러나 우리의 마음은 다른 것에는 닫혀있었고, 우리는 함께 조각하고 토론하고 읽고 기뻐할 뿐이었지. 잠시 후 집으로 향하는 발소리를 들었고 곧 한 명은 하얀색, 다른 하나는 진홍색 외투를 입은 키가 큰 두 사람이 우리의 문에 서 있었지. 그들은 바로 드루이드 패트릭과 우리의 왕이었다네. 우리는 얇은 조각칼을 내려놓고 왕에게 인사를 했는데, 왕은 평소의 거친 소리가 아니라 황홀경에 빠진 목소리로 우리에게 말했다네. '나는 왕의 궁전에서 주님의 계명을 설교하고 있었다. 땅의 중심으로부터 하늘의 유리창에 이르기까지 모든 것들이 침묵했다. 독수리는 날개를 움직이지 않고 날았고, 물고기는 지느러미를 움직이지 않았고, 언제나 지저귀던 홍방울새와 굴뚝새, 참새도 지저귐을 멈추었고, 구름도 하얀 대리석처럼 멈추었고, 저 머나먼 바다의 새우들도 어렵겠지만 영원한 인내 속에서 가만히 있었다. 다른 모든 것이 다 조용한데, 너희들의 작은 조각칼 소리만 계속해서 들렸고 이 소리는 견딜 수가 없구나. 너희들은 천사의 발이 너희들의 머리를 건드릴 수 없고 악마의 머리카락이 너희들의 발꿈치를 접하지 못하는 곳에 살고 있었기에 내가 너희를 영원한 본보기로 삼으려 한다. 너희는 잿빛 왜가리가 될 것이며, 회색 연못에서 조심스럽게 서게 될 것이며, 한숨이 가득한 시간에 세계를 날아다니게 될 것이다. 너희는 세상의 어떤 것들도 영원히 확신할 수 없기에, 너희의 죽음은 갑작스럽고 우연히 올 것이다.'"

이제 목소리는 잦아들어 들리지 않았고, 그 곁으로만 경건한 체하는 남자는 어리석게도 그가 들은 이야기를 하나도 이해하지 못하고, 땅을 바라보면서 그의 총만 잡고 있었다. 아마 그의 묵주를 노인이 잡아당겨 그를 깨우지 않았다면, 그는 오랫동안 그렇게 있었을 것이다. 그 학자였던 노인은 풀밭을 기어 와서 묵주에 달린 십자가를 당겨 입에 맞추려고 했다.

"내 신성한 묵주를 만지면 안 돼."라고 겉으로만 경건한 체 하는 남자는 소리치며 총신으로 길고 여윈 손가락을 때렸다. 그는 노인을 때릴 필요는 없었다. 노인은 풀밭에 드러누워 한숨을 쉬고는 조용해졌다. 그는 고개를 숙여 노인의 바랜 옷을 살펴보기 시작했다. 학식 있는 노인이 원하는 것을 그가 가지고 있다는 것을 알고는 그의 두려움이 줄었고, 그의 신성한 묵주가 안전하다는 것을 알았기에 그의 두려움은 거의 사라졌다. 만일 그 외투에 구멍이 없고 따뜻하다면, 패트릭 성인이 그 외투에 걸린 마법을 사라지게 하고 쓸 수 있도록 해줄 거라고 그는 생각했다. 그러나 그 낡고 바랜 코트는 그가 손을 대는 족족 사라져버렸고, 곧 호수 위로 약한 바람이 불어 학식 있는 노인과 그의 오래된 소지품들을 한주먹의 먼지로 바스러뜨렸고, 그 먼지도 조금씩 사라져 버리고 편평한 푸른 풀밭 위에는 아무것도 남지 않았다.

■■■ 해설

이 이야기에는 가장 세속적이며 현실적인 밀수꾼 노인과 그 대척점에 있는, 현실에서 멀리 벗어나 그들만의 세계에 살다가 저주를 받아 왜가리로 변했던 학자 노인이 이제 모두 죽음을 앞두고 서로 조우하고 있다. 사실 이 두 명의 인간군은 아무런 접점이 없어 서로 연관성은 전혀 없어 보인다. 물론 학자 노인이나 밀수꾼 노인 모두 다른 사람들의 상황이나 움직임에 대해 전혀 관심이 없다는 공통점은 찾을 수 있다. 밀수꾼에게는 그 학자 노인이 죽어가면서 던지는 회한과 반성, 그리고 안식이 전혀 의미가 없고 그의 마지막 소원인 종교적인 구원의 가능성마저도 거부한다. 이것은 예전에 학자 노인이 아일랜드에 기독교를 전파하는 새로운 종류의 마법자이며 신앙 지도자 드루이드인 패트릭이 아일랜드에 몰고 온 종교적인 열정과 새로운 전해준 분위기에 대해 전혀 무관심하고 고립된 삶을 살았다는 이유로 왜가리로 바뀌어 세상의 불행과 위험성에 대해 한숨과 함께 죽음의 불확실성으로 고통받아야 했던 과정과 그대로 일치한다. 이 이야기에서는 타인에 대한 무관심의 병폐와 함께 이 무관심이 결국 자신과 타인의 구원 가능성을 방해하는 결과로 나타난다는 것을 말하고 있다.

김주성 (단국대)

교만한 코스텔로와 맥더못의 딸, 그리고 쓴 혀
PROUD COSTELLO, MACDERMOT'S DAUGHTER, AND THE BITTER TONGUE

코스텔로는 들판에서 올라와 네모난 탑의 문 앞 땅바닥에 누워 손에 머리를 얹고 일몰을 바라보면서 날씨가 어떨지 생각해보고 있었다. 이제 영국에서 유행이 지난 엘리자베스와 제임스의 관습이 상류층 사이에서는 유행처럼 퍼지기 시작했지만, 그는 여전히 토착 아일랜드인의 큰 망토를 입었고 그의 흔들림 없는 자신감 찬 얼굴과 큰 몸은 순박한 시대의 긍지와 강인함을 담고 있었다. 그의 시선은 석양에서 남서쪽 지평선 너머로 사라지는 길고 하얀 길이 있는 곳과 언덕을 천천히 오르는 기수에게로 갔다. 몇 분이 더 지나자 기수가 형체가 없는 작은 몸, 긴 아일랜드 망토, 어깨에 늘어진 낡은 백파이프, 그 아래에 있는 거친 털의 작은 말이 잿빛 황혼 속에서 뚜렷이 보일 정도로 가까이 다가왔다. 그는 소리가 들릴 정도의 거리에 이르자 외치기 시작했다. "투마스 코스텔로 씨, 자고 있습니까? 더 위대한 남성들이 광활한 거리에서 가슴이 무너지고 있는 동안에요! 교만한 투마스 씨, 일어나십시오. 소식이 있습니다! 일어나십시오, 위대한 바보여! 땅에서 몸을 일으키세요, 거대한 잡초 같은 인간이여!"

코스텔로는 일어섰고, 피리 악사가 다가왔을 때 그의 재킷 깃을 잡고 안장에서 일으켜 그를 흔들었다.

피리 악사가 '이것 놓아주세요, 놓아주세요.'라고 말했지만, 코스텔로는 그를 계속 흔들었다.

'맥더못의 딸 우나로부터 소식을 가지고 왔어요.'[51] 거대한 손가락들이 느슨해졌고 피리 악사는 헐떡대며 쓰러졌다.

'왜 말 안 했어?' 코스텔로는 말했다, '그녀가 널 보냈다고? 욕을 실컷 해댈 수도 있었잖아.'

'저는 그녀로부터 온 것이지만, 저를 흔들어댄 대가에 대해 지불하지 않으시면 말하지 않겠습니다.'

코스텔로는 돈이 든 가방을 만지작거렸는데, 그의 손이 떨렸기 때문에 가방이 열리기까지는 시간이 좀 걸렸다. 그는 피리 악사의 손에 프랑스와 스페인 돈을 떨어뜨리며 '내 가방에 있는 돈 전부 여기 있어.'라고 말했고 피리 악사는 대답하기 전에 동전들을 깨물어보았다.

'적당합니다. 공정한 대가입니다. 그러나 맥더못가가 해 진 후 어느 좁은 시골길에서나 낮 동안 쿨라빈에서 폭력을 제게 가하면 도랑의 쐐기풀 사이에서 썩어 문드러지도록 버려지거나, 지난 벨테인에서의 4년 동안 말 도둑을 매달았던 곳에 매달릴 수 있기 때문에, 확실한 보호를 받을 때까지 말하지 않겠습니다.'[52] 그가 말하는 동안 그는 벽에 모르타르로 박힌 녹슨 철 막대에 그의 작은 말을 묶었다.

---

[51] 많은 토지를 가지고 있고 로우키의 인슬라 트리니타티스로 알려진 섬에 위치한 사원과 세습되는 연결고리가 있으면서 맥디아마다Mac Diarmada 가문은 로우키Lough Key 지역에서 가장 영향력 있는 것으로 알려졌다. (Gould and Toomey 337)

[52] 벨테인Beltaine 켈틱 여름 축제는 언덕 꼭대기에서 모닥불을 피우고 흥청대며 마시는 축제였고 5월 1일에 열렸다. 『아일랜드의 고대 치료와 마법과 그것들의 사용Ancient Cures, Charms and Usages of Ireland』에서 레이디 와일드는 벨테인에서 인간 제물 바치는 고대 벨테인 풍습에 대하여 언급한다. (Gould and Toomey 337)

'내가 당신을 나의 피리 악사이자 몸종으로 두겠다.'라고 코스텔로는 말했다. '그리고 투마스 코스텔로에게 소속된 사람이라면 어떠한 사람도 손 댈 수 없다.'

피리 악사는 안장을 바닥에 던지면서 말했다. '나는 내 손에 위스키 한 병을 들고서만 메시지를 전할 것입니다. 비록 내가 누더기이고 배고프지만, 700년 전에 조상들의 집이 불타고 그들의 가축이 딜론가에 의해 쫓겨날 때까지 저의 조상들은 잘 차려입고 배불리 먹었기 때문입니다. 저는 딜론가를 지옥의 기둥 위에서 언젠가는 볼 것이고 그들은 비명을 지르겠지요.'53)

코스텔로는 그를 좁고 구불구불한 돌계단을 따라 풀로 덮인 방으로 안내했는데, 그곳에는 상류층 사이에서 흔해지기 시작한 안락함이 전혀 없었다. 그는 큰 굴뚝에 있는 자리를 가리켰다. 피리 악사가 자리를 잡고 앉자, 코스텔로는 보드카 한잔을 그의 자리 옆 바닥에 놓고 그 옆에 술병을 놓고선 그를 향해 돌아서며 말했다.54) '두알락, 맥더못의 딸이 나 달리의 아들에게 올 것인가?'

'딸의 아버지인 맥더못의 여자들이 그녀를 감시하게 해두어서 당신에게 오지 않겠지만, 이번 주가 세인트 존의 이브이고55) 호수의 맥나마라와의 약혼하는 밤이며 사람들이 그녀가 가장 사랑하는 남자에게 축배를 하라고 할 때, 그녀는 투머스 코스텔로에게 축배를 할 것입니다. 모든 사람들이 그

---

53) 하이드는 슬라이고와 메이요에 있는 토지들을 크롬웰이 아일랜드에 오고 나서 딜런Dillons가의 사람들로부터 빼앗겼다고 설명한다. (Gould and Toomey 337)
54) 아일랜드에서는 술을 여전히 나무잔에 올려 많이 제공되었다. (Gould and Toomey 338)
55) 아일랜드에서는 주된 축제 중 하나가 세례자 요한의 축일 전날The Eve of the Feast of St. John the Babtist인데, 언덕 꼭대기에서 모닥불을 피우는 것이 특징이었다. 예이츠에 의하면 이날 저녁이 요정들이 가장 즐거워하는 순간이고 간혹 아름다운 인간을 신붓감으로 여겨 데리고 도망간다는 믿음이 있었다고 한다. (Gould and Toomey 338)

녀가 사랑하는 사람이 누군지 알게 할 것이라고 당신에게 전해달라고 했습니다. 그리고 제 두 눈으로 말 도둑들을 많이 봐 왔기 때문에, 저는 당신이 갈 때 괜찮은 분들과 동행하기를 권하고 싶습니다.'

그런 다음에 그는 코스텔로에게 위스키가 들어 있던 빈 잔을 들이밀며 외쳤다. '저는 세상의 모든 물이 협죽도 껍데기로 줄어들어 제가 위스키 이외에는 아무것도 마실 수 없는 날이 왔으면 하기 때문에, 저의 잔을 다시 채워주십시오.'

그는 코스텔로가 대답하지 않고 꿈에 빠져 있는 것을 보고 말을 쏟아내었다. '비록 달리는 피리 악기를 가지고 여행을 다니고, 코스텔로는 맨 언덕 빈집, 말 한 마리와 몇 마리의 소를 가지고 있지만, 세상에는 달리를 기다리지 못할 정도로 대단한 코스텔로는 없기 때문에 저의 잔에 위스키를 채우십시오.'

'칭찬을 하려면 달리가를 칭찬하게.'라고 코스텔로는 빈 잔을 위스키로 채우면서 말했다. '당신은 내 사랑으로부터 친절한 말을 가져왔잖아.'

다음 며칠 동안 두알락은 여기저기를 다니며 경호원을 구하려고 했는데 만나는 사람마다 코스텔로에 대한 어떤 종류의 이야기를 했다. 한 사람은 코스텔로가 어렸을 때 어떤 레슬러와 그를 휘감고 있던 벨트를 어찌나 끌어당겼는지 레슬러의 등이 부러지게 된 이야기를 했고, 어떤 사람은 그가 내기를 위해 사나운 말을 여울로 끌고 갔던 이야기를 했으며, 또 다른 사람은 어른이 된 코스텔로가 메이요에서 강철 말굽을 어떻게 부러뜨렸는지에 대하여 이야기했지만, 양의 맥더못이나 호수의 맥나마라처럼 조심스럽고 부유한 사람들과의 다툼에서 그렇게 정열적이고 가난한 사람에게 자신을 맡길 사람은 없었다.

그 후 코스텔로는 직접 나서서 몸집이 큰 얼간이 한 명, 그의 센 힘을 숭배했던 농장 노동자 한 명, 그의 조상을 모셨던 뚱뚱한 농사꾼 한 명, 그의 염소와 양들을 돌보았던 청년 몇 명을 데리고 와서 불 앞에 그들을 정렬시켰다. 그들은 무거운 막대기들을 들고 왔고 코스텔로는 그들에게 총을 하나씩 나눠줬다. 그리고 밤새 술을 마시고, 벽에 꼬챙이로 꽂은 순무를 향해 총을 쏘게끔 하였다. 두알락은 굴뚝의 벤치에 앉아서 낡은 피리로 〈녹색 무리의 골풀〉, 〈언치온 개울〉과 〈브레프니의 공주〉를 연주하였고, 이제 총 쏘는 무리의 모습에 대해 그리고 어설픈 그들의 총 솜씨와 더 좋은 부하가 없는 코스텔로를 욕하기 시작했다.

다음 날 저녁 그들은 쿨라빈으로 출발하였다. 코스텔로는 검을 착용하고 다루기에 괜찮은 말을 탔으며, 다른 사람들은 곤장을 팔에 낀 채 거친 털의 조랑말을 타고 출발하였다. 그들은 언덕들 사이로 진흙땅을 가로질러 좁은 시골길을 가면서, 언덕에서 다른 언덕으로 지평선에서 지평선으로 불로 연락을 하였는데, 어디든 잔디의 붉은 빛 속에서 춤을 추는 무리를 볼 수 있었다. 그들은 맥더못의 집에 도달했을 때 대문 앞에서 매우 가난한 사람들 중 유난히 많은 무리가 가운데서 수레바퀴가 불타는 모닥불 주위에 둘러 모여 춤을 추고 있는 것을 보았고, 문과 양쪽 틈 사이를 통해 촛불의 불빛과 엘리자베스와 제임스의 춤을 추는 많은 발소리가 새어 나왔다.

묶여 있는 숫자에 비추어 이미 마구간은 꽉 찼기 때문에, 그들은 말들을 덤불에 묶어 놓았고 문 주변에서 서성이는 농부들 무리 사이로 비켜 지나가면서 사람들이 춤추고 있는 큰 홀 쪽으로 이동하였다. 골방에서 바라보고 있는 노동자, 얼간이, 농부, 하인 무리와 섞여 있는 두 청년, 두알락은 피리 악기들을 가지고 그들의 벤치에 앉아 있었지만, 코스텔로는 춤추는 사람들을 통과하여 옆에 있는 맥나마라에게 위스키를 따라주며 서 있는 맥더못이 있는 쪽으로 이동하였다.

'투마스 코스텔로,' 늙은 남자가 말했다. '당신은 그동안 있었던 일들을 잊기 위해 좋은 일을 해왔고, 내 딸의 약혼식에도 왔네요.'

'제가 온 것은'이라고 코스텔로는 대답했다. '코스텔로 데 안갈로 시절에 저의 조상들은 당신의 조상들을 이기고 그 이후 평화를 만들어냈고, 코스텔로의 사람은 맥더못 사람이 여는 모든 연회에 몸종과 피리 악사를 데리고 참석하고, 맥더못의 사람은 코스텔로 사람이 여는 모든 연회에 몸종과 피리 연주자를 데리고 참석하기로 계약하였기 때문입니다.'

'만약 당신이 사악한 생각을 하면서 무장한 사람들을 데리고 온 것이라면'이라고 얼굴을 붉히며 맥더못이 말했다. '나의 아내 가족이 메이요에서 왔고, 나의 세 형제와 그들의 하인들이 옥스산에서 내려왔기 때문에, 당신이 아무리 무기를 다루는 것이 능숙하더라도 나쁜 일이 생길 것입니다.'

'아닙니다.' 코스텔로는 대답했다. '저는 단지 당신의 딸과 작별의 춤을 추기 위해 왔습니다.'

맥더못은 코트에서 손을 빼고 땅바닥에 부드러운 시선으로 고정시킨 채로 조금 떨어져 서 있는 창백한 여성에게로 갔다.

'코스텔로가 네가 다시는 그를 보지 않을 것을 알기 때문에 작별의 춤을 추기 위해 왔다.'

코스텔로가 그녀를 다른 춤추는 사람들 속으로 이끌고 갈 때 그녀의 부드럽고 겸손한 눈은 그의 자신감과 폭력성에 대한 그녀의 사랑으로 고정되어 있었다. 그들은 사라반드, 갈리드, 모리스의 춤과 함께 가장 아일랜드적인 상류층을 제외한 모든 계층에서 추는, 옛 시절에 더 빠른 리듬의 운문으로 짜인 판토마임 춤을 몰아낸 위풍당당한 춤인 파반느Pavane를 추었다. 그들이 거기에서 춤을 추는 동안 세상에 대한 권태감, 우울함, 서로에 대한 연민, 사랑의 환희가 그들을 덮쳤다. 춤이 끝나고 피리 악사들이 악기를 내려놓고 술잔을 들어 올렸을 때, 그들은 다른 사람들과 조금 떨어진 곳에서 생각에 잠긴 채 조용히 다시 춤이 시작되기를 기다리며 서 있었고 마음속의 불이 솟아올라 그들을 새롭게 감싸주기를 기다렸다. 그래서 그들은 파반느,

사라반드, 갈리드, 모리리를 오랜 밤 동안 추었고, 많은 사람들이 가만히 그들을 지켜보았으며, 농부들은 마치 오랜 시간이 지나고 나서 자기 자식의 자식을 모아서 그들이 코스텔로와 맥더못의 딸이 어떻게 같이 춤을 추었는지 이야기해 주리라고 생각하는 듯이 문 앞으로 다가와 안을 들여다보았다. 그리고 춤과 음악 연주를 하는 동안에 맥나마라는 여기저기 다니며 큰 소리로 말하면서 모두가 괜찮아 보일지도 모른다는 바보 같은 농담을 했고, 새벽을 기다리는 늙은 맥더못은 얼굴이 점점 붉어졌다.

드디어 그는 끝내야 할 순간이 왔다는 것을 인지했고 춤이 끝나고 쉬는 동안에, 그는 딸에게 약혼의 술잔을 들어 마시라고 외쳤다. 그런 다음 그가 있는 곳에 우나가 다가갔고 손님들은 반원을 형성하며 둘러서 있었다. 그리고 코스텔로는 벽 가까이에 서 있었고, 피리 악사와 노동자, 농부, 얼간이와 농촌 청년이 그의 뒤에서 가까이 서 있었다. 늙은 남자는 벽감에서 그녀의 어머니와 어머니의 어머니가 약혼자의 건배를 마신 은잔을 꺼냈고 스페인 포도주를 채우고선 '네가 가장 사랑하는 남자에게 건배를 하라.'는 관례적인 말과 함께 잔을 딸에게 건네주었다.

그녀는 잠시 잔을 입술에 갖다 대고 나서 '저는 저의 진정한 사랑 투마스 코스텔로에게 건배할게요.'라고 맑고 부드러운 목소리로 말했다.

그러자 늙은 남자는 그녀의 뺨을 때렸고 술잔은 떨어졌다. 그리고 깊은 침묵만이 있어 술잔은 종처럼 울리며 땅바닥에 구르고 굴러갔다. 이제 벽감에서 나와 있는 하인들 사이에는 많은 맥나마라의 사람들이 있었고, 그들 중 한 명인 맥나마라의 부엌에 접시와 의자를 가지고 있던 이야기꾼이자 시인이 허리띠에서 프랑스산 칼을 꺼냈지만, 순간 코스텔로는 그를 땅바닥으로 쓰러뜨렸다. 모두가 이들이 여왕의 아일랜드 자식이 아니라, 좀 더 강하게 때릴 수 있도록 자기 자식들의 오른팔에 대해 세례를 받지 않게 내버려 두고 늑대들이 그들의 아이들의 대부라고 부른다고 알려질 정도의 로가

브라, 로카라, 캘리즈, 도캐리즈, 두르리즈, 오래건즈, 마혼즈, 그리고 라방 주변의 거친 아일랜드인들이라는 사실을 알고 있었기 때문에, 문 쪽에서 중얼거리며 소리치고 있는 농부들과 그들 뒤에서 모여드는 군중이 아니었다면 금속이 딸깍거리는 소리가 뒤따랐을 것이다. 검 위에 놓여 있는 코스텔로의 손등 돌기가 하얘지고 있었지만, 그는 이제 손을 치우고 문 쪽으로 갔고 그와 같이 있었던 사람들이 그를 뒤따랐다. 춤을 추고 있었던 코스텔로 앞에 있었던 사람들이 길을 비켜주었는데, 중얼거리고 소리치는 농부들을 쳐다보고 엄청나게 화를 내며 천천히 길을 비켜주는 이들이 있었고, 어떤 이들은 그에 대한 명성에 대한 영광 덕분에 반가워하며 재빨리 길을 비켜주었다. 그는 사납고 친근한 농부들의 얼굴을 지나 그의 말과 조랑말들이 덤불에 묶여 있는 곳으로 왔다. 그리고 나서 그와 그의 경호원은 말을 타고 좁은 시골길로 갔다. 그들이 조금 나아갔을 때, 마지막으로 말을 타던 두알락은 맥더못가 사람들과 맥나마라가 사람들로 이루어진 소규모 집단이 더 큰 시골 사람들 집단 바로 옆에 서 있는 집을 향하면서 외쳤다. '맥더못 당신의 손은 항상 피리 악사, 바이올린 연주자, 가난한 여행자에게 인색했는데, 당신이 이 시간에 이렇게 된 것은 자업자득입니다.' 그가 말을 다 마치기도 전에 옥스산에서 온 늙은 맥더못가 세 사람이 그들의 말 쪽으로 달려왔고, 늙은 맥더못 자신도 맥나마라가 소유의 조랑말의 고삐를 잡고 나머지 사람들에게 그를 따라오라고 하였다. 시골 사람들이 말들이 붙들고 있던 주인들로부터 도망쳐서 들판 여기저기에 흩어지도록 불 잿더미에서 여전히 타는 막대기를 집어 말들 사이에 던지지 않았더라면, 많은 부상자 및 사망자가 나왔을 것이었다. 그들이 다시 말들을 모았을 때는 코스텔로는 이미 멀리 떠났다.

 그 후 몇 주 동안 코스텔로는 우나의 소식을 계속해서 들을 수 있었다. 왜냐하면 이제는 달걀을 파는 여자들, 남녀를 불문하고 신성한 우물로 가는 사람들이, 그가 사랑하는 이가 성 요한의 이브 날 이후 어떻게 몸이 아프게 되었는지 어떻게 조금 나아지거나 안 좋아졌는지 그에게 얘기했기 때문이었다.

드디어 부하 청년들이 목초지 베는 일을 도와주고 있었던 코스텔로에게 어느 하인이 말을 타고 다가와서 편지를 건네주고 떠났다. 편지에는 이렇게 적혀있었다. '투마스 코스텔로 씨 저의 딸이 매우 아픕니다. 그녀는 당신이 오지 않으면 죽을 것입니다. 따라서 배반을 통해 당신이 훔쳐 간 그녀의 평화를 가져올 것을 명령합니다.'

코스텔로는 낫을 던져버리고 청년들 중 한 명에게 두알락을 데리고 오라고 시키고, 그의 말과 두알락의 조랑말에 안장을 얹었다.

그들이 맥더못의 집에 왔을 때는 늦은 오후였고, 가브라 호수는 그들 아래로 푸르고 버려진 채 놓여 있었다. 그리고 먼 거리에서 있었을 때, 비록 문 주변에 어두운 형체가 움직이는 모습이 보였지만 호수보다는 집이 덜 버려진 것으로 보였다. 문은 반쯤 열린 채 있었고, 코스텔로는 계속해서 문을 두드리고 또 두드렸지만 아무런 대답이 없었다.

'여기에 아무도 없어요.'라고 두알락은 말했다. '맥더못 씨는 코스텔로 씨를 환영하기에는 너무 자존심이 강하기 때문이죠.' 그리고 문을 활짝 열었고 그들은 벽에 기대며 바닥에 앉아 있는 더럽고 누더기 차림의 매우 늙은 여자를 보았다. 코스텔로는 그녀가 귀머거리 벙어리인 브리짓 델라니라는 것을 알았다. 그리고 그녀는 그를 보자 일어서면서 따라오라고 신호를 보냈고, 그와 그의 동행자를 위층의 긴 복도를 지나 닫힌 문으로 인도했다. 그녀는 문을 밀어서 열었고, 조금 멀리 떨어져 있는 곳에 가서 전처럼 앉았다. 두알락 또한 바닥에 앉았지만 문 가까이에 있었고, 코스텔로는 가서 침대에서 자고 있는 우나를 응시했다. 그는 그녀 옆에 있는 의자에 앉아서 기다렸고 매우 긴 시간이 흘렀다. 그리고 그녀는 여전히 잠을 잤고, 그러고 나서 두알락은 문 사이로 깨우라고 그에게 모션을 취했지만, 그는 그녀가 계속 잘 수 있도록 그의 숨조차 조용히 쉬도록 막았다. 곧바로 두알락 쪽으로 몸을 돌리며 말했다. '서민들은 항상 걸핏하면 미인을 비난하기 때문에 내가 그녀의 친족이 없는 곳에 머무르는 것은 옳지 않아.' 그런 다음 그들은 내려가 집의 대문에서 서서 기다렸지만 저녁은 계속 깊어 가고 아무도 오지 않았다.

'당신을 교만한 코스텔로라고 부른 녀석은 어리석은 놈이었어요.' 두알락은 드디어 말했다. '만약 그 사람이 당신을 환영하는 거지 한 명만 남겨진 곳에서 당신이 기다리고 또 기다리는 모습을 보았다면 겸손한 코스텔로라고 불렀을 것입니다.'

그런 다음 코스텔로는 말을 탔고 두알락도 말을 탔지만, 조금 말을 타고 갔을 때 코스텔로는 고삐를 끌어당기고 말을 세웠다. 시간이 좀 흐르고 나서 두알락은 외쳤다. '맥더못 씨는 형제와 친구가 많기 때문에, 당신이 맥더못 씨를 공격하는 것을 두려워하는 것이 놀랍지 않습니다. 그리고 맥더못 씨가 늙었지만 강하고 활발한 남자이고 여왕의 아일랜드인에 속하며 게일 사람들의 적들이 그의 편에 있습니다.'

그리고 코스텔로는 얼굴을 붉히며 집 쪽을 바라보며 대답했다. '내가 브라운 강에 있는 시내를 지나가기 전에 그들이 나를 오라고 부르지 않으면, 나는 다시는 거기에 돌아가지 않겠다고 신의 어머니에게 맹세한다.' 그리러 나서 계속해서 말을 타고 갔지만 너무 느리게 가서 태양이 지고 진흙 땅 위로 박쥐들이 날아다니기 시작했다. 그가 강에 이르렀을 때 그는 가장자리에서 잠시 머뭇거리다가 곧 한가운데로 말을 타고 얕은 물에 말을 세웠다. 그러나 두알락은 강을 넘어가 더 깊은 곳 위에 위치한 더 멀리 떨어진 강둑에서 기다렸다. 좀 시간이 많이 지나서 두알락은 다시 외쳤는데 이번에는 매우 씁쓸하게, '당신을 갖게 한 남자도 바보였고 당신을 낳은 사람도 바보였고 당신을 오래된 귀족 가문의 사람이라고 말한 사람들도 바보입니다. 왜냐하면 당신은 하인에게 절하며 집집을 돌아다니는 유백색의 걸인에게서 왔기 때문입니다.'

고개를 숙인 채 코스텔로는 강을 건너 그의 옆에 섰고, 그가 말을 하려던 찰나 멀리 있는 강둑에서 말굽의 덜거덕거리는 소리가 들려왔고, 말을 탄 어떤 사람이 그들 쪽으로 물을 튀게 하였다. 맥더못의 하인이었는데, 말을 재빨리 타고 온 사람답게 숨가쁘게 말했다. '투마스 코스텔로 씨, 맥더못의 집으로 다시 모셔가기 위해서 왔습니다. 당신이 떠나고 나서 그의 딸 우나가 깨어나, 당신이 그녀의 꿈에 나타났다며 당신의 이름을 불렀습니다. 벙어리 브리젯 델라니가 그녀의 입술이 움직이는 것을 보았고, 우리가 숨어 있었던 집 위쪽의 숲속으로 와서 맥더못의 외투를 붙잡고 그의 딸에게로 이끌고 갔습니다. 그는 그녀의 고통을 인지하고 당신을 빨리 데리고 올 수 있게 자기 말을 타라고 명령하였습니다.'

코스텔로는 피리 악사 두알락 달리를 향해 돌아섰고 허리를 감싸며 안장에서 들어 올린 다음, 깊은 곳 속으로 떨어져 생명력이 다하도록 강에 있는 큰 돌을 향해 그를 던졌다. 그런 다음 말에 박차를 가하며 강 끝을 따라서 북서쪽으로 격렬하게 말을 타고 갔고, 또 다른 그리고 부드러운 시냇물에 도달할 때까지 멈추지 않았다. 그리고 그는 물에 반사된 떠오르는 달을 보았다. 그는 결정을 못하고 잠시 머물다가 시냇물을 건넜고 옥스산을 건너 바다 쪽으로 내려갔다. 그러나 그가 지속적으로 말에 박차를 가했기 때문에, 이제는 거칠게 숨을 쉬며 땀으로 흠뻑 젖은 길고 어두운 그의 말이 길가에 그를 던지며 무겁게 쓰러졌다. 그는 말이 일어나게 하려고 했지만 실패하자, 달빛을 향해서 홀로 갔다. 바다에 이르러 닻을 내린 큰 범선을 보았다. 이제 바다 때문에 더 이상 갈 수 없게 되자, 그는 자신이 몹시 지치고 밤이 매우 추운 것을 느끼게 되어, 해안가와 가까운 술집으로 들어가 의자에 털썩 주저앉았다. 술집 안은 방금 와인 화물을 밀수한 스페인과 아일랜드 선원들로 꽉 찼다. 한 스페인인이 형편없는 게일어를 쓰며 한잔을 권했다. 그는 한 잔 받고 격렬하게 빨리 말하기 시작했다.

약 3주 동안 바람이 해안으로 불거나 너무 거세게 불어, 선원들은 여관에 머물면서 술을 마시고 이야기하며 카드놀이를 했고, 코스텔로는 술집 안 의자에서 잠을 자고 술을 마시며 어떠한 이들보다 더 말을 많이 하고 놀면서 그들과 함께 지냈다. 그는 곧 자신이 가지고 있었던 얼마 되지 않는 돈을 몽땅 잃었고, 그다음 긴 망토와 박차와 심지어는 부츠까지 잃었다. 드디어 부드러운 바람이 스페인을 향해 불었고, 선원들은 범선 쪽으로 배를 타고 나가더니 조금 있다가 돛은 수평선 아래로 떨어졌다. 그런 다음 코스텔로는 그의 삶이 그 앞에서 쪼개진 채 집으로 향했고 하루 종일 걸어서 이른 저녁 가브라 호수 근처로부터 가브라 남쪽 끝으로 가는 도로에 도착하였다. 여기에서 그는 두 명의 사제와 한 무리의 잘 차려입은 사람들을 따라 매우 천천히 걷고 있는 농부들과 농부들의 무리를 추월했는데, 그들 중 일부는 관을 들고 있었다. 그는 어느 늙은 남자를 붙잡고 누구의 장례인지를 그리고 그들은 누구인지를 물었고, 늙은 남자는 대답했다. '맥더못의 딸 우나의 장례이고 우리는 맥나마라와 맥더못가와 그들의 사람들이며 당신은 그녀를 살해한 투머스 코스텔로입니다.'

코스텔로는 화난 얼굴로 쳐다보는 사람들을 지나 행렬의 선두를 향해 나아갔고, 그가 방금 들은 애기를 막연하게만 이해했다. 곧 멈추어 서고선 다시 누구의 장례인지 물었는데, 어느 남자가 대답했다. '우리는 인술라 트리니타티스 위에 그녀를 묻어주기 위해 당신이 살해한 맥더못의 딸 우나를 들고 갑니다.' 그리고 그 남자는 돌 하나를 주워 코스텔로를 향해 던져 뺨을 때려 그의 얼굴이 피로 덮이도록 했다. 그는 타격을 거의 느끼지 않고 계속해서 나아갔고 관 주변에 있는 사람들 쪽으로 가서, 무리 속으로 어깨로 밀

고 들어가 그의 손을 관에 올리며 큰 소리로 물었다. '이 관에 누가 있는 것입니까?'

옥스산에서 온 늙은 세 명의 맥더못 사람들이 돌을 주웠고 주변의 사람들도 그들과 똑같이 하라고 말했고, 그를 상처로 덮인 채 거리에서 몰아냈다.

행렬이 지나가고 나서 코스텔로는 다시 따라가기 시작했고 멀리서 큰 배로 옮겨지는 것을 보았다. 그리고 관 주변 사람들이 다른 배에 탔고 배들은 천천히 강을 따라 인술라 트리니타티스로 갔다. 시간이 좀 지나자 배들이 돌아오고 배를 탄 사람들이 둑 위에 다른 사람들과 섞이는 것을 보았고, 모두 다양한 길과 시골길로 흩어졌다.

그에게는 우나가 섬 어딘가에 있으며 살포시 웃고 있는 듯 느껴졌고, 모든 사람들이 가고 없을 때 그는 배들이 갔던 쪽으로 헤엄쳐 갔다. 그리고 황폐화된 사원Abbey 옆에 새롭게 만들어진 무덤을 발견하고, 그녀에게 자신에게 오라고 외치며 자신을 무덤가에 내던졌다.

그는 밤새 그리고 다음날 내내 그곳에서 누워 있었고 때때로 그에게로 와달라고 그녀를 불렀지만, 삼 일째 밤이 왔을 때 그녀의 시체가 땅 아래에 묻혀 있다는 것을 잊어버렸다. 그는 그녀가 그의 근처 어딘가에 있고 단지 그에게로 오지 않는다고만 생각하고 있었다.

농부들이 귀신같은 그의 목소리를 들을 수 있는 시간인 새벽 직전 그는 큰 소리로 불렀다. '만약 우나 당신이 내게로 오지 않는다면 나는 가버릴 것이고 다시는 돌아오지 않을 거야.' 그리고 그의 목소리가 완전히 사라지기도 전에 차가운 돌풍이 섬 전체를 덮쳤다. 그는 쉬의 여인들이 재빨리 지나가는 것을 보았고 그런 다음 더 이상 웃지 않고 있는 우나를 보았다. 왜냐하면 그녀는 재빠르게 화가 난 채로 지나갔기 때문이다. 그리고 그녀는 '그럼 떠나버리고 다시는 돌아오지 마.'라고 외치며, 그의 얼굴을 가격하고 지나갔다.

　　코스텔로는 단지 그가 그의 연인을 화나게 했고 그녀가 그가 떠나기를 바라고 있다는 것 이외에는 아무것도 이해하지 못하며, 무덤에서 일어나 호수로 힘겹게 헤치며 걸어 들어가 헤엄치기 시작했다. 그는 계속 헤엄쳤지만 그의 팔다리는 너무 지쳐있어 물에서 떠 있게 유지하지 못했고, 그가 조금 가서는 발버둥치지도 않은 채 가라앉았다.

　　다음날 어부가 호숫가의 갈대 사이에서 하얀 호수 모래 위에 누워 있는 그를 발견하고, 그의 집으로 그를 들고 들어갔다. 농부들은 그를 애도하고 비가悲歌를 불렀다. 그들은 그를 인술라 트리니타티스의 사원Abbey에 안치했는데, 그와 맥더못의 딸 사이에는 폐허가 된 제단만이 있었고, 그들의 위쪽에는 후일에 그 가지가 엮이고 잎사귀가 어우러지게 되는 물푸레나무 두 그루가 심어졌다.

■■■ 해설

투마스 코스텔로와 우나의 신화에서 예이츠는 코스텔로를 매우 자존심이 강한 힘이 센 압도적인 인물로 그리고 있다.

　　한 예로 투마스는 다른 귀족 아일랜드 사람들과 다른 복장을 하고 있는데 이는 투마스의 고집스럽고 강인한 모습을 드러내는 것이고, 고전적인 아일랜드의 전통을 고수하는 투마스의 옷차림에서 외부의 영향에 의해 쉽게 바뀌거나 흔들리지 않을 뿐만 아니라 주변 사람들에게서 경외감을 일으킬 정도의 힘과 위세를 느낄 수 있다. 하이드에 의하면 코스텔로의 외투는 거대하고 긴 것으로 묘사했는데 아일랜드가 17세기에 이르렀을 때 많은 아일랜드의 귀족과 상류층이 정책적으로 마지못해서 영국의 의상을 입게 했기 때문에, 그러한 분위기를 무시하는 코스텔로의 옷차림은 눈에 띌 수밖에 없다고 한다.56) 또한 우나의 가족이 우나와 코스텔로와의 결혼을 반대하면서도 그를 무시할 수 없게 만드는 것은 그의 존재감과 유명세임을 짐작게 한다.

한편 우나가 자신이 진심으로 사랑하는 사람이 코스텔로임을 공개적으로 밝힐 계획과 우나가 코스텔로가 그 자리에 있기를 희망한다는 메시지를 피리 악사가 코스텔로에게 전달하지 않았더라면, 코스텔로가 자발적으로 파티에 참석하는 일이 발생하기 어려운 자존심 강한 성격이라는 것을 그의 성격 묘사를 통해 알 수 있는데, 코스텔로는 혼자 파티에 참석하지 않고 그를 호위하면서 위기 상황에서 싸울 수 있는 몇 명의 사람들을 동행하며 위풍당당하게 나타난다. 그가 파티에 나타났을 때, 예이츠는 많은 참석자들과 그를 파티장 밖에서 지켜보는 일반 서민들조차도 긴장하고 있음을 어수선한 분위기를 통해서 보여주고 있다. 이러한 어수선한 분위기 속에서 그들만의 세상에서 살고 있듯 함께 춤을 추는 우나와 코스텔로의 모습은 하이라이트처럼 묘사된다.

그러나 우나의 공개적인 사랑 선언은 우나의 아버지와 가족들을 위협적인 자세로 돌변하게 하고, 이로 인하여 코스텔로와 그의 동행자들이 갑자기 발생할 수 있는 싸움에 대비하는 모습은 극도의 긴장감이 감도는 장면이다. 코스텔로는 마지못해서 우나를 두고 그의 일행을 이끌고 파티장을 떠난다.

그 이후 우나가 병상에 누워 있으며 그녀의 아버지가 그녀를 위해서 와달라는 메시지를 받고 피리 악사와 같이 찾아가지만, 모든 사람들은 떠나고 없고 늙고 가난한 여성 한 명만이 그를 맞이한다. 그녀가 우나의 병상으

---

56) Hyde 1893, p. 47-61; Gould 2005, p. 336에서 재인용.

로 안내해 그녀 옆을 한참이나 지키지만 그녀가 깨어나지 않고 아무도 나타나지 않는 상황에서, 그가 계속 주인 없는 집에서 그녀를 지키는 것이 그녀에게 피해가 갈 염려 때문에 그 자리를 떠난다. 그리고 떠나는 과정에서 그녀의 가족이 돌아와 달라는 메시지를 보내지 않을까 하는 마음에 매우 천천히 말을 타고 가지만, 우나 가족의 모욕으로 그는 더욱더 어느 길을 지나가게 되면 다시는 돌아가지 않을 것이라는 다짐을 한다. 이 대목에서 흥미로운 점은 동행하고 있는 피리 악사의 모욕적인 말이 다짐을 더 강화시킨다는 점이다. 그는 옆에서 코스텔로가 바보가 된 점과 그의 명성과 걸맞지 않은 적들의 모욕적인 대우에도 불구하고 그들의 요구에 순응한 모습을 지적하는데, 이미 먼 거리를 지나온 상태에서 공교롭게 우나가 코스텔로의 이름을 부르고 있다는 전갈을 받게 된다. 그가 그의 결심에 대한 책임과 그녀에 대한 사랑의 갈등 사이에서, 그의 자존심이 승리한 사실에 대한 분노로 피리 악사를 버쩍 들어 올려 죽음에 이를 정도로 던져버리고 정처 없이 멀리 말을 타고 우나의 집 방향과 반대 방향으로 달리는 모습은 강한 자존심을 엿볼 수 있다.

    예이츠는 그가 한동안 그녀를 잊기 위한 노력의 일환으로 배를 정박해 놓고 바람이 불 때까지 기다리고 있던 스페인의 낯선 선원들과 어울리면서 다른 일에 몰입하려는 그의 모습을 보여준다. 그러나 그는 그 자리에서 떠나야 할 시간이 오고 그가 정처 없이 떠돌아다니다가 우나의 장례를 치르는 행렬을 보게 된다. 그녀가 섬에 묻히게 된 것을 알게 되면서 섬으로 헤엄쳐 가서, 그녀의 무덤에서 몇 날 며칠을 지키며 혼자 말하는 모습이 애처롭게 느껴질 수 있는 장면이다.

    결국 그를 원망하고 비난하는 우나의 말이 유령의 목소리로 바람을 타고 들려오고, 코스텔로는 그녀가 떠나기를 바란다는 냉정한 말에 결국 섬을 떠나지만 헤엄을 치다 힘이 떨어져 더 이상 발버둥치지 않은 채로 바다에 가라앉고 만다. 그를 발견한 어부들은 그가 코스텔로임을 확인하고 우나의 무덤 옆에 묻어주며 그 주변의 나무가 서로 엉켜서 자라나는 묘사를 통해 예이츠는 그들의 사랑은 결국 저승에서 이루어짐을 암시한다.

 예이츠의 주된 원전은『코노트의 사랑의 노래 Love Songs of Connacht』에서 나오는 더글라스 하이드의 버전의 투마스 코스텔로와 우나의 이야기이다. 예이츠는 우나의 민담을 수집하는 데 실패하여 더글라스의 번역과 이야기 버전을 사용하였는데 중세에 코스텔로 가족은 메이요 군에서 꽤 힘이 막강한 집안이었고, 원래는 안젤로 노르만 Angelo Norman의 후손이었다. 투마스가 살아생전에는 그보다 더 힘이 강한 사람이 없다고 알려졌다(Gould and Toomey 336).

이보라 (제주대)

붉은 머리 한라한의 이야기
STORIES OF RED HANRAHAN

1897

레이디 그레고리의 도움으로 1907년 개작

붉은 머리 한라한 RED HANRAHAN

샴헤인의 이브 날에 마을 남자들이 여럿이 모여 앉아 있는 헛간으로 헷지 학교[1]의 교사이며, 큰 키에 건장한 체구를 가진 붉은 머리 젊은이인 한라한이 왔다. 그곳은 집이었다. 집주인은 그 집을 소유했을 때보다 낮게 개조하기 위해, 두 개의 방을 한 개의 방으로 합쳤고 다른 곳은 두어 개의 창고로 개조했다. 낡은 벽난로에는 불이 지펴져 있고 방들에는 디핑 양초들이 담겨있었다. 원통 두 개에 널빤지 서너 개를 올려 만든 탁자 위에는 검은 1리터 들이 술병[2]이 있었다. 대부분의 남자들은 난롯가에 둘러앉아 있었고, 그들 중에서 먼스터 Munster[3] 출신 남자와 코노트 Connaught[4] 출신 남자는 두 지역 사이의 논쟁을 다루는 내용의 긴 방랑가를 부르고 있었다.

한라한은 집주인에게 다가가서 말했다. "당신이 보낸 메시지를 받았어

---

1) 헷지 학교는 소규모 학교로 야외나 헛간에서 비공식적으로 학생들에게 교육을 진행하는 장소다. 이 학교는 17세기와 18세기에 천주교의 공교육 제도가 아닌 아일랜드인에게 초등 교육을 제공하는 장소였다.
2) 1리터 술병은 쿼트 병 quart bottle으로 1/4갤런의 술병을 뜻한다. 갤런 gallon은 3.8리터이다. 영국과 캐나다에서는 4.5리터이다.
3) 먼스터는 아일랜드 남서부 지방이다.
4) 코노트 Connacht 또는 Connaught는 아일랜드 서쪽에 위치한 아일랜드의 한 주이다.

요." 이 말을 할 때, 한라한은 표백하지 않은 모직 셔츠와 바지를 입은 한 산지에 사는 노인이 문가에 앉아 그를 바라보면서 손에 옛날 카드 한 벌을 들고 만지작거리며 중얼거리고 있는 것을 보고 말하는 것을 멈추었다. 집주인은 말하길, "그 노인에 대해 신경 쓰지 말아요. 그 노인은 조금 전 여기에 들른 낯선 이일 뿐이에요. 샴헤인 날 밤엔 환영해요. 그러나 제 생각엔 그 노인이 진지한 것 같아요. 그러니 그 노인의 말에 귀를 기울여 봅시다. 그러면 그 노인의 말을 알아들을 수 있을 거예요."

그 말에 남자들은 산지 노인의 말에 귀를 기울였는데, 노인은 카드를 열어보며 혼잣말로 중얼거리길, "검과 다이아몬드란 용기와 힘이고, 곤봉과 하트는 지식과 기쁨이다."[5] 남자들은 노인의 중얼거림을 들을 수 있었다.

노인이 말하길, "그 의미는 그가 마지막 시간을 위해 온 것이란 말씀이야." 한라한은 마치 자신이 노인을 보지 않은 듯 노인에게서 눈길을 돌렸다.

한라한이 말하길, "당신이 전해줄 메시지가 있다고 들었어요." 그러자 전달자가 대답하길, "그는 킬크러스트에서 온 세 명의 사촌과 헛간에 있어요. 그리고 그들과 함께 서너 명의 이웃도 함께 있어요."

"저기에서 제 사촌이 당신이 오기를 기다리고 있네요."라고 집주인이 말하고는, 노래를 듣고 있던 두터운 모직 코트를 입은 한 청년을 불러서 "이분이 네가 메시지를 전하고자 기다린 붉은 머리 한라한이시란다."라고 말했다.

청년이 말하길, "정말 반가운 소식이에요. 왜냐하면 당신의 애인 메리 라벨로부터 온 소식이거든요."

---

5) 검과 다이아몬드는 용기와 힘이고, 곤봉과 하트는 지식과 기쁨을 의미한다. 프랑스 카드는 곤봉Clubs, 하트Hearts, 스페이드Spades, 다이아몬드Diamonds이고, 하트는 성배의 변형이다. 다이아몬드는 화폐의 변형이며, 클럽은 곤봉을 뜻하는데 클로버의 잎을 사용한다. 그 이유는 옛날 카드를 보면 곤봉에 클로버 같은 세 잎이 붙어 있는데 이것이 곤봉 대신에 사용되었기 때문이다.

"어떻게 메리 라벨의 소식을 받게 되었지요? 그녀에 대해 얼마나 알고 계신가요?"

"사실 전 그녀를 잘 몰라요, 다만 어제 로그려Loughrea에 있었는데, 메리 라벨의 이웃이 그녀의 부탁을 전하기를 그녀는 제가 당신께 소식을 전해주길 원했다고 해요. 혹시 제가 시장 이쪽 편으로 오는 누군가를 만난다면 그에게 그녀의 어머니가 돌아가셨는데, 아직도 자신의 어머니 장례식에 참석할 생각이 있다면 기꺼이 이 말을 전해주고 싶다고 했어요."

한라한이 말하길, "진심으로 메리 라벨에게로 갈 거예요."

"그녀는 당신이 지체하지 말고 빨리 오길 원했어요. 왜냐하면 한 달이 다 가도록 집에 어떤 남성도 함께 거주하지 못한다면 대지가 타인에게로 양도될 것 같다고 해요."

한라한은 그 말을 듣고 앉아 있던 의자에서 일어났다. "정말로 지체할 수 없겠어요. 보름달이군요. 제가 오늘 밤 길크리스트 정도까지 멀리 가게 된다면, 내일 해 질 무렵 이전에 그녀가 있는 곳에 도착할 거예요."

다른 남자들은 애인을 위해 서둘러 출발하고자 하는 한라한을 보고 웃기 시작했고, 한 남자가 한라한에게 학생들에게 그렇게 좋은 훈육을 했던 오래된 림킬old lime-kil 학교를 떠나가려고 하느냐고 물었다. 그러나 한라한은 말했다. "학생들이 아침에 수업이 없어서 텅 빈 학교인 것을 알게 된다면, 학생들은 꽤나 기뻐할 거예요. 학교라면 자신의 목에 걸고 있는 체인 줄에 매달린 작은 잉크병과 버질의 두툼한 시집과 코트 속에 기초 문법책만 있다면, 어느 곳에서도 다시 학교를 열 수 있어요."

그들 중 몇몇은 한라한에게 출발하기 전에 술 한잔을 하라고 권했고, 어떤 젊은이는 한라한의 코트 깃을 부여잡고 그가 창작한 비너스와 메리 라벨을 칭송하는 노래를 불러주지 않고 그냥 떠날 수는 없다고 말했다. 한라한은 위스키 한 잔을 마셨으나, 즉시 떠날 것이라고 말했다.

집주인이 말하길, "붉은 머리 한라한, 시간은 충분해요. 당신이 결혼한 후 노름을 그만둘 만큼 충분한 시간이 있어요. 그런데 우리가 당신을 다시 만날 때까지는 꽤 오랜 시간이 걸릴지 몰라요."

한라한이 말하길, "전 지체할 수 없다고요. 제 마음은 길을 떠나는 동안 내내 제게 와달라고 부탁한 그녀에게로 향해 있을 거예요. 제가 올 때까지 외로이 길가를 바라보고 있을 그녀에게 말이에요."라고 했다.

집안의 다른 사람들이 한라한에게로 와서 그를 떠밀었고, 그들은 밤새도록 줄기차게 장난기 넘치는 흥겨운 노래를 부르는 한라한처럼 유쾌한 친구들이었다. 그러나 한라한은 그들 모두의 손을 뿌리치며 문가로 향했다. 그러나 한라한이 문지방을 막 넘어가려는 순간, 그 낯선 노인이 일어나서 가늘고 말라서 마치 새의 발톱같이 앙상한 손을 내밀어 한라한의 손을 붙잡으며, 말했다. "오늘 같은 샴헤인 밤을 위해 모인 사람들을 그냥 두고 떠나는 것은 학식 있고, 작곡가인 한라한이 할 일은 아니지요. 자, 그러니 여기 머물러 주시지요. 그리고 나와 카드놀이나 합시다. 여기 이전에 숱한 밤마다 사용해서 보다시피 낡은 옛 카드 한 벌이 있는데, 이 카드로 인해 세상의 큰 부를 잃기도 하고 얻기도 하니까요."

젊은이 중에서 한 청년이 말하길, "노인장, 세상의 부가 당신에게 머물러 있지는 않았군요." 그 노인의 맨발을 보자 주위 모든 남자들이 웃었다. 한라한은 웃지 않고 말없이 조용히 앉아 있었다. 한 남자가 말하길, "그럼, 한라한. 어쨌든 우리와 같이 있어 줘요." 이번엔 노인이 말하길, "한라한은 정말로 머물게 될 거예요. 내가 그에게 요청한 말을 듣지 않았나요?"라고 했다.

그러자 남자들은 전부 마치 그가 어디에서 온 사람인지 의아한 듯한 눈으로 그 노인을 쳐다보았다. 노인이 말하길, "난 먼 곳에서 왔어요, 파리를 거쳐서, 스페인을 거쳐서, 록 그레인의 외딴 강어귀를 거쳐 왔지만, 누구도 나를 거절했던 사람은 없었지요." 노인이 말을 마치자, 아무도 노인에게 어떤 질문도 하지 않았다. 그들은 카드놀이를 시작했다. 여섯 명이 테이블에서 카드놀이를 했고, 나머지 남자들은 그들 뒤에서 구경하였다. 그들이 내기 없이 그저 두세 번 게임을 진행하자, 노인은 얇고 매끈한 옷 주머니에서 4페니 동전을 꺼내 들고서 나머지 구경꾼들에게도 게임을 하라고 청했다. 그러자 구경꾼들은 저마다 테이블 위에 조금씩 소소한 판돈을 꺼내 놓았고 판돈을 잃었다가 다시 따는 방식으로 한 사람에게서 다른 사람에게로 판돈이 옮겨갔다. 첫 번째 남자가 이기고 나면, 다음 사람이 이기곤 했다. 때로는 행운이 한 남자에게로 왔다가 다시 행운을 잃어버리기도 했다. 그러면 서로 그 남자에게 약간의 판돈을 빌려주었다. 그 남자는 다시 그 판돈을 걸고 게임을 하여 돈을 땄다. 그 누구에게도 행운과 불운이 길게 머물러 있지는 않았기 때문이었다.

그때 한라한이 "길 떠날 시간이야."라고 다시금 꿈속 말처럼 중얼거렸다. 그러나 그 말을 하자마자 그에게 좋은 패가 들어왔고, 그가 게임을 시작하자 판돈을 몽땅 따기 시작했다. 한라한은 다시 메리 라벨을 떠올리면서 한숨을 쉬었고 그러자 행운이 그에게서 떠나갔고, 한라한은 다시 메리 라벨을 잊어버렸다.

그러나 마침내 노인에게로 행운이 돌아갔고 노인은 계속해서 이기기 시작했다. 모든 판돈이 그에게로 몰려가자, 노인은 절로 슬며시 미소 짓기 시작하면서, 반복적으로 노래를 흥얼대고 있었다. "검과 다이아몬드, 용기와 힘이라" 등등 계속해서 흥얼댔는데 마치 노래 구절 같았다.

잠시 그 노인을 보고 있던 남자들은 모두 마치 술에 취했다고 생각될 만큼, 혹은 그들이 세상에서 가진 돈 전부를 이 카드 게임에 건 사람들처럼 노인의 손놀림에 따라 몸을 앞뒤로 움직였다. 또한 그들의 시선은 일제히 노인의 손놀림에 꽂혀 있었다. 그러나 그들은 전혀 술에 취해 있지 않았다.

그들은 카드 게임 초반부터 쿼트6)들이 술병에 전혀 손을 대지 않아서 술은 전혀 줄지 않고 가득 차 있었기 때문이었다. 게임에 건 판돈 역시 단지 서너 개의 6페니 동전과 실링들, 한 움큼의 구리 동전 정도가 전부였기 때문이었다.

노인이 말하길, "그대는 멋진 승리자이자 패배자야. 그대는 가슴으로 내기를 했어." 그 후에 노인은 관중들이 카드를 제대로 볼 수 없을 만큼 아주 빠르고 민첩하게 카드를 떼어 섞기 시작했는데, 마치 어린 소년들이 허공에 불붙인 가지를 돌려서 만들어낸 불의 고리 같다고 생각됐을 정도였다. 이후에 방 안 전체가 어둠에 휩싸인 것 같아서 단지 노인의 손놀림과 카드만을 볼 수 있었다.

잠시 후에 노인의 손 사이로 산토끼 한 마리가 뛰어 달아났는데 카드 중 하나에서 산토끼 형체가 만들어진 것인지, 아니면 노인의 맨손바닥에서 만들어진 것인지 전혀 알 수는 없었으나 산토끼는 재빠르게 바닥을 질주하고 있었다.

그들 중에 몇몇은 달리는 산토끼를 바라보고 있었으나, 더 많은 시선은 산토끼와 같은 방식으로 두 손 사이에서 뛰어나와 달아나는 사냥개를 만들어 내고 있는 노인을 향해 쏠려 있었다. 한 벌의 카드를 모두 사용할 때까지 연달아 사냥개가 뛰어나와 온통 헛간을 돌고 돌며 산토끼를 쫓아다니고 있었다.

이제 카드놀이를 하던 남자들은 귀가 찢어질 듯 요란하게 짖어대는 사냥개 소리에 모두가 위축되어 판자 테이블을 등지고 서 있었다. 사냥개는 아주 빠르게 산토끼를 쫓아 달렸으나 산토끼를 따라잡지는 못했다. 마침내

---

6) 쿼트quart는 야드파운드법과 미국 단위계에서 부피를 재는 단위이다. 1 영국 쿼트는 1.1365225리터이고 2파인트이며 1갤런의 1/4이다. 1 미국 액량 쿼트는 0.946352946리터이고 2파인트이며 1 액량 갤런의 1/4이다.

산토끼는 헛간 문이 돌풍에 의해 갑자기 활짝 열린 듯이 느껴질 때까지 돌고 돌다가, 남자들이 카드 게임을 하던 테이블을 두 배 이상 훌쩍 뛰어넘어서 문밖으로 달아나 어둠 속으로 사라져버렸다. 테이블 건너편 사냥개는 사라진 산토끼를 따라 문밖으로 달려 나갔다.

그러자 노인은 "사냥개를 따라가라, 사냥개를 따라가라, 오늘 밤은 대대적인 산토끼 사냥이 시작된 것을 알게 되리라."라고 외친 후에 자신도 사냥개의 뒤를 따라 나갔다. 그러나 통상 산토끼 사냥을 하는 사냥꾼들이 그렇듯 남자들은 사냥을 위한 준비가 되어 있어야만 사냥을 나가기 때문에, 어둠 속으로 나가기를 두려워했고, 단지 한라한만이 벌떡 일어나서 "난 따라갈 테야, 난 따라갈 테야."라고 말했다.

한라한에게서 가장 근거리에 있던 젊은이가 말하길, "한라한, 여기에 계시는 게 최선이에요. 왜냐하면 당신이 큰 위험에 직면할 수도 있으니까요." 그러나 한라한이 말했다. "나는 정당한 게임을 할 거야. 나는 정당한 게임을 할 거야." 그는 마치 꿈속의 남자처럼 문 쪽으로 비틀거리며 걸어가더니 문을 닫고 사라져버렸다.

한라한은 눈앞에서 노인을 보았다고 생각했으나, 그것은 단지 보름달이 길 앞을 비추고 있었기 때문에 생긴 자신의 그림자였을 뿐이었다. 그러나 한라한은 그라나의 그 광활한 푸른 벌판을 달리는 산토끼를 따라가며 짖어대는 사냥개 소리를 들을 수 있었다. 한라한에게는 거칠 것이 아무것도 없었으므로 사냥개들을 쫓아 재빨리 달렸다. 잠시 후에 그는 주위에 느슨한 돌이 낮은 벽을 쌓고 있는 더 좁다란 들판으로 달리게 되자, 달리면서 돌을 집어 던졌다. 그는 던진 돌을 다시 주우려고 멈추지는 않았고 발릴리에서 지하로 흐르는 강물이 있는 곳을 지나 강어귀를 따라 달려갔다. 강어귀를 향해 오르기에 전에 그는 사냥개 소리를 들을 수 있었다. 곧 그는 길이 오르막길이라 달리기가 좀 더 힘들어졌다. 달 위로 구름이 스쳐 지나감에 따라 길을 자세히 보기는 어려웠다. 일단 지름길을 택해서 달렸으나, 발이 미끄러져 수렁에 **빠졌기** 때문에 되돌아와야만 했다. 그는 얼마나 멀리 왔는지, 또 어떤 길을 따라왔는지도 전혀 분간하지 못한 채 마침내 민둥산 위를 오르고 있었다. 사방은 황량한 덤불뿐이었고 사냥개 소리나 그 어떤 소리조차 들려오지 않았다. 그러나 사냥개 소리가 처음엔 멀리서 들려오더니 점차 가까이 들려오기 시작했고, 그 소리는 점점 더 한라한에게로 가까이 다가오더니 갑자기 허공으로 울려 퍼졌다. 머리 위로 사냥개 소리가 들려왔다. 그런 후에 사냥개 소리는 더는 들을 수 없을 때까지 북쪽 방향으로 사라져 갔다. 한라한이 말했다. "그건 정당한 게임이 아니야. 그건 정당한 게임이 아니라고." 한라한은 더는 걸을 수가 없었고, 서 있던 자리인 슬리브 에체(Slieve Echtge)의 중심부인 히더꽃이 핀 자리에 그만 주저앉고 말았다. 그는 먼 길을 오느라 전력을 다해서 기진맥진했기 때문이었다.

잠시 후 한라한은 근처에서 어떤 문 하나를 발견했고, 그 문틈 사이로 불빛이 새어 나오고 있는 것을 보았다. 전에는 전혀 보지 못했던 불빛이 그처럼 근거리에서 비치고 있는 것에 의아해져서, 그는 피곤했으나 일어나서 문으로 다가갔다. 비록 밖은 칠흑 같은 밤이었으나, 안쪽은 대낮처럼 밝았다. 곧이어 그는 여름 타임향신료로 쓰이는 꿀풀과의 백리향의 일종.과 노란 창포꽃이 군락으로 피어있는 곳에서 한 노인을 만났는데, 그곳은 온갖 달콤한 여름꽃 향기가 군락을 이루어 피어서 향기가 뿜어 나오는 것만 같았다. 노인은 말했다, "한라한이여, 학자이며 작곡가인 그대가 우리에게로 오기까지는 오랜 시간이 걸렸네."

동시에 노인은 한라한을 매우 거대하고 빛나는 대저택으로 인도했는데, 그 집안에는 지금까지 들어본 모든 것 중에서 가장 웅대한 것들이 있었고, 지금까지 보아온 것 중에서 가장 천연색으로 찬란히 빛나는 것들로 가득히 저택 안을 채우고 있었다. 대저택의 끝에 있는 높은 의자에는 한라한이 지금까지 보아본 미녀 중에서 가장 아름다운 미녀가 파리한 얼굴빛을 하고 앉아 있었고, 주위에는 꽃들이 만발해 있었다. 그러나 그 아름다운 미녀는 오랜 기다림으로 피로한 기색이 보였다. 그 아름다운 여인이 앉아 있는 계단 아래에 네 명의 흰머리 노파가 앉아 있었다. 그들 중에서 한 노파는 거대한 솥단지를 무릎에 올려두고 있었고, 다른 노파는 꽤 무거워 보이는 큰 돌을 무릎에 올려 두었는데 그녀에게는 가벼운 듯 보였다. 다른 노파는 나무로 뾰족하게 만든 긴 창을 들고 있었다. 마지막 노파는 칼집이 없는 칼을 들고 있었다.

한라한은 한동안 그들을 바라보고 서 있었으나, 그들 중에서 누구도 그에게 말을 건네거나 쳐다보지도 않았다. 한라한은 마음속으로 의자에 앉아 있는 여왕처럼 보이는 저 아름다운 여인은 누구이며, 무엇을 기다리고 있는지 궁금했다. 이전에는 누구에게나 말을 건네는 일을 두려워하지 않던 그였으나, 지금은 너무도 웅장한 장소에서 그처럼 아름다운 여인에게 차마 말을 걸기가 두려워졌다. 한라한은 네 노파가 들고 있는 보물 같은 네 종류의 물건들이 무엇인지 물으려 생각했으나 물어볼 만한 적절한 언어가 떠오르지 않았다.

그때 첫 번째 노파가 두 손으로 솥단지를 들고 일어나서 "기쁨이여."라고 말했다. 한라한은 아무 말도 하지 않았다. 그러자 두 번째 노파도 손에 돌을 들고 일어나서 "힘이여."라고 말했다. 세 번째 노파는 손에 창을 들고 일어나서 "용기여."라고 말했다. 마지막 노파는 손에 검을 들고 일어나서 "지식이여."라고 말했다. 마지막 노파의 말이 끝나자 네 노파는 모두 마치 한라한이 그녀들에게 질문하기를 기다리는 듯 보였으나, 한라한은 해야 할 적절한 말을 생각할 수가 없었다. 그러자 네 노파는 그들의 보물을 들고 문가로 걸어갔고, 문밖으로 나가면서 노파들 중 한 명이 말하길, "그는 우리에 대한 열망이 없어." 다른 노파가 말하길, "그는 나약해, 그는 나약해." 또 다른 노파가 말하길, "그는 두려워하고 있어." 마지막 노파가 말하길, "그의 지혜는 사라졌어." 네 노파는 일제히 말했다. "은빛 손의 따님인 에체는 잠들어 있어야만 해. 참으로 안타까운 일이야, 참으로 안타까운 일이야."

그러자 그때 여왕처럼 보이는 아름다운 여인은 아주 슬픈 듯이 한숨을 쉬었고, 그 여인의 한숨 소리는 한라한에게 마치 은밀한 개울물 소리 같았다. 한라한은 그가 있는 장소가 실제보다 열 배나 더 광활하게 빛나고 있다고 해도, 잠이 드는 데 방해가 되지 않을 듯하여 술 취한 사람처럼 비틀거리다가 그만 그곳에 누워버렸다.

한라한이 깨어났을 때는 해가 그의 얼굴을 내리쬐고 있었다. 주위의 풀잎들에는 흰서리가 내려 있었다. 데어 콜daire-cool과 드림다로드Druim-da-rod를 거쳐서 그가 누워 있던 장소 옆으로 흘러가는 물에는 얼음이 얼어 있었다. 한라한은 언덕 가에서 멀리 떨어진 록 그레인Lough Greine의 햇살이 비치는 곳에 있다는 것을 알았으나, 그 지역은 슬리브 에체slieve Echtge 언덕 중의 하나에 속한 곳이었다. 그는 자신이 어떻게 그 언덕에 오게 되었는지를 알지 못했다. 그가 헛간에서 나온 이후에 모든 일이 일어났고, 긴 여정으로 인해 발이 부르트고, 뼈도 뻐근했기 때문이었다.

그 일 후에 일 년이 흘렀다. 카파타글Cappaghtagle의 마을 남자들이 길가에 있는 한 집의 난롯가에 앉아 있었는데, 아주 야위고 긴 머리카락에 까칠해진 붉은 머리 한라한이 문 중턱으로 다가와서, 이제 들어가 쉬어도 될지를 물었다. 마을 남자들은 그날 밤이 샴헤인 날이기 때문에 한라한을 환영한다고 말했다. 한라한은 마을 사람들과 함께 앉았고, 그들은 쿼트 술병을 들어 위스키 한 잔을 따라주었다. 마을 사람들은 한라한이 목에 잉크병을 매달고 있는 것을 보고, 그가 학자임을 알아보고 그리스에 관한 이야기를 물었다.

한라한은 자신의 코트 주머니 속에 있는 표지가 검게 변하고, 젖어서 부푼 버질 시집을 꺼내 진노란색 한 페이지를 열었으나, 마을 사람들은 그것을 전혀 개의치 않았다. 한라한이 그 시집을 읽을 만큼 유식한 남자로 보이지 않았기 때문이었다. 그때 한 젊은이가 한라한을 보고 웃기 시작하면서, 읽지도 못하는 무거운 책을 왜 들고 다니는지를 물었다.

그의 말을 듣고, 한라한은 화가 몹시 나서 버질의 시집을 코트 주머니에 다시 집어넣고, 카드가 책보다 그들에게 더 나을 것 같아서 그들 중에 누가 카드를 갖고 있는지를 물었다. 그들이 카드를 가져오자, 한라한은 카드를 받아서 섞기 시작했다. 한라한은 카드를 섞으면서 무엇인가 생각난 듯 자신의 손을 얼굴에 갖다 대면서 무엇인가를 기억해내려고 하는 듯하면서 말했다. "이곳에 전에 온 적이 있지 않나요? 혹은 오늘 밤처럼 샴헤인 밤에 오지 않았나요?" 그 후 한라한은 카드를 바닥에 떨어뜨리면서 갑자기 벌떡 일어나서, "누가 제게 메리 라벨의 메시지를 전해주셨나요?"라고 물었다.

집주인이 말하길, "우리는 당신을 이전에 본 적이 없고, 메리 라벨이라는 이름을 들어본 적도 없어요. 그런데 그녀는 누구인가요? 도대체 무슨 말을 하는 거예요?"

한라한이 대답했다, "일 년 전 꼭 오늘 밤의 일이었어요. 저는 헛간에 있었고, 남자들은 카드놀이를 하고 있었어요. 테이블에는 돈이 있었고, 남자들은 돈을 한 사람에게서 다른 사람에게로 이리저리 밀어주고 있었지요. 그리고 제가 메시지를 받았어요. 저는 저를 기다리고 있는 애인 메리 라벨을 찾아가기 위해 저 문을 나섰어요." 그 후에 한라한이 큰 소리로 외쳤다, "제가 그 이후로 어디에 있었던 거지요? 일 년이나 제가 어디에 있었던 거지요?"

최고 연장자인 남성이 대답하길, "당신이 그 시간 동안 어디에 있었는지는 말하기 어려울 것 같아요. 혹시 당신이 세상 어느 곳을 여행했을지도 모르지요. 당신의 발은 많은 길을 걸어온 듯 먼지투성이니까요. 그처럼 많은 방랑을 했기에 잊어버렸을 거예요. 언젠가 한 번쯤은 만났겠지요."

다른 남성이 말했다, "맞는 말이에요. 저도 칠 년 동안 그처럼 방랑했던 한 여인을 알고 있어요. 그녀가 돌아와서 친구들에게 돼지 구유 음식을 먹을 수 있어서 참 기뻤다고 자주 말하곤 했어요. 그러니 당신은 이제 사제에게로 가보는 것이 좋을 거예요. 당신이 짊어진 짐이 무엇이든지 사제님은 내려놓게 해주실 거예요."

한라한이 말했다, "저는 제 애인 메리 라벨에게로 갈 거예요. 이제 지체하기엔 너무 오랜 시간이 지났군요, 지난 일 년이라는 긴 시간 동안 그녀에게 무슨 일이 일어났을지 어찌 알겠어요?"

그 후 한라한은 문가로 가려 했으나, 집 안에 있던 남성들 모두가 한라한에게 여행을 떠나기 위한 힘을 저장하기 위해 오늘 밤은 좀 쉬었다 가는 것이 최선이라고 말했다. 한라한 역시 진심으로 머물러 쉬고 싶었다. 그는 아주 피곤한데다가, 집안에 사람들이 한라한에게 인간으로서는 결코 먹어보지 못한 맛있는 음식을 주었기 때문이었다. 그리고 그들 중에 있던 한 남자가 말하길, "마치 헝그리 그래스7)라는 아일랜드 요정의 풀숲을 헤쳐 온 배고픈 저주를 받은 사람처럼, 그는 잘도 먹는구려." 한라한이 출발할 때는 아침의 밝은 햇살이 빛나고 있었다. 한라한이 메리 라벨의 집에 도착할 때까지는 긴 시간이 소요될 것 같았다. 그러나 메리 라벨의 집에 도착했을 때, 그는 대문이 부서지고, 초가지붕도 무너지고, 사람이 살았던 흔적도 찾아볼 수 없는 폐가가 된 것을 알았다. 한라한은 이웃 사람들에게 메리 라벨에게 무슨 일이 있었는지를 물어보았다. 이웃 사람들 모두는 그녀가 그 집을 비

---

7) 신화에서 헝그리 그래스hungry grass는 아일랜드인에게 요정 풀로 알려져 있는데 저주받은 풀이다. 그 풀 위를 걸은 사람은 누구나 영원히 만족하지 못하는 배고픔에 시달린다고 전해진다.

우고 이웃 남자와 결혼한 후 그녀와 남편은 일을 찾아서 런던이나 리버풀과 같은 대도시로 떠났다고 말했다. 한라한은 그녀가 더 열악하거나 더 좋은 곳을 찾았을지는 전혀 알 수 없었다. 어쨌든 그는 그녀를 다시 만나거나 그녀 소식을 다시 듣지는 못했다.

해설

예이츠 『신화집Mythologies』의 『붉은 머리 한라한의 이야기Stories of Red Hanrahan』는 총 5부로 그가 평생 마법을 연구해 온 마법사로서 자신이 신이 선택한 불멸의 미인 영지주의의 여성 원리(신성한 여성성)인 소피아Sophia. 그리스어로 지혜.를 위한 사제로 운명 지워진 과정을 시사하고 있다. 주인공인 붉은 머리 한라한은 예이츠 시 세계의 목표를 보여주는 핵심 인물로 그 상징성이 매우 심오하다. 예이츠는 그의 시에서 한라한이 자신의 자화상임을 암시하고 있는데, 그는 "한라한을 창조한 것은 나 자신이다 myself created Hanrahan."(CP 220)라고 선언한 점에서 이해된다. 그의 시뿐만 아니라 『붉은 머리 한라한의 이야기』에 나오는 산토끼는 시 세계의 고양이와 더불어 불멸의 미인 신성한 여성성인 에체-소피아로 여왕을 깨우고자 헌신하는 성배의 기사이자 마법사의 의무를 상징적으로 역설한다. 거지 노파인 위니 역시 지상에 거하는 신성한 여성성인 성녀 소피아의 현존과 숨은 영광을 시사한다. 최후 시편 중 「사냥개 소리"Hound Voice"」에서도 일관성 있게 한라한이 자신의 자화상이자 시적 목표인 위대한 과업을 완수하고 대승리를 거둔 시 세계의 핵심 인물임을 강조했다.

마법사 시인으로서 예이츠는 이 『붉은 머리 한라한의 이야기』에 마법의 심오한 상징을 도입했는데, 타로 카드의 상징성이 그 주류를 이루고 있다고 하겠다. 신비로운 방랑자 노인과 여왕 에체와 네 노파는 모두 타로 카드의 상징적 인물로 볼 수 있다. 한라한이 샴헤인 날 밤에 만난 노인은 아홉 번째 카드인 은자Hermit를 상징한다. 슬리브 에체에서 잠든 여왕은 인류가 상실한 숨은 창조주인 신성한 여성성인 소피아인 두 번째와 세 번째 카드의 여사제와 여왕으로, 에체 여왕은 바로 이 두 번째와 세 번째 카드에서 보여주는 신성한 여성성을 상징한다. 네 노파는 네 원소인 수, 화, 지, 풍의 상징으로 열 번째 카드와 스물한 번째 카드에는 네 원소를 상징하는 네 생물이 있다. 스물한 번째 카드인 세상에서 카드 중앙에서 춤추는 여인은 신성한 여성성인 소피아를 상징하며, 이 여왕은 한라한이 본 에체-소피아이다. 여왕 아래의 네 노파는 카드의 네 방향에 있는 불과 물과 바람과 대지를 상징하는 네 생물로 볼 수 있다. 또한 제2부의 "새끼줄 꼬기"에서 한라한이 바닷가에서 새끼줄에 꼬인 듯한 모습은 타로 카드의 열두 번째 카드의 거꾸로 매달린 남자의 상징으로 볼 수 있다. 한라한이 신의 선택을 받은 불멸의 미인 신성한 여성성을 알리는 미의 사제의 운명이라는 것을 상징한다. 특히 노인은 카드로 산토끼와 사냥개를 만들어 내는 마법을 선보이는데, 9번째 타로 카드의 은자가 바로 이 마법사 노인으로 마법을 수련하는 영혼들을 위대한 과업의 완성으로 인도하는 램프 불을 들고 산 정상에서 기다리고 있는 모습이다. 이 은자는 예이츠의 시 「낚시꾼"The Fisherman"」에서 산 정상의 낚시꾼으로 상징되기도 하고, 연작시 「탑"The Tower"」에서 "산을 오르는 젊은이"의 길을 불빛으로 안내하는 은자를 상징하기도 하여, 후대의 마법을 익힌 지혜의 마법사들의 길을 인도하는 역할을 한다. 예이츠 역시 마법을 익히는 젊은이인 "산을 오르는 젊은이Upstanding Man"에게 자신의 유언을 남기고자 하였다.

마법사 노인이 카드로 만들어 낸 산토끼와 사냥개는 한라한을 비롯한 사냥꾼과 함께 그의 시 세계에서 중요한 상징성을 지닌다. 즉 산토끼는 지상을 방랑하는 숨은 신 에체의 희생적인 모습으로 방랑하는 거지 노파 위니 반과 동일시될 수 있으며, 기독교 영지주의가 전하는 지상에 거하는 추락한 성녀 소피아의 모습이라 하겠다. 거지 노파인 위니 반이 신성한 여성성을 상징한다면, 사냥꾼은 한라한처럼 마법을 수련한 현자들인 남성들을 상징한다. 반면에 사냥개는 마법을 수련하는 여성들을 상징한다. 예이츠는 자신을 선택받은 구약의 예언자 이사야에 비유하였는데, 이사야는 예수의 탄생과 행적을 미리 예언하였듯이 예이츠 자신도 새 시대인 물병자리 황금시대의 주인인 신성한 여성성인 에체-소피아 여왕이 지상에 머물고 있다고 보았다. 이 숨은 구세주의 희생을 위니 반의 모습으로 상징한다. 이처럼 예이츠는 한라한이라는 인물을 창조하여 자신과 동일시하면서 신성하고도 무거운 이사야 선지자로서 자신의 소명 의식을 시와 신화집과 희곡 등에서 다양한 상징을 통해 일관성 있게 강조했다.

예이츠-한라한은 숙명처럼 네 노파와 에체의 신성한 환영을 만나게 된다. 그러나 인간인 한라한은 절대적 신성 앞에 너무나 압도되어 자신의 소명을 전혀 이해할 수도 언급할 수도 없었다. 한라한의 모습처럼 예이츠도 비전을 보고 적기는 하였지만 진정으로 천상의 신비와 신의 뜻을 다 알 수는 없었다고 토로한 바 있다. 신비 서적인 『환상록A Vision』의 1937년도 수정판에서 미지의 교사들에게 자신이 흩어진 신비에 대해 설명하면 어떻겠느냐고 제안하였지만, 미지의 교사들은 단지 그에게 시에 대한 은유를 주러 왔다고 했다. 따라서 예이츠는 "내가 쓰기는 해도 알 수는 없다."라고 토로한 바 있다. 예이츠는 "신비적인 삶은 내 일과 내 사상과 내 창작 생활의 중심에 있다The mystical life is at the center of all that I do and all that I think and all that I write."고 선언한 바 있는데, 이런 예이츠의 사제로서 삶을 대변하는 인물이 바로 붉은 머리 한라한이다.

예이츠는 상당 기간 마법을 익힌 마법사로서 작품 전반에 마법의 상징성과 타로 카드의 신비를 담고 있는데, 특히 『붉은 머리 한라한의 이야기』는 마법사로서 그의 궁극 목적과 그의 자화상을 시사하는 중요한 작품이라 하겠다. 결국 한라한의 미의 사제로서 일생을 통한 방랑은 그가 죽음에 이르렀을 때, 거지 노파인 위니 반을 통해 신성한 여성성인 소피아의 세상적 존재와 만나게 되고, 죽음의 순간에 그는 마법사의 최종 목적인 "존재의 합일"을 달성하게 된다.

조미나 (요크대)

새끼줄 꼬기 THE TWISTING OF THE ROPE

한라한은 황혼녘에 킨바라kinvara 근처에 있는 길을 지나가게 되었다. 멀지 않은 길가에 있는 집에서 바이올린 소리가 들려왔다. 한라한은 음악 소리가 나는 방향으로 발걸음을 돌렸는데, 어느 곳에서든지 음악 소리와 춤추는 사람들이 모인 장소를 그냥 지나쳐 가는 일이 결코 없었기 때문이었다. 길가에 사는 집의 안주인은 문가에 서 있다가 한라한이 다가오는 인기척을 느끼고 "한라한, 어서 오세요. 오랫동안 못 만났습니다."라고 말했다. 그러나 안주인은 문가로 다가와서 남편에게 말했다. "난 한라한이 오늘 밤 우리 집에 머물지 않길 바라요. 그는 사제들이나 여성들 사이에서나 아주 평판이 안 좋거든요. 더구나 그의 걸음걸이로 봐서는 술을 한 모금 걸치고 왔을 거예요." 라고 말했다. 그러나 남편은 "난 시인 중의 시인인 한라한을 문전박대할 수 없어요."라고 말하고는 한라한에게 집으로 들어오라고 청했다.

집안에는 선량한 이웃들이 많이 모여 있었다. 그들 중 몇 명은 한라한을 기억하고 있었으나, 구석진 곳에 있던 청년 몇몇은 단지 한라한에 대한 소문만을 들었으므로 일어나서 그를 보려고 다가왔다. 한 청년이 "우리를 두고 떠나신 교사였던 한라한 선생님 아니신가요?"라고 물었다. 그러나 그 청년의 엄마는 청년의 입가에 손을 갖다 대고는 그런 식으로 말하지 말라고 하면서 좀 조용히 하라고 말했다. "한라한은 나쁜 사람이 되었기 때문이야. 만약 그가 그 이야기를 들었거나, 혹은 만일 누군가가 그에게 질문을 했다면 말이야." 그러자 한두 명의 청년들이 한라한에게 큰 소리로 외치며 노래를 청했으나, 집주인은 한라한이 좀 쉬기 전에는 노래를 요청할 시간적 여유가 없다고 말하고, 한라한에게 위스키 한 잔을 건네주었다. 한라한은 집주인에게 고맙다고 말하고 그의 건강을 기원하며 위스키를 마셨다.

바이올린 연주자는 다른 춤곡으로 바이올린을 연주했다. 집주인은 청년들에게 한라한이 이곳을 떠난 후 다시 볼 수 없었으므로, 그가 춤추는 모습을 보면 어떤 춤을 추는지 알게 될 거라고 말했다. 한라한은 춤추기를 거절하고, 아일랜드 다섯 지방을 여행했기에 이제는 발을 좀 쉬게 하는 게 좋겠다고 말했다. 그가 말을 마치자마자, 반쯤 열린 문 안으로 주인집 딸인 우나가 불을 지피기 위해 코네마라Connemara에서 가져온 약간 늪지의 오래된 소나무 조각을 손에 들고 들어왔다. 우나가 불꽃 튀는 난로 바닥에 소나무 조각을 던져놓자, 청년 서넛이 활짝 웃으며 일어나 우나에게 춤을 청했다. 그러나 한라한이 방안을 지나가자, 사람들은 물러나 주면서 한라한이 긴 여행에서 돌아온 후 그야말로 우나와 춤출 상대라고 말했다. 한라한은 우나의 귓가에 부드럽게 속삭이는 듯했다. 그녀가 한라한과 함께 서 있으면서 그에게 대꾸도 하지 않은 채 볼이 약간 발그레해졌기 때문이었다. 다른 부부들은 서 있었으나 한라한은 춤추기 시작했다. 한라한은 우연히 아래를 내려다보다가 자신의 부츠가 낡고 해져 낡은 회색 양말이 부츠 틈새로 드러나 보이는 것을 알고, 난롯가 옆 그을음이 낀 자리에 앉으며, 화난 어조로 바닥이 거칠고 음악도 별로라고 말했다. 그러나 한라한이 앉자 우나도 그의 옆에 앉았다.

춤은 계속 이어졌고, 그 춤추기가 끝나자 다른 이가 청했으나, 한동안 그들이 있는 방의 한 모퉁이에 우나와 붉은 머리 한라한이 함께 있는 것을 아무도 알아차리지 못했다. 그러나 우나 어머니는 안달이 나서 우나에게 다가와 방안의 식탁을 챙기는 일을 도우라고 말했다. 우나는 예전에 엄마의 청을 거절한 적이 없었으나, 곧 가겠지만 아직은 아니라고 말했다. 우나는 한라한이 속삭이는 귓속말에 귀 기울이고 있었기 때문이었다. 엄마는 더욱 불안해져 둘에게로 가까이 다가와서 장작불을 뒤집거나, 마룻바닥에 비질을 해대면서 시인이 자기 딸에게 무슨 말을 하는지를 들어보려고 했다. 우나 엄마는 한때 한라한이 흰 손을 가진 데어드라Deirdre에 관하여 설명하면서, 데어드라가 우스나Usna의 아들들을 어떻게 죽였고, 그녀의 두 볼의 홍조가 그녀를 위해 흘린 왕의 아들들 선혈만큼 얼마나 붉지 않았는지, 그녀의 슬픔이 마음에서 결코 사라진 적이 없었다고 말하는 것을 들었다. 그리고 아마도 동료를 위해 젊은이들이 슬피 우는 것처럼 시인들의 귀에는 늪지의 물떼새가 내는 새 울음소리처럼 서글픈 것이 데어드라의 기억일 것이라고 한라한은 말했다. 그리고 만일 데어드라의 미모를 그들의 노래로 칭송했던 시인들이 아니었다면, 그녀에 대한 그 기억이 전혀 없었을 것이라고 한라한은 말했다. 그다음 말은 우나 엄마로서는 한라한이 무슨 말을 했는지 잘 이해가 되지 않았으나, 그녀가 듣기로는 운율은 없었지만 무슨 시구절같이 들렸는데 우나 엄마가 들은 이야기는 다음과 같았다. "해와 달은 남성과 여성이지요. 그것들은 내 인생이고 그대의 인생이지요. 해와 달은 마치 한 덮개 아래서처럼 하늘을 항해하고 항해하지요. 서로를 위해 해와 달을 창조한 이는 하느님이에요. 하느님은 창세 이전에 그대의 인생과 내 인생도 만드셨어요. 하느님은 해와 달이 세상을 위아래로 통과하도록 그것들을 만들었어요. 모든 다른 사람들이 지쳐서 벽에 기대어 있을 때, 헛간의 긴 마루에서 기분 좋게 웃으며 위아래로 계속해서 춤추는 두 명의 최상의 무희들처럼요."

그때 우나 엄마는 남편이 카드놀이를 하는 곳으로 다가갔으나, 남편은 그녀가 온 것을 알아차리지 못했다. 그러자 그녀는 이웃 여인에게로 가서 말했다, "그들을 서로 떼어놓을 방법이 없을까요?" 그녀는 응답을 기다리지도 않은 채 함께 이야기 나누고 있던 몇몇 청년들에게 말했다. "이 집에서 가장 예쁜 소녀를 데리고 가서 춤추지 못한다면 무슨 소용이 있겠어? 그러니 모두들 지금 가서 시인의 말을 듣고 있는 그 애를 이리로 데려올 수 있나요?" 그러나 우나는 그 청년들 중 어떤 이의 말도 듣지 않았고, 마치 그들을 떼어내려는 듯 손을 뿌리칠 뿐이었다. 그러자 청년들은 한라한을 불러서 그가 그 소녀와 최고의 춤을 추든지, 아니면 그녀가 청년들 중 한 사람과 춤출 수 있게 해달라고 청했다. 한라한은 그들의 말을 듣고 "그렇다면, 내가 우나와 춤을 추겠어. 이 집에서 그녀와 춤을 출 수 있는 사람은 나밖에 누가 있겠어."라고 말했다.

한라한은 우나와 함께 일어서서, 그녀의 손을 잡고 무대로 나갔다. 어떤 청년들은 화를 냈고, 다른 청년들은 한라한의 누더기 코트와 망가진 부츠를 보며 조롱하기 시작했다. 그러나 한라한은 이를 전혀 눈치채지 못했고, 우나도 알아차리지 못했다. 그 청년들은 두 사람만이 온 세상의 전부인 양 서로를 바라보았다. 그러나 연인들처럼 함께 앉았던 다른 커플은 동시에 마루에서 일어서 서로 손을 맞잡고 음악에 맞춰 그들의 발을 움직였다. 그러나 한라한은 마치 성난 것처럼 커플과 등지고 춤추는 것 대신에 노래를 부르기 시작했다. 한라한이 노래를 부를 때에 우나의 손을 잡았고, 그의 목소리가 드높아져서 젊은이들의 조롱을 정지시키고, 바이올린 소리도 멈추게 되었다. 한라한의 목소리와 바람 소리 이외에 아무 소리도 들리지 않았다. 한라한이 부르는 것은 그가 들었거나, 슬리브 에체에서 방랑하던 시절에 작사했던 노래였다. 그 노래 가사를 영어로 번역하면 다음과 같았다.

오, 죽음의 늙고 앙상한 손가락은
고고하고 공허한 천상에 있는

우리를 발견할 수 없네
연인들이 서로 사랑을 주고
아껴주는 그곳에서는
사계절 동안 언제나 과일과 꽃이
맺히는 그곳에서는
강물 따라 붉은 맥주와
갈색 맥주가 넘쳐흐르네.
한 노인이 금빛과 은빛 숲에서 피리를 불고
어름처럼 푸른 눈의 여왕들은
무리들 사이에서 춤추네.

한라한이 노래를 부르는 동안, 우나는 그에게 더 가까이 다가왔다. 그녀의 두 볼에는 붉은색이 가시고, 눈동자는 푸르지 않고 눈물로 가득 찬 회색빛 눈이었다. 그녀를 본 어떤 사람도 그녀가 한라한을 세상의 이 끝에서 저 끝까지 따라갈 준비가 되었다고 생각했다.

그러나 젊은이 중 한 사람이 외쳤다. "그가 부르는 노래에 나오는 그 나라는 어디에 있나요? 우나, 생각해봐요. 그곳은 멀리 떨어져 있고, 그곳에 도달하기엔 너무도 오랜 시간이 걸릴 거예요." 다른 젊은이도 말했다. "우나가 한라한과 함께 간다면 그녀가 가게 될 곳은 젊은이의 나라Country of the Young가 아니라, 메이요Mayo[8]의 늪지대로 갈 거예요." 우나는 질문하려는 듯 그 청년을 바라보았으나, 한라한은 손으로 우나의 손을 들어올리고, 노래와 외침 소리 와중에 외쳤다. "그 나라는 바로 우리 가까이에 있어요. 그 낙원은 어디에나 있어요. 민둥산 뒤에도 있고, 숲속에도 있어요." 그리고 한라한은 아주 큰 소리로 명료하게 말했다. "숲속에서, 오, 죽음은 숲속에서

---

8) 아일랜드 북서부 Connacht 지방의 주.

우리를 발견할 수 없지요. 우나, 나와 함께 거기로 갈까요?"

그러나 한라한이 말하는 동안, 두 노파가 문밖으로 나갔고, 우나의 엄마는 울면서 말했다. "그는 우나에게 마법을 걸었어. 우리가 남자들에게 시켜서 그를 집 밖으로 쫓아내게 할 수는 없을까요?"

다른 여자가 말했다. "그것은 가능한 일이 아니어요. 한라한은 게일어 시인이고, 게일어 시인을 집밖으로 내쫓는다면, 그는 당신에게 저주를 퍼부어 옥수수밭이 말라버릴 것이고, 젖소의 젖은 말라버리고 말 것이며, 칠 년 동안 그렇게 된다는 것을 당신도 잘 알고 있잖아요."

우나 엄마가 말했다. "신이여, 우리를 도우소서. 내가 왜 그 몹쓸 이름을 지닌 그를 집안에 들였을까!"

"한라한을 집안에 들이지 않았다면 아무런 해도 없었겠으나, 그를 강제로 내쫓지 않는다면 큰 재앙이 닥치게 될 거예요. 그러니 내가 아무도 그를 이 집에 있도록 붙잡지 않고 스스로 이 집에서 나가도록 하는 어떤 계략이 있을지 제 계획을 들어보세요."

얼마 되지 않아 두 노파가 다시 안으로 들어왔고, 그들은 앞치마에 건초더미를 들고 있었다. 한라한은 이제 노래를 부르지 않으나, 우나에게 아주 빠르고 부드럽게 말하고 있었다. 한라한이 말했다. "이 집은 좁으나, 세상은 넓어요. 그리고 밤이나 아침이나, 해나 별들, 저녁의 그림자와 지상의 것들을 두려워해야 할 진정한 연인은 없어요." 그때 우나 엄마가 한라한의 어깨를 치면서 말했다. "한라한, 잠시 도와줄 수 있어요?" 이웃 여자가 거들었다. "그렇게 해요, 한라한. 그리고 이 건초로 새끼줄을 만들도록 우리를 도와주세요. 우리를 도와줄 준비가 되셨지요. 돌풍이 건초 더미 위의 초가지붕을 느슨하게 만들었어요."

한라한이 말했다. "제가 해드리겠어요." 한라한이 손에 작은 막대기를 들자, 우나 엄마는 건초를 주기 시작했다. 한라한은 건초를 꼬기 시작했으나 그가 빠르게 그 일을 했기 때문에 다시 빈손이 되었다. 우나 엄마는 한라한에게 계속 새끼줄을 꼬라고 권하면서 건초를 주고, 그가 참으로 이웃이나 지금까지 본 사람 중 그 어떤 사람보다도 새끼줄을 가장 능숙하게 잘 꼰다고 말했다. 그리고 한라한은 우나가 그를 바라보고 있는 것을 보자, 머리를 높이 쳐들고 아주 빠르게 새끼줄을 꼬기 시작했다. 그는 손놀림을 자랑하면서, 자신의 팔을 내뻗었다. 그리고 한라한이 자랑할 때 뒤로 물러나서, 등 뒤 열린 문으로 다가갈 때까지 새끼줄을 꼬고 있었다. 그가 무심결에 문지방을 넘어서 그만 길로 나오게 되었다. 한라한이 길가로 나가자마자, 우나 엄마는 갑자기 돌진해서 한라한 뒤로 새끼줄을 내던지며 반쯤 열렸던 문을 닫고 빗장을 걸었다.

우나 엄마는 그 일이 끝나자 너무 기뻐서 크게 웃었다. 이웃 사람들도 웃으면서 우나 엄마의 행동을 칭찬했다. 그러나 그들은 한라한이 문을 두드리며, 밖에서 저주의 말을 퍼붓는 소리를 들었다. 우나 엄마도 이를 들었으나, 우나가 문빗장을 풀려고 하는 손을 막았다. 곧이어 우나 엄마는 바이올리니스트에게 신호를 보냈다. 바이올리니스트는 연주를 시작했다. 젊은이 중 한 명이 춤을 청하지도 않고 우나의 손을 잡고, 춤추는 무대 한가운데로 그녀를 이끌었다. 춤이 끝나자 바이올린 연주가 멈추었다. 밖에서는 아무런 소리도 나지 않았으며, 길은 이전처럼 고요했다.

한라한은 문밖으로 쫓겨나서 보금자리도, 술도, 야밤에 그의 말을 들어 줄 여자도 없다는 것을 알게 되자, 분노가 치밀어 오르고 배짱이 생겨서 파도치는 해변으로 계속해서 걸어갔다.

한라한은 큰 바위 위에 앉았다. 그는 모든 일이 실패했을 때 스스로 용기를 내는 방식대로 오른팔을 흔들며, 천천히 노래를 부르기 시작했다. 그리고 그때였든지, 아니면 다른 때였든지 간에, 한라한은 오늘날까지 〈새끼줄 꼬기 "The Twisting of the Rope"〉라고 불리는 노래를 작곡했다. 그 노래는 "이 장소에 나를 불러들인 죽은 고양이는 무엇이었는가?"로 시작했으나, 알려지지는 않았다.

    그러나 한라한이 잠시 노래를 부른 후 안개와 그림자가 그 주위로 모이는 것처럼 보였고, 때때로 바다에서 나오는 것 같았고, 때때로 바다 위에서 움직이는 듯 보였다. 그림자 중 하나는 그가 슬리브 에체에서 잠들어 있는 여왕처럼 보였다. 지금 그녀는 잠자고 있지는 않았으나, 조롱하며 그녀 뒤에 있는 그들에게 소리쳤다. "한라한은 나약했어, 나약했어. 용기가 없었어." 그러자 한라한은 아직도 손에 있는 새끼를 꼰 줄을 느끼자 그 줄을 계속 꼬았다. 그러나 새끼줄을 꼬고 있을 때, 그 속에서 세상의 모든 슬픔이 밀려오고 있었다. 그 후 새끼줄은 꿈속 바다에서 나온 거대한 물벌레로 변하고, 그 주위로 꼬아가면서 가까이 더 가까이 그를 끌어당기는 것처럼 보였다. 그런 후 그는 그것에서 해방되어, 해변가를 따라 비틀거리며 불안정하게 계속 걸어갔고, 잿빛 형상들이 그 주위에서 이리저리 날아다녔다. 그리고 그들이 이렇게 말하는 것이었다. "쉬sidhe의 딸들이 부르는 것을 거절한 것은 그에게 참으로 애석한 일이지요. 한라한은 마지막 생애까지 세상 여인들의 사랑에서 위로를 얻을 수 없기 때문이라오. 차디찬 무덤은 영원토록 그의 마음속에 있다오. 그가 선택한 것은 죽음이라오. 죽게 내버려 두자, 죽게 내버려 두자, 죽게 내버려 두자."

▪▪▪ 해설

「새끼줄 꼬기」에서 방랑하던 붉은 머리 한라한은 노인을 만났던 그 집에서 일 년이 지난 후 샴헤인 밤에 다시 사람들을 만나게 된다. 그곳의 사람들은 미의 사제인 한라한을 제대로 이해하지 못하고 더구나 우나 엄마는 자신의 집에서 그를 내쫓을 궁리만 한다. 이처럼 미의 사제로 산다는 것은 세상과는 역행하는 길로 타로 카드의 열두 번째 카드의 새끼줄에 거꾸로 매달린 남자의 모습으로 상징된다. 그가 진실로 만나고 싶은 여인은 불멸의 신성한 여성성인 소피아이지만, 그는 자신이 추구하는 미의 여신을 단지 세속의 연인인 메리 라벨이나, 우나에게서 추구하려는 오류를 범하고 있다. 인간으로서 나약한 한라한의 한계를 알고 있는 사대 원소의 상징인 네 노파는 우매하고 나약한 한라한을 꾸짖고 있다.

그러나 시간이 지나서 우나에게 전해주는 한라한의 "해와 달"의 이야기는 신의 남성 원리와 여성 원리를 상징하며 신이 남녀 양성의 조화를 이룬 완전체임을 상징하고 있다. 2부에서 예이츠는 데어드라의 비극을 이야기함으로써 미의 사제로서 비극적 영웅을 상징하는 우스나 아들들의 희생을 상징한다. 또한 데어드라를 통해 인류를 구원하고자 하는 숨은 신인 에체, 즉 신성한 여성성의 슬픔과 고뇌를 상징적으로 우나에게 들려줌으로써 그가 미의 사제로 지혜가 점차 더해가는 모습을 엿볼 수 있다.

한라한은 선택받은 이사야 예언자와 동일시되는 인물로 예이츠는 신이 선택한 21세기의 이사야 예언자로서, 그의 역할이란 인류가 상실한 신성한 여성성Divine Feminine인 여왕의 잠을 깨우는 사제로서의 소명 의식으로 가득 차 있다. 즉, 미래의 인류에게 신성한 여성성인 성녀 에체-소피아를 널리 알려서 다가오는 물병자리 황금시대에 참된 구원으로 인도하는 마법사이자 예언자로서 그의 소명을 다하고자 헌신한 것이다. 이처럼 사제로서 드높은 긍지를 지니고 살아간 예이츠는 "이사야의 정화의 석탄"만이 자신의 문학 목표의 정수임을 밝힌 점에서 이해될 수 있다. 자신이 잠든 여왕인 소피아를 깨우는 일을 맡은 선택받은 사제이자, 성배를 찾는 퍼시발 기사로서 예언자의 소명 의식에 가득 차 있다. 이런 그의 모습은 한라한뿐만 아니라 여왕의 어릿광대로도 표현되는데, 예이츠가 여러 번 꾼 꿈을 소재로 한 신비시 「방울 달린 모자"The Cap and Bells"」에서 광대의 모습은 예이츠 자신과 동일시되는 인물로 붉은 머리 한라한의 또 다른 모습이라 하겠다. 그의 자서전적 소설인 『점박이 새The Spekled Bird』의 자화상적 인물인 마이클을 통해서도 신성한 여성성인 성배를 찾는 기사 퍼시발Percival과 동일시하여 예술적 궁극 목표가 신성한 여성성인 소피아의 사제임을 두루 천명하고 있다. 이처럼 성배를 직접 접한 원탁의 기사인 퍼시발과 자신을 동일시하기도 하고, 떠돌이 방랑자가 된 한라한으로서 성녀 소피아-에체를 위한 사제의 역할을 다하고자 헌신하는 모습을 보여준다. 그의 시에서 "집시의 야영지에 있는 마지막 궁정인"이라고 한 점도 잊힌 신성한 여성성인 에체의 사제로 살아가는 방랑자인 한라한의 고충을 묘사한 것이다. 미의 사제로 살아가는 자신의 신앙심과 예술에 대하여 "내 작품은 드라마가 아니라 잃어버린 신앙의 의식이다."라고 밝힌 점에서도 알 수 있다.

첫 번째 이야기에서 한라한은 샴헤인 날 밤에 마법사 노인을 만나게 되고, 그 노인의 안내로 마침내 신성한 여성성인 에체-소피아에 대한 환영을 보게 된다. 또한 에체-소피아의 보좌 앞 네 노파는 모두 수, 화, 지, 풍의 네 원소를 상징한다. 더 나아가서 두 번째 이야기인 「새끼줄 꼬기」에서는 우나와의 만남을 저지당하는 혹독한 방랑자로서의 미의 사제로서의 운명을 보여준다. 물가에서 새끼에 감겨있는 한라한은 타로 카드 열두 번째인 "매달린 남자Hanged Man"를 상징한다고 볼 수 있다. 매달린 남자는 신성한 여성성인 물을 상징하며 숙명적으로 신이 선택한 이사야와 같이 미의 사제의 임무를 다해야 하는 한라한-예이츠의 자화상을 상징한다. 한라한은 삶의 목적이 세속적 여인을 위한 사랑이 아닌 마법의 성배를 상징하는 신성한 여성성인 에체-소피아를 추구하여 인류가 상실한 숨은 신을 세상에 알리고자 상징적 언어를 통해 헌신적으로 추구하고 있다. 한라한은 마법을 익혀서 위대한 과업을 완성한 어뎁트(성자)로서 인류가 잃어버린 '신성한 여성성'인 여왕을 찾아서 "존재의 합일"을 이루는 대승리를 달성하는 예이츠의 자화상적 일생을 보여준다. "존재의 합일"의 위대한 과업의 완성은 이 세상에서의 영웅의 죽음을 통해 나타나는데, 한라한 역시 지상의 떠도는 신성한 여성성인 에체-소피아의 세속적 모습인 거지 노파 위니 반Winny Byrne의 품속에서 죽음을 맞이함으로써 그의 인생 목표인 "존재의 합일"을 이룬 대승리를 상징한다. 옥좌의 여왕인 에체와 거지 노파인 위니 반은 둘 다 우주 어머니인 신성한 여성성으로서 소피아임을 깨닫게 됨으로써 그의 시적 목표인 "존재의 합일"에 도달하게 된다. 따라서 한라한의 죽음은 슬픈 결말이 아닌 예이츠-한라한이 에체-소피아인 신성한 여성성과 합일하여 일생의 목표인 '위대한 과업'을 완성한 대승리를 상징한다.

최후의 시편 중 하나인 「사냥개 소리"Hound Voice"」에서 평생 사냥개를 따라 산토끼를 쫓아가는 한라한의 모습이 묘사된다. 성배의 기사 퍼시발로서 신성한 여성성인 지상미로서 산토끼로 상징되는 위니 반을 최후의 순간에 만남으로써, 그의 신성한 임무가 완성되었고 소피아와 합일에 이르러 "존재의 합일"을 이룬 것이다. 즉, 한라한이 죽기 직전인 마지막 순간에 위니 반은 한라한이 "존재의 합일"을 이룬 것을 "그대는 더는 여자들의 가슴에서 나를 찾아다닐 필요가 없다You will go looking for me no more upon the breasts of women."라고 선언한다. 신비주의 시인이자 어뎁트(성자)로서 예이츠의 문학적 궁극 목표는 신성한 여성성인 절대 불멸의 장미를 상징하는 에체-소피아를 위해 헌신하는 숨은 신의 사제로서 소명 의식을 다하고자 하는 열정으로 아일랜드의 민화 속 인물인 한라한을 통해 상징적으로 잘 그려내고 있다.

조미나 (요크대)

한라한과 훌리한의 딸 캐슬린

HANRAHAN AND CATHLEEN, THE DAUGHTER OF HOULIHAN

한라한은 한때 북쪽으로 여행 중이었다. 일 년 중 바쁜 철에 이따금 농부를 도와주면서 이야기를 들려주고, 장례식 전야의 철야나 결혼식에서 부를 본인 몫의 노래를 짓고 있었다.

어느 날 그는 콜루니로 가는 길에서 젊은 시절 먼스터에서 알던 여성 마가렛 루니를 우연히 뒤따라가게 되었다. 그 당시 그녀는 좋은 평판을 얻지 못했다. 마침내 그녀를 그곳에서 쫓아낸 이는 바로 사제 신부였다. 그는 그녀의 걸음걸이와 안색, 얼굴에 붙은 머리카락을 왼손으로 뒤로 넘기는 방식으로 그녀를 알아보았다. 그녀는 청어 등을 팔고 다녔으며, 슬라이고와 지금은 그녀와 같은 면을 많이 지닌 다른 여성 메어리 길리스와 함께 살면서 버로우로 되돌아갈 예정이라고 말했다. 그가 와서 늪지대의 사람들, 맹인들, 바이올린 연주자들과 그 집에서 머물면서 버로우에 사는 그들에게 노래를 알려준다면 그녀는 기뻐할 것이다. 그녀는 그를 잘 기억하고 있으며, 그를 위해 소원을 빌었다고 말했다. 그리고 메어리 길리스에 관해서 말하면, 그녀는 그가 지은 노래 중 일부를 외우고 있었다. 그는 특별 대접을 받지 않는 것에 대해 개의치 않는다. 그의 노래를 들었던 늪지대의 사람들과 가난한 이들은 그가 머무는 동안에 그가 들려준 노래와 이야기에 대한 대가로 수익 일부를 그에게 주곤 했다. 그리고 그들은 그의 이름을 모든 아일랜드 교구에 전하곤 했다.

그는 그녀와 함께 가게 되어, 자신의 고충을 들어주고 위로해줄 여성을 찾게 되어 매우 기뻤다. 해가 저무는 순간에 모든 남성들은 멋있어 보이고, 모든 여성들은 예뻐 보일 것이다. 그녀에게 '새끼줄 꼬기'의 불운에 관해 얘기할 때, 그녀는 두 팔로 그를 감싸주었다. 어스름이 찾아들 무렵에 다른 이들처럼 그녀는 건강해 보였다.

버로우로 가는 길 내내 그들은 줄곧 이야기를 계속 주고받았다. 메어리 길리스에 대해 말하자면, 그를 보고 그가 누구인지를 들을 때, 그녀는 자신의 집에서 이런 훌륭한 분과 함께 있게 되리라는 생각에 거의 울음이 터질 지경이었다.

방랑에 지친 한라한은 한동안 정착할 곳이 생겨서 흡족했다. 그날 이후에 작은 오두막집이 무너지고, 메어리 라벨이 떠나고 초가지붕이 산산이 흩어지자, 그는 머물 곳을 결단코 요구하지 않았다. 신록이 가지에서 나와 낙엽으로 시드는 걸 볼 만큼, 뿌려진 밀알을 수확할 만큼 한 장소에 그는 결코 오래도록 머물지는 않았다. 습지에 거처를 마련하고 저녁이면 난로를 피우고, 부탁하지 않아도 자신이 먹을 음식이 식탁에 놓인 일상의 모습은 그에게는 기분 전환에 아주 좋은 일이었다.

거기에 기거하는 동안 그는 사랑이 듬뿍 실린 아주 차분한 멋진 노래를 많이 지었다. 대부분은 사랑의 노래였지만 그중에는 회한이 서린 노래도 있었다. 또 몇몇 노래는 이러저러한 이름으로 쓰인 아일랜드와 아일랜드의 슬픔에 관한 노래였다.

매일 저녁 늦지대 사람들, 걸인들, 맹인들, 바이올린 연주자들은 그 집에 모여, 그의 노래와 시편들과 고대 피아나 얘기를 경청하곤 했다. 책과 더

불어 결코 잊히지 않는 그들의 기억에 그것들은 저장되었다가, 코노트 전 지역의 모든 장례식 전야의 철야나 결혼식의 모범 사례로 그의 이름은 언급되었다. 그 당시만큼 그는 마음이 넉넉하고 풍성한 적이 없었다.

12월 어느 날 저녁 그는 산속의 초록 물떼새와 세상을 방황하거나 길을 잃고 헤매는 리메릭을 떠났던 금발 소년들에 관한 소박한 내용을 노래하고 있었다. 그날 밤 그 방에는 꽤 많은 이들이 있었다. 개중에는 몰래 들어와 화롯불 근처 바닥에 앉은 두세 명의 젊은이도 있었다. 그들은 재에 감자를 굽는 일이나 그와 비슷한 일에 너무 바빠서 그에게 많은 관심을 가질 수가 없었다. 하지만 그들은 그의 이름과 목소리, 그의 손이 움직이는 방식, 새하얀 벽지에 그의 그림자가 드리워지고, 침대 가장자리에 앉을 때나, 지붕처럼 높이 올라가면서 움직이는 그의 표정을 이후에도 그들은 오래도록 기억했다.

갑자기 그의 노래는 멈추었으며, 마치 먼 것을 바라보는 것처럼 그의 두 눈은 안개가 낀 듯 희미했다.

메어리 길리스는 그의 옆 테이블 위에 놓인 위스키를 머그잔에 따르고 있었다. 그녀는 따르기를 멈추며, "이것이 당신이 생각하는 우리를 떠나는 방식인가요?"라고 물었다.

마가렛 루니는 그녀가 한 말을 들었으며, 왜 그녀가 그런 말을 했는지 알지 못했다. 그녀는 아주 진지하게 그 말들을 받아들이면서 그에게로 갔다. 그리고 마음속에는 너무나 좋은 동료이며, 너무나 소중히 생각되는 남자, 그리고 그녀의 집에 많은 사람들을 데려온 남자를 잃을 것이라는 두려움이 내재되어 있었다.

"당신은 우리들로부터 멀리 가버리면 아니 되옵니다, 내 마음의 임이여!"라고 그의 손을 잡으면서 말했다.

"이것은 내 생각이 아니라 아일랜드와 아일랜드 위에 놓여 있는 슬픔의 무게에 관한 것이오."라고 그는 말했다. 그리고 손에다 머리를 기대면서 다음과 같은 가사가 곁들인 노래를 부르기 시작했다. 그의 목소리는 외로운 곳에서 이는 바람 같았다.

> 쿠멘 물가 저 너머 높은 곳에 선 오래된 갈색 산사나무들
> 왼쪽에서 불어오는 매서운 검은 바람에 두 동강이 난다.
> 우리의 용기는 검은 바람에 맞은 고목 마냥 부러지지만,
> 가슴 속 깊이 우리는 숨겨왔다
> 훌리한의 딸 캐슬린의 눈에서 뿜어져 나오는 불길을.
>
> 녹나리 너머 저 높은 곳에선 바람이 구름을 감싸놓고,
> 메이브 여왕의 주문 아랑곳 않고 돌무더기에 벼락을 쳤다.
> 소란스러운 구름과도 같은 분노가 우리 마음을 두근거리게 했다,
> 우리는 한없이 허리를 굽히고 굽혀
> 훌리한의 딸 캐슬린의 사뿐히 걷는 발에다 입맞춤했다.
>
> 습한 바람이 끈적끈적한 대기에서 휘몰아치기에
> 클루-나-바의 저 높은 곳에선 황톳빛 호숫물이 흘러넘쳤다.
> 우리의 몸, 우리의 피는 범람하는 물결과도 같았다.
> 하지만 훌리한의 딸 캐슬린은
> 성 십자가 앞에 놓인 커다란 촛불보다도 더 순결하여라.

그가 노래하는 동안에 그의 목소리는 갈라지기 시작하여 눈물이 두 볼을 타고 내리자, 마가렛 루니는 두 손에 얼굴을 묻고 그와 함께 울기 시작했다. 화롯가에 있던 눈먼 거지는 흐느끼면서 누더기옷을 흔들었으며, 그 연후에 눈물을 흘리지 않는 이는 한 사람도 없었다.

■■■ **해설**

W. B. 예이츠는 아일랜드의 유구한 켈트의 민담과 전설과 신화를 활용하여, 영국의 식민지 지배를 문화와 예술로 극복하려는 문화 민족주의자이기도 하다. 그 일환으로 오거스타 그레고리 여사 등과 함께 아일랜드의 민속 예술이 비교적 잘 보전된 서부 해안 도시 슬라이고와 골웨이 등지를 답사하여 자료를 수집하고 책을 펴냈다. 당시 예이츠가 펴낸 주요 전설 신화집으로는 『아일랜드 요정 이야기*The Irish Faery Tales*, 1892』, 『켈트의 황혼*The Celtic Twilight*, 1893』, 『비밀의 장미*The Secret Rose*, 1897』, 『붉은 머리 한라한의 이야기*Stories of Red Hanrahan*, 1897』, 『아일랜드 농부들의 요정들과 민담』 등이 있다.

    붉은 머리 '레드 한라한'은 가상 인물이다. 예이츠는 1897년 『붉은 머리 한라한의 이야기』를 출판하려고 계획하면서, 붉은 머리 한라한은 초기 마스크로 가상의 시인이다. 그는 『자서전』에서 자신이 창조한 붉은 머리 한라한은 "마치 역사상의 인물인 것처럼 전설 속에 통용될 수 있기"를 바라는 희망을 피력했다. 한라한은 잘 변신해서 영원한 모습을 지닌 천진난만한 상상력의 화신이다. 예이츠의 『신화집』에서는 붉은 머리 한라한에 관한 다섯 개의 이야기가 수록되어 있다 레스터 I. 코너, 『예이츠 사전』 83; 샘 맥크레이디, 『윌리엄 버틀러 예이츠 백과사전』 326-327.

    한라한은 북쪽의 콜루니로 여행 중에 바쁜 철에는 농부를 도와주면서 이야기를 들려주곤 한다. 아울러 장례식 철야 기도회나 결혼식에 어울리는 시를 짓고 손수 노래를 불러주면서 소일한다. 어느 날 그는 콜루니로 가는 길에서 젊은 시절 먼스터에서 알던 여성 마가렛 루니를 우연히 뒤따라가면서, 두 사람은 가까워진다. 버로우로 가는 길 내내 그들은 줄곧 이야기를 나눈다. 그가 누구인지 이야기를 듣는 중에 그녀는 자신의 집에 이런 훌륭한 분과 함께 있다는 생각에 감격한다. 거기에 기거하는 동안 그는 사랑이 듬뿍 실린 차분한 멋진 노래를 많이 짓는다. 대부분은 사랑의 노래였지만 그중에는 회한이 서린 노래도 있다. 또 몇몇 노래는 이러저러한 사람의 이름으로 쓰인 아일랜드와 아일랜드의 슬픔에 관한 노래이다. 매일 저녁 늪지대 사람들, 걸인들, 맹인들, 바이올린 연주자들이 그녀의 집에 모여서, 그의 노래와 시편들, 고대 피아나 얘기를 경청한다. 이런 일로 코노트 전 교구에 모범 사례로 그의 이름은 언급된다. 그 당시만큼 그의 마음이 넉넉하고 풍성한 적이 없다. 마가렛 루니와 숙식을 같이 하는 메어리 길리스는 한라한에게 "이것이 당신이 생각하는 우리를 떠나는 방식이냐?"라고 묻는다. 마가렛 루니는 그녀의 뜻밖의 질문에 당황하면서, 왜 그녀가 그런 말을 했는지 이해하지 못한다. 마음속에는 좋은 동료이자 너무나 소중히 생각되는 남자, 그리고 그녀의 집에 많은 이들을 데려온 이 남자를 잃을 것이라는 두려움에 사로잡힌다. 한라한은 「아일랜드에 관한 붉은 머리 한라한의 노래」를 언급하며 강조한다. "이것은 내 생각이 아니라 아일랜드와 아일랜드 위에 놓여 있는 슬픔의 무게에 관한 것이오."라고 말하면서 '훌리한의 딸 캐슬린'을 세 번이나 이 시편에서 언급한다. 그녀는 아일랜드를 상징하는 여인이자, 아일랜드의 의인화이다. 한라한이 지은 이 시를 노래로 불러주자 그녀를 포함한 듣는 모든 이들이 눈물짓는다.

조정명 (경운대)

붉은 머리 한라한의 저주 RED HANRAHAN'S CURSE

한라한은 마가렛 루니의 집을 떠난 한참 후 오월 화창한 어느 아침에, 콜루니 근처의 도로를 걷고 있었다. 흰 꽃이 만발한 숲속에서 노래하는 새소리 덕분에 걸으면서 그는 계속 노래 부를 수 있었다. 향하는 곳은 작은 오두막집에 불과하지만 그는 매우 흐뭇했다. 환영받는 일이나 집을 같이 사용하는 일은 좀처럼 거절당하지는 않지만, 그는 일 년 내내 이 집에서 저 집으로 전전하는 데 진저리가 나 있어서, 그의 마음은 관절처럼 **뻣뻣한** 것 같았다. 밤새도록 사람들을 웃고 즐겁게 하고, 모든 남성들을 그의 즐거운 얘기에 웃게 하고, 모든 여성들을 노래 부르도록 예전처럼 하는 것이 그에겐 쉬운 일이 아니었다. 얼마 전에는 그는 가난한 이들이 추수하려고 떠나 다시 돌아오지 않는 오두막집에 들어갔다. 지붕을 고치고 몇몇 포대와 골풀로 구석자리에 침대를 만들고 바닥을 깨끗이 청소하면서, 자신이 기거할 작은 곳을 마련하자 아주 흐뭇했다. 그곳에 마음 내키는 대로 들락거릴 수 있었다. 노여움이 그에게 덮치는 저녁 내내 머리를 손에 파묻었다. 한참 시간이 흐른 후에 외로움이 그에게 덮칠 때도 그러했다. 한 번에 한 번씩 이웃 사람들은 그에게 뭔가를 배우려고 자식들을 보내기 시작했다. 그들이 가져온 것, 계란 몇 개, 오트밀 과자, 잔디 토탄 두 개로 생활을 꾸려갔다. 그가 때때로 황량한 낮과 밤에 버로우로 산책하러 나가더라도, 방랑 기질을 가진 그를 시인으로 알아보고서 말 한마디 거는 사람이 없을 지경이었다.

그는 한껏 가벼운 마음으로 오월 아침에 버로우에서 오는 길이었고, 그에게 떠오른 새로운 노래를 부르고 있었다. 하지만 이윽고 토끼가 그의 오솔길을 가로질러 달려, 벽의 느슨한 돌 사이를 통해 들판으로 달아났다. 그는 토끼가 그 오솔길을 가로질러 간 것이 좋은 징조가 아니라는 것을 알고 있었다. 메어리 라벨이 그를 기다릴 때 슬리브 에체로 그를 멀리 데리고 갔던 토끼를 그는 기억했다. 그때 이후로 시간의 어떤 길이 때문에 그가 얼마나 만족하지 못했었던가를 그는 기억했다. "내 짐작이 틀리지 않는다면, 그들은 지금 내 앞에 나쁜 짓을 행하고 있다."라고 그는 말했다.

그가 그런 말을 한 연후에 그는 옆 들판에서 울부짖는 소리를 듣고, 그 벽을 굽어봤다. 거기에서 그는 흰 산사나무 숲 아래 나 어린 처녀가 앉아, 마치 가슴이 찢어지는 아픔이 있는 것처럼 우는 걸 봤다. 그 처녀는 두 손으로 얼굴을 가려졌지만, 부드러운 머릿결과 흰 목과 앳된 표정은 그에게 각인되어, 브리짓 퍼셀, 마가렛 길레인, 메이브 코렐란, 우나 커리, 그리고 셀리아 드리스콜과 그가 노래를 지어주고 듣기 좋은 말로 그를 달래주었던 나머지 어린 여학생들이 그에게 생각났다.

그 처녀가 위를 쳐다보자, 이웃집 농부의 딸임을 그는 알아보았다. "노라, 너 지금 무슨 생각을 하고 있느냐?" 그는 말했다. "붉은 머리 한라한 님, 저한테서 빼앗아 갈 것은 하나도 없습니다. 너에게 어떤 슬픈 일이 생기면, 내가 직접 너를 잘 보호해줄 수 있다. 왜냐하면 나는 그리스 역사를 잘 알고 있으며, 슬픔과 이별, 세상의 고난이 무엇인지 잘 알기 때문"이라고 그는 나중에 말했다. "그리고 내가 너를 고통에서 구제할 수 없을지라도, 나를 앞선 태초의 조상들이 시인의 노래에서 구원받았듯이, 내 노래에 힘입어 내가 세상에서 구원해준 많은 이들이 있다. 이 세상 저 너머의 생명과 시간의 끝까지 저 먼 장소에서 나는 세상의 나머지 시인들과 함께 앉아 얘기할 것이다."라고 그는 말했다. 처녀는 울음을 뚝 그쳤다. "오웬 한라한 님, 저는 선생님이 슬픈 일과 핍박을 받았으며, 그리고 슬리브 에체의 여왕이 될 여성에게 사랑을 거절한 이래로 선생님은 세상의 온갖 고난을 다 알게 되었다고, 그 이후에 그녀는 선생님을 조용하게 내버려 두지 않았다는 걸 자주 들었습니다. 하지만 이 지구상의 사람들이 선생님을 해쳤을 때조차도, 선생님은 그들에게 해를 가하는 방법을 잘 알고 있지요. 그리고 오웬 한라한 님, 선생님은 제가 선생님에게 한 부탁을 지금 행할 것인가요?"라고 나이 어린 처녀는 물었다. "나는 진정으로 그걸 행할 것이다."라고 그는 말했다.

"나를 늙은 패디 도우에게 결혼을 강요한 이들은 내 아버지, 내 어머니, 그리고 내 오빠들이었다. 왜냐하면 그는 산 아래에 일백 에이커의 농장을 갖고 있기 때문이다."라고 처녀는 말했다. "한라한 님, 선생님은 해결할 수 있는 것입니다. 선생님이 젊었을 때, 한때 늙은 피터 킬마틴에게 라임을 가르쳐 준 것과 똑같은 방식으로 그에게 라임을 맞추도록 했습니다."라고 그 처녀는 말했다. "슬픔이 그를 덮쳐 일어나거나 눕게도 할 것이며, 그는 결혼이 아니라 콜루니 교회 뒷마당 즉 죽음을 생각할 것입니다. 내일이면 그 결혼은 해결될 것이기에 선생님은 한순간도 지체하지 마십시오. 저는 결혼식 날에 태양이 떠오르는 것을 보느니 차라리 내가 죽는 날에 태양이 떠오르는 걸 차라리 보겠습니다."라고 그 처녀는 말했다.

"나는 그분에게 닥친 수치와 슬픔이 깃든 노래를 지어달라고 요청할 것이지만, 그분이 얼마나 많은 세월 동안 수모를 겪었는지 저에게 말해주십시오. 나는 그 고난의 세월을 노래에다 담을 수 있기 때문입니다."

"오, 그는 얼마나 긴긴 세월을 참아야 했던가. 붉은 머리 한라한 님, 늙은 피터 킬마틴은 당신만큼 나이가 들었지요. 나만큼 나이가 들었네."라고 한라한은 말했다. 그의 목소리는 마치 갈라진 것 같았다. "나만큼 나이가 들었다고. 우리 사이에는 20여 년의 간극이 있다! 뺨에다 산사나무 꽃을 단 앳된 처녀가 그를 노인이라고 생각할 때, 오웬 한라한 님에게는 정말 기분 안 좋은 날이다. 내 비통한 슬픔이여! 선생님은 내 가슴에다 아픔을 가져다 주었습니다."

그 이후 그는 개에게로 몸을 돌려서 바위에 이를 때까지 길 아래로 가서, 돌 위에 앉았다. 세월의 무게가 순식간에 그에게 엄습한 것 같았기 때문이다. "선생님의 머리카락이 쇠사슬 색으로 변하여, 선생님은 지금 붉은 머리 한라한이 아니고 노랑머리 한라한이다."라고 어느 집의 한 여인이 오래 전에 말한 것을 그는 회상했다. 그가 한잔할 것을 요청한 다른 여성이 그에게 신선한 우유가 아니라 상한 우유를 주었다. 그 본인은 자신이 쓴 시나 얘기하는 동안에 때론 처녀들은 일자무식의 젊은 남정네들과 속삭이며 웃곤 했다. 아침에 일어날 때 그는 관절이 뻐근하다고 생각했다. 길을 나선 후 그는 무릎 통증을 호소했다. 그는 매우 약한 모습으로 본인에게 비쳤다. 어깨가 시리고 얼룩덜룩한 정강이, 정강이가 휘어 부러지고 그 자신은 쭈그러들었다. 이런저런 생각에 잠겨 있을 때 노년에 안 좋은 엄청난 노여움이 그에게 밀려왔다. 모든 늙음은 노여움을 동반했다. 곧바로 그는 위를 쳐다봤으며, 발리골리 쪽을 향하여 큰 점박이 독수리가 날고 있는 걸 보았다. "발리골리의 독수리야 너도 늙었고, 날개는 구멍이 여러 곳에 숭숭 났구나. 나는 너와 너의 옛 동료에게 다간 호수의 파이크와 낯선 자가 비탈길에 선 주목나무를 나의 운율로 조율할 것이다. 너에게 영원한 저주가 있을 것이다."라고 그는 외쳤다.

여느 것과 마찬가지로 왼쪽 그의 옆에는 무성한 수풀이 장관을 이루었다. 작은 돌풍이 불자 그의 코트에 붙은 흰 꽃을 날려버렸다. "빈손에 이 꽃들을 집어 모으면서, 산사나무꽃들이여, 너희 꽃들은 아름다움 속에서 사라지기 때문에 나이를 전혀 의식하지 못한다. 나는 너희들을 내 노래 속에 넣어서, 너희들에게 나의 축복을 주리라."라고 그는 말했다.

그러고는 그는 벌떡 일어나 숲에서 작은 가지를 하나 꺾어, 그의 손에 쥐고 다녔다. 하지만 허리를 굽히고 검은 얼굴을 한 채 그날 집으로 가는 그는 늙고 쇠약해 보였다.

그가 오두막집에 도착했을 때 거기에는 아무도 없었다. 시를 짓거나 칭찬하거나 저주할 때처럼 잠시 침대에 가서 누웠다. 이내 곧 그는 이번에도 시를 짓고 있었다. 저주하고픈 시인의 힘이 그에게 엄습했기 때문이다. 그가 시를 짓자마자, 전국 방방곡곡에 그 시를 어떻게 퍼뜨릴까를 곰곰이 생각했다.

그런 연후 어느 날 수업이 있는지 알아보려고, 몇몇 학생들이 들어오기 시작했다. 한라한은 일어나 난롯가 의자에 앉았다. 그들 모두는 그의 주위에 섰다.

그가 베르길리우스의 책이나 기도서나 특히 종교개혁 전의 작은 기도서를 꺼낼 것으로 그들은 생각했지만, 대신에 그는 손에 산사나무 작은 가지를 쥐고 있었다. "애들아, 이것은 내가 오늘 여러분에게 일러줄 새로운 교훈이다."라고 그는 말했다.

"여러분 자신들과 세상의 아름다운 이들은 이 꽃과 같습니다. 노년은 바람이 불어 꽃을 가져왔다가 꽃을 멀리 사라지게 하는 바람이다. 나는 늙음과 노인들에게 저주를 퍼부었다. 지금 여러분에게 읊을 테니 귀담아들어 주세요."

> 시인 오웬 한라한은 산사나무 숲 아래에서
> 백발로 시든 머리카락에 저주를 내려주십사고 기도한다.
> 수컷 독수리는 걱정과 질병을 아는 가장 오래된 족속이기에
> 발리골리 언덕의 점박이 독수리에 저주를 내려주십사 기도한다.

마음으로 보지 못할 정도의 아득한 태고로부터 푸른 주목나무에
스팁 플에스 어브 더 스트레인저, 갭 어브 더 윈드 옆에서
캐슬 다건 레이크 속에서 아련히 생겨난 거대한 잿빛 뾰족한 도끼창에
그의 긴 신장에 새겨진 수많은 갈고리바늘과 아픔을 품고서
그런 연후에 늙은 패디 브륜 어브 더 웰 오브 브라이드에게 저주한다.
머리엔 머리카락 실오라기 하나 없지만 속으로는 졸음이 밀려온다.
연후에 그들의 여러 방랑 이야기는 결코 끝나는 법이 없기에
패디의 이웃인 피터 하트와 그의 친구인 마이클 길에게 저주한다.
그런 연후에 그린 랜즈의 목동인 늙은 쉐머스 컬리난은
구부러진 손가락 사이를 두 손으로 깍지로 잡고 있기 때문이다.
수북한 눈 위에 백발로 시들어가는 머리를 눕힐 작정이며
노래하는 목소리 망가뜨리려고 쾌활한 마음을 망칠 작정으로
검은 북쪽 출신의 늙은 패디 도우에게 저주를 퍼붓는다.
숨결과 몸이 분리될 때까지 그는 패디 도우에게 저주를 퍼붓는다.
하지만 산사나무꽃은 아름답게 피었다 아름답게 날아가 버리기에
그는 그 꽃에다 축복을 내려주십사 기원한다.

    그는 모든 아이들에게 일부분을 말할 수 있을 때까지 거듭거듭 이 시를 반복해서 일러주었다. 이해력이 재빠른 몇몇 아이들은 이 시 전체를 외울 수도 있었다.

    "이것이 오늘 할 일이다. 지금 여러분이 해야 하는 일은 초록 다발의 골풀인 '더 그린 번치 어브 루쉬즈'의 가락에 맞추어, 만나는 모든 분과 노인들에게 밖에 나가 잠시 그 노래를 부르게 하는 것이다."라고 나중에 말했다.

    "나도 그것을 할 것이다. 나는 늙은 패디 도우를 잘 안다. 지난 성 요한 이브 날에 우리는 그의 굴뚝 아래로 생쥐를 떨어뜨렸지만, 그렇게 행한

일은 그냥 생쥐 한 마리보다 더 잘한 일이다."라고 어린 사내아이들 가운데 한 명이 말했다.

"나는 슬라이고 읍내로 내려갈 예정이며 거리에서 더 그린 버치 어브 루쉬즈를 노래할 것이다."라고 다른 소년이 말했다. "그걸 해라. 버로우에 내려가 그 시를 마가렛 루니와 메어리 길리스에 말해주어라. 그들이 노래 부르게 할 것이며, 거지들과 늪지대 사람들이 가는 곳마다 노래하도록 할 것이다."라고 한라한은 말했다. 그런 후에 자부심과 장난기로 가득 찬 아이들은 밖으로 뛰쳐나갔으며, 달리면서 큰 소리로 외쳤다. 노래가 들리지 않으면, 위험도 없을 것이란 걸 한라한은 알았다.

제자들이 삼삼오오 짝을 지어 들어오는 것을 바라본 그는 다음날 아침 문 바깥에 앉아 있었다. 제자들 대부분이 왔으며, 공중에는 벌떼가 윙윙거리는 것 같은 소리를 그가 들었을 때 시작할지 어떨지를 알아보려고 하늘 태양의 지점을 염두에 두었다. 그런 후 그는 한 무리의 사람들이 도로에서 오두막집으로 다가옴을 보았다. 무리는 모두 노인이었으며, 이들의 우두머리들은 패디 브루엔, 마이클 길, 패디 도우였다. 무리 중에는 한 명도 없었지만 그의 손아귀에는 물푸레나무 지팡이나 검은 산사나무 지팡이를 갖고 있었다. 그들이 그를 보자마자, 막대기들은 태풍 속의 가지처럼 이리저리 흔들리기 시작했으며, 그의 늙은 두 발은 달려가기 시작했다.

그는 더 이상 기다리지 않았으며, 그가 그들이 눈에 보이지 않을 때까지 오두막집 뒤의 산 위로 서둘러 떠났다.

한참 후에 그는 언덕 주위를 돌아왔으며, 도랑을 따라 자란 가시금작화 옆에 숨었다. 자기가 기거하는 오두막집이 보이는 곳에 그가 당도했을 때, 모든 노인이 그 주위에 모였다. 노인들 중 한 사람이 바로 그때 지붕으로 일단의 가벼운 지푸라기를 갈퀴로 던지고 있었다.

"내 비통함이여! 나에게 안 좋은 불행한 노년, 세월, 피폐함, 병고를 난다 가졌다. 나는 다시 계속 방랑해야만 합니다. 오, 하늘의 축복받은 여왕이여, 저를 발리골리의 독수리, 낯선 사람들이 가파른 장소에 있는 주목나무, 다간 호수의 뾰족한 도끼창, 노인들! 그들의 하찮은 작은 이야기로부터 저를 보호해주세요."라고 그는 빌었다.

■■■ 해설

한라한은 마가렛 루니의 집을 떠난 오월 아침에, 콜루니 근처의 도로를 걷는다. 그는 일 년 내내 이 집에서 저 집으로 전전하는 데 진저리나고 지쳐서, 그의 마음은 관절처럼 뻣뻣하고 삭막하다. 밤새도록 사람들을 웃고 즐겁게 노래 부르도록 하는 일이 이젠 예전처럼 그에겐 쉬운 일이 아니다. 그는 가난한 이들이 추수하려고 떠나 다시 돌아오지 않는 오두막집에 잠시 기거한다. 지붕을 고치고 몇몇 포대와 골풀로 구석자리에 침대를 만들고 바닥을 깨끗이 청소하면서, 자신이 기거할 작은 곳이 마련되자 아주 흐뭇해한다. 그곳에 마음 내키는 대로 들락거릴 수 있지만, 간혹 노여움이 어쩔 수 없이 그에게 덮치자 괴로워한다. 본인에게 매우 약한 모습으로 비치자 안타까워한다. 노년에 안 좋은 엄청난 노여움이 그에게 밀려오고, 모든 늙음은 노여움을 동반한다. 그가 오두막집에 도착했을 때 거기에는 아무도 없었다. 시를 짓거나 칭찬하거나 저주할 때처럼 잠시 침대에 눕기도 하지만, 저주하는 시인의 힘이 그에게 엄습한다. 그가 시를 짓자마자, 전국 방방곡곡에 그 시를 어떻게 퍼뜨릴까 곰곰이 생각한다. 불행한 노년, 세월, 피폐함, 병에 시달릴 것이라는 생각에 그는 저주에 빠진다. 그는 이 모든 작은 이야기로부터 자신이 보호받길 기원한다.

조정명 (경운대)

한라한의 환상 HANRAHAN'S VISION

때는 유월이었고 한라한Hanrahan[9]은 슬라이고Sligo[10]에 가까이 다가가고 있었다. 그렇지만 그는 마을로 들어가지 않고 발길을 돌려 불벤산Ben Bulben[11]을 향하여 갔다. 왜냐하면 바로 그때 여러 가지 옛날 생각이 그의 머리에 떠올랐고 평범한 사람들을 만날 생각이 전혀 없었기 때문이었다. 그는 걸어가면서 예전에 언젠가 꿈속에서 떠올랐던 다음과 같은 노랫가락을 혼자 흥얼거리고 있었다.

아, 죽음의 앙상한 손가락이
우리를 찾을 수 없으리,
높고 텅 빈 마을에선
사랑을 주고받는 그곳에선
나뭇가지엔 일 년 내내

---

9) 한라한은 1897년 발간된 『레드 한라한의 이야기Stories of Red Hanrahan』을 위해 예이츠가 창조한 아일랜드 인물로 많은 시와 산문에서 예이츠 자신의 생각과 행동을 대변하는 역할을 한다.
10) 슬라이고는 아일랜드 슬라이고주에 위치한 도시의 이름이다.
11) 불벤산은 슬라이고 근처에 있는 정상이 평평한 아름다운 산이다.

과일과 꽃이 풍성한 그곳에선,
강에는 붉은 맥주와 갈색 맥주가
넘쳐흐르는 그곳에선.
한 노인이 황금빛 은빛 숲에서
백파이프를 연주하고,
두 눈이 얼음처럼 푸르른 여왕들이
무리 지어 춤을 추고 있다.

작은 여우가 중얼거렸다,
"아, 세상의 독이 무어야?"
태양이 상냥하게 미소 짓고,
달이 내 고삐를 당겼다,
그렇지만 작고 붉은 여우가 중얼거렸다.
"아, 그의 고삐를 당기지 마,
그는 바로 세상의 독인
마을로 타고 가는 중이야."

그들이 용기백배하여
일격을 가하고자 할 때
그들은 자기들의 묵직한 칼을
황금빛 은빛 나뭇가지에서 빼냈다.
전투 중에 죽은 자들 모두가
다시 깨어나 살아났다.
다행스럽게도 그들의 이야기는
인간들에게 알려지지 않았다,
왜냐하면 아, 삽을 그냥 놓아두었을
그 힘센 농부들,

그들의 심장은 다른 누군가가
다 마셔버린 컵과 같았을 것이기에.

미카엘[12]은 머리 위의 나뭇가지에서
자기 트럼펫을 떼어내어,
작은 소리로 불 것이다
저녁상이 다 차려지면.
가브리엘[13]은 낚싯줄을 들고
물가에서 돌아와 이야기할 것이다
사람들이 걷는 젖은 길에서
일어났던 놀라운 일들을,
그리고 은을 두드려 만든
낡은 뿔잔을 들어 올려 마시다가
마침내 별이 총총한 밤에
길 가장자리에서 잠들고 말 때까지.

이때 한라한은 산을 올라가기 시작했고, 노래를 그쳤다. 왜냐하면 이 언덕이 그에게는 힘든 긴 오르막이어서, 이따금 주저앉아 잠시 쉬어야 했기 때문이었다. 그러는 중에 한 번은 쉬다가 꽃이 만발한 야생 찔레꽃 덤불 한 무리가 웅덩이 옆에 우거져 있는 것을 보게 되었다. 그 광경을 보자 그 자신이 예전에 다른 여자가 아니라 오직 메리 라벨Mary Lavelle에게만 꺾어다 주곤 했던 들장미가 생각났다. 그래서 그는 덤불에서 작은 가지 하나를 꺾었는데, 그 가지에는 싹도 있었고 활짝 핀 꽃들도 있었다. 그는 자신의 노래

---

12) 미카엘은 대천사로 사탄에 대항하는 무리의 지도자로 묘사된다.
13) 가브리엘은 대천사로 재림과 최후의 심판의 날을 알리는 트럼펫을 불고 있는 모습으로 묘사된다.

를 계속 이어 나갔다.

> 작은 여우가 중얼거렸다,
> "아 세상의 독이 무어야?"
> 태양이 상냥하게 미소 짓고,
> 달이 내 고삐를 당겼다,
> 그렇지만 작고 붉은 여우가 중얼거렸다.
> "아 그의 고삐를 당기지 마,
> 그는 바로 세상의 독인
> 마을로 타고 가는 중이야."

그리고 나서 그는 계속하여 언덕을 올라갔고, 그 웅덩이를 뒤에 남겨 놓았다. 그러자 그의 마음속에 연인들과 선악에 관해 이야기하는 옛날 시 몇 편이 떠올랐고, 이어서 서로의 사랑의 힘에 의해 무덤 자체의 잠에서 깨어나 어떤 어두운 장소에서 삶으로 되살아난 몇 편의 옛날 시도 떠올랐다. 그곳에서 그들은 최후의 심판judgment을 기다리고 있으며 하나님의 면전에서 추방당해 있다.

그리고 마침내 날이 저물 무렵 그는 낯선 자들의 험한 장소Steep Place of the Strangers14)에 도착하여, 바위로 이루어진 산등성이 능선에 길게 몸을 눕히고는 계곡을 찬찬히 내려다보았다. 그 계곡에는 산에서 산으로 펼쳐지는 회색 안개가 가득하였다.

그러자 그가 바라보고 있는 동안, 그에게는 마치 안개가 환상적인 남자와 여자의 형체들로 변하는 듯이 여겨졌고, 그의 심장은 그 광경에 대한 두려움과 기쁨으로 두근거리기 시작했다. 항상 불안했던 그의 두 손은 작은

---

14) 낯선 자들의 험한 장소는 슬라이고 근방에 있는 한 산의 정상 부분 이름이다.

가지에 달려 있는 장미꽃 잎사귀들을 떼어내기 시작했다. 그가 주시하고 있는 동안 그 잎사귀들은 계곡으로 둥둥 떠내려가며 자그마하게 흔들리는 무리를 이루었다.

갑자기 그의 귀에 희미한 음악 소리가 들려왔는데, 그 음악은 이 세상에 존재하는 어떤 음악보다 더 많은 웃음과 더 많은 울부짖음을 담고 있었다. 그 음악을 들을 때 그 가슴이 벅차올라 큰 소리로 소리 내어 웃기 시작했다. 왜냐하면 그는 그 음악이 이 세상 사람들 이상의 아름다움과 위대함을 지닌 누군가가 만들었다는 것을 알았기 때문이었다. 그리고 그에게는 그 작고 연약한 장미 꽃잎들이 흔들리며 계곡으로 내려가면서 형체를 바꾸기 시작하여, 마침내 장밋빛 옷을 입은 한 무리의 남녀로 보이다가 안개 속으로 멀리 사라지는 듯이 보였다. 바로 그때 그 장밋빛 색깔이 다양한 색깔로 변했고, 그가 본 것은 한 줄로 길게 늘어선 크고 아름다운 젊은 남성들과 여왕 같은 여인들이었는데, 그들은 그에게서 떠나가는 것이 아니라 그에게로 다가와서 그를 지나쳐갔다. 그때 그들의 얼굴은 자긍심 있는 표정에도 불구하고 온화함이 가득했으며 마치 그들이 지극히 슬픈 무엇인가를 지금까지 추구해 왔고, 영원히 추구하는 듯이 매우 창백하고 지쳐 있었다. 환상적인 팔들이 마치 지극히 슬픈 무엇인가를 잡으려는 듯이 안개 밖으로 쭉 뻗어 나와 있었는데, 그것을 건드리지조차 못하는 듯했다. 왜냐하면 그들을 둘러싸고 있는 적막은 깨어질 수 없었기 때문이었다. 그러자 마치 존경하는 듯이 그들의 앞과 그들 너머 그렇지만 멀리에 다른 형체들이 있어서 가라앉았다 올라오고, 왔다 가고는 했다. 그래서 한라한은 그들이 빙빙 돌며 날아서 옛날에 패배시킨 신들인 쉬sidhe[15])가 되고자 하는 모습을 보고 그들을 알아보았다. 그리고 환상적인 팔들은 죄를 지을 수도 복종할 수도 없는 자들

---

15) 쉬는 아일랜드 요정의 이름이다.

을 가진 쥐를 잡을 수 있을 만큼 올라가지 못했다. 그리고 그때 그들 모두가 점점 작아지며 멀어져, 모두가 산 측면에 있는 하얀 문을 향하여 가고 있는 듯이 보였다.

안개가 그의 앞에 퍼져나가며 이제는 인적이 끊어진 바다가 회색의 기다란 파도로 산을 모두 쓸어가는 듯했다. 그렇지만 그가 그것을 바라보고 있는 동안, 그것은 그 자체가 바다 일부분인, 부서진 채 지각 없는 하나의 흘러가는 생명체로 다시 가득 채워지기 시작했다. 그리고 팔이며 들어 올리는 머리카락으로 뒤덮인 창백한 머리들이 온통 회색 바다에 나타났다. 그것은 점점 더 높아지더니 마침내 가파른 바위 능선과 같은 높이로 되었다. 그러자 그 형체들은 거의 단단한 듯이 보였다. 그러자 안개 속에 반쯤 사라진 새로운 행렬이 고르지 못한 발걸음으로 천천히, 매우 천천히 지나갔고 각자의 어둠 가운데에는 별빛 속에 빛나는 무엇인가가 있었다. 그들은 점점 더 가까이 다가왔고 한라한은 그들도 또한 연인들임을 보았다. 그들은 심장 대신에 심장 모양의 거울을 갖고 있었으며 서로의 거울에 비친 자신의 얼굴들을 보고 있었으며 계속하여 보고 있었다. 그들은 계속하여 지나갔고 지나가면서 아래로 가라앉았다. 그리고 다른 형체들이 그들 대신에 솟아났는데, 이들은 나란히 가지 않고 서로를 뒤따라가면서 거칠게 손짓하는 팔들을 앞으로 쭉 뻗고 있었다. 그는 뒤따라오는 자들이 여인들임을 보았는데, 그들의 머리는 모든 아름다움을 뛰어넘을 정도로 아름다웠지만, 그들의 몸뚱이는 생명력이 없는 허깨비에 불과했으며, 그들의 기다란 머리카락은 몸뚱이 주위로 움직이며 떨고 있어서 마치 어떤 끔찍한 생명력을 그 자체가 지닌 듯했다. 그런데 그때 갑자기 안개가 솟아올라 그것들을 모두 가렸고, 한줄기 가벼운 돌풍이 불어와 그것들을 북동쪽으로 쓸어가 버리며 동시에 한라한을 하얀 구름 고리로 덮어버렸다.

그가 몸을 떨면서 일어서서 계곡에서 다른 방향으로 몸을 돌리려고 할 때, 그는 반쯤 가려진 시커먼 두 형체가 마치 바위 바로 위의 허공에 떠 있듯 서 있는 것을 보았다. 거지의 슬픈 두 눈을 한 형체 둘 중의 하나가 여인의 목소리로 "나에게 말해줘요, 왜냐하면 이 세상의 그 누구도 아니 다른 세상의 그 누구도 칠백 년 동안 나에게 말한 적이 없으니까요."라고 그에게 말했다.

"지나간 자들이 누구인지 나에게 말해주시오."라고 한라한이 말했다.

그 여인이 말했다. "처음 지나간 자들은 옛날에 위대한 이름을 지녔던 연인들이랍니다. 블라네이드Blanaid[16])와 데어드라Deirdre[17])와 그라니아Grania[18])와 그들의 사랑스러운 동료들이랍니다. 그리고 그다지 잘 알려지지는 않았지만 마찬가지로 사랑을 받은 아주 많은 이들이랍니다. 그리고 그들이 서로에게서 찾는 것은 꽃다운 젊음뿐만 아니라 밤과 별처럼 영원한 아름다움이랍니다. 밤과 별들은 그들의 사랑이 세상에 가져온 죽음과 슬픔에도 불구하고 싸움질과 멸망함으로부터 그들을 영원히 지켜준답니다." 그녀는 계속하여 말했다. "그다음에 온 자들은 아직도 감미로운 공기를 숨쉬고 가슴 속에 거울을 가지고 있지만, 시인들이 노래로 부르지 않은 자들입니다. 왜냐하면 그들은 한번 승리한 다음에도 또 다른 승리를, 승리만을 추구했고, 그래서 자기들의 힘과 아름다움을 증명하려 했고, 여기에서 그들은 일종의 사랑을 했기 때문이랍니다. 허깨비 몸뚱이를 지닌 여인들은 승리하기를 원하지도 않았고 사랑하기를 원하지도 않았으며 단지 사랑받기만을 원했답니다. 그래서 키스를 함으로써 피가 흐를 때까지 그들의 심장이나 그들의 몸뚱이에는 피가 없어요. 그래서 그들의 삶은 한순간일 뿐이에요. 이들 모두가 불행하지만 나는 모든 존재 중에서 가장 불행해요. 왜냐하면 나는 데보

---

16) 블라네이드는 아일랜드 전설에 나오는 여자 영웅이다.
17) 데어드라는 아일랜드의 비극과 위대한 로맨스에 나오는 여주인공이다.
18) 그라니아는 아일랜드 문학에 나오는 위대한 연애 이야기 중 한 편의 주인공이다.

길라Dervorgilla19)이기 때문입니다. 이 이는 데어미드Diarmuid20)이고, 노만족 Norman을 아일랜드로 데려온 것은 바로 우리의 죄였습니다. 그래서 모든 세대의 저주가 우리에게 주어지지요. 우리가 벌을 받은 만큼 벌을 받은 사람은 없습니다. 우리가 서로에게서 사랑한 것은 꽃다운 남자와 꽃다운 여자뿐이었습니다. 그래서 우리가 죽었을 때 우리 주위에는 영속하는 깨어지지 않는 평온이 없었고, 우리가 아일랜드로 가져온 전투의 쓰라림이 우리 자신의 징벌로 변했답니다. 우리는 영원히 함께 방랑하지요, 그러나 내 연인이었던 데어미드는 나를 언제나 오랫동안 땅속에 묻혀 있던 시체로 본답니다, 그래서 그것이 저를 바라보는 방법이라는 것을 나는 알아요. 나에게 더 물어보세요. 더 물어보세요. 왜냐하면 지나간 모든 세월이 내 가슴에 그들의 지혜를 남겨놓았으니까요, 그리고 아무도 지난 칠백 년 동안 내 말에 귀를 기울이지 않았으니까요."

무시무시한 공포가 한라한에게 덮쳐왔고, 그는 두 팔을 자기 머리 위로 들어 올리면서 큰 소리로 세 번이나 비명을 질렀다. 그러자 계곡에 있는 소떼가 머리를 들고 음메 하고 울었으며 산 가장자리의 숲에 있는 새들이 잠에서 깨어나 바르르 떠는 나뭇잎들 사이로 날개를 퍼덕였다. 그러나 영원Eternity으로 통하는 대문이 심장이 한 번 두근거리는 동안 열렸다가 다시 닫혔기 때문에, 바위 가장자리 약간 아래에서는 한 무리의 장미꽃잎들이 공중에서 여전히 펄럭였다.

---

19) 데보길라는 아일랜드 이름이다.
20) 데어미드는 아일랜드 전설에 나오는 비극적 로맨스의 영웅이다.

■■■ **해설**

「한라한의 환상」은 한라한이 삶의 종착점을 향하여 가면서 옛날 생각과 현실의 꿈을 이야기하는 부분이다. 익히 알려져 있다시피 한라한은 가상 인물이면서 예이츠의 분신과도 같은 존재이다. 다시 말하여 현실에 존재하지 않는 허구의 인물이면서 동시에 현실 속에 실재하는 인물이기도 하다. 예이츠가 창조한 허구의 인물이기 때문에 요정의 세계에 들어가기도 하고 실재하는 인물이기 때문에 현실적인 삶의 모습을 보이기도 한다. 「한라한의 환상」이라는 제목에 있는 "비전"은 "보이는 것" 즉 광경이나 모습을 의미하기도 하고, 환상이나 환각을 의미하기도 한다. 여기에서 비전이라는 말이 이와 같은 이중적인 의미를 지닌 바와 같이, 이 부분의 내용도 한라한의 모습과 한라한의 환상을 보여준다.

한라한은 슬라이고를 향하여 가고 있다. 슬라이고는 아일랜드의 한 주 행정 구역 명칭이 영어로 county인데 이는 우리나라의 도 또는 군과 유사하다.의 이름이면서 그 안에 있는 슬라이고라는 마을 또는 도시의 이름이기도 하다. 하여튼 한라한은 슬라이고를 향하여 길을 가다가 그 근처에 있는 불벤산을 향하여 걸어간다. 불벤산은 예이츠 자신의 명에 의하여 시집의 맨 마지막을 장식하는 작품인 「불벤산 아래」의 제목으로 사용되어 예이츠 연구자들에게 매우 잘 알려진 산이다. 학자들에 따라 "불벤산" 또는 "벌벤산"이라고 달리 번역하기도 하는데 동일한 산이다. 불벤산은 이 작품 이전의 다른 작품에서도 여러 번 등장한다. 『마이클 로바티즈와 무용수』에 수록된 「동틀 녘」과 「어느 정치범에 대하여」라는 두 편의 시와 『3월의 보름달』에 수록된 「『큰 시계탑의 왕』에서 참수된 목을 위한 선택적인 노래」라는 시에도 등장한다.

「불벤산 아래」는 1938년 9월 4일 완성되어 1939년 2월 3일 자 『아이리쉬 타임즈』, 『아이리쉬 인디펜던트』, 『아이리쉬 프레스』에 처음 발표되었다. 예이츠가 사망한 날이 1939년 1월 28일이므로, 이 작품은 예이츠가 사망한 이후 처음 발표되었다. 자신의 죽음과 사후의 세계를 노래한 이 작품에서 예이츠는 아일랜드의 신화와 전설, 아일랜드의 과거와 현재, 영혼과 육체의 윤회 및 영혼과 육체의 갈등 내지는 조화, 그리고 조상들과의 연계성 등 다양한 요소를 그리고 있다. 예이츠는 아일랜드의 민족정신, 신화와 전설을 개괄적으로 보여주고, 아일랜드의 예술가들은 아일랜드 고유의 것을 찾아 보존하고, 그것을 민족정신 나아가 아일랜드의 일부로 만들어야 한다고 주장한다. 예이츠의 작품에 여러 번 등장하는 불벤산은 실제 산이기도 하지만 상징적인 의미가 매우 강하다. 「불벤산 아래」의 마지막 구절은 드럼클리프에 있는 예이츠의 묘비명에 새겨져 있는 "차가운 눈길을 던져라 / 삶에, 죽음에. / 말 탄 자여, 지나가거라!"라는 유명한 구절이다. 예이츠는 자신의 무덤을 이곳에 설치하도록 함으로써 자신이 아일랜드의 일부가 되었다.

『레드 한라한의 이야기Stories of Red Hanrahan』는 1897년에 처음 발간되었고, 예이츠의 작품 중에서 불벤산을 배경으로 사용한 첫 작품이다. 다른 작품에서와 마찬가지로 이 작품에서도 불벤산은 실제의 장소이면서 상징적인 의미를 매우 강하게 지니고 있다. 한라한이 슬라이고 근방에 와서 슬라이고로 들어가지 않고 이 산으로 올라가는 장면도 상징적인 의미를 지닌다. 불벤산으로 올라갈 때 그가 옛날 생각을 하는 것이 아니라 옛날의 생각이 그의 머리에 떠오르는 것은 산을 올라가는 것이 그의 의지에 의해서가 아니라 그가 알 수 없는 어떤 힘에 이끌려 간다는 것을 보여준다. 또한 그가 "평범한 사람들"을 만날 생각이 전혀 없다는 것은 그가 앞으로 만날 사람이나 어떤 존재가 평범한 사람들이 아니라는 것을 암시한다. 그가 걸어가면서 흥얼거리는 노래도 그의 의식 밑바닥에 깔려 있던 어떤 무의식의 발로라고 볼 수 있다. 왜냐하면 그 노래 자체가 그의 꿈속에서 떠올랐던 노래이기 때문이다. 그 노래가 현실의 노래가 아니라 꿈이라는 환상의 세계에서 생긴 것이기 때문에, 노래뿐만 아니라 앞으로 전개되는 내용 전체가 현실에서 발생하는 사건의 묘사가 아니라 환상의 세계에서 발생하는 일이라는 것을 암시한다.

그 노래의 내용은 초현실적인 세계를 보여준다. 사랑을 주고받는 연인들이 있는 마을은 텅 빈 마을이며, 꽃과 과일이 항상 풍성하고, 맥주가 강을 이루어 넘쳐흐른다. 백파이프를 연주하는 노인이 있는 곳이니 아일랜드의 어느 지역이지만, 그곳에 푸른 눈의 여왕들이 무리 지어 춤을 추고 있는 황금빛 은빛 숲이 있는 것으로 보아 현실 속의 장소는 아니다. 이곳에서는 연인들에게 죽음이 찾아올 수 없다. 사랑 그 자체는 영원한 것이기 때문에 죽음이 찾아올 수 없는 것이다. 태양이 상냥하게 미소 짓고 달이 말고삐를 당기는 그곳에서 여우가 말하기를 마을 자체가 세상의 독이라고 한다. 여왕들의 연인인 예전의 농부였던 병사들이 칼을 나뭇가지에서 벗겨내자 죽었던 병사들이 모두 깨어나 살아나고, 사탄에 대항하는 무리의 지도자인 미카엘 대천사가 트럼펫을 불고 가브리엘 대천사가 최후의 심판의 날을 알리는 트럼펫을 부는 대신에 낚시를 마치고 물가에서 돌아오는 등 환상적인 장면이 이어진다. 노래의 앞부분에서 나온 작은 여우와 붉은 여우의 대화가 다시 한번 반복되는 것으로 노래는 끝난다.

한라한이 언덕을 오르는 중에 간간이 앉아서 휴식을 취했는데, 찔레꽃 덤불을 발견하고는 예전에 메리 라벨에게 선물했던 들장미를 생각한다. 역자가 찾아본 자료에서는 메리 라벨이 어떤 인물인지 확인할 수 없었다. 한라한이 호색한이었음을 감안할 때 메리 라벨은 그가 사귀었던 여인들 중 한 명이라고 짐작할 수 있다. 그는 휴식을 취해가며 언덕에 오르는 중에 연인들과 선악을 다루는 시를 회상하고, 죽음이라는 잠에서 깨어난 연인들을 노래한 시도 회상하였다.

한라한은 이윽고 불벤산의 한 봉우리인 낯선 자들의 험한 장소에 도착하여 바위에 누워 계곡을 내려다보는데, 계곡에는 안개가 가득하여 한라한 자신이 방금 지나온 길과 주변의 모습이 전혀 보이지 않는다. 그러자 그 장면이 환상적인 상징으로 변한다. 안개가 남자와 여자의 형체로 변하고, 작은 가지에 달린 장미꽃 잎사귀를 두 손으로 떼어내자 그 꽃잎들이 안개에 뒤덮인 계곡으로 둥둥 떠내려가며 무리를 이룬다.

이러한 환상 속에서 한라한의 귀에 현실 세계의 음악이 아닌 환상 속의 음악이 들려온다. 그 음악에는 많은 웃음과 울부짖음이 담겨있었는데, 한라한은 그 음악을 들으며 가슴이 벅차올라 큰 소리로 웃는다. 한라한은 이 음악이 "이 세상 사람들 이상의 아름다움과 위대함을 지닌 누군가가 만들었다."라고 말한다. 다시 말하여 이 음악은 현실 속의 인간이 아니라 천상의 어떤 존재나 신화 속의 어떤 인물이나 요정이 만들었다는 것이다. 여기에서 한라한이 환상의 세계에 깊숙이 들어와 있음이 드러난다. 잠시 전에 떼어버린 장미꽃잎들이 이루었던 무리가 장밋빛 옷을 입은 남녀의 무리로 보이다가 안개 속으로 사라진다. 그 순간 장밋빛 색깔이 다양한 색깔로 변하고 무리를 이룬 남녀가 쌍을 이루어 그에게로 다가왔다가 그를 지나쳐 간다. 젊은 남성과 여왕 같은 여인들은 지친 모습을 하고 환상적인 팔로 잡을 수 없는 무엇인가를 잡으려는 듯이 앞으로 쭉 펼치고 있다. 한라한은 수많은 다른 형체들이 멀리에서 명멸하며 빙빙 돌고 있는 모습을 보고 요정인 쉬가 되고 싶어 하는 것으로 이해한다. 사랑에 빠진 젊은 남녀 모두가 요정이 되어 산모퉁이에 있는 하얀 문을 향하여 가고 있는 듯이 보인다.

한라한은 환상의 세계로 더욱 깊숙이 들어가 계곡을 덮었던 안개가 바다와 파도로 변하고 산을 쓸어가 버리는 듯한 환상을 보고, 그 바다가 다시 생명체로 가득 채워지는 환상을 본다. 회색 바다는 점점 더 상승하여 한라한이 있는 바위 능선과 같은 높이까지 올라오고 창백한 머리의 생명체들이 행렬을 이루어 천천히 지나가는데 모두가 연인들이다. 연인들은 심장이 없고 심장 대신 심장 모양의 거울을 지니고 있었으며, 서로의 거울에 비친 자신의 모습을 보고 있었다. 수많은 연인이 한라한의 옆을 지나가며 아래로 가라앉고 다른 형체들이 또 나타났다. 새로 나타난 다른 형체들은 나란히 가지 않고 남자가 앞서고 여자가 뒤에서 따라가고 있다. 그 여인들도 매우 아름다웠지만, 몸뚱이는 생명력이 없는 허깨비이고, 오직 기다란 머리카락만 생명력을 지닌 듯이 보였다. 홀연히 안개가 솟아올라 모든 것이 사라지고 바람이 불어와 한라한까지 안개구름 속에 잠겼다.

 한라한이 몸을 돌리려는 순간 바로 위의 허공에 시커먼 형체 두 개가 떠 있는 것을 보았다. 두 형체 중 하나가 이 세상의 어떤 사람도 다른 세상의 어떤 존재도 자신에게 칠백 년 동안 말을 한 적이 없다고, 자기에게 말을 걸어달라고 한라한에게 부탁한다. 한라한이 그녀의 부탁에 따라 지나간 존재들이 누구인지를 알려달라고 하자 그녀가 이야기한다.

 처음에 지나간 존재들은 아일랜드의 신화나 위대한 문학 작품에 나오는 연인들과 그 연인들의 동료라고 그녀가 말한다. 이어서 지나간 존재들도 서로를 사랑하는 연인들이고, 영원한 젊음과 영원한 아름다움을 서로에게서 찾기 때문에 밤과 별이 그들을 영원히 지켜준다고 말한다. 이어서 지나간 존재들은 승리만을 추구하여 힘과 아름다움을 증명하려고 한 연인들이었다고 한다. 허깨비 몸뚱이의 여인들은 승리를 원하지도 않고 사랑하지는 않으면서 사랑받기만을 원하는 존재로 연인과의 키스를 통하여 피가 흐르기 전에는 심장과 육체에 피가 없다고 한다. 이들 모두가 한순간의 삶을 살기 때문에 불행하지만 데보길라 자신이 모든 존재 중에서 가장 불행하다고 한다. 이 존재가 자신을 데보길라라고 밝히는데, 데보길라는 아일랜드 여인들이 많이 사용하는 이름이다. 데보길라와 동행하는 인물은 아일랜드의 전설에 나오는 비극적 로맨스의 영웅 이름이다. 데보길라가 전설상의 인물과 동행하고 있으므로 데보길라 자신도 전설 속의 인물이 된다. 서로에게서 사랑한 것은 젊은 남녀였기 때문에, 죽어서도 영원한 평온을 누리지 못하고 영원히 방랑하는 징벌을 받고 있다고 한다. 이러한 이야기를 듣고 한라한은 공포감을 느껴 비명을 질렀다. 그러자 계곡 아래에 있는 소떼가 울고, 새들이 잠에서 깨었으며 영원으로 통하는 문이 순간적으로 열렸다가 닫혔다.

지금까지 간략히 살펴본 줄거리에서 알 수 있듯이 「한라한의 환상」은 현실과 환상이 긴밀하게 엮어져 한라한이 현실 속의 인물이면서 동시에 신화상의 존재임을 보여준다.

최희섭 (전주대)

한라한의 죽음 THE DEATH OF HANRAHAN

한라한은 한 장소에 오래 머물지 않고 다시 마을로 돌아왔다. 그 마을들은 슬리브 에체Slieve Echtge 산기슭, 일튼Illeton과 스칼프Scalp와 발릴리Ballylee[21])에 있었으며, 그는 때로는 이 집에서 때로는 저 집에서 멈추었는데, 옛 시대와 시와 학식 때문에 모든 곳에서 환영받았다. 그의 코트 아래에 있는 자그마한 가죽 주머니에 약간의 은 동전과 약간의 구리 동전이 있었지만, 그가 가죽 주머니에서 무언가를 꺼낼 필요는 거의 없었다. 왜냐하면 그가 사용한 것은 거의 없었으며 주민 중 누구도 그에게 대가를 받으려 하지 않았기 때문이었다. 그의 한 손은 그가 기댄 산사나무 지팡이 위에 무겁게 놓여 있었고, 그의 두 뺨은 홀쭉하고 피곤에 절어 있었지만, 음식에 관한 한 감자와 우유, 약간의 귀리 과자 등 그가 원하는 것은 무엇이든 먹었다. 그리고 토탄 연기의 맛이 나는 독한 술 한 잔이 필요한 것은 에체산맥처럼 황량하고 늪이 많은 장소의 가장자리에서는 아니다. 그는 키나디페Kinadife[22])에 있는 커다란 숲에서 돌아다니거나 벨쉬라흐 호수Lake Belshragh[23]) 주변의 물

---

21) 슬리브 에체, 일튼, 스칼프는 모두 슬라이고 근방에 있는 작은 산과 산맥 이름이고, 발릴리는 마을 이름이다. 슬리브 에체는 골웨이와 클레어 사이의 경계에 있는 산맥이다.
22) 키나디페는 슬라이고 근방의 지명이다.

풀 가운데 앉아 한낮에 몇 시간이고 지내며 언덕에서 흘러내리는 시냇물 소리를 듣거나 갈색 늪 웅덩이에 어른거리는 그림자를 바라보곤 했다. 너무나 조용히 앉아 있었기에, 밤이 시작될 무렵 히스 숲에서 나와 풀밭과 경작지 들판으로 내려오는 사슴도 놀라지 않았다. 날이 지남에 따라 마치 그가 보이지 않는 희미한 어떤 세계에 속하기 시작하는 것처럼 그 자체가 모호하기 때문에, 다른 모든 색깔 이상의 색깔로 칠해지고 이 세상의 모든 적막 이상의 적막으로 채워지는 듯이 보였다. 그리고 때로는 숲속에서 오고 가면서 그 음악이 멈추면 그의 기억에서 꿈처럼 흘러나오는 음악 소리를 듣곤 했다. 그리고 한번은 한낮의 고요 가운데 많은 칼이 쨍쨍 부딪치는 것 같은 소리를 들었는데, 그 소리는 오랫동안 쉼 없이 계속되었다. 그리고 밤이 내리고 달이 떠오를 무렵이면 호수가 은과 빛나는 돌로 만들어진 대문처럼 되었고, 그 적막 가운데, 희미한 통곡 소리와 겁에 질린 웃음소리가 바람에 간간이 끊어지며 새어 나왔고 활기 없는 많은 손이 손짓하는 모습이 보이곤 했다.

 추수철의 어느 날 저녁에 그는 앉아서 호숫물을 들여다보면서, 호수와 산속에 갇혀 있는 모든 비밀에 대하여 생각하고 있었다. 그때 그에게 남쪽에서 들려오는, 처음에는 매우 희미하게 들리다가 물풀의 그림자가 점점 길어짐에 따라 점점 커지고 점점 분명해지는 외침 소리가 들려왔다. 마침내 그는 다음과 같은 말을 들을 수 있었다. "나는 아름답다, 나는 아름다워. 공중에 있는 새들이며, 나뭇잎 아래에 있는 나방들이며, 물 위에 있는 파리들이 나를 쳐다본다. 왜냐하면 그들은 나처럼 아름다운 사람을 본 적이 없기 때문이다. 나는 젊다, 나는 젊어. 산이여, 나를 살펴봐라. 썩어가는 숲이여, 나를 살펴봐라, 왜냐하면 그대들이 서둘러 떠나가 버렸을 때 내 몸은 하얀

---

23) 벨쉬라흐 호수는 슬라이고 근방의 호수 이름이다.

물처럼 빛날 테니까. 당신과 모든 인간 종족과 짐승 종족과, 물고기 종족과, 날개 달린 종족이 거의 다 타버린 초처럼 뚝 떨어진다. 그렇지만 나는 젊음을 간직하고 있기 때문에 나는 웃는다." 그 목소리는, 마치 지친 것처럼, 간간이 끊어지곤 했다. 그런 다음에 다시 시작하곤 했는데 항상 "나는 아름답다, 나는 아름다워."라는 똑같은 말로 주의를 환기시켰다. 얼마 안 있어 작은 호숫가에 있는 물풀이 잠시 떨리고, 매우 늙은 여인은 어쩔 수 없이 물풀 사이로 자신을 길을 가지 않을 수 없었기에 매우 느린 발걸음으로 한라한의 옆을 지나갔다. 그녀의 얼굴은 흙빛이었고 일찍이 사람들의 눈에 뜨인 어떠한 노파의 얼굴보다 더 주름이 많았으며, 그녀의 회색 머리카락은 늘어진 채 묶여 있었고, 그녀가 입고 있는 누더기옷은 온갖 날씨에 거칠어진 그녀의 검은 피부를 가리지 못했다. 그녀는 그의 옆을 지나가면서 두 눈을 크게 뜨고, 머리는 높이 들었으며, 두 팔은 그녀 옆으로 똑바르게 흔들었다. 그리고 그녀는 서쪽을 향하여 언덕의 그림자 속으로 들어갔다.

한라한이 그녀를 보았을 때 그에게는 일종의 두려움이 몰려왔는데, 왜냐하면 그는 그녀가 십자로Cross-Roads[24]의 한 위니 버니Winny Byrne라는 것을 알았기 때문이었다. 그 위니 버니는 항상 똑같은 소리를 외치면서 이곳저곳으로 돌아다니며 구걸했고, 그는 그녀가 예전에 대단한 지혜를 지니고 있었기에 이웃 지방의 여인들 모두가 그녀에게 충고를 구하기 위해 왔었다고 종종 들었다. 또한 그녀의 목소리는 너무도 고와서 초상집의 밤샘 때나 결혼식 때 그녀가 노래하는 것을 듣기 위해서 사방에서 남자들과 여자들이 왔다는 이야기도 그는 종종 들었고, 다른 자들Others, 즉 위대한 쉬가 여러 해 전 언젠가 사윈Samhain[25] 밤에 그녀가 한 웅덩이의 가장자리에서 잠들었을 때

---

[24] 십자로는 옛날 영국에서 자살자의 매장 장소이다.
[25] 사윈Samhain은 10월 31일 저녁에 시작되는 고대 아일랜드의 축제로 11월 1일을 기점으로 추수철이 끝나고 겨울이 시작됨을 가리킨다.

그녀의 지혜를 훔쳐 갔고 그녀는 꿈속에서 에체 언덕의 하인들을 보았다고 그는 종종 들었다.

그리고 그녀가 산허리 위로 사라져버렸을 때, 마치 "나는 아름답다, 나는 아름다워."라는 그녀의 외침 소리가 하늘에 떠 있는 별들로부터 들려오는 듯이 보였다.

찬바람이 물풀 사이에 낮게 불어오고 있어서 한라한은 후들후들 떨기 시작했고 그는 자리에서 일어나 벽난로의 불길이 있을 법한 어떤 집을 찾아가려고 했다. 그렇지만 그는 예전에 항상 그랬던 것처럼 돌아서서 언덕 아래로 내려가는 대신에 어쩌면 길이었거나 아니면 말라버린 개울 바닥일지도 모르는 작은 길을 따라 계속하여 언덕을 올라갔다. 그 길은 위니가 앞서 간 길과 똑같은 길이었고, 그 길은 그녀가 도대체 어느 곳이든 멈추게 되었을 때, 멈추었던 작은 오두막집으로 가는 길이었다. 그는 마치 커다란 짐을 등에 지고 있는 것처럼 언덕을 매우 느릿느릿 올라갔다. 그리고 마침내 약간 왼쪽에서 불빛을 보았고 그는 그것이 위니의 집에서 나오는 것 같다고 생각했다. 그 불빛이 계속 빛나고 있었기에, 그는 길에서 몸을 돌려 그곳으로 가려고 했다. 그렇지만 구름이 하늘 가득히 몰려와서 그는 자기의 길을 잘 볼 수 없었고, 몇 발짝을 걸어간 후에는 발 한쪽이 미끄러져서 늪의 배수로 속으로 굴러떨어졌다. 비록 그가 히스 뿌리를 단단히 움켜쥐고 배수로에서 기어나왔지만, 떨어질 때 큰 충격을 받았기 때문에 그는 여행을 계속하기보다는 땅 위에 드러눕는 것이 더 좋겠다고 느꼈다. 그렇지만 그는 언제나 대단한 용기를 지니고 있었기에, 그는 한 걸음 한 걸음 자신의 길을 나아가서 마침내 위니의 오두막에 도착했다. 그 오두막에는 창문이 없었지만, 불빛이 출입문에서 새어 나오고 있었다. 그는 집 안으로 들어가서 한동안 휴식을 취하려고 생각했지만, 그가 출입문으로 왔을 때 집 안에서 위니를 볼 수 없었다. 그가 본 것은 회색 머리카락의 노파 네 명이 카드놀이를 하고 있는 것이었는데, 위니 자신은 그들 가운데 있지 않았다. 한라한은 출입문 옆에 있는 토탄 더미 위에 앉았는데, 그는 너무나도 지쳐 기진맥진했고, 이야기하거나 카드놀이를 하고 싶은 마음이 전혀 없었고, 온몸의 뼈와 마디마디가 있는 그대로 아팠기 때문이다. 그는 네 여인이 카드놀이를 하며 이야기하는 소리를 들었고, 그들의 손에 든 패를 외치는 소리를 들을 수 있었다. 그리고 그들이, 오래전 옛날에 낯선 남자가 그랬듯이, "스페이드와 다이아몬드, 용기와 힘, 곤봉과 심장, 지식과 기쁨"26)이라고 말하는 것처럼 보였다. 그래서 그는 이 말들은 계속하여 반복적으로 혼자 중얼거렸다. 그리고 그가 꿈을 꾸는지 아닌지 모르지만, 어깨의 아픔이 전혀 사라지지 않았다. 그리고 한참 후에 오두막집 안에 있는 네 여인이 말다툼하기 시작했다. 각자가 말하기를 상대방이 게임을 공정하게 하지 않았다고 했다. 그들이 목소리는 원래 시끄러웠는데, 점점 더 시끄러워졌고, 그들의 고함과 저주 소리가 마침내 허공 전체를 채워서 그 집 주변과 위까지 그들의 소음으로 가득했다. 한라한은 그 소리를 비몽사몽간에 들으며 "저 소리는 친구들과 죽음이 임박한 인간이 못되기를 바라는 사람들 사이에 싸우는 소리야, 그러니 나는 궁금하구먼, 이 외로운 장소에서 죽음이 임박한 사람이 누구인지 참으로 궁금하구먼."이라고 말했다.

    마치 그가 오랫동안 잠을 잔 것처럼 보였고, 그가 두 눈을 떴을 때 그를 내려다보고 있는 얼굴은 십자로의 위니, 그녀의 늙고 주름진 얼굴이었다. 그녀는 그를 뚫어지게 바라보고 있었는데, 마치 그가 죽지 않았다는 것을 확인하려는 듯했다. 그리고 그녀는 그의 얼굴에 말라붙어 있는 피를 젖

---

26) 동양의 화투와 같이 서양에서 게임에 많이 사용하는 카드는 일반적으로 한 벌이 52장이며, 모양별로 4종류의 슈트로 나뉜다. 빨간 슈트는 다이아몬드(◆)와 하트(♥), 검은 슈트는 클로버(♣)와 스페이드(♠)이다. 여기서는 클로버 대신 곤봉이 사용된다. 스페이드는 용기, 다이아몬드는 힘, 곤봉은 지식, 심장은 기쁨을 각각 의미한다.

은 헝겊으로 씻어냈다. 한참 후에 그녀는 그를 부축하기도 하고 들어올리기도 하면서 오두막집 안으로 데려가서 그녀에게는 침대로 사용되는 것 위에 그를 눕혔다. 그녀는 난롯불 위에 있는 냄비에서 감자 두 개를 꺼내 그에게 주었는데 그에게 도움이 더 된 것은 한 잔의 샘물이었다. 그는 조금씩 잠을 잤다가 깨어나기를 반복했고, 때때로 그녀가 집 주변을 돌아다니며 혼자 노래 부르는 소리를 들었다. 그날 밤은 그렇게 흘러가 버렸다. 하늘이 새벽으로 밝아지기 시작할 때 그는 자신이 모은 적은 돈이 있는 주머니를 더듬어 찾아서 그녀에게 내밀었다. 그러자 그녀는 구리 동전 몇 개와 은 동전 몇 개를 꺼냈지만, 그것들이 자기에게는 아무것도 아닌 듯이 다시 떨어뜨렸다. 어쩌면 그녀가 구걸하곤 했던 것은 돈이 아니라 음식과 누더기였기 때문일 것이다. 아니면 어쩌면 밝아오는 새벽이 자신의 위대한 아름다움에 대한 긍지와 새로운 믿음으로 그녀를 충만하게 했기 때문일 것이다. 그녀는 두세 번 밖으로 나가서 히스를 두 팔 가득 잘라서 집 안으로 들여와 그것을 한라한 위에 쌓아 놓으며 아침의 싸늘한 추위에 관하여 무슨 말인가를 했다. 그러는 동안 그는 그녀의 얼굴에 있는 주름살이며, 회색빛 머리카락이며, 부러진 시커먼 이빨이며, 벌어져 있는 이빨 사이 등에 주목했다. 그가 히스로 잘 덮이자 그녀는 문밖으로 나가서 산 측면으로 내려가 버렸고, 그는 "나는 아름답다, 나는 아름다워."라는 외침 소리를 들을 수 있었다. 그녀가 멀어져감에 따라 그 소리는 점점 작아지다가 마침내 전혀 들리지 않게 되었다.

    한라한은 고통과 허약함 가운데 기나긴 낮 동안 거기에 누워 있었다. 저녁의 어둠이 내릴 때 그는 산허리를 올라오는 그녀의 목소리를 다시 들었다. 그녀는 안으로 들어와 감자를 삶아 전과 동일한 방식으로 그와 나누어 먹었다. 하루하루가 그렇게 지나갔고, 그의 살의 무게가 그에게는 무겁게 느껴졌다. 그렇지만 그는 조금씩 연약해지고 있었고, 그는 방 안에 자기보다 더 거대한 무엇들인가 있다는 것을 알았다. 그리고 그 집이 그것들로 가득 채워지기 시작했다는 것을 알았다. 그에게는 그것들이 양손에 모든 힘을 갖고 있는 듯이 보였고, 그들이 한 손으로 가볍게 건드리기만 해도 자기 주변에 견고한 고통으로 쌓아 놓은 담벼락이 무너지고 자기를 그들 자신의 세계로 데려갈 것처럼 보였다. 그리고 때로는 매우 희미하고 기쁨에 찬 목소리들이 서까래나 벽난로의 불꽃에서 외치는 것을 들을 수 있었다. 또한 어떤 때에는 그 집 전체가 바람처럼 그 집을 통해 지나가는 음악 소리로 가득 찼다. 얼마 후에는 그가 너무도 약해져서 고통을 느낄 수 없었고, 그의 주변에 호수 중심의 침묵과 같은 커다란 침묵이 자라났다. 그리고 그것을 통해서 희미한 불빛의 불꽃과 같은 기쁨에 찬 희미한 목소리들이 언제나 항상 계속해서 들려왔다.

어느 날 아침 그는 문밖의 어디에선가 나는 음악 소리를 들었다. 그날 시간이 흘러갈수록 그 음악은 점점 더 커져서 마침내 기쁨에 찬 희미한 목소리들을 모두 삼켜버렸고, 저녁이 내릴 때 산허리 위에서 들려오는 위니의 외침 소리조차 삼켜버렸다. 자정 무렵 한순간에 벽들이 모두 녹아 없어지고 그의 침대가 눈으로 볼 수 있는 한 멀리까지 사방에서 빛나는 희미하고 몽롱한 빛 가운데 둥둥 떠다니게 놓아두는 듯이 보였다. 그의 두 눈이 처음 어두워진 후 그는 여기저기에서 몰려오는 거대하고 희미한 형상들로 가득해지는 것을 보았다.

이와 동시에 음악 소리가 그에게 매우 또렷하게 들려왔고, 그는 그 소리가 칼들이 계속하여 부딪치는 소리일 뿐이라는 것을 알았다.

그는 말했다. "나는 천국의 음악 바로 그 중심에서 죽음을 추구하고 있다. 아, 지품천사들이여Cherubim,[27] 치품천사들이여Seraphim,[28] 내 영혼을 받

---

27) 지품천사는 9천사 중의 둘째 천사로 지식의 천사로 알려져 있다.
28) 치품천사는 9천사 중 최고위의 천사이다.

아주시오."

그의 외침 소리에 그에게 가장 가까이 있던 빛이 더욱 밝은 빛의 불꽃으로 가득 채워졌다. 그리고 그는 이 불꽃들이 그의 가슴을 향하여 돌아선 칼끝들임을 보았다. 그러고 나서 갑작스럽게 빛나는 불꽃 하나가 하나님의 사랑이나 하나님의 증오처럼 불타오르며 빛을 쓸어서 꺼버리고 그는 어둠 속에 남았다. 처음에 그는 아무것도 볼 수 없었다, 왜냐하면 마치 검은 늪지대가 그의 주변에 펼쳐진 듯 모두가 어두웠기 때문이었다. 그러나 마치 지푸라기 한 줌이 그 위에 던져진 듯이 갑자기 불길이 타올랐다. 그가 그것을 쳐다보고 있을 때, 고리에 걸려 매달려 있는 커다란 냄비 위에, 위니가 이따금 케이크를 굽곤 했던 평평한 돌 위에, 그녀가 히스 뿌리들을 자르는 데 사용하곤 했던 녹슨 긴 칼 위에, 그리고 그 자신이 집안으로 갖고 들어왔던 길쭉한 산사나무 지팡이 위에 빛이 빛나고 있었다. 그리고 그가 이 네 가지 물건을 보았을 때 한라한의 마음속에 어떤 기억이 떠올랐고 그에게 힘이 다시 생겼다. 그래서 그는 침대에 일어나 앉아 매우 크고 분명한 목소리로 말했다. "가마솥, 돌, 칼, 창 그것들이 무엇인가? 그것들은 누구의 것인가? 나는 그 질문을 이번에 물었다."

그런 다음에 그는 다시 힘이 빠져 뒤로 넘어졌고, 숨이 끊어지고 있었다.

불을 살피고 있던 위니 버니가 그때 건너와서는 두 눈으로 침대를 뚫어지게 쳐다보았다. 그러자 희미하게 웃는 목소리들이 다시 외치기 시작했고 희미한 불빛이 파도처럼 회색으로 방 위로 기어왔다. 그렇지만 그는 그것이 어떤 비밀스러운 세상에서 오는지 알지 못했다. 그는 위니의 말라빠진 얼굴이며 구겨진 대지처럼 회색인 말라빠진 두 팔을 보았다. 그는 너무도 허약했기에 벽 쪽으로 더욱 멀리 움츠러들었다. 바로 그때 진흙으로 뻣뻣해진 누더기 밖으로 물 위에 떠 있는 거품처럼 하얗고 흐릿한 두 팔이 쑥 나왔고, 그 두 팔이 그의 몸뚱이를 감싸 안았다. 그런 다음 그가 잘 들을 수 있지만, 멀리 떨어진 곳에서 들려오는 듯이 보이는 목소리가 그에게 속삭였다. "당신은 여인들의 가슴에서 나를 더 이상 찾아다니지 않을 거예요."

그러자 그가 물었다. "당신은 누구요?"

"나는 영속하는 사람들 중 하나예요. 영속하는 불요불굴의 목소리 중 하나예요. 나는 내 처소를 파괴된 자들과 죽어가는 자들, 그리고 지혜를 잃어버린 자들 가운데 만들지요. 그래서 나는 당신을 찾아왔어요. 그러니 세상 모두가 다 쓴 양초처럼 완전히 타버릴 때까지 당신은 내 것이에요. 자 고개를 들고 봐요, 우리의 결혼식을 위한 불들이 이미 켜졌어요."라고 그녀가 말했다.

그때 그 집에 어스레하고 흐릿한 팔들이 붐비고, 모든 손이 때로는 결혼식을 위해 빛을 밝힌 작은 다발처럼 보이고, 때로는 죽은 사람을 위한 커다란 흰 초처럼 보이기도 하는 것을 들고 있는 것을 그는 보았다.

다음 날 아침 태양이 떠올랐을 때 십자로의 위니는 시체 옆에 자신이 앉아 있던 곳에서 일어나서 이 마을 저 마을로 돌아다니며 구걸하기 시작했고, 걸어갈 때 "나는 아름답다, 아름다워."라는 똑같은 노래를 불렀다. 공중에 있는 새들아, 나뭇잎 아래에 있는 나방들아, 물 위에 날아다니는 파리들아, 나를 봐라. 나를 살펴봐라. 나는 젊다. 산들이여, 나를 살펴봐라. 썩어가는 숲이여, 나를 살펴봐라. 왜냐하면 그대들이 서둘러 떠나가 버렸을 때 내 몸은 하얀 물처럼 빛날 테니까. 당신과 모든 인간 종족과 짐승 종족과, 물고기 종족과, 날개 달린 종족이 거의 다 타버린 초처럼 뚝 떨어지고 있다. 그렇지만 나는 젊기 때문에 큰 소리로 웃는다."

그녀는 그날 밤이든 어느 밤이든 그 오두막으로 다시는 돌아오지 않았다. 이틀이 끝나갈 무렵에야 비로소 늪으로 가던 토탄 채취자들이 레드 오웬 한라한Red Owen Hanrahan의 시체를 발견했다. 그들은 남자들을 모아 그의 집에서 밤을 새우도록 했고, 여자들을 모아 그의 죽음을 통곡하도록 했으며, 그처럼 위대한 시인에게 합당하게 매장했다.

끝

■■■ 해설

「한라한의 죽음」은 소제목이 명확하게 밝히고 있듯이, 한라한이 죽음을 향하여 가는 과정과 죽음 이후 장례 모습을 그리고 있다. 「한라한의 환상」에서 한라한이 언덕을 올라가며 현실과 환상의 세계를 그리고 있듯이 이 부분에서도 현실과 환상의 세계가 교차되어 있다. 한라한은 슬라이고 근방에 있는 여러 산과 마을을 돌아다니며 현실적인 삶을 살고 있으며, 동시에 산을 올라가 죽음을 맞이하기까지 환상의 세계에 들어가 있기도 하다.

「한라한의 죽음」은 한라한이 마을로 돌아온 장면으로 시작된다. 슬리브산, 에체산, 일튼산, 스칼프산 등 여러 산 아래에 있는 마을들과 발릴리마을 등 슬라이고 근방에 있는 마을들이 한라한이 현실의 삶을 살고 있는 장소이다. 한라한은 아일랜드 전통의 시를 알고 있었으며 학식이 높았기 때문에 가는 곳 어디에서든지 환영받았으며, 사람들이 먹을 것을 그에게 무료로 제공했다. 비록 그가 가죽 주머니에 돈을 지니고 있었지만, 사람들은 그에게 돈을 요구하지 않았다.

한라한은 슬라이고 근방에 있는 숲과 호수 주변을 돌아다니거나 앉아서 시냇물 소리를 듣거나 웅덩이에 어른거리는 그림자를 바라보곤 했다. 그가 마치 풍경에 동화된 듯이 앉아 있었기 때문에 동물들도 놀라지 않았으며, 그가 점차 미지의 어떤 세계에 속하는 듯이 변하기 시작하였다. 예이츠는 그가 자연과 동화되는 모습을 "그가 보이지 않는 희미한 어떤 세계에 속하기 시작하는 것처럼 그 자체가 모호하기 때문에, 다른 모든 색깔 이상의 색깔로 칠해지고 이 세상의 모든 적막 이상의 적막으로 채워지는 듯이 보였다."라고 묘사하고 있다. 한라한은 점차 환상의 세계로 들어가 기억 속에서 꿈처럼 흘러나오는 음악 소리를 들었는데, 한낮에 칼들이 부딪치는 소리, 즉 전투 소리를 들었고 밤이 되자 호수가 어떤 미지의 세계로 통하는 대문처럼 변하고 적막 가운데 통곡과 웃음소리가 들려오고 활기 없는 손들이 손짓하는 모습이 보이기도 했다. 이는 현실 속의 장면과 행동이 아니라 환상의 세계에서 보고 듣는 장면과 행동의 묘사이다.

가을 추수철이 되어 한라한이 호숫가에 앉아서 호수와 산의 모든 비밀을 생각하고 있을 때, 저녁 무렵 "나는 아름답다." "나는 젊다."라고 외치는 소리가 들려왔다. 이 세상의 모든 생명체들이 결국은 사멸하게 되지만 자신은 영원히 사멸하지 않으므로 젊다고 외치는 소리가 처음에는 멀리서 약하게 들려오다가 점차 큰 소리로 가까이에서 들려온다. 이 목소리가 간간이 끊어졌다가 다시 들려오곤 하다가 잠시 후에 작은 호숫가의 물풀 사이로 늙은 여인이 지친 발걸음으로 한라한을 지나쳐간다. 그녀는 검은 피부에, 흙빛 얼굴을 하고 있었으며 회색 머리카락을 길게 늘어뜨려 묶고 있었다. 누더기를 걸친 그녀가 두 눈을 크게 뜨고 머리를 곧추세운 채 두 팔을 흔들며 한라한의 옆을 지나쳐 서쪽을 향하여 언덕의 그림자 속으로 들어갔다.

한라한은 그녀가 옛날 영국에서 자살한 사람들을 매장한 장소인 십자로의 한 위니 버니라는 것을 알아채고는 두려움에 떨었다. 위니 버니가 자신이 아름답고 젊다고 착각하는 현실 속의 평범한 노파에 불과하다면 그녀가 여기에 유령처럼 나타날 이유가 없고, 한라한이 두려워할 필요도 없다. 여기에서 그녀는 사람을 죽음으로 인도하는 존재라는 사실이 암시되고 있다. 특히 그녀가 서쪽을 향하여 갔다는 점에서 죽음과 긴밀히 연관된다. 한라한이 그녀가 죽음의 사자라는 것을 알고 있기에 두려움에 떤다. "나는 아름답다." "나는 젊다."라고 외치며 돌아다니는 위니 버니는 예전에 지혜가 대단했지만, 어느 사원의 밤에 위대한 쉬가 그녀의 지혜를 훔쳐 갔다고 한다.

위니 버니가 가버린 후 한라한은 추위에 떨며 벽난로의 따스함이 깃든 집을 찾아가려고 했다. 그런데 그가 향하여 가는 방향이 마을이 아니라 위니 버니가 간 길을 따라가는 방향이다. 한라한이 마을을 향하여 언덕을 내려간다면 현실로 들어가는 것이기 때문에 삶을 찾아가는 것이라고 할 수 있다. 그렇지만 한라한이 위니가 머무는 작은 오두막집을 향하여 간다는 점에서, 그가 죽음을 맞이할 장소 또는 죽음을 향하여 간다는 것이 암시된다. 한라한은 천천히 언덕을 올라가서 왼쪽에서 불빛이 새어 나오는 집을 보고 그곳으로 가려고 몸을 돌렸다. 마침 그때 구름이 몰려와 그는 길에서 미끄러져 늪의 배수로로 굴러떨어진다. 그는 간신히 배수로에서 길로 기어 올라와 다시 천천히 걸어서 위니의 오두막에 도착한다. 한라한은 창문이 없는 오두막의 출입문에서 새어 나오는 불빛을 보고 집 안으로 들어가려 할 때, 집 안에서 노파 네 명이 카드놀이를 하고 있는 모습을 보고 출입문 옆에 있는 토탄 더미 위에 앉는다. 한라한은 온몸의 마디마디에 아픔을 느끼며 네 노파가 카드놀이를 하면서 떠드는 소리를 듣는다. 카드놀이를 하는 네 노파는 결국 말다툼을 하다가 시끄럽게 고함을 지르고, 한라한은 그들이 싸우는 소리를 들으며 "저 소리는 친구들과 죽음이 임박한 인간이 못되기를 바라는 사람들 사이에 싸우는 소리야. 그러니 나는 궁금하구먼. 이 외로운 장소에서 죽음이 임박한 사람이 누구인지 참으로 궁금하구먼."이라고 말한다. 이 말을 하는 한라한은 자신의 죽음이 임박했다는 사실을 의식하지 못하고 다른 누군가가 죽음이 임박했다고 착각한다.

한라한은 의식을 잃고 출입문 옆에 있는 토탄 더미 위에서 잠이 들었다. 그가 잠에서 깨어났을 때 위니가 그를 위에서 내려다보고 있었다. 위니는 한라한이 죽지 않았음을 확인하고는 그를 부축하여 오두막집 안으로 데리고 들어가 자신의 침대에 눕혔다. 위니는 한라한에게 삶은 감자와 물을 주었고 한라한은 밤새도록 잠이 들었다가 깨어나기를 반복하였다. 위니는 집 주변을 돌아다니며 노래를 불렀다. 다음 날 한라한이 동전 주머니를 그녀에게 주자 그녀는 동전 몇 개를 꺼냈다가는 바닥에 떨어뜨렸다. 왜냐하면 그녀는 돈이 필요하지 않기 때문이었다. 그녀는 밖에서 히스를 많이 가지고 들어와서 한라한을 덮어준 후, 밖으로 나가서 자신이 젊고 자신이 아름답다는 노래를 부르며 산 아래로 내려가 버렸다.

한라한은 하루 종일 온몸에 고통을 겪으며 누워서 몸이 점차 허약해져 갔다. 저녁에는 위니가 언덕을 올라오는 소리를 듣고 그녀가 주는 삶은 감자를 먹고 지내는 날들이 흘러갔다. 그동안 그는 조금씩 연약해지면서 방 안에 자기보다 더 거대한 무엇들이 있다는 것을 인식하였다. 거대한 무엇들이 방 안을 가득 채우는 환상을 느끼면서 자신을 가볍게 건드리기만 해도 자신은 그들의 세계로 들어갈 듯이 느꼈다. 또한 희미하면서 기뻐하는 목소리들이 서까래와 벽난로의 불꽃에서 외치는 소리를 들을 수 있었으며, 어떤 때에는 방 안이 음악 소리를 가득 차는 듯이 느꼈다. 그의 몸은 더욱 쇠약해져서 고통을 느끼지 못하게 되었고, 거대한 침묵이 방 안을 감싸는 가운데, 기쁨에 찬 희미한 목소리들이 계속해서 들려왔다.

한라한은 어느 날 아침에 문밖의 어디에선가 들려오는 음악 소리를 들었는데, 그 음악 소리는 점점 커져서 기쁨에 찬 희미한 목소리들을 삼키고 저녁때 위니가 언덕을 올라오면서 부르는 노랫소리까지 삼켜버렸다. 자정 무렵에 그는 방을 둘러싸고 있는 벽이 모두 사라지고 자신이 누워있는 침대가 희미한 빛 가운데 둥둥 떠다니는 듯한 환상을 본다. 그러자 그의 두 눈에는 거대하고 희미한 형상들이 가득 몰려오는 모습이 보인다. 음악 소리가 또렷하게 들려왔고, 한라한은 그 소리가 칼이 부딪치는 소리라는 것을 알게 된다.

한라한은 이제 자신의 죽음이 임박했음을 인식하고, 자신이 천국의 음악 바로 그 중심에서 죽음을 향해간다고 외치며 천사들에게 자신의 영혼을 받아주기를 큰 소리로 간구한다. 그러자 가까이에 있던 빛이 더욱 밝은 빛의 불꽃으로 가득 채워지고 이 불꽃들이 칼끝으로 변하여 그의 가슴을 향하고 있음을 본다. 한라한은 불꽃 하나가 모든 빛을 쓸어서 꺼버리고는 온 누리가 어둠에 잠기는 환상을 본다. 아무것도 볼 수 없는 어둠 가운데 갑자기 불길이 타오르고 위니의 살림살이인 커다란 냄비와 평평한 돌과 녹슨 긴 칼과 그의 기다란 산사나무 지팡이 위에 빛이 빛나고 것을 본다. 한라한은 이것들이 무엇이며 누구의 것인지 큰 소리로 묻는다.

이윽고 한라한의 숨이 끊어지는 순간 위니가 그를 뚫어지게 쳐다보면서 방에는 희미한 웃음소리가 가득 차고, 희미한 불빛이 파도처럼 펼쳐진다. 이러한 환상적인 상황에서 위니가 두 팔을 쭉 뻗어 한라한의 몸을 감싸 안으며 "당신은 여인들의 가슴에서 나를 더 이상 찾아다니지 않을 거예요."라고 속삭인다.

한라한이 위니에게 당신이 누구냐고 묻자 위니는 자신이 영속하는 사람이며 목소리 중의 하나이며 자신의 처소를 파괴된 자, 죽어가는 자, 지혜를 잃어버린 자들 가운데 만든다고 말하며 그래서 자신이 한라한을 찾아왔다고 말한다. 위니는 한라한이 자신의 것이라고 말하며 "우리의 결혼식을 위한 불들이 이미 켜졌어요."라고 말하여 자신이 한라한을 죽음으로 인도하는 정령임을 밝힌다. 그러자 한라한은 온 집 안이 흐릿한 팔로 가득 차며 그 팔들이 결혼식을 밝히는 작은 횃불이나, 장례식에 사용되는 커다란 흰 초처럼 보이는 것을 들고 있는 환상을 본다. 결국 한라한은 십자로의 위니 버니와 죽음으로 결합하게 된다.

다음 날 아침 위니는 한라한의 시체 옆을 떠나 마을로 내려가 구걸을 시작했고, 자신이 젊고 아름답다는 노래를 계속 불렀다. 위니는 한라한을 죽음의 세계로 데려가는 자신의 역할을 다했으므로 오두막으로 다시는 돌아오지 않았다. 이틀 후에 토탄을 캐는 사람들이 그 오두막을 지나가다가 한라한의 시체를 발견하고는 남녀를 불러 모아 철야하고 애도한 후 시인에게 합당하게 매장하였다.

서두에서 밝힌 바와 같이 「한라한의 죽음」은 한라한이 죽음에 이르는 과정과 죽음 이후 합당하게 매장되었다는 사실을 간략하게 전개하고 있다. 한라한이 죽음에 이르는 과정이 환상적인 모습으로 그려진 것은 예이츠가 아일랜드 전설과 신화에 매우 몰두하고 있음을 보여준다.

최희섭 (전주대)

연금술사의 장미
ROSA ALCHEMICA

계명판
THE TABLES OF THE LAW

동방박사들의 경배
THE ADORATION OF THE MAGI

1897

조지 러셀에게

오, 신들의 신비를 알아 자신의 삶을 거룩히 하고, 신성한 정화로 신에서 향연을 벌이며 영혼을 정화하는 그는 축복받은 행복한 자이다!

－에우리피데스

연금술사의 장미 ROSA ALCHEMICA

I

이제 마이클 로바티즈를 마지막으로, 그리고 처음이자 마지막으로 그의 친구와 동료 학생들을 만난 지 10년도 더 지났다. 그와 그들의 비극적인 최후를 목격하며, 내 글이 인기가 떨어지고 이해하기 어려워지고, 거의 강제로 성 도미니크의 습관에서 위안을 구할 지경[1]에 이를 정도로 나를 변화시킨 그 이상한 경험들을 견뎌낸 지 이제 벌써 10년이나 흘러버렸다. 나는 최근 연금술사에 관한 조그마한 저서인 『연금술사의 장미 *Rosa Alchemica*』를 출간했는데, 어느 정도는 토마스 브라운 경Sir Thomas Browne, 1605~1682의 스타일[2]을

---

[1] 성 도미니크Domingo Félix de Guzmán, 1170-1221. 스페인의 성직자이자 가톨릭 도미니크회의 창설자로, 청빈한 삶과 설교로 복음의 진리에 대한 철저한 탐구를 강조하고 묵주를 대중화했다. 1234년 교황 그레고리오 9세에 의해 시성되었고, 천문학자와 자연 과학자의 수호성인으로 지정되었다.
[2] 토마스 브라운 경은 과학, 의학, 종교, 난해한 분야를 포함한 다양한 작품의 저자로, 그의 글은 프란시스 베이컨의 탐구에 따른 과학 혁명의 영향을 받아 자연 세계에 대한 깊은 호기심을 보여주며, 재치와 미묘한 유머가 특징이다. 그의 문학적 스타일은 장르에 따라 다양하여 거친 노트 관찰에서 세련된 바로크 웅변에 이르기까지 풍부하고 독특한 산문이다. 과학과 영성에 관한 명상적이면서도 백과전서적인 브라운 경의 문체는 예이츠 산문의 모델이 된다.

따랐다. 신비한 과학의 신봉자들로부터 나의 소심함을 비난하는 많은 편지를 받았다. 왜냐하면 그들은 그렇게도 명백한 공감을 믿을 수는 없지만, 다만 어느 시대를 막론하고 인간의 마음을 움직인 모든 것에 대한 반은 연민이라 할 수 있는 예술가의 공감은 믿을 수 있었기 때문이었다. 나는 탐구를 시작한 초기에 그들의 이론이 단순한 화학적 환상이 아니라, 세계와 원소, 그리고 인간 자신에게 적용했던 철학이라는 것을 알게 되었고, 또한 모든 것을 신성하고 불멸의 물질로 보편적으로 변형시키는 작업의 일부분으로만 일반 금속으로부터 금을 만들어 내고자 한다는 사실을 알게 되었다. 그리고 이러한 사실은 나의 조그마한 책을 삶의 예술로의 변형에 대한 공상적 환상이자, 본질로만 이루어진 세계를 향한 무한한 열망의 외침으로 만들어 주었다.

나는 더블린의 오래된 지역에 위치한 내 집, 나의 조상들이 도시의 정치에 참여하고 동시대의 유명한 사람들과의 우정을 통해 거의 유명해진 바로 그 집에 앉아, 내가 쓴 글을 꿈꾸며 앉아 있었다. 그리고 마침내 오랜 열망의 계획을 성취시켰다는 익숙하지 않은 행복감을 느꼈고, 내 방을 내가 가장 좋아하는 이론을 표현하는 공간으로 만들었다.

예술적이라기보다는 역사적 관심의 대상이 되었던 초상화는 사라졌다. 그리고 파란색의 청동으로 만든 공작새로 가득 찬 태피스트리색실 공예품가문 너머로 드리워져, 아름다움과 평화가 닿지 않은 모든 역사와 활동을 차단하고 있다. 그리고 이제 나의 크리벨리(Crevelli)의 그림을[3] 바라보며 성모의

---

[3] 크리벨리(Carlo Crivelli, 1430~1495. 후기 고딕 장식적 감성을 지닌 이탈리아 르네상스 화가로, 가톨릭 프란치스코회와 도미니크회에서 의뢰한 크리벨리(Crivelli)의 작품은 전적으로 종교적 성격을 띠고 있다. 베네치아 동시대 화가인 Giovanni Bellini와 대조되는 독특한 개인적 스타일로, 주로 마돈나와 아기 예수, 피에타, 그리고 폴립티크로 알려진 제단화를 그렸다. 크리벨리의 작품은 종종 그리스도의 손과 옆구리의 벌어진 상처와 고통에 뒤틀린 애도자들의 입과 같은 고통의 이미지로 채워진다.

손에 있는 장미를 곰곰이 생각하고 있을 때, 그 형태가 너무나 섬세하고 정확해서 마치 꽃이라기보다는 하나의 생각에 더 가까운 것 같았고, 아니면 회색빛 새벽에 나의 프란체스카의 황홀한 얼굴과 같았다. 나는 통치와 관습의 노예가 아닌 그리스도인의 황홀의 모든 것을 알고 있다.

내가 집을 사기 위해 저당 잡혔던, 골동품 청동 신상과 여신상들에 대해 곰곰이 생각해 보다가, 문득 다양한 아름다움에 대한 기쁨, 잠들지 않는 운명과 많은 희생을 수반하는 노동에 대한 두려움 없이, 이 모든 이교도의 기쁨을 누렸다. 그리고 모든 책이 가죽으로 제본되고 복잡한 장식으로 새겨지며, 세심한 색상으로 선택된 내 서재로 가기만 하면 되었다. 세상의 영광을 담은 오렌지색 셰익스피어, 분노의 흐릿한 붉은색 옷을 입고 있는 단테, 형식적인 평온함의 청회색 옷을 입고 있는 밀턴. 그리고 나는 괴로움도 만족도 없는 인간의 열정에 대해 겪고 싶은 것을 경험할 수 있었다.

나는 아무것도 믿지 않았기 때문에 모든 신상을 모았고, 어떤 것에도 나 자신을 내맡기지 않고 용해되지 않으며 홀로 남는, 빛나는 강철의 거울로 거리를 두었기 때문에 모든 즐거움을 경험했다. 마치 보석으로 세공한 것 같은 등불로 빛나는 상상력의 승리감에 도취해 헤라의 새들[4]을 들여다 보았다. 상징주의가 필연적인 내 생각에는, 그 신상들은 세상에서 그들 자신의 아름다움만큼 풍요롭지 않은 모든 것을 차단하는 내 세계의 문지기인 듯했다. 그리고 다른 무수한 순간들에 생각했던 것처럼, 삶의 모든 괴로움을 빼앗아 갈 수 있었던 순간들, 죽음의 괴로움에 대한 다른 많은 생각을 잠시 동안 했다. 그리고 거듭해서 이 일에 뒤따른 생각이 나를 격렬하게 슬픔으로 가득 채웠다.

그 모든 형태 즉 음울한 순수함을 가진 마돈나, 아침 햇살에 노래하는

---

[4] 그리스 신화에서 헤라Hera의 새는 뻐꾸기와 공작이다.

황홀한 얼굴들, 열정 없는 위엄을 지닌 청동으로 만든 신상들, 절망에서 절망으로 치닫는 거친 형상들은 나의 몫이 전혀 없는 신성한 세계에 속해 있었다. 그리고 아무리 심오해도 모든 경험은, 아무리 절묘해도 모든 지각은, 내가 결코 알 수 없는 무한한 에너지에 대한 쓰라린 꿈을 가져다줄 것이다. 그리고 나의 가장 완벽한 순간에도, 나는 한 자아가 무거운 눈으로 다른 자아의 만족스러운 순간을 지켜보는 두 개의 자아가 될 것이다. 다른 사람들의 도가니에서 태어난 금을 내 주위에 쌓았다. 하지만 지친 마음이 지칠 줄 모르는 영혼으로 변화하는 연금술사의 최고의 꿈은, 그 연금술사에게도 그렇듯이 의심할 바 없이 나에게서도 멀리 떨어져 있었던 일이다.

한때 레이몽 룰리Raymond Lully의 것이었으리라고 펠레티어 거리Rue Le Peletier의 상인이 보증했던 지난번 구매한 연금술 세트로 나는 눈을 돌렸다. 알렘빅alembic. 연금술 증류기.을 아타노르athanor. 연금술 증류조.에 연결시키고, 그 옆에 라바크룸 마리스lavacrum maris. 연금술 바다의 욕조.를 놓으면서, 영혼들이 방황하는 거대한 심연과 분리되어 모든 존재는 하나이면서 다수인 지친 존재라는 연금술의 교리를 이해하였다. 그리고 나의 감정가의 자부심으로 사자와 용, 독수리와 까마귀, 이슬과 질산염의 상징 아래에서, 연금술사의 베일을 벗어 모든 필멸의 사물들을 용해시킬 본질을 찾는다는, 파괴에 대한 절실한 갈증에 공감했다.

나는 바실리우스 발렌티누스Basilius Valentinus[5])의 아홉 번째 열쇠를 혼잣말로 되뇌었다. 그 아홉 번째 열쇠에서 발렌티누스는 마지막 날의 불을 연금술사의 불에 비유하고, 세상을 연금술사의 용광로에 비유하며, 우리로 하

---

5) 바실리우스 발렌티누스Basilius Valentinus. 15세기 연금술사였으며, 독일 에르푸르트에 있는 성 베드로 베네딕토회 수도원의 정식 회원이라고도 하고, 16세기 독일 작가 한 명 이상이 사용했던 가명이라고도 한다. 발렌타인의 열두 열쇠는 널리 복제된 연금술 책으로, 1599년 요한 톨데가 처음 출판했다. 두 부분으로 구성되어 있으며, 두 번째 부분에는 열두 열쇠가 들어 있다. 이 책에는 17세기 초에 출판된 후속 목판화 조각이 함께 들어 있다.

여금 모든 것이 신성한 물질, 물질로서의 금, 비물질적인 황홀이 깨어나기 전에 용해되어야 한다는 것을 우리에게 알려 주려고 했다. 나는 진정 필멸의 세계를 해체하고 불멸의 본질 속에서 살았지만 기적적인 황홀경은 얻지는 못했다.

이런 생각을 하면서 나는 커튼을 걷어 어둠 속을 내다보았다. 하늘을 가득 채운 그 모든 작은 빛의 점들은 끊임없이 노력하여 납을 금으로, 피로를 황홀경으로, 육체를 영혼으로, 어둠을 신으로 바꾸는 무수한 신성한 연금술사의 용광로였다는 긴장된 상상에 사로잡혔다. 그리고 그들의 완벽한 노동에서 나의 죽음의 운명은 무거워졌고, 우리 시대의 많은 몽상가와 문필가가 울부짖었던 것처럼 수많은 꿈의 무게를 짊어진 영혼들을 고양시킬 수 있는 유일한 정교한 영적 아름다움의 탄생을 외쳤다.

II

문을 크게 두드리는 소리에 나는 환상에서 깨어났다. 방문객이 없었고, 하인들에게 내 내면의 삶의 꿈을 깨뜨리지 않도록 매사에 조용히 하라고 해 놓았기 때문에 이것이 더욱 궁금했다. 약간의 호기심이 생겨나는 직접 문으로 가기로 결심하고, 벽난로에서 은촛대 하나를 꺼내 계단을 내려가기 시작했다. 하인들은 밖에 있는 것 같았다. 집 구석구석과 틈새로 소리가 쏟아져 나왔지만 아래층 방에는 아무런 동요도 없었기 때문이다.

나는 내가 필요로 하는 것이 너무 적고, 내가 인생에서 차지하는 역할이 너무 적었기 때문에 그들이 원하는 대로 왔다 갔다 하기 시작했고, 종종 몇 시간 동안 나를 혼자 남겨 두었던 것을 기억했다. 꿈 외에는 모든 것을 몰아냈던 세상의 공허함과 고요함이 갑자기 나를 압도했고, 나는 빗장을 당기면서 소름을 느꼈다.

　나는 몇 년 동안 못 보았던 마이클 로바티즈가 내 앞에 서 있는 것을 발견했는데, 그의 거친 붉은 머리, 강렬한 눈, 예민하고 떨리는 입술과 거친 옷 때문에, 15년 전의 모습이 그랬던 것처럼 지금도 방탕자, 성자, 농부처럼 보이게 했다. 그는 최근 아일랜드에 왔고, 중요한 문제로 나를 만나고 싶다고 말했다. 실제로 그것이 그와 나에게 유일한 중요한 문제였다. 그의 목소리는 파리에서 보냈던 우리의 학창 시절을 떠오르게 했다. 그리고 한때 나를 사로잡았던 그의 자성적 매력을 기억하면서, 넓은 계단을 따라 올라가는 동안 이 무관한 침입에 대해 약간의 두려움과 매우 성가신 마음이 뒤섞였다. 예술과 문학의 낭만주의 운동으로 미묘하고 복잡해진 인간의 마음 이전 단순한 시절에는, 스위프트Jonathan Swift가 농담과 욕설을 하며 지나갔고, 커란 영매Pearl Curran가 그리스어를 말하고 인용하며 지나간 이 계단에서, 그의 목소리는 상상도 못 했던 어떤 계시의 문턱에서 떨기 시작하였다. 나는 내 손이 떨리는 것을 느꼈고, 형태가 없고 공허한 어둠 속에서 천천히 형성되는 최초의 존재처럼, 오래된 프랑스 판넬의 마이나드Maenads, 주신 무녀 위에 필요 이상으로 촛불의 빛이 흔들리고 떨리는 것을 보았다.

　문이 닫히고, 다채로운 불꽃처럼 반짝이는 공작의 커튼이 우리와 세상 사이에 드리워졌을 때, 나는 뭔가 특이하고 예상치 못한 일이 일어난다는 것을 이해할 수 없을 정도로 느낄 수 있었다. 나는 벽난로로 가서, 바깥쪽에 내가 골동품 부적으로 채워 놓았던 오라치오 폰타나Orazio Fontana의 그림 도자기[6]와 함께 놓인 작은 쇠사슬 없는 청동 향로가 옆으로 떨어져서 내용물을 쏟아낸 것을 발견하고는, 부분적으로는 내 생각을 모으기 위해, 부분적으로는 오랫동안 은밀한 희망과 두려움과 오랫동안 연결된 것들로 보이는

---

6) 오라치오 폰타나Orazio Fontana, 1510-1571. 이탈리아의 도공이자 마이올리카 화가로, 우르비노에 스페인 마조르카 풍의 도자기isoriato maiolica를 소개했다.

습관적인 경건함으로 부적을 그릇에 모으기 시작했다.

마이클 로바티즈가 말했다. "당신은 여전히 향을 좋아하고 있는 걸 알 겠군요. 이제 당신이 본 그 어떤 것보다 더 소중한 향을 보여줄 수 있습니다." 그리고 그는 말하면서 내 손에서 향로를 꺼내 아타노르와 알렘빅 사이의 작은 더미에 부적을 넣었다. 나는 앉았고, 그는 불 옆에 앉아 잠시 불을 바라보며 손에 향로를 들고 말했다. "무언가 물어보러 왔습니다. 그 향은 방을 가득 채울 것이고, 우리가 이야기하는 동안 그 달콤한 향기로 우리 생각을 채울 것입니다. 시리아의 한 노인으로부터 받은 것인데, 그것을 꽃으로 만들었고, 무거운 자주색 꽃잎을 겟세마네 동산에 있는 그리스도의 손과 머리카락, 그리고 발 위에 놓았고, 십자가의 운명에 반하여 외칠 때까지 무거운 숨으로 그리스도를 감싸 접은 바로 그 꽃과 같은 종류입니다." 그는 작은 비단 가방에서 향로에 약간의 가루를 털어 넣은 다음, 향로를 바닥에 놓고 푸른 연기 줄기를 내뿜는 가루에 불을 붙였고, 그 불길이 천장으로 퍼져 나갔다가 밀턴의 보리수처럼 될 때까지 다시 아래로 흘러 내려갔다. 향로가 종종 그렇게 하듯이, 나는 졸음이 쏟아져서, 그가 "내가 파리에서 당신에게 던졌던 질문을 하기 위해, 그리고 당신이 대답하지 않고 파리를 떠난 그 질문을 하기 위해 여기에 왔습니다."라고 말했을 때 깜짝 놀랐다.

그는 나를 향해 눈을 돌렸고, 나는 그 눈이 불빛 속에서 빛나는 것을 보았다. 향을 통해 내가 이렇게 대답했다. "연금술 장미단the Alchemical Rose 의 입회자가 되시겠습니까? 라는 뜻인가요? 만족스럽지 못한 욕망으로 가득 차 있던 때인 파리에서는 내가 동의하지 않았을 것이고, 이제 마침내 내 욕망에 따라 삶을 꾸려나가기 때문에 동의하리라는 것인가요?"

"그 이후로 당신은 많이 변했습니다."라고 그는 대답했다. "나는 당신의 책을 읽었고, 이제 나는 이 모든 이미지 속에서 당신을 봅니다. 그리고 나는 당신 자신보다 당신을 더 잘 이해합니다. 왜냐하면 같은 길을 걷고 있는 무수한 몽상가들을 같은 교차로에서 함께 했기 때문입니다. 당신은 세상과 단절하고 당신 주위에 신들을 모았습니다. 그리고 당신이 그들 발 앞에 몸을 던지지 않으면 항상 게으르고 목표가 흔들릴 것입니다. 왜냐하면 사람은 이 세상과 시간 속에서 많은 사람들의 분주함과 소음 속에서 자신이 비참하다는 것을 잊거나, 이 세상과 시간을 지배하는 많은 사람들과 신비로운 결합을 추구해야 하기 때문입니다." 그러고 나서 그는 내가 들을 수 없고, 마치 내가 볼 수 없는 사람처럼 중얼거렸다.

그가 어떤 특이한 실험을 하려고 할 때 그랬던 것처럼, 잠시 방이 어두워지는 것처럼 보였고, 어둠 속에서 문 위의 공작새들은 더욱 강렬한 색으로 빛나는 것처럼 보였다. 나는 단지 기억과 향의 황혼 때문에 생긴 환상을 떨쳐버렸다. 왜냐하면 그가 이제 성숙한 나의 지성을 극복할 수 있다는 것을 인정하지 않을 것이기 때문이다. 그리고 나는 말했다. '내가 영적인 믿음과 어떤 형태의 예배가 필요하다고 인정하더라도 왜 갈보리가 아니라 엘레우시스로 가야 합니까?' 그는 앞으로 몸을 기울여 약간 리드미컬한 억양으로 말하기 시작했고, 그가 말할 때 나는 가리기 시작한 태양의 밤보다 더 오래된 밤처럼 다시 그림자와 씨름해야 했다. 이 과정에서 촛불의 빛을 어둡게 하고, 액자 모퉁이와 청동 신상에 작은 빛을 지우고, 향의 푸른색을 짙은 보라색으로 변하게 한 반면, 그 과정에서 공작새는 마치 각각의 색깔이 살아 있는 영혼인 것처럼 희미하게 빛나게 했다.

나는 그가 멀리서 말하는 것을 들으며 깊은 꿈같은 몽상에 빠졌다. "그러나 단 하나의 신과 교감하는 사람은 없습니다."라고 그는 말했다. "사람이 상상과 세련된 이해 속에서 살수록 더 많은 신을 만나고 이야기하며, 더 많은 신을 만나게 됩니다. 론세스바예스 계곡the Valley of Roncesvalles에서 신체의 의지와 즐거움의 마지막 나팔을 불었던 롤랜드Roland의 지배하에 들어왔고, 그리고 그들이 죽어가는 것을 보고 한숨을 쉬었던 햄릿, 그리고 그들을 세상 여기저기에서 찾아보았지만 찾을 수 없었던 파우스트, 그리고 현대 시인들과 로맨스 작가들의 마음속에 영적인 육체를 스스로 차지했던 수많은 신성들의 권세 아래, 그리고 르네상스 이래로 새와 물고기의 희생 제물, 화환의 향기, 향의 연기를 제외하고는 고대 숭배의 모든 것을 차지했던 고대 신성들의 권세 아래서 말입니다. 많은 사람들은 인류가 이러한 신성들을 만들었고 다시 해체할 수 있다고 생각합니다. 그러나 그들이 덜거덕거리는 마구와 부드러운 예복을 입고 지나가는 것을 보았고, 죽음과도 무아지경 속에서 누워 있는 동안 그들이 또렷한 목소리로 말하는 것을 들은 우리는 그들이 항상 인간성을 만들고 파괴하고 있다는 것을 압니다. 그것은 실제로 그들의 입술의 떨림에 불과합니다."

그는 일어서서 왔다 갔다 걷기 시작했고, 깨어있는 꿈속에서 접기 시작한 주름이 방을 가득 채우기 시작한 거대한 보라색 거미줄을 짜는 직조기의 북이 되었다. 방은 마치 이 세상에서 거미줄과 직조를 제외한 모든 것이 끝난 것처럼 설명할 수 없을 정도로 조용해진 것 같았다. "그들이 우리에게 왔어요, 그들이 우리에게 왔어요."라는 목소리가 다시 시작되었다.

"당신이 꿈속에서 본 모든 것, 당신이 책에서 만난 모든 것. 그곳에는 리어가 있는데, 그의 머리는 여전히 뇌우에 젖어 있는데, 당신을 그림자일 뿐인 존재로 생각하고 그를 영원한 신인 그림자로 생각했기 때문에 그는 웃고 있습니다. 그리고 베아트리체는 마치 모든 별이 사랑의 한숨 속에 사라지려는 듯 입술을 반쯤 벌린 채 미소를 짓고 있습니다. 그리고 사람들의 마음을 사로잡아 그분만이 홀로 통치하실 수 있도록 하는 너무나 큰 주문을 걸었던 겸손의 하나님의 어머니가 있습니다. 그러나 그녀는 꽃잎 하나하나가 신인 장미를 손에 들고 있습니다. 그리고 거기, 오! 수많은 참새의 날개에서 떨어지고, 그녀의 발 주위에는 회색과 흰색의 비둘기가 있는 황혼 아래의 아프로디테, 그녀가 **빠르게 오고 있습니다!**"

꿈속에서 나는 그가 왼팔을 내밀고 마치 비둘기 날개를 쓰다듬듯이 오른손으로 그 위로 얹는 것을 보았다. 나는 거의 나를 두 동강낼 것 같은 격렬한 노력을 기울여, 단호하게 이렇게 말했다. "나를 공포로 가득 채우는 무한한 세계로 나를 도망가게 해주시오. 그러나 사람은 거울처럼 무심한 정확성으로 모든 것을 자신의 마음에 반영할 수 있을 때 위대한 사람입니다."

나는 나 자신의 완벽한 주인인 듯하다. 계속해서 다음과 같이 빨리 말했다. "즉시 나를 떠나라고 명령합니다. 왜냐하면 당신의 생각과 공상은 문명이 쇠퇴하기 시작할 때 문명 속으로, 그리고 문명이 파멸되기 시작될 때 마음속으로 기어들어 오는 구더기와 같은 환상에 불과하기 때문입니다." 나는 갑자기 화가 나서 탁자에서 연금술 증기통인 알렘빅을 움켜쥐고 일어나 그를 때리려고 했을 때, 그의 뒤에 있는 문 위의 공작새들이 엄청나게 커지는 것처럼 보였다. 그러고 나서 알렘빅이 내 손가락에서 떨어져 나가고, 나는 녹색, 파란색, 청동색 깃털의 물결 속에 빠져들었다. 그리고 절망적으로 몸부림치고 있을 때, 먼 곳에서 다음과 같은 목소리가 들렸다. "우리 스승님 아비세나Avicenn는 모든 생명은 부패에서 나온다고 기록했습니다."

이제 반짝이는 깃털이 나를 완전히 덮었고, 나는 수백 년 동안 투쟁하다가 마침내 정복당했다는 것을 알았다. 세상을 가득 채울 것 같은 초록과 파랑과 청동이 불꽃의 바다가 되어 나를 휩쓸어 갈 때, 나는 깊은 바닷속으로 가라앉고 있었다. 소용돌이치는 가운데 내 머리 위에서 "거울이 두 조각으로 깨어졌다."고 외치는 소리가 들렸다. 그리고 다른 목소리는 "거울이 네 조각으로 깨어졌다." 그리고 더 멀리 있는 목소리는 "거울이 무수한 조각으로 깨어졌다."고 환호하며 외친다. 그러고 나서 수많은 창백한 손들이 나를 향해 뻗었고, 이상하고 온화한 얼굴들이 내 위에서 몸을 구부리고 있었고, 말하는 순간 잊어버린 말들을 내뱉는 반은 통곡하며 반은 애무하는 목소리가 들려왔다.

나는 화염의 조류에서 끌어올려지고 있었고, 나의 기억, 희망, 생각, 의지, 내가 나라고 여겼던 붙잡고 있던 모든 것이 녹아내려지는 것을 느꼈다. 그때 나는 어떤 면에서 생각보다 더 확실한 존재들, 각각 자신의 영원한 순간, 완벽한 팔 들어 올림, 리드미컬한 단어들로 이루어진 작은 원, 희미한 눈과 반쯤 감은 눈꺼풀로 꿈을 꾸는 것 등으로 둘러싸인, 존재들의 무수한 무리 사이를 솟아오르는 것 같았다.

그리고 나서 나는 너무나 아름다워서 거의 멈춰버린 이 형상들 너머로 지나갔으며, 많은 세상의 무게와 함께 이상한 기분과 우울함을 견디면서 아름다움 그 자체인 죽음 속으로, 모든 사람들이 멈추지 않고 갈망하는 그 외로움 속으로 지나갔다. 지금까지 살았던 모든 것이 내 마음속에, 또 나는 그들의 마음속에 가서 사는 것 같았다.

그리고 내가 갑자기 비전의 확실성에서 꿈의 불확실성으로 떨어지고, 별이 빛나는 밤을 통해 엄청난 속도로 떨어지는 녹은 금방울이 되고, 내 주위가 온통 곡성으로 환호하는 환호하며 울부짖는 우울이 아니었더라면, 나는 다시는 죽음이나 눈물을 알지 못했을 것이다. 나는 넘어지고 넘어지고 넘어졌고, 그 통곡은 굴뚝 속의 바람의 울부짖음에 불과했고, 나는 잠에서 깨어나 탁자에 기대어 두 손으로 머리를 받치고 있는 나를 발견했다. 나는 알렘빅이 굴러간 먼 모퉁이에서 좌우로 흔들리는 것을 보았고, 마이클 로바티즈가 나를 지켜보며 기다리고 있었다. "나는 당신이 원하시는 곳이면 어디든 가겠습니다. 그리고 당신이 나에게 명령하시는 것은 무엇이든 행하겠습니다. 왜냐하면 나는 영원한 것들과 함께 있었기 때문입니다." "나는 알고 있었습니다."라고 그는 대답했습니다. "폭풍이 시작되는 것을 들었을 때 당신이 대답한 대로 대답해야 합니다. 당신은 먼 거리로 와야 합니다. 왜냐하면 우리는 파도 옆의 순수한 무리와 불결한 무리 사이에 우리의 성전을 건축하라는 명을 받았기 때문입니다."

III

나는 인적이 드문 거리를 지나가면서 말을 하지 않았다. 왜냐하면 내 마음은 이상하게도 익숙한 생각과 경험이 텅 비어 있었기 때문이었다. 그것은 확실한 세계에서 뽑혀 해안 없는 바다에 벌거벗은 채 던져진 것 같았다. 그 환상이 돌아오는 순간이 있었고, 나는 기쁨과 슬픔, 범죄와 영웅적 행위, 행운과 불행을 황홀경에 휩싸여 반쯤 기억하곤 했다. 아니면 갑자기 심장이 뛰면서 질서 정연하고 신중한 삶에 거리가 먼, 희망과 공포, 욕망과 야망을 생각하기 시작했다. 그러다가 나는 헤아릴 수 없는 어떤 위대한 존재가 내 마음을 휩쓸었다는 생각에 오싹하며 잠에서 깨어났다. 이 감정이 완전히 사라지기까지는 며칠이 걸렸고, 유일하고 확실한 신앙에 피난처를 구하고 있는 지금에도, 나는 예배당과 어떤 알려지지 않은 종파의 모임 장소에 모이는 일관성 없는 인격을 지닌 사람들에게 지극한 관용을 느끼고 있다. 왜냐하면 나는 권력 앞에서 사라지는 이른바 "히스테리카 파시오," 아니면 순수한 광기라 할 수 있는 고정된 습관과 원칙 또한 느꼈기 때문이다. 하지만 그 우울한 환희가 너무나 강력해서 나를 다시 깨어나게 해서 새로 찾은 평화로부터 나를 몰아낼까 봐 몸이 떨린다.

우리가 회색빛을 타고 반쯤 비어 있는 커다란 종착역에 이르렀을 때, 나는 너무 변해서 인간처럼 영원에 몸서리치는 한순간이 아니라, 한순간 동안 울고 웃는 영원이 된 것 같았다. 그리고 우리가 출발하고 마이클 로바티즈가 곧 잠이 들었을 때, 나를 그토록 뒤흔들고 지금은 나를 깨우게 했던 그 모든 것의 흔적이 전혀 없는 그의 잠든 얼굴은 내 흥분된 마음에 얼굴이라기보다는 가면과 같았다. 그 가면 뒤의 남자가 물속의 소금처럼 녹아 없어지고, 그 남자가 인간보다 크거나 작은 존재들의 명령에 웃고 한숨을 쉬며 호소하고 비난한다는 상상이 나를 사로잡았다. "이 사람은 전혀 마이클 로바티즈가 아니다. 마이클 로바티즈는 죽었다. 10년 전에, 아마도 20년 전에 죽었을 것이다." 나는 계속해서 속으로 되뇌었다. 나는 마침내 열이 나는 잠에 빠져들었고, 슬레이트 지붕이 젖어 빛나고, 고요한 호수가 차가운 아침 햇살에 반짝이는, 어떤 작은 마을을 지나갈 때 나는 때때로 잠에서 깨어났다. 나는 너무 생각에 사로잡혀 우리가 어디로 가고 있는지 묻거나 마이클 로바티즈가 어디로 가는 표를 샀는지 알아차리지도 못했다. 그러나 이제 태양의 방향에서 우리가 서쪽으로 가고 있다는 것을 알았다. 그리고 나무들이 동쪽을 향해 고개를 숙인 채 날아가는 너덜너덜한 거지들과 비슷한 모습으로 되어가는 것을 보고 우리가 서쪽 해안에 접근하고 있다는 것을 알았다. 그러다가 갑자기 왼쪽의 낮은 언덕 사이에 있는 바다를 보았는데, 그 흐릿한 회색이 하얀 조각과 선으로 부서졌다.

우리가 기차에서 떠났을 때 우리는 여전히 갈 길이 있었다는 것을 나는 알게 되었고, 우리는 바람이 매섭고 격렬했기 때문에 코트 단추를 채우고 출발했다. 내가 생각에 빠져들게 내버려두려는 듯 마이클 로바티즈는 조용했고, 그리고 우리가 바다와 거대한 곶의 바위 사이를 걸을 때, 만약 실제로 어떤 신비로운 변화가 나의 정신의 실체에 일어나지 않았다면, 나의 모든 생각과 감정의 습관이 얼마나 큰 충격을 받았을지 완전히 새롭게 깨달았다. 내 마음속에는, 질주하는 거품으로 펄럭이는 회색 파도가 풍요롭고 환상적인 내면의 삶 일부로 자라났기 때문이다. 그리고 황폐하고 거의 인적이 드문 부두 맨 끝에 위치한, 지붕 아래에 훨씬 더 작고 새로운 건물이 있는 정사각형의 고대 모양의 집을 가리키며, 마이클 로바티즈가 그것이 "연금술 장미의 사원the Temple of the Alchemical Rose"이라고 말했을 때, 나는 하얀 거품의 소나기로 계속 뒤덮인 바다가 우리의 질서 있고 조심스러운 시대에 전쟁을 시작하여 세상을 고전주의 몰락에 뒤따른 그처럼 모호한 밤으로 밀어 넣으려는, 그것을 어떤 무한하고 열정적인 삶의 일부로 주장하고 있다는 환상에 사로잡혔다. 내 마음의 한 부분은 이 환상적인 공포를 비웃었지만, 다른 하나는 아직 반쯤 누워 있는 부분이 시야에 들어와 미지의 군대들의 충돌을 듣고 있었고, 그 도약하는 회색빛 파도에 드리워진 상상할 수 없는 광신에 몸서리를 치고 있었다.

우리가 부두를 따라 몇 걸음만 갔을 때 한 노인을 만났다. 그는 부두에서 휴식을 취하기 위해 석공들이 작업을 하고 있던 곳 근처의 뒤집어 놓은 통에 앉아 있는 걸로 보아 분명히 파수꾼으로 보인다. 그의 앞에는 땜장이의 수레 아래 던져져 있는 것과 같은 불이 놓여 있었다. 나는 그 사람도 "독실한 신자votee"라고 말하는데, 왜냐하면 통 가장자리의 못에 묵주가 걸려 있었기 때문이다. 그리고 나는 소름이 돋는 것을 느꼈다. 소름이 왜 돋는지는 알 수 없었다. 우리가 몇 야드 지나갔을 때 나는 그가 게일어로 "우상 숭배자, 우상 숭배자여, 너희 마녀와 악마와 함께 지옥으로 가라. 청어가 다시 만으로 돌아올 수 있도록 지옥으로 가라."라고 외치는 소리를 들었다. 그리고 잠시 동안 나는 그가 우리 뒤에서 반은 비명을 지르고 반은 중얼거리는 소리를 들을 수 있었다. "이 거친 어부들이 당신에게 어떤 무모한 짓을 할지도 모른다는 것이 두렵지 않습니까?"

"나와 나의 것은 불멸의 영과 결합되어 인간의 상처나 도움을 받은 지 오래되었으며, 우리가 죽으면 최고의 사업의 완성이 될 것입니다. 이 사람들에게도 때가 올 것이며, 그들은 아르테미스에게 숭어를 바칠 것이며, 새로운 신에게 다른 물고기를 바칠 것입니다. 단, 실제로 그들 자신의 신성인 넘치는 가마솥을 가지고 있는 다그다Dagda와 양귀비 주스에 담근 창을 가진 러그Lug가 아니라면 말입니다. 전투를 위해 뜨겁게 달려 나오지 않도록 주스를 만드십시오. 세 마리의 새를 어깨에 메고 있는 앵거스Aengus, 바드Bodb와 그의 붉은 돼지치기, 그리고 다나Dana의 영웅적인 모든 아이들은 다시 한번 회색 돌로 신전을 세웠습니다. 그들의 통치는 결코 멈춘 적이 없고 단지 약간의 권력만 약해졌을 뿐입니다. 왜냐하면 쉬Sidhe는 여전히 모든 바람 속에서 지나가고, 헐리에서 춤추고 놀며, 모든 움푹 파인 곳과 모든 언덕에서 갑작스러운 전투를 벌이기 때문입니다. 그러나 그들은 순교와 승리가 있을 때까지는 성전을 다시 지을 수 없으며, 아마도 오래전부터 예언되었던 "흑돼지의 계곡the Valley of the Black Pig" 전투가 있기 전에는 신전을 세울 수 없을 것입니다."

우리는 순간순간마다 우리를 발에서 들어올리려고 위협하는 휘몰아치는 물거품과 바람을 피해, 바다 쪽 부두를 둘러싸는 벽에 바짝 붙어, 말없이 네모난 건물의 문을 향해 나아갔다. 마이클 로바티즈가 소금 바람으로 녹슨 자국이 많은 열쇠로 문을 열고, 텅 빈 통로를 따라 카펫이 깔리지 않은 계단을 올라가 책장으로 둘러싸여 있는 작은 방으로 나를 인도하여 갔다. 의식 전에 절제된 금식을 해야 하기 때문에 식사는 과일만 가져오겠다고 그는 설명했다. 그리고 연금술 교단의 교리와 방법에 관한 책도 한 권 가져오는데, 그 책에 남은 겨울의 햇빛을 쓰라고 하고는, 그는 의식 한 시간 전에 돌아오겠다고 약속하면서 나를 떠났다. 나는 책장 사이를 뒤지기 시작했고, 이내 내가 본 것 중 매우 철저한 연금술 도서관 중 하나임을 알게 되었다. 머리 천으로 된 셔츠 아래 자신의 불멸의 몸을 숨긴 모리에누스Morienus의 작품도 있었고, 술고래였지만 수많은 정령을 통제했던 아비센나Avicenna, 그의 류트lute에 무수한 영혼을 넣어서 사람들을 웃게 하고, 울게 하면서, 치명적인 무아지경에 빠지게 만든 알파라비Alfarabi, 붉은 수탉의 모습으로 변신한 룰리Lully, 자기 아내 파넬라Pamella와 함께 수백 년 전에 불로장생 영약을 만들어 지금도 이슬람 수도 탁발승Dervishes과 함께 아라비아에 살고 있다는 전설적인 플라멜Flamel, 그리고 그보다 명성이 알려지지 않은 무수한 사람들도 있다.

신비주의자는 연금술적 신비주의자 외에는 거의 없었다. 더 많은 수의

한 신에 대한 헌신과 제한된 미의식에 대한 헌신이 로바티즈에게 필연적인 결과를 가져오리라고 의심할 여지가 없었기 때문이다. 그러나 나는 윌리엄 블레이크의 예언적인 글들의 팩시밀리 전집을 주시했다. 아마도 "달이 이슬을 빨아들일 때 파도 위의 즐거이 뛰노는 물고기들처럼" 군중이 그의 책에 새긴 일루미네이션Illuminations에 모여들었기 때문일 것이다. 나는 또한 모든 시대의 많은 시인들과 산문 작가들을 주시하였다. 위대한 사람들이 도처에 있었기 때문에, 그중에 단지 삶에 약간 지친 사람들, 그리고 그들이 불타는 전차를 타고 올라가면서 더 이상 필요하지 않은 어떤 것으로 그들의 상상력을 우리에게 던진 사람들만을 주시하게 되었다.

　이때 문을 두드리는 소리가 들렸고, 한 여자가 들어와서 테이블 위에 작은 과일을 올려놓았다. 나는 그녀가 한때 잘생겼었다고 판단했지만, 내가 다른 곳에서 그녀를 보았다면 의심할 바 없이 상상의 흥분과 아름다움에 대한 갈증 대신에, 육체에 대한 흥분과 쾌락에 대한 갈증으로 간주했을 것에 의해 그녀의 뺨이 움푹 패 있었다. 나는 그녀에게 의식과 관련하여 몇 가지 질문을 했지만, 고개를 흔드는 것 외에는 아무 대답도 듣지 못하여 조용히 입회식을 기다려야 한다는 것을 알았다. 내가 식사를 마치자 그녀는 다시 와서 기이하게 세공한 청동 상자를 탁자 위에 놓고 촛불을 켜고 접시와 남은 음식을 가져갔다. 혼자가 되자마자 나는 상자로 몸을 돌아보니, 헤라의 공작들이 마치 하늘이 그들 영광의 일부라는 것을 단언하듯 큰 별들이 그려진 배경을 뒤로하면서 옆과 뚜껑 위로 꼬리를 펴고 있는 것을 발견했다. 상자 안에는 양피지로 장정된 책이 들어 있었고, 양피지 위에 매우 섬세한 색상과 금색으로 만들어진 연금술 장미는 많은 창이 꽂혀 있었지만, 꽃잎에 가장 가까운 부분에서 산산이 부서진 부분이 보이는 것처럼 볼품이 없었다. 이 책은 스플렌도 솔리스Splendor Solis[7]의 방식에 따라 양피지 위에 아름답고 선명한 글자로 쓰였으며 상징적인 그림과 조명이 산재해 있었다.

첫 번째 장에서는 켈트족 출신의 여섯 명의 학생이 어떻게 따로 연금술 연구에 전념하여, 하나는 펠리컨의 신비, 다른 하나는 녹색 용의 신비, 다른 하나는 독수리의 신비, 다른 하나는 소금과 수은의 신비를 풀었는지 묘사했다. 그리고 이 책에서 일련의 우연처럼 보였지만 초자연적인 힘의 계획이라고 선언한 일이 그들을 남부 프랑스의 한 여관 정원에 모이게 했고, 그들이 함께 이야기를 나누는 동안 그들에게는 연금술이 죽음을 미루고 불멸의 존재를 입힐 준비가 될 때까지 영혼의 내용물을 점진적으로 증류하는 것이라는 생각이 떠올라졌다.

부엉이 한 마리가 머리 위의 포도나무 잎사귀 사이에서 바스락거리며 지나갔고, 한 노파가 막대기에 기대어 다가와 그들 옆에 앉아 그들이 떨어뜨린 생각을 떠올렸다. 영적 연금술의 모든 원리를 설명하고 그들에게 연금술 장미 교단을 창설하도록 명한 후, 그녀는 그들 사이에서 떠났고, 그들이 따라가려고 했을 때 그녀는 아무 데서도 보이지 않았다. 그들은 자신의 재산을 보유하고 연구를 공동으로 하는 교단을 조직했으며, 연금술 교리가 완벽해짐에 따라 환영이 그들 사이에 왔다 갔다 하며 그들에게 점점 더 놀라운 신비를 가르쳤다. 그런 다음 이 책은 초심자가 알 수 있도록 허락된 많은 것을 설명하면서 처음에 그리고 상당 기간 우리 생각의 독립적인 실체인 이 교리가 모든 진정한 교리가 생겨난 근원이라는 선언을 하였다.

이 책에 따르면 만약 당신이 살아 있는 존재의 모습을 상상한다면, 그것은 곧장 방황하는 영혼에 사로잡혀서 죽는 순간이 올 때까지 선과 악을 행하며 이리저리 돌아다닌다. 그리고 많은 신들로부터 많은 예를 제시받았다고, 이 책은 전하고 있다. 에로스Eros는 그들에게 신성한 영혼이 거주하며 잠자는 마음에 그들이 원하는 것을 속삭일 수 있는 형태 만드는 방법을 가

---

7) 스플렌도 솔리스Splendor Solis, "The Splendour of the Sun"는 Salomon Trismosin가 제작했다고 하는 조명 연금술 텍스트의 한 버전으로 1582년경에 만들어졌다.

르쳤다. 그리고 악마적 존재들이 잠자는 피에 광기나 불안한 꿈을 쏟아부을 수 있는 형태인 아테Ate, 그리고 헤르메스Hermes는 만일 당신이 침대 곁에 사냥개를 두기를 강력하게 상상한다면 사냥개는 당신이 깨어날 때까지 그곳을 지키고 가장 힘센 악마를 제외한 모든 것을 몰아낼 것이지만, 당신의 상상력이 취약하다면 사냥개도 역시 약해질 것이고 악마들이 승리하리라는 것을 가르친다. 아프로디테Aphrodite는, 만일 너의 강한 상상력으로 은관을 씌운 비둘기를 만들고 머리 위로 펄럭이게 하였다면, 그 부드러운 구구 소리는 불멸의 사랑에 대한 달콤한 꿈을 모으고 필멸의 잠에 대해 생각하게 만들 것이고, 모든 마음들이 계속해서 그런 존재들을 낳고 그 존재들이 건강이나 질병, 기쁨이나 광기의 일을 하도록 내보내고 있다는 것을 많은 경고와 애도를 통해 모든 신들이 드러내었다는 사실을 가르친다.

만일 당신이 악한 세력에게 형체를 준다면, 당신은 삶의 갈증으로 입술을 내밀고, 삶의 짐으로 몸의 비율을 깨뜨리면서 그 형체들을 추악하게 만들게 될 것이다. 그러나 신성한 힘은 시간을 초월한 황홀경으로 접히고, 반쯤 감은 눈으로, 졸린 고요 속으로 표류하는 이른바 존재로부터 떨리는 형태에 지나지 않는 아름다운 형태로만 나타날 것이다. 이러한 형태로 내려온 육체 없는 영혼이 이른바 기분moods이라 불리고, 세상의 모든 큰 변화를 이루었다. 따라서 마술사나 예술가가 원할 때 그들을 부를 수 있었던 것처럼 마찬가지로 마술사나 예술가의 마음에서 육체 없는 영혼들이 부를 수도 있었다. 만일 악마라면 미친 사람이나 비천한 사람의 마음에서 어떤 형태로든지 불러낼 수 있고, 그 목소리와 몸짓을 통해 세상에 자신을 쏟아부을 것입니다.

이런 식으로 모든 위대한 사건이 성취되었다. 기분, 신성, 악마가 처음에는 먼저 희미한 한숨처럼 인간의 마음속으로 내려와서 마침내 노란색 머리카락이 검게 변하고 검은 머리카락이 노란색으로 변할 때까지, 그리고 제국이 국경을 옮길 때까지, 마치 나뭇잎이 표류하는 것처럼, 그들의 생각과 행동을 바꾸었던 것이다. 책의 나머지 부분은 입문자가 신성과 악마에 대한 어떤 형상도 만들 수 있고, 눈물과 웃음의 뿌리 아래 사는 이들 사이에서 아비센나만큼 강력해질 수 있도록 하게 하기 위한 목적으로, 형태, 소리, 색깔의 상징과 그것들의 신성이나 악마에 대한 속성 등을 포함하고 있다.

IV

해가 진 지 두 시간 후 마이클 로바티즈Michael Robartes가 돌아와서 고도로 고풍스러운 춤의 스텝을 배워야 할 것이라고 말했다. 왜냐하면 나의 입문이 완벽해지기 전에, 리듬이 영원의 바퀴이고 그 바퀴 위에서 일시적이고 우연적인 것이 깨질 수 있고, 영혼은 자유로워진다는 이유로, 마법의 춤에 세 번 참여해야 했기 때문이다.

나는 충분히 단순한 그 스텝들이 어떤 고풍스러운 그리스 춤과 닮았다는 것을 알게 되었고, 젊은 시절에 춤을 잘 추었고, 많은 신기한 게일적인 스텝들의 대가였기 때문에, 곧 그 춤들을 기억 속에 떠올렸다. 그런 다음 그는 그리스와 이집트의 형태로 보이지만, 그 진홍색으로 보아 그들의 것보다 더 열정적인 삶을 암시하는 의상을 나와 자신에게 입혔다. 그리고 어떤 현대 공예가에 의해 장미 모양으로 만들어진, 사슬이 없는 청동 향로를 내 손에 쥐여주고, 우리가 들어왔던 반대쪽에 있는 작은 문을 열라고 말했다.

나는 향로에 손을 대었다. 그러나 내가 손을 대자마자, 아마도 그의 신비한 매력의 도움과 함께, 향의 연기가 나를 동양의 조그마한 상점 카운터에 놓여 있는 가면처럼 보이는 꿈에 다시 빠져들게 하였다.

너무나도 밝고 고요한 눈을 하고 있어서 그들을 사람 이상으로 알고 있었지만, 많은 사람들이 들어와서 나를 얼굴에 대고 시험했지만 마침내 약간의 웃음과 함께 나를 구석으로 던졌다. 그러나 이 모든 것은 한순간에 지나갔다. 내가 깨어났을 때 내 손은 여전히 손잡이 위에 있었기 때문이다. 나는 문을 열었고, 라벤나 세례당의 모자이크보다 상대적으로 못지지는 않지만 그렇게 엄격하다고 할 수 없는 아름다움을 지닌 모자이크로 세공된 많은 신들이 그 옆에 있는 멋진 통로에 있다는 것을 발견했다. 확실히 상징적인 색이었던 각 신의 주요 색상은 모든 신 앞에서 신기한 향기가 나는 천장에 매달린 램프에서 반복되었다. 나는 이 열정적인 사람들이 어떻게 이렇게 요원한 장소에 이러한 아름다움을 창조할 수 있었는지 극도로 경탄하며 지나갔으며, 이렇게나 많은 숨겨진 부를 목격하고 물질적 연금술을 믿기로 반은 설득되었다. 내가 지나갈 때마다 끊임없이 색깔이 변하는 연기로 향로는 공기를 채우고 있다.

나는 문 앞에 멈춰 섰는데, 그 문 위에는 거대한 파도가 세공된 청동 액자 속 그림자에 끔찍한 얼굴을 희미하게 암시하고 있었다. 그 너머에 있는 사람들은 우리의 발걸음 소리를 들은 것 같았다. '불멸의 불의 작품은 끝이 났나?'라고 한 목소리가 외쳤고, 곧 마이클 로바티즈가 "완벽한 금은 아타노르athanor에서 왔다."라고 대답한다.

문이 활짝 열리면서 우리는 커다란 원형의 방에 진홍색 예복을 입고 천천히 춤을 추는 남녀들 사이에 있었다. 천장에는 모자이크로 만든 거대한 장미가 있었다. 그리고 모자이크로 된 벽 주위에도, 신과 천사들의 전투, 루비와 사파이어처럼 반짝이는 신들, 마이클 로바티즈가 속삭이며 말했듯이 겸손과 슬픔의 하나님을 사랑하는 마음에서 신성을 버리고 그들의 분리된 마음에서 돌아선 회색빛 일색의 천사들 모자이크가 그려져 있다. 기둥이 지붕을 받치고 일종의 원형 회랑을 만들었고, 각 기둥은 바람의 혼란스러운 모양으로 인간보다 더 격렬한 춤을 추고 피리와 심벌즈를 연주하며 일어나는 신들의 기둥인 것 같았고, 그리고 이 형상들 사이에서 손을 내밀고, 이 손에는 향로가 있었다.

나는 향로를 손에 들고 제 자리를 잡고, 춤을 추라는 명령을 받았다. 기둥에서 춤추는 사람들 쪽으로 돌아서자, 바닥이 녹색 돌로 되어 있고, 창백한 십자가 위에 창백한 그리스도가 한가운데 그려져 있는 것을 보았다. 나는 이것의 의미를 로바티즈에게 물었고 다음과 같은 대답을 받았다. 그들은 "그들의 무수한 발로 그분의 연합을 방해하기를" 원했다. 춤은 머리 위의 장미 꽃잎을 모방한 꽃잎의 모양을 바닥에서 밟으며 앞뒤로 감겨나가며, 아마도 고대의 패턴인 것 같은 숨겨진 악기 소리에 맞춰 진행되었다. 왜냐하면 나는 그런 것을 들어본 적이 없기 때문이다. 그리고 마침내 세상의 모든 바람이 우리 발아래에서 깨어나는 것처럼 보일 때까지 매 순간 춤은 더욱 격렬해졌다.

잠시 후 나는 지쳐서 기둥 아래에 서서 그 불꽃 같은 형상들이 오고 가는 것을 지켜보았다. 점점 반쯤 꿈에 빠졌고, 더 이상 모자이크의 모습이 아닌 커다란 장미 꽃잎이 향이 가득한 공기 속으로 천천히 떨어지면서 놀라운 아름다움의 살아 있는 존재의 모습으로 변하는 것을 보고 깨어났다.

여전히 희미하고 뜬구름처럼 그들은 춤을 추기 시작했고, 춤을 추면서 점점 더 확실한 형태를 취하여 아름다운 그리스인의 얼굴과 위엄 있는 이집트인의 얼굴을 구별할 수 있었고, 이따금 손의 지팡이로 아니면 머리 위로 날아다니는 새를 보고서 신의 이름을 지을 수 있었다. 그리고 곧 모든 필멸의 발은 불멸의 흰 발에 맞춰 춤을 추었다. 그리고 동요하지 않고 그늘진 눈을 바라보는 불안한 눈 속에서 나는 마치 그들이 알 수 없는 방황 끝에 마침내 젊었을 때의 잃어버린 사랑을 찾은 것처럼 완전한 욕망의 밝은 모습을 보았다.

가끔, 그러나 아주 잠깐 나는 희미한 횃불을 들고 춤추는 이들 사이에서 꿈속의 꿈처럼, 그림자의 그림자처럼, 날아다니는 로사의 베일에 싸인 얼굴의 희미한 고독한 모습을 보았다. 그리고 나는 생각보다 더 깊은 샘에서 생겨난 이해력으로 이것은 바로 에로스 자신이며, 세상이 시작된 이래로 사랑이 무엇인지 알고 있는 남자나 여자가 없고 에로스의 눈을 들여다본 적이 없기 때문에, 에로스의 얼굴이 베일에 싸여있다는 사실, 신들 가운데 에로스만이 전적인 정령이고 죽을 수밖에 없는 운명의 인간 마음과 교감하려면 자신의 본질이 아닌 열정 속에 숨어있기 때문이라는 사실을 알게 되었다. 그러므로 남자가 숭고하게 사랑한다면 그는 무한한 연민, 말할 수 없는 신뢰, 끝없는 동정심을 통해 사랑을 알게 된다. 그리고 만약 맹렬한 질투, 갑작스러운 증오, 그리고 억제할 수 없는 욕망을 통하면 수치스럽게 되어, 베일에서 드러난 사랑을 결코 알지 못하게 된다.

내가 이런 생각을 하는 동안, 한 목소리가 진홍색의 모습들로부터 나에게 외쳤다. "춤 속으로! 춤에서 벗어날 수 있는 사람은 아무도 없다. 댄스로! 댄스로! 신들이 우리 마음의 실체로 그들의 육체로 만들 수 있도록." 그리고 내가 대답하기도 전에, 우리의 영혼 속에서 움직이는 것 같은 신비한 열정의 물결인 알케미카가 나를 사로잡았고, 나는 동의도 거부도 하지 않은 상태에서 그 가운데로 휩쓸려 들어갔다. 나는 머리에 검은 백합을 꽂은 불멸의 위엄 있는 여인과 춤을 추고 있었는데, 그녀의 몽환적인 몸짓에는 별과 별 사이의 어둠보다 더 심오한 지혜와 물 위에 숨쉬는 사랑 같은 사랑이 담겨 있는 것 같았다. 우리가 계속해서 춤을 추는 동안, 마치 우리가 세상의 중심부에 있는 것처럼 우리를 덮으면서 향이 우리 위로 흘러 우리를 둘러쌌고, 세월이 흘러가는 것처럼 보이면서 폭풍우가 깨어나 우리 옷의 주름과 그녀의 무거운 머리카락 속에서 사라지는 것 같았다.

갑자기 나는 그녀의 눈꺼풀이 한 번도 떨린 적이 없고, 그녀의 백합이 검은 꽃잎을 떨어뜨리거나, 그들 자리에서 흔들리지 않았다는 것을 기억했고, 내가 어느 모로 보나 인간이며, 길가의 웅덩이에서 물을 마시는 황소처럼 내 영혼을 빨아 마시는 이와 춤을 추었다는 공포에 사로잡혔다. 그리고 나는 넘어졌고 어둠이 나를 덮쳤다.

V

나는 무언가가 나를 깨운 것처럼 갑자기 잠에서 깨어났고, 나는 거칠게 칠해진 바닥에 누워 있는 것을 보았다. 그리고 그다지 멀지 않은 거리에 놓인 천장에는, 대충 칠해진 장미꽃이 있었고, 내 주변 벽에는 반쯤 완성된 그림이 있었다. 기둥과 향로는 사라졌다. 그리고 내 근처에는 헝클어진 옷을 입은 스무 명 정도의 잠자는 사람들이 누워 있었는데, 그들의 위로 향한 얼굴은 내 상상에 속이 빈 가면처럼 보였다. 그리고 전에는 눈치채지 못했던 긴 창문을 통해 차가운 새벽이 그들 위로 빛나고 있었다. 그리고 바깥에서는 바다가 포효했다.

나는 약간 떨어진 곳에 마이클 로바티즈가 누워 있는 것을 보았고, 그 옆에는 한때 향을 담았던 것처럼 보이는 덧씌워진 청동 그릇이 놓여 있었다. 그렇게 앉아 있을 때, 나는 갑자기 화난 남자들과 여자들의 목소리가 바다의 파도 소리와 뒤섞인 소란을 들었다. 나는 벌떡 일어나 마이클 로바티즈에게 재빨리 다가가 그를 잠에서 뒤흔들어 깨우려고 했다. 나는 그의 어깨를 잡고 들어 올리려고 했지만, 그는 뒤로 넘어지면서 가벼이 한숨을 쉬었다. 소리가 점점 커지고 화가 더 증폭되었다. 부두로 통하는 문을 세게 치는 소리가 들렸다. 갑자기 나는 나무가 쪼개지는 소리를 들었고, 쪼개지기 시작했다는 것을 알고 나는 방문으로 달려갔다. 나는 그것을 밀고 문을 열고 맨 판이 내 발밑에서 덜거덕거리는 통로로 나왔고, 그 통로에서 빈 부억으로 이어진 또 다른 문을 발견했다. 그리고 문을 통과하면서 나는 두 번 연속해서 쿵 하는 소리를 들었고, 갑작스러운 발소리와 외침을 통해 부두로 열리는 문이 안쪽으로 떨어졌다는 것을 알았다. 나는 부엌에서 달려 나와 작은 마당으로 나갔고, 여기에서 바다 쪽으로 내려가는 계단과 부두의 경사진 쪽을 따라 내려갔고, 계단에서 물가를 따라 기어오르며 화난 목소리가 내 귓가에 울려 퍼졌다. 부두의 이 부분은 최근에 화강암 블록으로 교체되어 해초가 거의 없어졌다. 그런데 오래된 부분에 왔을 때 녹색 잡초 때문에 너무 미끄러워서 차도로 올라가야 했음을 알았다.

나는 어부들과 여자들이 여전히 소리를 지르고 있는 연금술 장미의 사원 쪽을 바라보았지만, 좀 더 희미해졌고, 문 주위나 부두 위에는 아무도 없다는 것을 보았다. 그러나 내가 보는 동안 소수의 군중이 서둘러 문밖으로 달려가 다음번 폭풍으로 부두가 부서져 화강암 블록 아래 깔릴 때를 대비해 쌓아둔 큰 돌을 모으기 시작했다.

내가 군중을 지켜보고 있는 동안, 열성 신자였던 노인이 나를 가리키며 무언가를 외쳤고, 군중들이 하얗게 질린 것은 모든 얼굴들이 나를 향해 돌아섰기 때문이라고 생각한다. 나는 달렸고, 노를 끄는 사람들은 팔과 몸보다 발이 더 빈약한 사람들이라는 것이 나에게는 다행이었다. 그러나 달리는 동안 나는 뒤따르는 발소리나 화난 목소리를 거의 듣지 못했다. 왜냐하면 꿈이 들리는 순간 잊혀가는 것처럼 많은 기쁨과 한탄의 목소리가 내 머리 위로 공중에 울려 퍼지는 것 같았기 때문이다.

지금도 그런 환희와 비탄의 목소리가 들리는 것 같은 순간, 그리고 절반은 내 마음과 지성에 대한 지배력을 잃은 무한한 세계가 완벽한 지배력을 주장할 때의 순간이 있다. 그러나 나는 묵주를 목에 걸고 그 말을 듣거나 듣는 것처럼 보일 때, 나는 그것을 가슴에 누르고 이렇게 말한다. "군단이라는 이름을 가진 이가 교묘하게 우리 지성을 속이고 아름다움으로 우리 마음을 우쭐하게 하는 것이 우리 문 앞에 있으니, 우리는 주님밖에 의지할 것이 없나이다." 그러면 다른 때 내 안에서 맹위를 일으키던 전쟁이 그치고 나는 평화롭게 된다.

■■■ 해설

1896~1897년에 쓰인 세 개의 이야기 "Rosa Alchemica", "The Tables of the Law", "Adoration of the Magi"는 예이츠가 기독교 시대 전체에 걸친 아일랜드 역사에 관한 이야기를 모은 『비밀의 장미The Secret Rose』의 마지막에 등장한다. 제목에서 알 수 있듯이 「연금술사의 장미"Rosa Alchemica"」, 「계명판"The Tables of the Law"」, 「동방박사의 경배"Adoration of the Magi"」는 예이츠의 원형적 영적 지향을 다룬다. 「연금술사의 장미」에서는 마이클 로바티즈Michael Robartes의 이야기를, 「계명판」에서는 오웬 아헌Owen Aherne의 이야기, 「동방박사의 경배」는 세 명의 아일랜드 노인이 화자에게 들려준 이야기로 구성되어 있다. 로바티즈와 아헌은 둘 다 연금술 장미단의 일원으로, 예이츠가 체험했던 황금 새벽단The Order of Golden Dawn과 매우 흡사하다.

세 가지 이야기 중 첫 번째이자 가장 긴 이야기인 「연금술사의 장미」는 다섯 부분으로 나뉘며, 자신을 둘러싼 예술 작품을 숙고하는 데 영혼적으로 지친 미학자인 1890년대 아일랜드인이 일인칭으로 이야기한다. 10년 전, 신비주의 예술에 참여했지만 두려움에 떨며 물러났으며, 인도자인 마이클 로바티즈가 화자를 다시 끌어들이기 위해 돌아온다. 「연금술사의 장미」의 두 번째 부분은 독자에게 마이클 로바티즈와 그의 교리를 소개하고, 세 번째 부분에서 화자는 잠자는 로바티즈와 함께 아일랜드의 서해안으로 여행을 떠난다. 연금술 장미단의 사원 안으로 들어간 화자는 연금술 신비주의

자들의 중세 문헌으로 가득 찬 도서관을 둘러본다. 모리엔누스, 아비센나, 알파라비, 륄리, 플라멜 등의 연금술사 목록을 제시한다. 이야기의 네 번째 부분은 교리를 행위로 변환한다. 화자가 연금술 장미단에 입문하는 통과의례로 장미의 상징이 만연한 에로스의 춤의 향연에 참석한다. 입문의 춤을 추는 동안 화자는 공포에 질린다. 다섯 번째 부분에서 마이클 로바티즈와 다른 신도들은 의식을 잃고 마치 바카스 주신의 향연이 끝난 후처럼 몸 위에 몸이 엉켜 쌓인 모습을 보고, 화자는 사원과 입문자들이 전날 밤의 화려함의 추악한 잔재임을 인지한다. 또한 한때 영광스러웠던 사원이 지금은 조야하게 칠해진 모습을 보고, 영적으로 깨어나게 된다. 물리적 현실에 대한 이러한 냉정한 관찰은 독자에게 네 번째 입문 이야기가 몽환 상태에서 일어났다는 것을 알려주며, 독자로 하여금 그 경험의 타당성에 의문을 품게 한다. 화자는 분노한 농민들이 사원에 접근하는 소리를 듣고 도망친다.

두 번째 이야기인 「계명판」에서 오웬 아헌은 사제직 입문을 중단한 이유를 설명하고, 정통성의 한계에서 벗어나면서도 기독교에 대한 영적 충성심을 유지하는 것을 정당화한다. 그러나 이 부분은 역사의 규모에서의 변화를 구체적으로 다룬다. 오웬 아헌은 로바티즈의 아이디어를 암시하면서 12세기 기독교 신비주의자 플로라의 요아킴Joachim of Flora을 인용하며 역사적 진화의 개념을 도입한다. 요아킴의 주요 삼위일체는 역사에 대한 아헌의 영적 인식과 관련이 있다. 그는 역사가 세 시대로 나뉜다고 이론화했다. 첫 번째 시대는 성부 하나님, 두 번째 시대는 성자 하나님, 세 번째 시대는 성령 하나님인데, 아헌은 서양 문명이 성령의 시대로 접어들고 있으며, 이 시대는 묵시록으로 구분될 것이라고 추론했다. 「계명판」의 두 번째 부분은 오웬 아헌이 귀환하는 모습을 묘사한다. 자신의 영혼 법칙에 순종하면 신의 은혜를 받을 자격이 없게 되고, 개성의 성취는 이제 신의 계획과 맞지 않는다는 것을 깨닫고 절망한다.

연금술의 시간(혹은 역사의 순환)에서는, 앞으로 나아가는 길은 또한 뒤로 되돌아가는 길이라는 거시 세계와 미시 세계의 신비의 원리가 작동한다. 이 원리는 르네상스 정신으로 회귀하는 운동과 같은 문맥을 지닌다. 동시적인 전진과 후진 운동은 마이클 로바티즈가 기독교를 대체할 새로운 시대가 그리스 판테온으로의 회귀라고 주장하며, 역사의 움직임에 연금술을 적용한다. 이러한 거대 담론의 문맥에서 예이츠는 신성한 책인 연금술에 관한 책을 언급하는데, 이는 그의 신비주의적 경험과 상징주의 운동에 대한 혼합된 표현한 결과라 할 수 있다. 신성한 책이라는 개념은 「연금술사의 장미」와 「계명판」에서 다양한 형태로 나타난다.

「연금술사의 장미」와 「계명판」의 이야기가 다가올 시대의 두 가지 변형된 선언을 제시하는 반면, 「동방박사의 경배」는 새로운 시대가 시작되었음을 증명한다. 동일한 화자를 유지했지만, 이야기의 액션에 대한 그의 직접적인 관여는 감소했고, 세 명의 아일랜드 노인이 그에게 들려준 이야기를 전하는 것으로 설정하여 화자가 중심 행위에서 거리를 두어 소설로서는 성공적이었다는 것을 증명한다. 다른 한편으로는 「동방박사의 경배」가 1887년에 쓰이고 그 기원을 연금술에서 찾아 창녀와 유니콘의 두 가지 모티프를 삼은 점을 고려할 때, 예이츠 자신은 보다 거시적으로 사회적 변형에 초점을 맞춘 것일 수 있다. 「동방박사의 경배」가 후의 예언적인 시인 「동방박사"The Magi"」, 「재림"The Second Coming"」, 「레다와 백조"Leda and the Swan"」 등을 예견하고 있다는 점을 고려할 때.

김영민 (동국대/린네대/항주사범대)

계명판 THE TABLES OF THE LAW[8]

I

"에이헌, 질문 하나 해도 될까요?"라고 나는 말했다. "오랫동안 묻고 싶었지만, 우리가 거의 낯선 사람들로 변했기에 묻지 않았던 질문인데요. 왜 사제 각모를 거부했지요? 그것도 거의 마지막 순간에요. 당신과 내가 함께 살았을 때 당신은 술도, 여자도, 돈도 관심이 없었고, 다만 신학과 신비주의만 생각했지요." 나는 만찬 도중 질문할 순간을 살피다가 이제 불쑥 던진 것이다. 그가 이탈리아에서 마지막으로 돌아온 이래로 한때 우리의 친밀한 관계를 뒤틀어놓았던 자신의 과묵함과 무관심을 다소 벗어버렸기 때문이다. 그도 내게 어떤 개인적이고도 거의 신성한 존재들에 대하여 질문을 했고, 내가 진술했기 때문에 그로부터 같은 진솔함을 끌어냈다고 생각하였다.

내가 말하기 시작했을 때 그는 아주 잘 고를 수 있었지만 아주 저급하게 평가한 포도주 잔을 들고 있었다. 그리고 내가 말하는 동안 그는 생각에 잠긴 듯이 잔을 천천히 테이블 위에 내려놓았고, 손으로 잡자 진홍색 빛깔

---

8) 계명판 The Tables of the Law. 모세가 시내산에서 받은 하느님의 십계명이 새겨진 돌판.

이 그의 섬세한 긴 손가락을 발갛게 물들였다. 그의 얼굴과 풍채의 인상은 그때와 같이 내게 여전히 생생하고, 다른 환상적 인상, 즉 그의 맨손으로 횃불을 들고 있는 사람의 인상과 분리될 수 없는 것이다. 그때 그는 내게 우리 종족 중에서 지고의 유형이었는데, 종족이 반교육의 형식주의와 인습적 긍정과 부정의 합리주의를 뛰어넘거나 빠져들었을 때 세상과 교회에 대한 소망 때문에 내가 맹목적으로 되지 않았다면 너무나 한없는 욕망이어서 인간의 그릇으로는 담을 수 없고, 너무나 비물질적이어서 갑자기 먼발치의 불이 손발 주위에 짙은 어두움만 남기는 직관을 지향하는 그러한 실질적 욕망과 직관을 회피하는 유형이었다.

그는 절반은 수도사, 절반은 명예로운 군인의 특성을 소유하고 있었기에, 행동을 꿈으로 꿈을 행동으로 반드시 바꾸어야 했는데, 그런 것에는 이 세상에서 어떤 명령도, 궁극도, 만족도 없기 때문이다. 그와 내가 파리의 유학생이었을 때 우리는 연금술과 신비주의의 토론에 몰두한 작은 모임에 소속되었다. 그의 믿음 대부분은 마이클 로바티즈Michael Robartes, 장미 십자회 교단 지도자.보다 더욱 정통적이었기 때문에 전자는 모든 생명에 대한 환상적 증오에서 후자를 능가했고, 이 증오는 기이한 역설-절반은 어떤 광적인 수도사에게서 차용하고, 절반은 스스로 창조한-로 표현하게 된 것이다. 그리하여 아름다운 예술이 이 세상에 나타나서 불타는 도시에 던져진 횃불처럼 무한의 욕망을 여기저기 흩뿌림으로써 국가들과 마침내 생명 그 자체를 전복하게 된 것이다. 당시에 이런 생각은 역설, 즉 기고만장한 청춘 이상은 아니었다고 지금은 믿는다. 그래서 우리 민족에게 다가오는 상상력이 넘치는 생명을 다시 일깨우는 믿음이 숙성되는 것을 그가 감내한 것은 스스로 아일랜드로 돌아온 이후였을 뿐이다.

이윽고 그는 일어나서 "오세요, 이유를 보여드릴게요. 당신이 어쨌든 이해할 테니까요."라고 말하면서 테이블의 양초를 잡고는 자신의 개인 예배당으로 통하는 포장된 긴 통로로 길을 밝혀나갔다. 우리는 그의 가문이 교회에 기증했던 일부 굉장한 명성의 예수회Jesuits. 1540년 프랑스 파리에서 성 이냐티우스 로욜라St. Ignatius Loyola가 창설한 가톨릭의 남자 수도회.와 수사들의 초상화, 특별히 그를 감화시켰던 명화의 판화 및 사진, 그리고 대다수 사람이 원하는 것들을 거의 극도로 자제하면서 모은 자신의 적은 재산으로 여행 도중 겨우 구매할 수 있었던 몇 편의 그림들 사이로 지나갔다. 사진과 판화들은 많은 유파의 걸작에 속했지만, 종교나 사랑이나 산과 나무의 어떤 환상적 아름다움이든지 간에 그 모든 아름다움 속에는 켈트 민족들의 전설과 집회 및 음악에서 항상 절대적 정서를 찾고, 가장 완벽한 것은 아니더라도 가장 지속적 표출을 하는 괴짜들이 성취한 아름다움이었다. 프란체스카Francesca. 1460년대 르네상스 이탈리아 프레스코 회화 거장 피에로 델라 프란체스카Piero della Francesca, c.1416~1492 천사들의 황홀한 얼굴과 미켈란젤로 무녀巫女들의 근엄한 얼굴 속의 치열하거나 우아한 열정의 안정성, 그리고 영혼의 흥분과 육신의 흥분 사이에서 전율하는 사람처럼 시에나Siena. 시에나 학파Sienese School. 13~15세기 이탈리아 시에나에서 번창한 회화 학파. 교회 프레스코화의 흔들리는 얼굴들과 현대 상징주의와 영국의 라파엘 전파 화가들이 상상한 희미한 불꽃 같은 얼굴들 속의 불안정성으로 인하여, 흔히 아주 긴 회색의 희미하고 공허하고 반향적인 길이 내 눈에는 영원의 통로가 되는 것이었다.

형벌 시대9)의 비밀 숭배자들에 의해 문지방이 매끄럽게 닳아 있었던 좁은 고딕 문을 통해 우리가 들어간 예배당의 거의 모든 구석구석이 나의 기억에 생생했다. 내가 처음 그것도 소년에 불과했을 때 내 인생에 지금도 지배적인 영향을 끼치고 있다고 생각하는 중세주의의 영향을 받은 것은, 바

---

9) 형벌 시대penal times. 가톨릭교도의 권리를 제한하는 형법이 종교개혁 이후 통과되었지만, 예이츠는 개신교인 윌리엄 3세William of Orange의 승리 이후 가톨릭교도를 반대하는 아일랜드 의회가 취한 일련의 조치를 언급하고 있다. (Gould and Toomey, 403)

로 이 예배당 안에서였기 때문이었다. 새로운 듯 유일한 것은 촛불을 켜지 않은 육지 촛대와 흑단 십자가 앞의 제단 위에 세워진 네모난 청동 상자였고, 고대에 성서를 받치기 위한 더욱 소중한 물질로 제작된 것과 비슷하였다. 에이헌은 나를 참나무 벤치에 앉게 했고, 십자가 앞에서 고개를 깊이 숙인 후 제단에서 청동 상자를 가져와서 그의 무릎 위에 상자를 올리고 내 옆에 앉았다.

"당신은 아마 잊었을 겁니다."라고 그는 말했다. "당신이 피오레의 요아킴[10])에 대해 독서한 대부분을요. 그는 다독자들에게도 이름만 알려져 있기 때문입니다. 그는 12세기 코르탈레Cortale, 이탈리아 칼라브리아 지역의 카탄자로 지방의 마을.의 수도원장이었으며, 자신의 『묵시록 강해Expositio in Apocalypsin』 Expositio in Apocalypsim의 오자. 피오레의 요아킴의 신학 저서.라는 책에서 성부의 나라는 지나갔고, 성자의 나라는 지나가고 있으며, 성령의 나라가 곧 도래하리라는 그의 예언으로 가장 잘 알려져 있습니다. 성령의 나라는 사문死文을 이기는 성령, 그가 말한바 '지적 영혼spiritualis intelligentia'의 완전한 승리가 될 것이었습니다. 그는 더욱 극단적 프란체스코회Franciscans, 이탈리아 아시시의 성 프란체스코(San Francesco d'Assisi, St. Francis of Assisi, 1181~1226)를 추종한 수도사 교단. 중에서 많은 추종자를 거느렸는데, 이들은 그의 소위 『영원한 복음 입문서 Liber inducens in Evangelium aeternum』[11])라는 은밀한 책을 소지했기에 고발되었습니다. 더욱이 일단의 선각자들이 자유로운 르네상스가 감추어져 있는 이 끔찍한 책을 소지했기에 고발되었는데, 마침내 교황 알렉산데르 4세가 그것

---

10) 피오레의 요아킴Joachim of Fiore, 플로라의 요아킴Joachim of Flora, 1135~1202. 이탈리아 기독교 신학자, 대수도원장. 피오레의 산 조반니San Giovanni 수도회 창시자. 그의 사상이 단테의 『신곡』에 영감을 주었다.

11) 『영원한 복음 입문서Liber inducens in Evangelium aeternum』, 즉 Liber Introductorius in Evangelium Aeternum의 완벽한 사본은 교황 알렉산데르 4세Pope Alexander IV, 재위 1254~1261의 파괴에서 남아 있는 것 같지 않다. (Gould and Toomey, 406)

을 찾아서 불태우도록 지시했습니다. 나는 보시다시피 세상에서 가장 위대한 보물을 소장하고 있습니다. 나는 그 책의 필사본 한 권을 갖고 있는데, 어떤 위대한 예술가들이 책 보관함과 표지를 제작했는지 보세요. 이 청동 상자는 내면의 빛에 몰입을 의미할 목적으로 두 눈이 감겨 있는 신들과 악마들로 외부를 치장한 벤베누토 첼리니Benvenuto Cellini, 1500~1571. 르네상스 이탈리아의 조각가, 화가, 음악가, 군인.의 작품으로 알려져 있습니다." 그는 뚜껑을 들어서 가죽으로 제본된 변색된 은줄 세공 장식의 책을 꺼냈다. "그리고 이 표지는 카네바리Canevari. 즉 데메트리오 카네바리Demetrio Canevari, 1559~1625. 이탈리아 제노바의 장서 수집가, 교황 우르바노 7세Urban VII의 주치의(Gould and Toomey, 407)를 위해 제본업자가 제작했습니다만, 후기 르네상스 예술가로서 작풍이 부드럽고 은은한 줄리오 클로비오Giulio Clovio, 1498~1578. 르네상스 이탈리아에서 주로 활동했던 크로아티아 출신의 세밀화 화가, 극단적 기교파 화가(Gould and Toomey, 408)가 고사본의 모든 장의 첫 쪽을 제거하고, 그 자리에 그 장에서 사례가 인용된 위인 중 어느 분의 정교한 글자와 축소판으로 돋보이게 했습니다. 그리고 글자로 채우지 못한 다른 작은 공간마다 그는 어떤 섬세한 상징이나 복잡한 형태를 넣었습니다."

나는 두 손으로 책을 받아 들고, 금박의 다채로운 색상의 쪽수를 넘기면서 촛불 가까이 가져가서 종이의 지질紙質을 살펴보기 시작하였다.

"이 놀라운 책을 어디서 입수하셨나요?"라고 나는 말했다. "진품이라면, 이 불빛으로는 판단할 수 없지만, 당신은 이 세상에서 가장 소중한 보화 하나를 발견했습니다."

"그것은 확실히 진품입니다."라고 그는 답변했다. "원본이 소실되었을 때 필사본 한 권만 남아서, 플로렌스의 플루트 연주자의 손에 들어갔고, 그로부터 이 책이 아들에게 전수되었으며, 또 그렇게 수 세대 걸쳐서 전수되다가 드디어 벤베누토 첼리니의 아버지인 플루트 연주자에게 전달되었고,

또 그로부터 줄리오 클로비오에게, 줄리오 클로비오로부터 로마의 판화가에게 전달되었고, 또 그렇게 수 세대에 걸쳐서 전수되었으니, 이 책의 유랑 이야기는 책과 더불어 전해져 오다가 드디어 아레티노, 그래서 금속 예술가요 세공사인 미란돌라의 피코[12]의 신비적 몽상의 문하생 줄리오 아레티노[13] 가문이 소장하게 되었던 것입니다. 그는 나와 함께 철학을 논하면서 로마에서 많은 밤을 보냈는데, 마침내 그의 신뢰를 아주 완전히 얻게 되어서 내게 자신의 가장 위대한 보물인 이 책을 보여주었던 것입니다. 그리고 내가 이 책을 아주 높게 평가하는 것을 알았고, 또한 스스로 늙어가서 그것을 가르칠 수 없다고 느꼈기 때문에, 그는 이 책이 굉장히 소중한 것을 알았지만 절대 많지 않은 금액으로 내게 팔았던 것입니다."

"그 교리는 무엇입니까?"라고 나는 말했다. "한때 세계를 뒤흔들었지만, 오늘날 아주 많은 것들이 우리에게 중요하지 않다는 것을 보여주는 데만 유용할 뿐인 삼위일체의 본질에 관한 어떤 중세의 가라지 나누기입니까?"

"나는 결코 당신을 이해시킬 수 없었습니다."라고 그는 한숨 쉬면서 말했다. "믿음에 있어서 중요하지 않은 것이 하나도 없다는 사실을요. 하지만 당신조차 이 책이 가장 중요한 요소라는 사실을 인정할 것입니다. 라틴어로 쓰인 계명판이 보이십니까?" 나는 제단 반대쪽의 방 끝을 바라보다가, 두 개의 대리석 판이 사라지고, 우리의 책상 위에 놓았던 작은 판들을 확대한 복제품 마냥 두 개의 커다란 텅 빈 상아 판이 대체했다는 것을 알았다. "그 책이 성부의 계명을 쓸어갔습니다."라고 그는 계속 말했다. "그리고 성령의 계명으로 성자의 계명을 치환한 것입니다. 제1권은 "단판撕板"[14]입니다. 그

---

12) 미란돌라의 피코Pico della Mirandola. 미란돌라 공국 조반니 피코Giovanni Pico della Mirandola, 1463-1494. 피렌체 콘코르디아 백작, 신플라톤 철학자. (Gould and Toomey, 409-410)
13) 줄리오 아레티노Giulio Aretino. 예이츠가 실존 인물 피에트로 아르티노Pietro Artino, 1492~1556를 바탕으로 창조한 인물. 피에트로는 교황 레오 10세Leo X의 총애를 받은 제본업자, 풍자가, 난봉꾼. (Gould and Toomey, 409)

책의 제1장에는 스스로 우상 및 유사한 존재가 되어 숭배와 섬김을 받은 위대한 예술가들의 이름이 언급되어 있습니다. 또 제2장에는 야훼 하느님의 이름을 망령되이 일컫는 위대한 재사才士들의 이름이 있으며, 거룩한 얼굴들의 표상이 새겨져 있고, 책의 모서리에 날개가 있는 아주 긴 제3장은 아직도 예쁜 치장을 하고 쾌락적인 나날을 살다가 제7일 안식일을 어긴 자들과 6일을 헛되게 보낸 자들을 예찬하고 있습니다. 이 두 장은 자신의 신들이 부모의 신들보다 더 오래된 것, 또 표상이 된 미카엘Michael 천사장의 칼이 은밀한 살인을 자행하여 백성들에게 amore somnoque gravata et vestibus versicoloribus, 즉 "사랑과 수면과 다채로운 의상으로 가득 찬" 평화를 쟁취해준 왕들을 권고한 것, 또 지는 창백한 별로서 타인의 아내를 사랑하다가 가난한 많은 사람의 마음을 달콤한 불길로 타게 만든 기억에 남은 귀족 청년들의 인생이 있는 것, 또 날개 달린 머리로서 *nervi stridentis instar*, 즉 바다나 사막에서 화살 시위의 쉭 소리에 비유되는 인생을 살았던 도적들의 역사인 것을 기억하고서 부모들에게 격분했던 남녀에 대해 들려주고 있습니다. 그리고 불과 황금인 마지막 두 장은 이웃에 거짓 증언을 했지만, 영원한 진노를 실증한 풍자가들 그리고 재물과 여자를 타인보다 더욱 탐했기 때문에 결국 거대한 제국을 정복하고 확장한 사람들에게 집중하고 있습니다."

"제2권의 명칭은 '가라지 태우기*Straminis Deflagratio*'인데, 피오레의 요아킴이 코르탈레의 수도원에서 그리고 그 이후 라실라La Sila. 이탈리아 남부 칼라브리아주 아펜니노산맥 남부의 산지. 최고봉 보테도나토산 1,928m 산중 자신의 수도원에서 여행자 및 순례자와 함께 많은 나라의 율법에 대해 나누었던 대화를 들려주고 있습니다. 어떻게 이런 나라에서는 순결이 미덕이고 절도가 사소

---

14) 단판斷板, *Fractura Tabularum*. 라이오넬 존슨Lionel Johnson 1867~1902. 영국 시인, 수필가, 비평가의 라틴어 번역 용어로서 영역하면 "계명판 부수기the Breaking of the Tablets". (Gould and Toomey, 411)

한 것인지, 또한 저런 나라에서는 절도가 범죄이고 부정不貞이 미덕인지를요. 그리고 이러한 율법을 준수하여 decussa veste Dei sidera, 즉 하느님의 옷자락에서 떨어져 나온 별이 된 사람들에 대해서도요."

"제3권의 명칭은 '은밀한 율법Lex Secreta'인데, 행위의 진실한 영감, 즉 유일하게 영원한 복음을 묘사하고 있으며, 그가 라실라 산중에서 목격한 것 Cælis in cæruleis ridentes sedebant discipuli mei super thronos: talis erat risus, qualis temporis pennati susurrus, 즉 제자들이 공중의 푸른 하늘에서 왕좌에 앉아서 시간의 나래짓과 같은 웃음으로 크게 웃는 환상으로 끝납니다."

"피오레의 요아킴에 대해 아는 바가 없습니다."라고 나는 말했다. "단테가 그를 『천국편Paradise』에서 위대한 의사 가운데 들어가도록 설정한 것 외에는요. 만약 그가 아주 두드러진 이단을 견지한다면, 그 소문이 단테의 귀에 들어가지 않았는지 이해할 수 없는데, 단테는 교회의 적과 화친하지 않았기 때문입니다."

"피오레의 요아킴은 교회의 권위를 공개적으로 인정했으며, 심지어 자신의 모든 출판물과 사후 유지遺旨에 의하여 출판될 글까지 교황의 검열을 받을 것을 요청했습니다. 그는 작품으로 존속해야 하고 드러나지 않을 사람은 어린이들이며, 교황은 그들의 아버지라고 생각했습니다만, 그는 항상 증가하는 어떤 다른 사람들이 존속하는 것이 아니라 색깔과 음악과 포근함과 달콤한 향기인 하느님의 숨어 있는 본체를 드러내며, 이들에게는 부성 대신 성령이 존재한다고 은밀히 가르쳤습니다. 마치 시인과 화가와 음악가들이 죽음을 초월한 아름다움을 구현하는 한 무법이면서 합법적인 것들로 작품을 구축하면서 자신들의 작품에 애를 쓰듯이 성령의 자녀들은 시간이 쌓아둔 창조의 쓰레기 더미 위에 빛나는 본체를 주시하면서 그들의 순간에 애를 씁니다. 세상은 후세대의 귀에 들리는 한 이야기로만 존재하는데, 공포와 만족, 출생과 죽음, 사랑과 증오, 선악과善惡果는 마치 비둘기집으로 들어가는 비둘기처럼 우리에게 인생에서 벗어나서 영생으로 들어가게 하는 지고至高 예술의 도구에 불과할 뿐이기 때문입니다."

"나는 잠시 후에 나가서 모든 사건과 운명을 알기 위하여 많은 나라를 여행할 것이고, 돌아와서 마치 시인과 로맨스 작가들이 서문에 자신들의 예술 원리를 기록한 것과 같이 이 상아 판 위에 나의 은밀한 율법을 새길 것입니다. 그리고 내 제자들을 모아 나의 율법 연구에서 그들의 율법을 발견하고, 성령의 나라가 더욱 널리 또 견고히 세워지도록 하겠습니다."

그는 위아래로 걸어 다녔고, 나는 적지 않게 염려하면서 그의 열변에 귀를 기울이며 그의 열광적인 몸짓을 지켜보았다. 나는 가장 유별난 의견을 수용하는 데 익숙해져 있었고, 그것은 마치 내 벽난로 앞에서 생각에 잠긴 두 눈을 반쯤 감고는 긴 발을 쭉 뻗는 페르시아고양이처럼 해롭지 않다는 것을 알았다. 그러나 지금 나는 하찮은 것이라도 정통성의 편에 서서 다툴 것이겠지만, 그래도 "우리가 그리스도 사랑의 계명을 알고 있기에 모든 사람을 율법으로 판단할 필요는 없습니다."라고 말하는 것보다 더 좋은 것을 발견할 수 없었다.

그는 뒤돌아서 빛나는 눈으로 나를 보면서 말했다.

"조너선 스위프트Jonathan Swift. 18세기 영국 소설가. 대표작 『걸리버 이야기』가 그의 이웃을 자신처럼 미워함으로써 이 도시의 신사들을 대변할 한 인물을 창조했습니다."

"어쨌든 당신은 그렇게 매우 위험한 교리를 가르치는 것이 끔찍한 책임을 진다는 것임을 부인할 수 없을 것입니다."

"레오나르도 다빈치는"이라고 그는 답변했다. "이 고상한 문장을 남겼습니다. '이전 조국의 고향으로 돌아가는 희망과 갈망은 나방이 빛을 갈망하는 것과 같습니다. 그리고 한결같은 동경으로 매번 새달과 새해를 기다리는 사람은 자신이 열망하는 것이 늘 너무 늦게 온다고 생각하므로, 그가 스스로 파멸을 열망한다는 것을 깨닫지 못합니다.' 그러면 어떻게 우리가 하느님의 마음에 들어가게 되는 길이 위험하지 않을 수 있겠습니까? 왜 물질주의자가 아닌 당신이 세상만 소유하고 있는 사람들처럼 세상의 연속성과 질서를 간직해야 합니까? 당신은 이성이 어떻게 소위 정의를 더욱 쉽게 만드는지를 이성적으로 이해되지 않으면 아무것도 표현하지 않으려는 작가들을 호평하지 않습니다. 그러면 왜 지고 예술, 모든 예술의 근본인 예술에 유사한 자유를 부인하렵니까? 그래요, 나는 이 예배당에서 성인들, 연인들, 폭도들, 예언자들, 즉 마치 풀로 지은 둥지와 같이 평화로 자신들을 감싸는 사람들을 쫓아버릴 것입니다. 그러나 나는 다른 사람들을 애도할 것입니다. 먼지가 수많은 세월 동안 이 작은 상자 위로 쌓일 것이고, 나는 이것을 열게 되겠지요. 그러면 큰 소동이 아마 최후 심판의 날Last Day. (기독교) 마지막 심판의 날.의 화염이 되어 뚜껑 아래서 나올 것입니다."

 나는 그날 밤 그가 매우 흥분했으며 그를 화나게 할까 봐 걱정되었기 때문에 그와 논쟁을 벌이지 않았다. 그리고 내가 며칠 뒤 그의 집을 방문했을 때, 그는 가버리고 그의 집은 자물쇠로 채워졌으며 텅 비어 있었다. 나는 그의 이단과 논쟁해서 그의 이상한 책의 진가를 시험하지 못한 것을 깊이 후회하게 되었다. 개종한 이래 나는 수년이 지난 후에야 가늠할 수 있었던 하나의 잘못을 진정으로 회개한 것이다.

II

 우리의 대화가 끝난 지 약 10년 후 나는 더블린 강변의 가장 가까운 한 부둣가를 따라 걸어가면서 이따금 멈추어 중고 가판대 서적들의 책장을 넘기기도 하고, 마이클 로바티즈와 그의 형제단의 끔찍한 운명을 아주 기이하게 생각하고 있었다. 그때 나는 부두의 반대쪽을 따라서 천천히 걸어오고 있는 키가 크고 허리가 굽은 한 사나이를 보았다. 나는 깜짝 놀라면서 어두운 눈에 생기 없는 모습 속에서 한때 오웬 에이헌의 의연하고도 섬세한 얼굴을 알아보았다. 나는 부두를 급히 건넜지만, 몇 미터 가지 않아서 그는 마치 자신이 나를 본 것처럼 뒤돌아서 옆길로 서둘러 내려갔다. 나는 뒤따라갔지만, 북쪽 강변의 복잡한 대로 사이에서 그를 놓쳤을 뿐이었다. 그다음 몇 주 동안 나는 과거 그를 알았던 모든 사람에게 수소문하였지만, 그는 아무에게도 자신을 알리지 않았던 것이었다. 그래서 나는 그의 옛날 저택 문을 두드렸지만, 헛수고였기에 내가 잘못 실수한 것으로 거의 믿고 있었을 무렵, 그때 사재판소[15] 뒷면 좁은 도로에서 그를 다시 보고 그의 집 문 앞까지 뒤따라갔다.

내가 손을 그의 팔에 대자 그는 놀라는 기색 없이 똑바로 뒤돌아섰는데, 내적 생명이 외적 생명을 빨아들였던 그에게는 수년의 헤어짐이 오전에서 오후까지의 헤어짐이라는 것이 정말 가능할 정도였다. 그는 마치 나의 진입을 막을 것처럼 문을 잡아 반쯤 열고 서 있었다. 그리고 내가 "오웬 에이헌, 당신은 한때 나를 믿었었는데, 다시 나를 믿지 않으시겠습니까? 그리고 10년 전 이 집에서 우리가 토론한 사상에 어떤 변화가 있었는지 말씀해 주십시오. 그러나 아마 당신은 그것들을 이미 잊었을지 모릅니다."라고 말하지 않았더라면 아마 그는 더 이상 말하지 않고 나와 헤어졌을 것이다.

"당신은 들을 권리가 있습니다."라고 그는 말했다. "내가 당신에게 그 사상을 들려주었기 때문에 그 안에 내재한 극단적 위험 또는 오히려 한없는

---

15) 사재판소Four Courts. 아일랜드의 사법부 중앙건물로 더블린의 인스 선창에 위치함. 최고 재판소, 고등 재판소, 순회 재판소가 이 건물에 입주해 있고, 2010년 이전까지는 중앙 형사 재판소도 이 건물에 있어서 이름 그대로 4개 재판소가 입주해 있었음.

사악함을 말해야 합니다. 그러나 당신이 이 말을 듣게 되면 우리는 헤어져야 하고, 그것도 영원히 헤어져야 하는데, 나는 패배자나 은둔자가 되어야 하기 때문입니다!"

나는 그를 따라서 포장된 통로를 지나가다가 보니 모퉁이가 먼지와 거미줄로 막혀있었고, 그림들은 먼지로 잿빛이고 거미줄로 덮여 있었으며, 유리창은 그 위에 홍옥과 청옥으로 장식된 성자들을 덮고 있던 먼지와 거미줄로 인하여 아주 희미하였다. 그가 상아 판들이 어둠 속에서 희미하게 빛나는 곳을 가리키자 나는 그것들이 작은 글자로 덮여 있는 것을 보고, 그곳으로 걸어가서 그 글을 읽기 시작했다. 그것은 라틴어로 쓰여 있었고, 많은 도해圖解를 그려 넣은 정교한 결의법決疑法, casuistry. 보편적인 도덕 법칙을 개개의 행위와 양심 문제에 적용하는 법.이었는데, 출처가 자신의 삶인지 타인의 삶인지 나는 모른다. 불과 몇 문장을 읽고, 희미한 향내가 방안에 충만하기 시작한다고 상상했을 때 나는 고개를 돌려서 오웬 에이헌에게 향을 피웠는지 물었다.

"아뇨." 그는 답변하면서 향로가 한 벤치 위에 녹슨 채 비어 있는 곳을 가리켰다. 그가 말하자 희미한 향기가 사라지는 듯했기에, 내가 상상에 빠져있었다는 것을 확신하게 되었다.

"『영원한 복음 입문서』의 철학으로 인하여 당신은 아주 불행하게 되었습니까?"라고 나는 말했다.

"처음에 나는 행복으로 가득 찼습니다."라고 그는 답변했다. "모든 열정, 모든 소망, 모든 욕망, 모든 꿈 안에서 거룩한 환희, 즉 불멸의 불꽃을 느꼈기 때문입니다. 그리고 나는 나뭇잎 아래의 그림자, 우묵한 호수, 남녀의 눈 안에서 거울 속에서처럼 그것의 형상을 보았는데, 그것은 내가 마치 하느님의 마음에 닿으려는 듯했습니다. 그리고 모든 것이 변하자 나는 불행으로 가득 찼습니다. 그리고 나의 불행 속에서 인간은 소위 죄와 결별하는 인식을 통하여 신의 마음에 나아갈 수 있을 뿐이라는 것이 내게 드러났고,

내 존재의 율법을 발견했었기 때문에 나는 죄를 지을 수 없고, 다만 내 존재를 표출하거나 아니면 표출할 수 없을 뿐이라고 이해했으며, 우리가 죄를 짓고 회개하도록 하느님이 간단한 임의 법칙을 만드신 것이라고 이해했습니다!"

그는 한 나무 벤치에 앉아 있었는데, 내가 인생에서 또는 모든 예술에서 만났던 모든 형상보다 더욱 비참하게 이제는 고개 숙인 머리와 축 늘어진 두 팔과 무기력한 몸으로 말이 없었다. 나는 가서 제단에 기대어 서서 무슨 말을 해야 할지 몰라서 그를 바라보았다. 그리고 나는 그의 사제 꿈의 추억을 간직한 단추를 꽉 채운 검은 외투, 그의 단발, 그리고 삭발한 머리를 알아보고는 가톨릭교가 어떻게 소위 그가 일컬은 현기증 나는 철학으로 그를 사로잡았는지 이해하였다. 그리고 나는 그의 눈빛 없는 두 눈과 흙빛의 안색을 알아보면서 가톨릭교가 끝내 그를 붙잡지 못했다는 것을 이해하였다. 나는 그에 대한 극도의 연민으로 가득 찼다.

"아마" 그는 말을 이어갔다. "거룩한 환희의 마음을 지니고, 거룩한 지성의 육신을 가진 천사들이 소망과 욕망과 꿈 안에 있는 불멸의 요소를 갈망하는 것만 필요할 거예요. 그러나 마음이 순간마다 산산이 부서지고, 육신이 한숨처럼 사라지는 우리는 경배하고 순종해야 합니다!" 나는 그에게 더 가까이 다가가서 말했다. "기도와 회개로 당신은 다른 사람들과 같이 될 겁니다."

"아뇨, 아뇨."라고 그는 말했다. "나는 그리스도가 죽음으로 대속代贖한 사람들에게 속하지 않는데, 이것 때문에 나는 숨어 있어야만 합니다. 나는 영원으로도 치유할 수 없는 문둥병에 걸렸습니다. 나는 전체를 보아 왔으니 어떻게 부분이 전체라고 다시 믿을 수 있게 되겠습니까? 나는 천사들의 눈으로 바라보았기에 내 영혼을 잃어버린 것입니다."

그 방이 어두워지고, 자색 옷을 입은 희미한 형상들이 은빛 나는 두 팔로 희미한 횃불을 들고, 오웬 에이헌 위로 몸을 굽히는 것을 갑자기 나는 보았다. 아니, 보았다고 상상하였다. 그리고 불타는 수지樹脂 마냥 횃불에서 떨어지는 불똥과 향처럼 진한 자색 연기가 불꽃에서 쏟아져 나와 우리 주위를 휩쓸고 가는 것을 보았다. 아니, 보았다고 상상하였다. 오웬 에이헌은 연금술 장미 교단Order of the Alchemical Rose, 예이츠가 가입했던 신비주의적 비밀 결사단 장미 십자회Rosicrucianism에 반쯤 입문했던 나보다 더욱 행복했거나 아마 자신의 대단한 경건으로 보호를 받았을 텐데, 다시 낙담과 무기력에 빠져서 이 모든 것들을 전혀 보지 못했다. 그러나 나의 아래 무릎은 떨렸는데, 자색 옷을 입은 형상들이 순간마다 더욱 또렷해져서 이제 나는 횃불의 수지가 내는 쉭 소리를 들을 수 있었기 때문이다. 그들은 시선을 오웬 에이헌에게 던졌기 때문에 나를 보는 것 같지 같았다. 이따금 나는 그들이 그의 슬픔에 공감한 듯 한숨짓는 소리를 들을 수 있었고, 이윽고 나는 그 말이 슬픈 말 이외로는 이해할 수 없으나 마치 불사신이 불사신에게 이야기하는 양 감미로운 말을 들었다. 그때 그들 중의 하나가 횃불을 흔들자 모든 횃불이 흔들렸으며, 잠시 화염으로 빚어진 어떤 커다란 새가 날개를 퍼덕이는 것과 같았고, 한 목소리가 멀리 높은 공중에서 외치는 듯했다. "그는 자기의 천사들까지 어리석음으로 가득 채웠고, 그들 또한 경배하고 순종한다. 그러나 너의 마음을 거룩한 환희Divine Ecstasy로 빚어진 우리의 마음과, 너의 육신을 거룩한 지성Divine Intellect으로 빚어진 우리의 육신과 연합하게 하여라." 그리고 그 외침에 나는 연금술 장미 교단이 이 땅에 속한 것이 아니고, 그것은 이 땅을 넘어서 반짝이는 그물망 안으로 모을 수 있는 모든 영혼을 여전히 찾고 있다는 것을 이해하였다. 그리고 모든 얼굴들이 나를 향하고, 내가 유순한 눈과 흔들리지 않는 눈꺼풀을 보았을 때 공포에 질렸기에 그들이 횃불을 내게 던질 것으로 생각하여서 내가 소중히 간직한 모든 것, 나의 영적 및 사교적 교단과 결속된 모든 것이 완전히 불타게 되며, 내 영혼은 이 세상을 넘어서 또 뭇별을 넘어서 불어오는 바람 속에서 발가벗기고 전율하게 될 것이었다. 그때 희미한 목소리가 울부짖었다. "왜 너는 그리스도가 무릎 꿇고 울며 기도한 겟세마네 동산의 나무로 만든 우리의 횃불에서 도망치느냐? 왜 너는 이 세상에서 멸종된 이후 월계수로 만든 우리의 횃불에서 도망치느냐?"

내가 도망쳐 나오자 그 집의 문이 닫혔고, 거리의 소음이 내 귀를 때려서야 비로소 나는 자신을 돌아보고 용기가 조금 났다. 그리고 그날 이후 나는 감히 오웬 에이헌의 집을 지나가려고 하지 않았는데, 비록 이름이 군대이고, 왕좌가 무한한 무저갱無底坑이며, 복종하지만 볼 수 없는 악령들에게 이끌려서 그가 어느 먼 나라로 갔다고 내가 믿었지만 말이다.

■■■ 해설

『계명판』은 화자 예이츠가 금욕주의자·신비주의자 오웬 에이헌과의 영적인 대화와 자신의 관찰을 만연체 문장으로 유려하게 서술하는 점이 단연 독보적이다. 파리 유학생 시절 화자와 에이헌은 연금술과 신비주의를 연구하였고, 후자는 장미 십자회 교단 지도자 마이클 로바티즈보다 더욱 정통적 믿음의 소유자였다. 에이헌의 개인 예배당 가는 통로에서 본 예수회 수사들의 초상화, 프란체스카 천사들, 미켈란젤로 무녀들, 시에나 학파 프레스코화, 현대 상징주의와 라파엘전파 화가들의 인물화의 불안정성을 통하여 화자는 영원의 길을 느낀다.

예이츠가 소년 시절부터 영향을 받은 중세주의는 바로 참회 기도하는 이 예배당이었다. 제단 위에 벤베누토 첼리니 조각 작품인 "청동 상자" 속에 담긴 12세기 코르탈레 수도원장 피오레의 요아킴의 보물『영원한 복음 입문서』는 교황 알렉산데르 4세에 의해 소각되었으나, 진품 필사본이 많은 세대를 거쳐서 줄리오 아레티노 가문의 소장이었다가 에이헌이 로마에서 철학을 함께 논한 그로부터 구매하게 되었다. 제단 맞은편의 라틴어 계명판은 커다란 텅 빈 상아 판으로 대체되었고, 이 책은 성령의 계명으로서 성부의 계명과 성자의 계명을 치환한 것이다. 3장으로 구성된 제1권은 「단판」, 제2권은 「가라지 태우기」, 제3권은 「은밀한 율법」으로 구성되어 있다. 에이헌은 저자 요아킴이 단테의 『천국편』에 등장하는 의사이므로 이단이 아니라고 열변한다. 그는 화자에게 많은 나라를 여행한 이후 상아 판에 은밀한 율법을 새기고, 율법 연구하는 제자들을 양성하여 성령의 나라 건설에 매진하겠다는 포부까지 피력한다. 이에 화자는 사람을 판단하는 율법보다 그리스도의 사랑이 최고 계명이라고 답변한다. 그와 헤어진 이후 화자는 에이헌의 이단과 이상한 책에 대해 치열한 논쟁을 하지 않은 것을 후회하고 회개한다.

　10년 이후 화자 예이츠는 더블린에서 마이클 로바티즈와 형제단의 끔찍한 운명을 생각하면서 생기 없는 모습의 에이헌을 멀리서 우연히 발견하지만, 회피하는 그와의 재회는 불발되다가 사재판소 뒷골목에서 그를 보고 집까지 따라가서 성사된다. 다시 화자는 상아판 위에 새겨진 라틴어와 정교한 도해의 결의법을 읽으면서 『영원한 복음 입문서』의 영향을 묻자, 그는 불행의 나락으로 떨어졌으며, 인간이 죄짓고 회개하는 임의 법칙을 신이 만든 것을 이해했다고 답변한다. 결국 에이헌이 골치 아픈 철학에 사로잡혀서 가톨릭 사제가 못된 패배자로 드러나자 화자는 기도와 회개를 권면한다. 낙담에 빠져서 자책하는 에이헌 위로 화자는 자색 옷의 형상들과 햇불을 보거나 상상하는 신비로운 체험을 하게 된다. 그리스도가 기도한 겟세마네 동산 나무로 만든 햇불에서 도망치지 말라는 희미한 목소리를 듣고, 에어헌의 집을 나선 화자는 현실을 자각하면서 에이헌이 군대 마귀에 사로잡혀서 머나먼 타국 여행을 갔다고 믿게 된다.

요컨대, 예이츠는 친구 에이헌이 아리우스파나 그노시스파와 같이 정통 기독교의 삼위일체 교리에서 벗어나서 성령의 나라 도래를 믿는 이단에 빠졌고, 영혼의 구원을 그리스도의 사랑 대신 계명판에 새길 자신의 율법에 의존하였기에 사제가 되지 못하고 사탄의 하수인이 된 것에 비애를 느끼고 있다.

안중은 (안동대)

동방박사들[16]의 경배 THE ADORATION OF THE MAGI

내가 에이헌과 마지막 만남 이후 얼마 지나 밤늦도록 앉아서 독서하다가, 앞문을 가볍게 두드리는 소리를 들었다. 그리고 현관 계단에 세 명의 매우 연로한 노인들이 손에 단단한 지팡이를 잡고 서 있는 것을 보았는데, 그들은 내가 자지 않고 활동할 거라는 얘기를 이미 들었으며, 게다가 내게 중요한 것들을 들려줄 것이라고 말했다. 나는 그들을 서재로 모셨으며, 그들 뒤로 피콕 커튼peacock curtains이 드리워졌을 때, 나는 그들이 앉도록 벽난로 가까이 의자를 놓았는데, 그들의 프리즈frieze, 모직물. 아이리시 프리즈Irish frieze, 프리즈 외투는 19세기 중엽까지 전승된 아일랜드 농부의 전형적인 의상이다(Gould and Toomey, 419). 외투 위와 그들의 허리 가까이 흘러내린 긴 턱수염 위로 서리가 앉은 것을 보았기 때문이다. 그들은 외투를 벗고, 벽난로 위로 몸을 굽혀서 손을 녹이고 있었고, 나는 그들의 의상에서 우리 시대의 시골풍이 많이 드러났지만, 또한 외관상 더욱 봉건 시대의 도시풍도 조금 있다는 것을 알았다. 밤의 한기 때문이라기보다는 온기를 위한 온기의 쾌감 때문에 그들은

---

[16] 동방박사들the Magi. 마태복음 2:1-2에 등장하는 아기 예수를 경배하는 3명의 동방박사를 인유하고 있는데, 이들은 전통적으로 멜키오르Melchior, 캐스퍼Caspar, 발타자르Balthazar이다. (Gould and Toomey, 419)

몸을 녹였었고, 그들이 몸을 녹였다고 생각했을 때 내게 몸을 돌렸으며, 등잔 불빛이 풍상을 겪은 그들의 얼굴 위에 비쳤으며, 내가 말을 하려는 이야기를 들려주었다. 이번에는 한 사람이 말했고, 또 이번에는 다른 사람이 말했으며, 이야기할 때 시골 사람들과 같은 마음으로 세세한 것까지 빠뜨리지 않기 위해 서로의 대화를 자주 끊기도 했다. 이야기를 마쳤을 때 그들은 내가 정확한 단어를 구사할 수 있도록 그들이 인용했던 모든 대화를 기록하게 했으며, 일어나서 가려고 했을 때 나는 그들에게 행선지가 어딘지, 무슨 일을 하는지, 그들의 이름이 무엇인지 물었을 때, 그들은 불멸의 존재들 Immortals이 깨어 있는 시간에 돌과 나무 가까이 살기 위하여 아일랜드를 밤에 걸어서 계속 여행하라는 명령을 받았던 것을 제외하고는 내게 아무것도 말하려고 하지 않았다.

내가 이 이야기를 쓰기 전에 수년이 흘렀는데, 나는 말라르메17) 씨가 우리 시대의 한 특징으로 간주하고 있는 아주 불안한 성전의 휘장에서 나오는 환상을 항상 두려워하고 있기 때문이다. 그래서 진솔하고 세밀한 영어로 적어 나갈 때 덜 위험하게 되지 않는 위험한 관념은 없다고 믿게 되었기 때문에, 이제 이것을 쓸 뿐이다.

그 세 노인은 형제였는데, 성년 초기부터 서쪽의 어느 섬에 살면서 평생 영웅적이고도 소박한 삶을 풀어낸 고전 및 고대 게일어 작가들을 제외하고는 아무것에도 관심이 없었다. 겨울철 밤마다 게일어 이야기꾼들은 밀주를 마시면서 그들에게 옛날 시를 낭송하곤 했으며, 여름철 밤마다 게일어 이야기꾼들은 들판에서 일을 하거나 먼바다에서 고기를 잡을 때, 그들이 고

---

17) 스테판 말라르메Stéphane Mallarmé, 1842~1898. 프랑스 상징주의 시인. 예이츠가 표현한 "아주 불안한 성전의 휘장that inquietude of the veil of the Temple"은 말라르메의 시구 "une inquietide du voile dans le temple"를 원용한 것으로, 십자가에서 그리스도의 영혼이 떠났을 때 마태복음 27:51의 "(지)성소 휘장이 위로부터 아래까지 찢어져 둘이 되고"를 연상하게 한다. (Gould and Toomey, 420)

독하게 즐기려고 한 것이 아니라 조상들이 즐겼듯이 그들은 서로에게 베르길리우스와 호메로스를 읽어주곤 했다. 마침내 그들에게 자신을 마이클 로바티즈라고 말한 한 사나이가, 어떤 환상에 이끌렸던 성 브랜던[18] 마냥 그들에게 낚싯배를 타고 와서 신들과 고대 존재들의 재림 이야기를 들려주었다. 그러자 우리 시대의 육신과 압박을 결코 감내하지 못했으나 먼 과거의 것들을 견뎌냈던 그들의 마음이 그가 그들에게 들려준 모든 것 중에서 유사하지 않은 것이 없음을 알았지만, 모든 것을 단순하게 수용하고 기뻐했다. 수년이 흐른 어느 날 그 노인 중에서 청년 시절 여행하다가 가끔 이국을 생각한 가장 나이 많은 노인이 청년의 섬, 즉 게일족 영웅들이 호메로스의 파이아케스족Phaeacians. 스케리아섬에 사는 전설상의 해양 부족. 난파된 오디세우스를 환대하고 그를 무사히 고향인 이타카로 데려다준다.의 삶을 살고 있는 행복의 섬Happy Islands의 모습이 희미하게 보이는 잿빛 바다를 내다보았을 때, 바다 위 하늘에서 한 목소리가 들려와서 마이클 로바티즈의 죽음을 그에게 알려주었다. 그들이 아직도 애도하고 있는 동안 그 노인 중에서 두 번째 나이 많은 노인이 베르길리우스의 제5 목가[19]를 낭송하다가 잠에 빠졌는데, 한 이상한 목소리가 그에게 들려와서 그들에게 죽어가는 한 여인이 은밀한 이름을 알려주고, 그리하여 세상을 변혁시켜서 또 다른 레다가 백조에게 무릎을 벌리고, 또 다른 아킬레우스가 트로이를 공격하게 되는 파리로 출발하라는 명령을 내렸다.

그들은 고향 섬을 떠나서 처음에는 세상에서 목격한 모든 것에 괴로워

---

18) 성 브랜던Saint Brandan. 6세기 후반 아일랜드의 성자. 대서양을 많이 항해하면서 "성자들의 약속의 땅Terra Repromissionis Sanctorum"을 찾으러 나섰고, 바이킹족이나 콜럼버스보다 미국을 먼저 발견했다고도 전해진다. (Gould and Toomey, 421)
19) 베르길리우스의 제5 목가Fifth Eclogue of Virgil. 예이츠는 1925년 판본에서 베르길리우스Publius Virgilius Maro, B.C. 70-19의 「제4 목가: 황금시대」B.C. 40를 「제5 목가: 메날카스와 모프수스의 대화」로 수정함. (Gould and Toomey, 422)

했으나 파리로 갔으며, 그곳에서 가장 나이가 적은 노인이 꿈속에서 한 사람을 만났는데, 그가 그에게 들려준 이야기는 그들의 발걸음을 인도하고 있었던 사람들이 꿈속에서 그에게 나타난 것과 같은 모습으로 그들을 어느 거리와 어느 집으로 데리고 올 때까지 우연히 이리저리 방황하게 되리라는 것이었다. 그들은 수많은 날 동안 여기저기 방황했지만, 어느 날 아침 센강 남쪽의 어느 좁고 누추한 도로로 가게 되었는데, 그곳에서 창백한 얼굴과 불결한 머리칼의 여인들이 유리창 너머로 그들을 보았다. 그리고 지혜의 신 Wisdom이 아주 어리석은 구역에는 임재할 수 없었기 때문에, 그들이 뒤돌아서는 바로 그때 그들은 꿈속의 거리와 집으로 가게 되었다. 노인 중에서 가장 나이 많은 노인이 청년 시절 알았던 일부 현대 언어들을 아직도 기억하고 있었고, 문 쪽으로 가서 노크했는데, 그가 노크했을 때 그보다 연하의 노인이 이 집은 좋은 집이 아니라서 그들이 찾고 있는 집일 리가 없다고 말하고, 그에게 그곳에 살지 않는 어떤 사람에게 부탁하고는 가버리라고 재촉하였다. 옷을 잔뜩 입은 한 노파가 문을 열면서 말했다. "오, 당신들은 아일랜드 출신 마님의 세 친척이시군요. 그분은 온종일 당신들을 기다리고 계셨습니다." 노인들은 서로 바라보면서 그녀를 따라 창백하고 불결한 여인들이 머리를 내미는 문을 지나고, 2층으로 올라가서 한 아름다운 여인이 잠들어 누워 있고, 또 다른 여인이 그녀 옆에 앉아 있는 방으로 들어갔다.

그 노파가 "네, 그분들이 마침내 오셨습니다. 이제 마님은 평화롭게 돌아가실 수 있을 것입니다."라고 말하고 나갔다.

"우리가 마귀에게 속았습니다."라고 그 노인 중 한 명이 말했다. "불멸의 존재들은 이러한 여인을 통하여 대변하려고 하지 않을 것이기 때문입니다."

"그래요,"라고 다른 노인이 말했다. "우리가 마귀에게 속은 것이니 빨리 가야 합니다."

"그래요,"라고 세 번째 노인이 말했다. "우리는 마귀에게 속았지만, 아름다웠던 여인의 임종을 목전에 두고 있기에 잠시 꿇어앉읍시다." 그들은 꿇어앉았고, 침상 곁에 앉아 있는 여인이 마치 공포에 질린 것처럼 머리를 숙이면서 속삭였다. "당신들이 노크한 순간 내가 출산하는 여인의 소리를 들었던 것과 같이 마님이 갑자기 경련을 일으키고 소리를 지르면서 졸도하는 것처럼 뒤로 넘어갔습니다." 그때 그들은 잠시 베개 위의 얼굴을 바라보고 마치 끌 수 없는 욕망 같은 표정과 아주 극렬한 불길에 구워진 도자기처럼 빚어진 도구vessel. 여기서 창녀의 심상은 "연금술 도구alchemical vessel"이다(Gould and Toomey, 423).에 의아해했다.

갑자기 그들 중 두 번째 나이 많은 노인이 수탉처럼 울어대자 그 방은 울음소리로 흔들리는 것 같았다. 침상의 여인은 아직도 죽음과도 같은 깊은 잠에 빠져있었지만, 그녀 머리 옆에 앉아 있는 여인이 성호를 긋고 창백해지자, 노인 중 가장 어린 노인이 외쳤다. "그분에게 마귀가 들었으니 우리는 빨리 가야 합니다. 아니면 마귀가 우리에게도 들어올 것입니다." 그들이 무릎을 세우고 일어서기도 전에 수탉 울음소리를 낸 입술에서 낭랑하게 읊조리는 목소리가 새어 나와서 말했다.

"나는 마귀가 아니고, 사자死者의 목자 헤르메스[20]이며, 나는 신들의 심부름으로 달려오는데 너희들은 나의 징조를 들었다. 저기 누워 있는 여인은 출산했는데, 저 여인이 출산한 것은 일각수一角獸[21]를 닮았으며, 차갑고 딱

---

20) 사자의 목자 헤르메스Hermes the Shepherd of the Dead. 헤르메스 프시코폼포스Hermes Psychopompus, 즉 "영혼의 동행자"로서 헤르메스는 망자의 영혼을 하데스로 안내한다. 그리스 신화에서 계시의 신 헤르메스는 로마 신화에서 유피테르Jupiter의 사자 메르쿠리우스Mercurius로 변용되었으며, 고대 로마 켈트 신화에서도 신으로 등장한다. 수탉은 때때로 헤르메스의 한 상징이다. (Gould and Toomey, 423)
21) 일각수unicorn. 1890년대에 유행한 황금 여명단Golden Dawn 의식에서 "바다의 일각수Monokeros de Astris"로 등장하는 일각수는 영혼의 상징이다. (Gould and Toomey, 424)

딱하고 순결하여서 모든 생명체 중에서 사람과는 가장 닮지 않았다. 그 존재는 춤추면서 태어난 것 같았으며, 그것은 생명의 덧없음을 이해하는 본성이 있으므로 거의 곧바로 그 방을 나갔다. 저 여인은 그 존재가 춤추는 사이 혼수상태에 빠졌기 때문에 나간 것을 모르고 있지만, 그것이 순종해야 하는 이름들을 알기 위하여 너희들은 귀를 기울여라." 다른 두 노인은 아무도 말하지 않았으나 의심의 여지없이 화자를 당황스럽게 바라보았는데, 그 목소리가 다시 말하기 시작했기 때문이다. "불멸의 존재들이 오늘의 만상을 뒤집어엎고 어제의 만상으로 채울 때 오늘의 만상이 쫓아버린 한 사람을 제외하고는 그들을 돕는 자들은 아무도 없다. 아주 겸손히 경배하라. 마음속에 온갖 우둔함이 스며들고, 육신 속의 모든 욕망이 깨어난 이 여인을. 시간에서 쫓겨나서 영원의 품속에 누워 있는 이 여인을 그들이 선택했기 때문이다."22)

그 목소리가 한숨으로 끝나자, 즉시 그 노인은 잠에서 깨어나서 말했다. "내가 베르길리우스를 낭송하다가 잠들었을 때와 같이 한 목소리가 나를 통해 말을 했습니까? 아니면 내가 잠에만 빠져있었습니까?"

최연장자 노인이 말했다. "한 목소리가 당신을 통해 말을 했답니다. 그 목소리가 당신을 통해 말하고 있는 사이 당신의 영혼은 어디에 있었습니까?"

"내 영혼이 어디 있었는지 모릅니다만, 내가 외양간 지붕 아래 있고, 내려다보니 황소 한 마리와 나귀 한 마리가 보이는 꿈을 꾸었습니다. 그리고 나는 건초 시렁 위에 앉아 있는 붉은 수탉 한 마리, 아기를 껴안고 있는

---

22) 창녀의 근원적 신화는 사도행전 8:9-24가 출처인 마술사 시몬Simon Magus 이야기에 관한 그노시스파의 자수로서 초기 교부의 작품에서 찾아볼 수 있다. 교부 이레나에우스Irenaeus는 페니키아 도시 두로에서 구매한 노예 헬렌Helen을 "만물의 어머니"라고 말하면서 데리고 다녔다는 시몬에 대해 진술하고 있다. 또한 그는 이 헬렌이 트로이 전쟁의 원인인 헬렌 속에 있었다고도 주장한다. (Gould and Toomey, 425)

한 여인, 그리고 그 여인과 아기 앞에서 머리를 아주 낮게 조아리며 무릎 꿇고서 턱밑까지 오는 갑옷을 입은 세 노인을 보았습니다. 내가 바라보고 있는 사이 수탉이 울자 발꿈치에 날개 달린 한 사람이 하늘에서 휙 날아왔고, 나를 지나가면서 외쳤습니다.23) '어리석은 노인들아, 너희들은 한때 별의 모든 지혜를 지니고 있었도다.' 나는 내 꿈 또는 이 꿈이 우리에게 무엇을 하게 하려는지를 이해하지 못합니다만, 내 잠의 지혜에서 나온 그 목소리를 들었던 당신들은 우리가 무엇을 해야 하는지를 알고 있습니다."

그때 최연장자 노인은 그들이 가지고 온 양피지를 각자 호주머니에서 꺼내어 땅바닥에 펼칠 것이라고 그에게 말했다. 노인들이 양피지를 땅바닥에 펼쳤을 때, 그들은 성 패트릭Saint Patrick. 5세기 아일랜드에 기독교를 전파하는 데 큰 역할을 한 가톨릭 사제.과 지혜를 논했다고 믿는 늙은 독수리의 날개에서 떨어졌던 세 깃털로 만든 펜을 호주머니에서 꺼내었다.

"그분의 뜻은 제 생각으로는요."라고 최연소자가 두루마리 양피지 옆에 잉크병을 놓으면서 말했다. "사람들이 선할 때 세상은 그들을 좋아하고 그들을 장악하며, 따라서 영원은 선하지 않거나 잊어 왔던 사람들을 통하여 나타납니다. 아마 기독교는 선해서 세상이 기독교를 좋아했으며, 그래서 이제 기독교가 쇠퇴하려고 하자 불멸의 존재들이 깨어나기 시작하고 있습니다."24)

"당신의 말에는 지혜가 없군요."라고 최연장자가 말했다. "만약 많은 불멸이 존재한다면, 하나의 불멸만 존재할 수 없기 때문이지요."

"허지만요."라고 최연소자가 말했다. "우리"가 받아 적으려는 이름들이

---

23) 헤르메스와 수탉 상징을 "동방박사들의 경배"의 성상聖像으로 등장시킴으로써, 예이츠는 이들의 믿음이 기독교에 흡수된 함의를 강조하고 있다. (Gould and Toomey, 426)
24) 예이츠의 역사관인 2000년 역사 주기설을 반영하고 있는데, 2000년 유일신 기독교의 현재 문명이 쇠퇴하고, 다신교의 새로운 문명이 "창녀"를 통해서 탄생한다는 것을 함의하고 있다. (Gould and Toomey, 427)

한 존재의 이름들이고, 그래서 그분은 정녕 많은 형상을 취할 수 있는 것 같습니다."

그때 침상의 여인이 꿈속과도 같이 움직이면서 마치 자신을 떠나버린 존재를 붙잡는 것처럼 양팔을 뻗고, 다정한 이름들이지만 기이한 이름들인 "거친 달콤함", "사랑스러운 쓰라림", "오 고독", "오 공포"라고 속삭인 후 잠시 조용히 누워 있었다. 그때 그녀의 목소리가 변하였고, 더 이상 두렵거나 행복하지 않지만, 여느 다른 죽어가는 여인처럼 그녀는 한 이름을 아주 희미하게 속삭였기에 침대 옆에 앉아 있는 여인이 몸을 굽혀서 그녀의 입 가까이 귀를 갖다 대었다.

최연장자 노인이 프랑스어로 말했다. "영혼이 육신에서 빠져나가는 사이 이름을 중얼거렸기 때문에 부인이 우리에게 알려주지 않았던 이름 하나가 아직 분명히 있을 겁니다." 그러자 그 여인은 말했다. "마님은 좋아한 상징주의 화가의 이름을 중얼거렸을 뿐입니다. 화가는 스스로 명명한 검은 미사Black Mass, 독성瀆聖스러운 의향으로 드리는 미사,라는 집회에 가곤 했는데, 마님에게 환상을 보고 목소리를 듣도록 가르친 사람이 바로 그분이셨습니다."

이것이 노인들이 내게 들려준 전부이고, 그들의 말과 침묵, 그들의 출입을 생각할 때, 내가 그들을 집 밖으로 따라갔더라면 눈 위에 어떤 발자국도 발견하지 못했으리라고 거의 확신한다. 그들은 나 또는 어떤 사람이 무슨 말을 하더라도 스스로 불멸의 존재들, 즉 내가 이해하지 못하는 어떤 목적으로 내 마음속에 거짓된 이야기를 집어넣기 위해 온 불멸의 마귀들이었을 것이다. 그들이 누구이든지 간에 나는 그들에게서 또한 연금술 장미 교단에서 벗어나는 길로 접어든 것이다. 나는 더 이상 공들이고도 도도한 삶을 살지 않고, 대중의 기도와 슬픔 속에 합류하려고 노력하고 있다. 나는 초라한 예배당에서 기도를 가장 잘하는데, 그곳은 내가 무릎 꿇을 때 프리즈 외투가 나를 스치며, 내가 마귀들과 대항하여 기도할 때, 나와 같은 고통으로 괴로워한 어느 가난한 게일족 남성 또는 여성을 도와주기 위해 얼마나 많은 세기 전에 만들어졌는지 모르는 기도를 반복한다.

> 일곱 시대 일곱 아버지시여,
> 마리아의 아들을 주소서,
> 브리지다²⁵⁾의 벽난로를 주소서,
> 하느님의 힘을 주소서,
> 우리들과 요정의 무리 사이에,
> 우리들과 공중의 마귀 사이에.

끝

■■■ 해설

「동방박사들의 경배」에서 화자 예이츠는 에이헌과 재회 이후 추운 겨울에 방문한 3형제 노인 이야기를 전해주는데, 이들은 성경 속에서 아기 예수를 찾아서 경배했다는 "동방박사들"을 함의한다. 한 노인은 "신들과 고대 존재들의 재림 이야기"를 들려준 마이클 로바티즈의 죽음을 알렸고, 또 다른 노인은 파리에서 세상의 역사를 개혁시킬 분만 직전의 여인, 즉 창녀를 찾아가라는 명령을 들었다는 것이다.

파리의 누추한 2층 유곽에서 잠든 아일랜드 출신의 아름다운 여인을 보고서 마귀에게 속았다고 말하면서도, 무릎 꿇은 노인들은 한 형제를 통

---

25) 브리지다Bridget. 성녀 브리지다. 아일랜드의 브리지다Brigit of Ireland, 451-525는 성 파트리치오, 성 골룸바와 더불어 아일랜드의 공동 수호성인이고, 초기 켈트 기독교회의 여성 지도자임.

해 수탉 울음소리로서 임재한 헤르메스로부터 일각수 같은 존재의 탄생을 인지하게 된다. 세 노인은 땅바닥에 양피지를 펼치고, 여인이 임종 전에 속삭인 특이한 이름들인 "거친 달콤함", "사랑스러운 쓰라림", "오 고독", "오 공포"를 받아 적는다. 그녀에게 검은 미사에 참석했고, 환상과 목소리를 접하도록 가르친 상징주의 화가의 이름을 속삭이고 죽는 여인의 모습을 화자는 전해주고 있다. 이 세 노인을 불멸의 존재들, 즉 마귀들로 규정하고 있는 예이츠는 이후 장미 연금술 교단에서 벗어나게 되었음을 고백한다. 그는 초라한 예배당에서 마귀들과 대항하는 게일족 전통의 기도를 하는 모습을 통하여 진정한 아일랜드인으로 거듭나게 된다.

안중은 (안동대)

평화로운 고요한 달빛 속을 거닐면서
PER AMICA SILENTIA LUNAE

1917

프롤로그 PROLOGUE

나의 사랑하는 모리스—당신도 기억나지요, 지난여름 칼바도스에서 보낸 그날 오후 당신의 페르시아가 고향인 검은 고양이 미놀로슈가 우리 뒤를 1마일가량 따라오다 장미꽃 가시덤불에서 날갯짓 소리를 들은 것 같았지요. 한참 동안 그의 귀여운 이름만 헛되게 불렀었지. 그는 한 덤불 속에서 밤을 보낼 생각이었던 같아요. 너무 오래 젖어든, 이제는 신념이 된 습관에 대한 우리의 대화를 그 고양이가 끊고는 했었지요. 지금 런던에 도착하자 자꾸 그 대화에 마음이 쓰여 이제는 내가 말했었거나 말하게 되었을 모든 것을 이 작은 책에 기록하지 않으면 쉴 수 없을 것 같아요. 미놀로슈가 잠들어 있을 때 이 글을 읽어보시지요.

1917년 5월 11일 W. B. 예이츠

나는 그대의 주인이니라 EGO DOMINUS TUUS[1]

힉[2]

회색 모래 위, 얕은 냇가 옆,

비바람으로 색이 변한

    당신의 고탑 아래, 그곳에는,

마이클 로바티즈는 떠나갔건만, 아직도

그가 펴놓은 책 옆에는,

    램프는 타오르는구려;

인생의 전성기가 지난 당신,

    달빛 속을 거닐면서,

다다를 가능성이 없는 것에 홀려,

    마술적 형상을

---

1) 나는 그대의 주인이니라Ego Dominus Tuus [I Am Your Master]. 이 말은 단테가 1294년 간행한 『라 비타 누오바La Vita Nuova, 이탈리아 말로 '새로운 인생'』에서 따온 말인데, 꿈속에서 사랑의 화신이 단테에게 한 말이다. 단테의 작품은 프로시메트리움prosimetrium이라는 문체로 된 작품이자 시와 산문이 혼재된 스타일로, 궁중의 사랑을 다루는 중세의 장르이다.
2) 두 대화자, 힉Hic은 '이 사람', 일레Ille은 '저 사람'을 뜻하는 라틴어로 이 두 사람 중 에즈라 파운드에 의하면, 일은 윌리Willie, 즉 예이츠를 대변하는 것으로 본다. 그러나 역자는 예이츠 자신의 자아와 반 자아로 본다.

더듬는구려, 아직도

       일
    한 이미지의 도움으로
나는 내 반대편 자아에,
내가 가장 덜 만지고, 내가 가장 덜 쳐다보는
것 모두를 불러 모으고 있소.

       힉
그런데 나는 이미지가 아니라 자신을 찾으려고.

       일
그건 오늘 우리의 희망, 그 희망의 빛으로
그 부드럽고 감각적인 마음속 등불을 켜서
오랜 습관이 된 무감각을 벗어날 수 있어,
조각칼, 펜, 혹은 붓 중 어느 것을 우리가 택하든지.
우리는 단지 평론가이거나, 어설프게 창작하지,
겁 많고, 엉기고, 속 비고 얼떨떨해진 우리는
친구들의 모습도 되지 못할 거야.

       힉
     그래도
기독교 역사의 최고의 상상력을 지닌
단테 알리기에리는, 자신을 지극히 철저히 찾아내어,
자신의 공허한 얼굴이

자신의 마음의 눈에는,
예수의 얼굴 외에는,
그 누구의 얼굴보다 더 뚜렷하게 만들었지.

일

그러면 그는 자신을 발견했었나?

아니면 그 표정을 공허하게 만든 그 갈망은,
손에 가장 멀리 떨어져서 닿지 않는 사과나무 가지의
사과에 대한 것이었나? 그 유령같이 공허한 이미지는
라포와 귀도가 알았던 그 사람이었나?
내 생각에는 그가 자신의 반대편 이미지에서
한 이미지를 빚어냈는데, 그건 거친 덤불 낙타 배설물 속에
반쯤 뒤집힌 문과 창문이 난 절벽의
베두인의 말머리 털 같은 지붕 위를 응시하는
돌같이 무덤덤한 얼굴의 이미지였겠지.
그는 가장 단단한 돌에 조각을 했지.
방탕한 삶에 대한 귀도의 조롱을 받으며,
조롱받고 조롱하며,
그 계단으로 내몰려 그 쓰디쓴 빵조각을 뜯으면서,
그는 움직일 수 없는 정의를 발견하고,
한 남자가 사랑한 가장 칭송받는 귀부인을 얻었지.

힉

그래도 분명, 비극적 싸움 없이, 인생을 누리면서
자신의 예술을 하는 작가들이 있어,

행복을 찾고, 행복을 찾았을 때 노래하는,
충동적 사람들 말일세.

일

아니, 노래가 아니야,
세상을 사랑하는 자들은 행동으로 세상에 봉사하는 것이지,
돈 벌고, 인기 얻고, 영향력 커지고,
그들이 그림 그리건 시를 쓰건, 그것은 다름 아닌 행동이지.
마멀레이드에 **빠져** 허우적대는 파리의 발버둥.
연설가는 자신의 이웃을 속일 수 있고,
감상주의자는 자신을 속이지만, 예술은
단지 현실의 환상이지.
일상적인 꿈에서 깬 예술가는
이 세상에서 실망과 허무함 외에
무엇을 얻을까?

힉

그래도
누가 키츠의 세상에 대한 사랑을 거부할 수 있을까,
그의 생각 깊은 행복을 기억해보게.

일

그의 예술은 행복하지만, 그의 마음은 누가 알까?
그를 보면 어린 생도가 보여,
과자가게의 창문에 얼굴과 코를 박은,

그는 족히 만족하지 못한 감각, 가슴 부여안고
무덤으로 가라앉은 것
그리고, 가난과 병고와 무지 속에,
세상 호사와는 담을 쌓은,
작업복의 마구간지기의 거친 아들로서,
그는 호사한 노래를 지었지.

힉

    왜 당신은 책은 펴두고
램프는 켜둔 채로
모래언덕을 거닐면서 작가들을 찾는 거지?
서재에 앉아서 위대한 작가들을 모방하면
스타일을 찾을 텐데.

일

나는 책 말고 이미지를 찾기 때문이지.
자신들이 쓴 글에서 가장 현명한 사람들은
오로지 맹목적이고 망연한 가슴을 지닐 뿐.
나는 신비로운 자를 부르며 찾아요:
시냇가 젖은 모래 위를 아직도 걷고,
나와 꼭 닮은, 실상 또 다른 나인 자를,
상상 가능한 모든 것들 중,
나의 반자아反自我라서 가장 다른 나를,
그리고, 이들 옆에 서서, 나는
내가 추구하는 모든 것을 들춰내고 또

그것을 속삭이리라, 마치 새벽 직전
잠깐 지저귀는 새들이 불경스러운 사람들에게
그것을 묻고 갈까 두려워하는 그 사람처럼.

1915년 12월

인간의 영혼 ANIMA HOMINIS

I

낯선 사람들을 만난 후 집에 오면, 그것도 여인들과 대화를 한 후면, 나는 우울하고 실망에 차서 내가 한 말 모두를 곱씹어본다. 아마도, 두려움에서 적대감까지 보이면서, 상대를 놀리거나 놀라게 하려고 모두 과장했거나, 아니면, 원래 내 모든 생각들은 고삐 풀린 동정심으로 물속에 잠겨버렸던 것일 것이다. 같이 식사하는 사람들은 거의 순수해 보이는데, 어찌 나는 선과 악의 이미지들, 조잡한 알레고리들 속에서 내 머리조차 가눌 수 있을까?

그렇지만 내가 내 집의 문을 닫고 촛불을 켜고, 대리석처럼 차가운 뮤즈를 불러내는데, 이때 어떤 생각도 감정도 떠오르지 않는데, 이때 전혀 다른 사람자애이 다른 것을 생각하고 느끼게 된다. 이때 반응은 없고, 행동만 있는데, 세상은 마음이 스스로를 찾는 것으로만 움직인다. 그리고 나는 총검 앞에서조차 미동도 없는 눈꺼풀을 상상하는데 그러면 나의 모든 생각은 편한 기쁨을 갖게 되고, 나 자신은 선과 자긍심이 된다. 내가 찾아낸 것을 시로 적는 일은 힘든 일이지만, 잠깐은 나는 나의 반자아가 아닌 자아를 찾아낸다. 그것은, 아마도, 힘든 일에서 움츠리는 것이고, 이때, 나는, 정원에서 약초를 뜯어 먹은 고양이처럼, 더 이상 나 자신이 아니라고 확신한다.

아주 어린 시절부터 나를 미신적으로 만드는 상태를 나 자신으로 착각할 수 있었을까? 그런 상태는 나의 위에서 나를 넘어서 오는 것일 것이 틀림없다. 그 상태는 내가 반쯤 잠이 들고 반쯤 꿈을 꾸는 상태에 머물고 있을 때, 완전하게, 섬세하게 짜인 채로, 순간적으로 나타나는 정교하고, 눈부시게 밝혀진 건축물들이나 정경들처럼 나타나는 것들이다. 가끔 단테 속의 장소를 기억하는데, 그곳에서 단테는 자신의 방에서 "무서운 상태의 신"을 보면서, "그는 내가 거의 이해할 수 없는 많은 말을 하는데, 말을 할 때 이것을 보는 것은 놀라운데, 내면의 기쁨을 느끼는 것같이 보인다. 그리고 그 중에 하나는 이것인데, 에고 도미누스 투스(나는 그대를 지배하리)." 아니면, 말하자면, 제스처(사람의 이미지)가 아니라 어떤 정교한 풍경 상태가 나타난다면, 그건 내 생각에, 즉 우리들이 "나무와 식물의 모든 종류의 꽃과 과일로서 갖가지 형태로 빼어나게 아름답게 번성하는 곳에서, 우리에게 영원한 위안을 주는 곳, 아마 베메 같은 곳이 될 것이다."

II

내 친구의 마음을 생각해 보면, 예술가들과 감성적 작가들 중에서, 비슷한 대조적 마음을 발견한다. 가끔 가까운 친구 한 명에게 그녀의 유일한 결점은 자신의 동정심을 못 받는 사람들을 너무 심하게 판단하는 버릇이 있다고 말했다. 그녀는 희곡을 썼는데, 그 희곡에서는 가장 사악한 사람들은 단지 뻔뻔한 어린아이들처럼 보였다. 아무도 심판받지 않는 세상, 몰입만 칭송받는 곳, 그런 세상을 왜 자신이 창조했는지 그녀는 모른다. 그러나 나에게는 아름다움에 대한 그녀의 이상은 지나친 판단에 지친 세상에 대한 보상적 꿈 때문인 것으로 보인다. 나는 총을 들이대고 선원들을 말을 잘 듣게 만드는 해적선의 선장 같은 한 배우를 알고 있는데, 그녀는 무대에서 동정심과 욕망을 부추기는 여인들의 묘사에 뛰어난데, 그 여인들은 우리의 보호가 필요하며, 메터링크가 상상한 의지가 박약하거나 자신감이 부족하여 세상의 가장자리에서 한숨 쉬는 그림자와 같은 젊은 여왕들 중 하나로서 가장 좋아할 만하다. 지난번에 내가 그녀를 그녀의 집에서 보았을 때 그녀는 말과 행동이 너무 많아 남의 말을 경청하지 않았고, 벽에는 번-존즈가 최근에 그린 그녀의 초상화들로 가득 차 있었다. 그녀는 내가 그 여인들을 변호해 주리라는 희망으로 나를 초대했었는데, 그들은 항시 나의 말을 경청했으며, 그들은, 어떤 프랑스의 미술 평론가가 터키산 카펫 위에 누워있는 복스러운 누드 여인의 후기 인상파 그림을 대신해서, 일본의 사무라이에게 명상하는 부처처럼, 그녀에게 필요해 보였다.

정말 건강이나 상황에 대한 보상보다는 덜 거슬리는 예술가들이 있긴 하다. 『서쪽 세상에서 온 플레이보이』의 첫 공연에 대한 폭동 중에 싱은, 마음이 상해서 곧 병이 났는데 - 사실 그 공연하는 주간의 긴장은 그의 죽음을 재촉한 것 같다 - 그는, 유순하고 조용한 사람들처럼, 모든 말이 극히 정확했다. 그의 예술은, 자신의 귀와 마음의 눈을 즐겁게 하기 위해서 "한바탕 뛰어놀면서 . . . 최후의 심판의 날 새벽까지 떠들어대는" 수다쟁이 악동들을 만든다. 다른 때에는, 건강이 나빠서 수도사의 생활을 하도록 저주받은, 이 사람은 "처음부터 마지막까지 자신들을 . . . 위대한 여왕들의 배우자로 만들면서" 즐거워한다. 정말, 자신의 모든 상상력을 동원해서 그는 멋진 실생활, 즉 달이 밀물을 당겨올 때의 인생을 즐긴다. 『슬픔에 젖은 데어드라』의 마지막 장은, 그의 예술 중 가장 고귀한 순간인데, 죽음을 맞은 침상에서 쓰였다. 그는 어떤 세상이 올지 몰랐으며, 그는 약혼녀와 그의 미완성의 극을 떠났다―"아! 이 얼마나 시간 낭비인가?"라고 나에게 말했다. 그는 죽고 싶지 않았으나, 데어드라의 마지막 말과 마지막 장에서는 죽음을 인정했고, 겸허하게 인생을 떠나보냈다. 그는 데어드라에게 자신에게 가장 바람직하고, 가장 어렵고, 가장 적절한 감정을 부여했고, 그리고 아마도 행복했던 지난 7년 동안은 그녀에게 멀어지고 있었는데, 거기서 자신의 성취를 보았던 것 같다.

III

과거의 위대한 시인을 생각하면 (사실주의자는 역사가이며 자신의 기록의 눈으로는 구분이 모호할 것인데), 내가 그의 인생의 윤곽선을 살피면, 나의 생각에는 작품이란 작가의 인생 전체의 호로스코프(사주팔자)에서의 도피로 보이며, 별들의 그물 속에서의 맹목적 발버둥침에 지나지 않는다. 행복한, 바쁜, 가장 불같은 성격의 윌리엄 모리스는, 자신의 시대 그 누구보다, 나른한 뮤즈를 따라서 희미한 색과 사색적 감정을 묘사한다. 반면, 새비지 랜도는, 그가 펜을 내려놓았을 때 일상적으로 그의 폭발적 감정을 보이는 것같이, 펜이 손안에 있을 때는 우리 누구보다 고요한 고상함이 돋보인다. 그는, 이를테면, 『상상력의 대화』에서 우리에게 밀로의 비너스는 돌덩어리라고 상기시켰다. 그러나, 책이 인쇄소에서 기대했던 대로 도착하지 않자, "나는 내 모든 스케치와 계획을 찢어버리고 앞으로의 계획도 취소하기로 결심했다. 나는 잠으로 내 시간을 보내려 했고, 24시간 중 2/3의 시간을 침대에서 보내려고 했다. 나는 자신을 죽은 사람이라고 취급한다."라고 말했다. 나는 키츠가 낭만주의 초기에 많은 작가들에게 공통적인 호사함에의 갈망을 갖고 태어난 것으로 상상하는데, 그는 부유한 벡퍼드처럼 아름답고 기이한 것들로 그 갈망을 충족시킬 수 없었다고 본다. 이것은 그로 하여금 상상력의 기쁨으로 내몰았다. 무지하고 가난하고 건강이 나빴고 또 완벽하게 좋은 집안에 태어나지도 못한 그는 물질적인 호사에서 쫓겨난 것을 알았다. 쉘리를 만난 그는 화를 잘 내었고 의심이 많았으며, 레이 헌트의 기억으로는, 자신의 출생에 대해 조금 예민하였으며 집안 좋은 출신을 적으로 간주하는 것 같았다.

IV

약 30년 전 나는 시미온 솔로몬이 쓴 지금은 절판되어 구하기 힘든 엘레고리를 읽었는데, 기억이 나는 듯한 문장 하나, "충족된 욕망의 텅 빈 이미지"가 떠오른다. 모든 행복한 예술은 그런 텅 빈 이미지이다. 그러나 그 이미지의 형체들이 창조자를 작업하게 만드는 가난과 분노를 나타낼 때, 우리는 그것을 비극적 예술이라 부른다. 키츠는 단지 그의 호사의 꿈을 우리에게 주는 것이다. 그러나 단테를 읽을 때 우리는 결코 상층을 오래 벗어나지 못하는데, 부분적인 이유는, 그의 시들은 종종 자신의 개인사의 거울이기 때문이며 더 큰 이유는 역사는 너무 명확하고 단순하기 때문에 그것은 예술의 본질을 보인다. 나는 단테 학자는 아니지만, 쉐드웰에서 단테를 보고, 단테에서 로제티를 본다. 그러나 내가 항시 설득당하는 것은 그는 지금까지 노래 불린 여류 시인 중 가장 순수한 여류 시인과 신성 정의를 찬양했었는데, 그 이유는 죽음이 그 시인을 앗아갔고 플로렌스가 자신의 가수를 추방해서가 아니라 그는 자신의 가슴 속 자신의 부당한 분노와 자신의 욕망과 싸워야 했기 때문이다. 한편, 세상과 평화를 유지하고 자신들과 싸우는 위대한 시인들과는 달리, 그는 이 둘과 싸웠다. "항상" 보카치오도 말하듯이, "그는 젊었을 때나 성년이 되어서도 호색을 자신의 미덕으로 간주할 여지를 찾았다." 매슈 아놀드가 즐겨 바꿔 말하듯이, "그의 행동은 비정상을 넘어선다." 귀도 카발칸티는, 로제티가 그의 번역에서 보여주듯이, 자신의 친구에게 "지나친 저속함"을 본다.

> 그러나 나에 대한 그대의 진심 어리고 친절한 말은,
> 내가 그대의 시를 저울질하게 만든다;
> 그러나, 그대의 저속한 인생으로 인해,
> 내가 그대의 시를 인정할 수 없게 만든다.

그리고 단테가 에덴에서 베아트리스를 만날 때, 그녀는, 자신의 모습을 감추어 버리자, 그는 자신의 꿈이 불길하지만 허상을 뒤따라가자, 자신의 절망에서 그를 구하기 위해서 그녀는 . . . 죽은 자들의 문으로 가서 버질을 그의 안내인을 선택하면서, 그를 비난하지 않았지 않은가? 지노 다 피스토이아가 그의 『신곡』에서 그의 "사랑스러운 반론은 . . . 옳은 것은 이기고 틀린 것이 통한다."라고 불평한다.

> 그래서 헛되고 거짓을 말하는 그의 뜻은,
> 버려진 밤껍질 같은 것이다;
> 그러나 허황된 거짓 증언이 늘어나,
> 그런 자존심에 대한 프랑스와 이탈리아의 복수는
> 시세로에 대한 안토니처럼 몰락할 것이다.

단테 자신은 "죽음이 다가옴에 따라" 조바니 귀리노에게 노래한다.

왕으로 명하노니, 하인들에게 충분한 부를 나누어주고
무덤 옆에 기거하게 하며,
짐의 쓰디쓴 분노를 없애고
짐의 눈길을 위대한 종교 회의장에 돌릴 것이다.

V

다른 사람들과 다툼에서 웅변이 나오고, 우리 자신과의 싸움에서 시가 생긴다. 연설가들은 그들이 얻었거나 얻을 군중을 기억함에 따라 당당한 목소리를 낼 수 있지만 우리들은 불확실성에서 노래한다. 그래서, 우리는 우리의 고독을 인지하여 최고의 아름다움의 존재에 자극받기에, 역시 좋은 시인이라면, 자신의 생활이 아무리 무질서해도, 그의 생에서조차, 자신의 목적에 대한 기쁨을 누린다. 존슨, 도슨, 나의 친구들은 타락한 자들인데, 하나는 주정뱅이고, 또 하나도 주정뱅이에다 호색꾼이었으나, 인생의 의미를 찾아낸 묵직한 사람들로서 꿈에서 눈뜨는 자들이었으며, 둘은, 하나는 인생과 예술에 있어서, 또 하나는 예술과 약간의 인생에 있어서, 지속적으로 종교적인 것에 집착했다. 그리고 내가 읽었거나 들었거나 만난 이들은 누구도 감상주의자는 아니었다. 자아, 반자아 혹은 대조적 자아라고 자신을 지칭하는 사람은 더 이상 기만당하지 않는, 열정이 현실인 사람이다. 감상주의자들은 돈, 지위, 정략결혼을 믿는 현실적인 사람들이며 그들의 행복은 일을 하건 휴식을 취하건 너무나 바빠서 순간적인 목적 외에는 모든 것을 잊어버린다. 그들은 망각의 강 레테의 선착장에서 채워진 찻잔에서 기쁨을 느끼는데, 눈뜸을 위해서, 꿈을 위해서, 새로운 현실 인식을 위해서, 전통적인 말로는, 희열이라는 말이 된다. 한 늙은 예술가는 뉴욕시 선창가에서의 방황에 대해서, 그리고 한 병든 어린아이를 돌보는 한 여인을 어떻게 만났는지에 대해서, 그녀가 자신의 이야기를 어떻게 말하게 했는지에 대해서 나에게 편지를 썼다. 또 그녀는 사망한 다른 어린아이들에 대해서 이야기했는데, 아주 긴 비극적 이야기였다. 그는 편지에서 "나는 그녀를 그림으로 그리고자 했었는데, 만약 내가 그 고통을 내가 느끼도록 하지 않는다면 나의 희열도 믿을 수 없었을 것이다."라고 썼다. 우리는 우리의 생각에서 의심의 원인들을 감춤으로써 거짓 믿음을 만들어서는 안 된다. 왜냐하면 믿음은, 인간이 신에게 제시할 수 있는 유일한 선물로, 인간 지능의 최고 성취이기 때문이고, 따라서 그 선물은 진지하게 바쳐져야 하기 때문이다. 추함을 감춤으로써, 우리는 세상에 거짓 아름다움을 제시하는 것도 안 되는 일이다. 그는 단지 모든 상상 가능한 고통들을 감내한 후에만 상상 가능한 최고의 아름다움을 만들어낼 수 있다. 왜냐하면 우리는 우리가 두려워하는 것을 보았고 예상했었을 때만 그 눈부신 예상할 수 없는 발에 날개를 단 방랑자에게서 보상받게 될 것이기 때문이다. 우리는 물과 불처럼, 소음과 정적처럼, 우리가 어떤 의미에서는 우리 자신이 아니면서 자신인 것처럼 되지 않으면 그를 만날 수 없다. 그는 모든 것들 중에서 불가능하지는 않지만 가장 어렵다. 왜냐하면 단순히 쉽게 오는 것은 결코 우리 자신의 일부분일 수 없기 때문인데, 속담이 말하듯 "쉽게 얻은 것은 쉽게 사라진다." 나는 아무것도 없다는 것을 알 때, 나는 어둠이 빛나는 것을 볼 것이며 비어 있는 것이 열매가 열리는 것을 볼 것이다. 즉, 탑의 종지기는 영혼의 결말을 짓기 위해서 마지막 타종을 결정할 것이다.

마지막 앎은 종종 격한 사람들에게 가장 빨리 오며, 한 계절 동안 새로운 격랑이 오는 것을 알 것이다. 인생이 장난을 하나씩 걸어오면, 우리를 가장 오래 속이는 것들은 아마 술잔과 감각적 키스가 될 것인데, 우리들의 평범한 몸은 신성한 건축물도 아니며, 몸의 갈망은 햇볕으로 익은 것도 아니기 때문이다. 시인은 신성한 집에 머무는 것도 아니고 문지방을 때리는 돌풍 속에서 살아가야 하기 때문에, 용서받을 수 있다.

VI

나는, 단순히 불만족을 느끼는 대신, 기독교 성인과 영웅은 계획적인 희생을 한다고 생각한다. 나는 한 사람이 의도적으로 러시아의 시베리아 유배지에 숨어 들어간 한 전기 작가의 자서전을 읽은 기억이 나는데, 그의 책에서, 어려서 아주 겁이 많은 아이였는데, 그가 어떻게 위험한 길거리를 밤에 돌아다니면서 담력을 키웠는지를 말했다. 성인과 영웅은 종종 그 공허한 이미지에 부합하는 이질적인 존재가 되는 데 만족하지 못하며, 대신 가능하다면 항시 반자아적 자신을 닮으려고 한다. 여러 모범의 그림자가 있게 마련인데, 왜냐하면 모든 위대한 시 스타일에는 성인이나 영웅이 있지만, 마지막에 가서는 단테는 자신의 방으로 들어가며, 셰익스피어는 2쿼터 들이 병으로 돌아간다. 그들은, 종이나 양피지를 다룰 때 외에는 불가능한 완벽을 추구하지 않았다. 그래서 성인이나 영웅도 그러한데, 즉, 그는 자신의 피와 살에 근거하여 작업을 하지, 종이나 양피지로 작업하지는 않기 때문이고, 그렇게 함으로써 그는 다른 사람의 피와 살에 대해 보다 면밀하게 이해하게 되기 때문이다.

몇 년 전 나는 우리의 문화는, 성실함과 자아실현의 원칙으로, 우리를 점잖고 수동적으로 만들었다고 믿기 시작했었고, 중세와 르네상스는 그리스도와 어떤 전통적 영웅을 모방하여 자신들의 문화를 근거하는 것이 맞다고 믿었다. 성 프란시스와 시저 보르지오는, 거울에서 마스크를 쓴 명상가로 변모시킴으로써, 스스로를 압도적이고 창의적인 사람으로 만들었다. 이 생각을 했을 때 나는 인생에서 다른 것은 찾지 못했다. 나는 계획한 극을 쓸 수 없었는데 모든 것이 알레고리로 변했기 때문이다. 나는 알레고리에서 벗어나려는 노력으로 수백 쪽을 찢어버렸지만, 내 상상력은 거의 오 년 동안 메말랐었고, 한 희극 작품에서 내 생각을 조롱한 후에야 마침내 벗어날 수 있었다. 나는 항상 스타일과 인생에는 모방의 요소를 생각했었으나 인생은 영웅적 모방을 초월하는 것으로 생각했다. 나는 오래된 일기에서, "나는 모든 행복은 어떤 다른 생의 마스크를 쓰는 힘에 의존한다고 생각했고, 자신의 자아가 아닌 어떤 것으로 재탄생하는 것, 한순간에 창조되어 계속적으로 재생되는 어떤 것에 달려있다고 생각했다. 자아실현의 무한한 고통을 상실하는 어린애의 것과 같은 놀이를 하는 것에서, 판단의 공포에서 숨기 위해서 그려지는 기괴하고 근엄한 얼굴 분장에서 . . . 아마도 세상의 모든 죄악과 에너지는 무한한 눈부신 빛으로부터 도피하는 세상의 회피일 뿐이라는 것"에서, 그리고 다시 보다 **빠른** 시기에는, "우리가 만약 현재의 우리와 다른 것으로 상상할 수 없다면, 또 우리가 그 제2의 자아를 가질 수 없다면, 비록 우리가 다른 사람의 자아는 받아들일 수 있어도 우리 자신에게는 강제할 수는 없게 될 것이다. 능동적 미덕은, 법의 수동적 수용과는 구분되는데, 따라서, 극적이며, 의식적으로 드라마틱하며, 마스크의 착용인 것이다. . . . 워즈워스는, 위대한 시인이긴 하지만, 너무 자주 평범하고 무거운데 부분적인 이유로는 그의 도덕적 감각은, 그가 창조한 것이 아니고 단순한 복종이기 때문에, 극적 요소가 없기 때문이다. 이것이, 책을 쓴 기자들이나 정치가들에게, 그의 인기를 높이는 계기가 되었다."

VII

나는 그 영웅이 도도나의 어떤 오크나무가지에 걸려 있는 오래된 마스크를 발견했다고 생각한다. 그곳에는 아마 이집트적인 어떤 것이 머뭇거리고, 그는 여기저기를 만지작거려서 그것을 자신의 상상력으로 변형시키는데 즉, 눈썹에 금칠을 하거나 광대뼈 있는 곳에 금선을 그을 것이다. 또 내 생각에, 그가 마침내 곁눈질로 보았을 때 다른 사람의 입김이 그 조각 같은 입술에서 자신의 입김과 섞일 것이다. 그리고 그의 눈은 환상적 세계 (어떻게 달리 신이 숲속의 우리에게 올 수 있겠는가?)에 고정된 순간적인 것에 머무르는 것을 볼 것이다. 양서이지만 영양가 없는 책은 자신의 품안에 거느리는 별들을 가진 그는 대리자 없이 다가오지만, 플루타크의 금언과, 한 번에 일 실링을 받고 하녀들에게 주술적 예언을 하는 서호의 늙은 여인들의 경험은 이상한 삶을 누리는 한 남자가 다이몬(수호신)[3]으로서 업적이 화려한 죽은 자를 얻게 할 것이다. 그러나 이제 한 가지 생각을 더 추가하면, 다이몬은 유유상종으로 오는 것이 아니라, 자신과 다른 자아로 오는데, 그것은 인간과 다이몬은 서로의 가슴 속의 배고픔을 채워주기 때문이다. 그의 혼은 단순하기 때문에, 그는 이질적이고 혼란스러워서 그들이 함께 엮이는 것이며, 이때 그 사람은 하나의 마스크를 찾게 되고 그 마스크의 윤곽들은 그 사람이 가장 부족한 모든 것의 표현을 허용하며, 그것은 두려움일 수 있고 그리고 그게 전부이다.

모든 욕망이 충족될 수 없으면 없을수록, 더 확고하게 기만이나 쉬운 승리를 거부한다. 그리고 보다 더 유대가 강하면 강할수록, 반복이 더 강렬

---

3) 나는 그 당시 영구적인 다이몬과 일시적인 다이몬과의 차이를 구별할 수 없었는데, 다이몬은 "업적이 화려한 죽은 자"일 수 있다. 나는 당시에도 구분이 있다는 것을 알긴 했었다. 『환상록』에서 이 문제를 다룰 것이다.

하고 확정적으로 된다.

VIII

모든 종교적인 사람들은 인생의 문제에 있어서 우리의 손이 아닌 손이 있다는 것을 믿고 있을 것으로 생각하며, 그리고 『빌헬름 마이스터』에서 어떤 이가 말하듯이, 우연은 운명이라는 생각도 한다. 그리고 헤라클리투스도 다이몬은 우리의 운명이라고 말했었다고 생각한다. 나는 인생은 가능하지 않은 것 중에서 가장 어려운 일을 우리가 하도록 만드는 다이몬과의 싸움이라는 생각을 하게 되면, 나는 왜 인간과 운명 사이의 골이 깊은 반목이 있는지 또 왜 인간이 자신의 운명만을 사랑하는지를 이해하게 된다. 어느 앵글로색슨 시에서, 어떤 사람을, 마치 모든 영웅심을 불러 모으는 어떤 것으로 부를 것처럼, "숙명적 열정"이라 부른다. 나는 다이몬이 우리를 구하기도 하고 속이기도 한다고 믿게 되었고, 그는 별들의 망을 엮어서 자신의 어깨 넘어 그 망을 던졌다. 그리고 나의 상상력은 다이몬에서 연인으로 옮겨가는데, 나는 지성을 회피하는 비유를 찾아낸다. 내 기억으로는 그리스의 고대 역사는 우리가 주요 별들을 찾아낼 것을 요구하는데, 이 별들은, 점성학자들이 말하듯이 제7번째의 고궁에 있는 별들 중에서, 적과 연인을 똑같이 다스린다. 또한, "정신적 증오심에 기반한" "육체적 사랑"으로서 인간과 다이몬의 전쟁 이미지이며, 더구나 다이몬과 연인 사이 어둠 속에서의 어떤 속삭임, 어떤 비밀스러운 영적 교감이지 않을까 생각하기도 한다. 나는 여인들이 사랑에 **빠지면** 얼마나 미신적으로 변하는지 기억하고, 그것이 여인들에게 행운을 가져다주리라 믿는다고 생각한다. 그리고 나는 3명의 젊은 여인들의 이야기를 기억하는데, 그들은 슬리브-나몬에서 신들의 신전으로 들어가는 전투에 도움을 청하러 간다. 어떤 신이 그들에게 "그대들은, 한 남자의 행운과 불운은 한 여인을 통해서 오기 때문에, 먼저 결혼을 하라."고 말했다.

가끔 나는 하루의 끝에 30분 동안 조용히 명상하는데, 베개를 베고 눈을 감으면 눈앞에 한 둥근 형상이 떠오른다. 우리는, 우리의 작업이 무엇이든, 그것이 우리의 명상을 어디로 데리고 가든, 그 다른 의지와 만난다.

IX

시인은 실망에 빠졌을 때, 실패한 영웅, 즉 자신의 마스크를 찾거나 만든다. 만족이 충족된 욕망은 큰 욕망이 아니며, 어깨는 모든 힘을 다해도 묻은 꿈적도 하지 않는다. 성인만이 기만할 수 없는데, 자신의 어깨를 밀어 넣지도 만족하지 않은 손을 내밀지도 않는다. 인도의 수도사가 명상으로 자신의 생각을 좁히는 것처럼, 명상으로 그것을 지우는 것처럼, 기독교인 예수를 모방하는 것처럼, 고대 세계의 반자아처럼, 성인은 세상의 반자아로서 방황도 없이 위로 오를 수 있다. 왜냐하면 영웅은 세상이 그를 깨트릴 때까지 세상을 사랑기 때문이다. 그리고 시인은 세상이 신의를 저버릴 때까지 세상을 사랑하기 때문이다. 그러나, 성인은, 세상이 정중하더라도, 돌아서기 때문이다. 그리고 성인은 경험 자체를 버리고 마스크를 발견하면 그 마스크를 쓸 것이다. 시인과 영웅은, 어떤 나뭇가지에서 자신들의 마스크를 발견하든, 상상력이 넘치고 마스크의 윤곽선을 좀 바꾸지만, 성인은, 인생이 습관적인 의무의 일부이니만큼, 세상이 필요로 하지 않는 아무것도 필요하지 않으며, 즉, 매일매일 그는 자신의 몸에 로마와 기독교 정복자들인 이를테면, 알렉산더와 시저가 그의 몸속에서 굶주리게 만든다. 그의 탄생은 실망도 실패도 아니지만, 황야의 예수와 같은 유혹이 있고, 세상 왕국들의 영원히 새로워지는 각 순간의 명상이며, 모든(모두가 포기되는) 것은 그들의 비어 있는 왕좌들을 끊임없이 현실로 보여주는 것이다. 에드윈 엘리스는, 예수도 역시 희생을 알았다는 것을 기억하며, 한 우수한 시에서 자신을 상상하는데, 여기서, 죄를 모르고 편안한 삶은 누렸을 "보다 작은 예수"의 유령과 지금 "동반자도 없이 외로이 밤낮 지친 유령으로" 방랑하는 예수를 골고다에서 만나는 자신을 상상한다.

나는 그가 가는 것을 보고 그에게 소리쳤다,
"엘리, 그대는 나를 버렸어요."
손톱, 발톱이 사지를 거쳐 불타면서,
그는 천상의 행복을 찾아 도망쳤다.

그런데도 성인은 아직도-그의 순교자의 왕관과 끝없는 욕망에도 불구하고-패배, 실연, 그리고 이별의 슬픔은 겪지 않았다.

오 밤이여, 이렇게 오신,
오 밤이여, 빛의 새벽보다 더 사랑스러운,
오 밤이여, 우리를
사랑하는 자가 사랑하는 자의 눈에 들게 하시고,
기쁨의 결혼으로 사랑하는 자가 사랑받는 자와 함께하게 하소서!

나의 꽃 같은 가슴 위에,
전적으로 그를 위해서, 그리고 다른 누구에게도 보내지 마시고,
여기서 내가 달콤한 휴식을 드리리다,
나의 사랑에게;
거기서 부채로 시더cedar 나무 향을 드리리다.

아침의 첫 미풍이
탑에서 불어와 그의 머리카락을 걷어내면,
그의 손, 부드럽게,
나를 옆으로 끌어당겨,
내 몸속의 모든 감각은 멈추지.

그러면, 모든 것을 나는 잊고,
나를 맞아들이러 오는 그에게 내 뺨을 비비면;
모든 것이 멈추고, 나는 존재하지 않아,
나의 근심이며 수치심을
백합에게 남기고, 그들 모두를 잊어버려.[4]

X

독창성을 추구하는 것은, 펜이나 끌을 집어 든 남자에게는 허용되지 않는다. 왜냐하면 열정은 그의 유일한 일이기 때문이다. 그리고 그는, 어떤 재난도 같은 경우가 없으니, 유행을 따라 만들거나 노래할 수밖에 없다. 옆에 나란히 방황하지만 결코 몸을 합칠 수 없는 일본의 극 속의 떠도는 유령들처럼 외친다. "우리는 깨어있음도 잠들어 있음도 아니니, 결국 환영인 슬픔 속에서 우리의 밤을 보내는 우리에게, 이 봄의 정경들이 우리에게 무슨 의미가 있는 것이지?" 만약 우리가 금으로 볼을 때릴 때까지, 우리가 상상하는 마스크가 우리의 기분에 맞지 않는 것을 발견했을 때, 우리는 그것을 몰래 할 것이다. 그리고 도도나의 오크나무들이 가장 깊은 그림자를 드리우는

---

4) "쿠루즈의 산 환" 아서 시몬 번역.

곳에서만 그럴 것이다. 왜냐하면 그가 만약 우리의 손작업을 본다면, 다이 몬이 뛰어나와서 우리의 적이 될 것이기 때문이다.

XI

여러 해 전 나는, 이몽사몽 간에, 믿을 수 없을 정도로 아름다운 여인이 허공에 활을 쏘는 것을 보았다. 그리고 그때부터 나는 그것이 무슨 뜻인지 생각했는데, 발작의 『세라피타』에서 "인간의 표적"이라 부르는 직선과 자연의 선회하는 움직임 사이의 차이점에 대해서 많은 생각을 했다. 그러나 성인이나 현인의 표적이라 했으면 더 좋았을 것을. 시인과 예술가인 우리는, 만져지는 것 넘어 활을 쏘는 것이 허용되어있지 않으니, 우리가 야수임을 인정하고, 욕망에서 피로감으로 가고 그리고 다시 욕망으로 가고, 지독한 번개처럼 꿈이 우리의 나른함으로 오는 순간만 살아야 한다. 나는 그런 위로 솟아오르는 원을 의심하지는 않지만, 그 아크를 그리는 선은, 한 인간의 생애에서나 한 시대에서는, 수학적이다. 그리고 세상에서의 일부, 세상 너머에서의 일부는 사건을 예지하고 캘린더에 예수, 부처, 나폴레옹의 일생을 동그라미 쳤다. 즉 느낌이나 생각에서, 모든 움직임은 어둠 속에서 점차 밝아져서 자신이 생기면서 행동을 준비하게 한다. 우리는 우리의 연약한 느린 노동으로 진실을 추구하며 무한함과 보이지 않음으로 말미암아 고통받는다. 우리가 성인이나 현인일 때만, 그리고 경험 자체를 포기할 때만, 우리들은, 기독교적 카발라의 이미지로, 갑자기 치는 번개와 뱀의 길을 떠나서 태양의 중심에 자신의 활을 겨눌 수 있는 사수가 된다.

XII

　　의사들은, 어떤 밤의 꿈을 해석하였지만, 나는 그들을 다 믿지는 않은데, 그 꿈은 낮의 성취하지 못한 욕망이며, 양심이 비난하는 욕망의 공포는 우리의 꿈을 왜곡하고 방해하는 것을 발견했다. 그들은, 방해를 순화시키지 않고 불만족으로 남아 있는 요소들에 대한 꿈의 분석을 연구했다. 우리는 인생에서 우리의 열정의 약간을 충족시키는데, 각 열정 조금씩이다. 그리고 우리의 성격은, 두 사람이 각기 다르게 대응하듯이, 사실 다를 뿐이다. 그런 대응, 절충은, 항시 위협받는데, 그게 깨어지면, 화내거나 무분별해지거나 약간 혼란스러워한다. 그래서 꿈에 굶주리거나 추방된 열정이 나타나면, 우리는, 잠이 깨기 전에, 그것이 행동할 수 있게 하여 다시 혼란스럽게 하는 논리를 깨뜨린다. 그리고 열정은, 충족될 수 없음을 아는 때에는, 꿈이 된다. 그리고 꿈은, 우리가 잠들어 있든 깨어 있든 간에, 리듬과 패턴으로, 또 세상이 나비인 바퀴로, 그 힘을 지속시킨다. 우리는 보호가 불필요하지만, 우리는 우리 자신의 인생에서, 꿈을 벗어난다. 바퀴를 돌리는 자가 우리인지 혹은 패턴을 만든 꿈인지 구분하기 어렵지만, 확실하게 그것을 우리 가까이 두는 100가지 방법이 있다. 우리는 과거에서 우리의 이미지를 선택한다. 우리는 우리의 시대에서 떠나 초서를 우리 신문보다 더 가까이서 느끼고자 노력한다. 그런 노력은 다 포용할 수 없는 것을 다 하도록 한다. 그리고 그것은 잠이 눈을 감기고 꿈들이 꿈을 꾸기 시작할 때조차, 그것은 잠을 통해 우리를 그 순간에 보낸다. 그리고 우리는 맑은 빛으로 보내지고 우리 이름과 행동조차 잊게 한다. 그리고 완벽하게 우리 자신의 존재감을 유지하면서 "순간이여, 멈추어라."라고 파우스트처럼 중얼거린다. 그러나 무의한 중얼거림이다.

XIII

시인은, 나이 들면, 새로운 쓰디쓴 맛이나 새로운 실망감 없이도 자신의 마스크와 자신의 꿈을 유지할 수 없게 될지 자문할 것이다. 시인이 원한다면, 젊은 시절부터 자신의 힘이 얼마나 가냘픈지 잘 아는 그는, 너무나 나이 들어 시상의 호의 외에는 모든 것을 잃은, 우스꽝스럽지만 불굴이면서, 사랑하고 증오하면서 생을 살아간 랜도를 따라 할 수 있을까?

시상의 어머니는, 우리가 배운 바로는,
기억이시다; 그녀는 나를 떠났다; [단지] 시상들은 머물면서,
내 어깨를 흔들고, 나에게 노래하라고 한다네.

분명, 그는 그렇게 생각할 수 있어, 이제 나는 꿈과 마스크를 찾았으니 나는 더 이상 고통 받을 필요가 없다. 그는 아마 어떤 작은 집 한 채를 사서, 아리오스토처럼, 자신의 정원을 가꾸고 새들과 잎들이 돌아오면, 혹은 달과 해가 돌아오면, 까마귀 떼 나르는 저녁에는, 꿈에서 영원히 깨어나지 않고, 잠 속의 꿈들처럼 리듬과 패턴을 찾게 될 것이다. 그런데, 그는 워즈워스를 기억하리라. 80년이 될 때까지 시들어가서, 영예롭지만 기지가 죽은, 젊음이 잊힌 그곳에서, 쓰디쓴 빵[시] 조각을 발견하게 되는 워즈워스를.

1917년 2월 25일

■■■■ **해설**

『신화*Mythologies*』는 맥밀란 출판사의 콜리어 북이, 예이츠가 생전에 저술하여 이미 간행했던 6편의 산문집을, 한곳에 모아 간행하면서 이 책을 『신화』라 붙인 것이다. 그러니까 이 다양한 성격의 산문 모음을 『신화』라 부르는 것은 예이츠의 미묘하고 복잡한 사색의 결과물을 너무 단순화시키는 것 같아 좀 부족하지 않나 하는 느낌이 든다. 이번에 한국예이츠학회에서 이 산문집을 완역하여 우리나라의 독자들에게 처음으로 소개하는 것은 큰 의미가 있다. 우리나라가 음악과 영화 등을 통해서 세계의 문화의 중심으로 주목받기 시작하는 시점이기에 더욱 그러하다.5)

『페르 아미카 실렌티아 루네』는 1917년에 간행되는데, 그때가 W. B. 예이츠가 52세로서 조지 하니드 리와 결혼한 해이며, 같은 해에 그의 탁월한 시들이 포함된 그의 중기의 시집 『쿨 호수의 야생 백조』가 간행되는 해이기도 하다. 그리고 6년 후, 이때까지의 문학적 업적을 인정받아 1923년 노벨문학상을 수상하고, 1925년 그의 산문집 『환상록』(책의 간행 연도는 1925년, 간행일은 1926년 1월)이 완성된다. 『환상록』은 그의 신부 조지와 8년간 자동기술의 결과를 산문으로 정리한 20세기의 가장 이상하고 아름다운 산문집이다. 그런데, 이 『환상록』의 발원이 되는 암시가 『페르 아미카 실렌티아 루네』에서 엿보인다. 예이츠 자신도 이 글이 나중에 『환상록』이

---

5) 한국의 문학과 역사와 문화가 중국과 일본의 것과 전혀 다르고 우수하지만, 그럼에도 불구하고 아직도 세계에서 제대로 된 평가를 받지 못하는 것은 나라의 정책에도 문제가 있어 보인다. 지금 우리나라의 가치관이 더구나 물질 지향적으로 변하고 있는 이 시점에 이 책의 간행 의미는 아주 크다. 그동안 우리에게 깊이 있고 남다른 문학이 있음에도 서양에 충분히 소개되지 못했던 것은, 한국의 경제력이 약해서 우리의 문학을 전공하는 다른 나라의 인재들을 키울 수 있는 제도를 마련하지 못했었다. 지금이라도 우리나라의 국립 대학교와 주요 선진국의 대학에 한국 문학을 전공하는 학자들을 키워낼 수 있는 제도가 마련될 수 있는 재원이 마련될 수 있도록 해야 하지 않을까?

되리라고는 알지 못했을 것이다. 직접적으로는 그와 부인의 평생의 관심사인 인간의 영적 세계에 대한 탐구에서 『환상록』이 출발했기 때문이기도 하다. 그리고 더구나, 이 글에는 전혀 영매나 자동기술의 흔적조차 보이지 않는데, 그런 내용이 들어있지는 않지만, 그의 관심이 단테에게 집중되어 있다는 점을 되새겨 볼 가치가 있어 보인다.

예이츠의 산문 저서 3권 『자서전』, 『환상록』 그리고 『신화』는 형식이나 글의 내용이 판이하다.6) 그러나 모두 가장 예이츠적인 글들이 각기 다른 특성을 보이는 문학사에서 고귀한 글로서 깊이 있게 읽고, 음미하고, 연구할 가치가 있는 산문들이 특성별로 이 세 권의 저서에 담겨있다.

예이츠는 다른 시인들에 비해서 정말 진지하고 삶 자체가 시적이라 할 수 있을 정도로 모든 것을 문학하는 데 쏟아 부은 작가로 보인다. 그는 셰익스피어, 밀턴, 키츠와 다르다. 그리고 예이츠가 최고의 작가로 여기는 듯한 단테와도 판이하기는 해도 상당한 영향을 받은 것으로 보인다. 그러면 왜 이 『페르 아미카 실렌티아 루네』가 『환상록』의 근본적 뼈대가 되는지를 생각해보자.

예이츠는 작가로서 한참 동안 글을 쓰지 못하는 시기가 있었다. 모든 것이 알레고리로 변해서 더 이상 글의 진전이 없었다. 그리고 마스크의 이론을 만들어 내어 드디어 이것을 극복하게 되는데, 이것을 잘 보여주는 시가 「에고 도미누스 투스」이다. 이 시는 힉과 일 두 사람의 대화이다. 라틴어로 힉은 "이 사람", 일은 "저 사람"을 뜻하는데, 에즈라 파운드는 여기서

---

6) 이 3권의 저서는 가까이 두고 자주 인용했었고, 특히 『환상록』은 필자가 책 전체를 우리말로 완역해본 책으로 이 책의 아름다움과 신비로움을 항시 가슴에 담고 있다. 그리고 이번에 번역한 『페르 아미카 실렌티아 루네』(공역으로 필자가 「프로로그」, 「에고 도미누스 투스」, 「아니마 호미니스」를, 다른 역자가 「아니마 문디」, 「에필로그」를 번역했다)는 참 특이하고 아름다운 문체다. 예이츠가 중기 시를 저술하던 시기라서 그런지 무척 풍요롭고 자상하며 친근한 문체로, 시에서는 접할 수 없는 아름다운 경험을 했었다.

일은 예이츠를 대변하는 것으로 이해했다. 그러나 필자는 일은 예이츠의 또 다른 자아로 보고 싶다.

「에고 도미누스 투스」에서 존 키츠를 바라보는 예이츠의 시선이 흥미롭게 느껴진다. 그런데, 필자에게는 예이츠는 존 키츠는 넘어야 할 산처럼 느껴졌을 법하다. 어린 그를 이렇게 진지하고 깊이 다룬 예이츠는 어디에서도 나는 보지 못했다.

이 시는 1915년 12월에 쓰였는데, 아직도 예이츠는 마스크 이론을 확립하지 못했지만, 이 시의 결말에서 일이 말하는 것으로 미루어 그의 결심은 이미 섰다는 것을 느낄 수 있다. 즉, 「아니마 호미니스」에서 밝혔듯이 시인은 성인과는 다르게, 시인(영웅과 동일시한다)이 되고자 결심하며, 성인과 다른 반아를 추구할 것임을 선언한다. 왜냐하면 그(일)는 책(성인)이 아니라 이미지(시인의 미, 진실)를 추구하기 때문이다("나는 책이 아니라, 이미지를 찾기 때문에, 글에서 가장 현명한 사람들은 맹목적이고, 마비된 가슴 외에는 아무것도 가지지 않았다."라고 말한다).

세 권의 산문 저서에서조차 셰익스피어는 작품을 논하는 것 외에 별 직접적인 언급이 없는 예이츠가 『환상록』의 서두를 키츠의 시구절 같은 라베나의 한 해변을 묘사한 것이나, 이 시에서 키츠의 모습을 편향된 시선으로 바라보지 않나 하는 느낌이 들 정도이다.

힉이 말한다.

그래도

누가 키츠의 세상에 대한 사랑을 거부할 수 있을까,
그의 생각 깊은 행복을 기억해보게.

이에 대해, 일은, "그의 예술은 아름답지만 누군들 그의 마음을 알 수 있을까?"라면서, 아동이 구멍가게에서 코를 들이박고 사탕을 쳐다보는 모습을 키츠에 대비시키는 예이츠를 본다. 그러나, 마음속 깊은 곳에서는 그가 키츠의 시를 사랑한다는 것을 이미 앞에서 보여주었듯이 그의 중요한 글에서 상당한 비중을 차지하는 것으로 알 수 있다.

반면에 낭만주의 가장 위대한 시인으로 평가받은 워즈워스에 대해서는 별 고민하는 흔적이 없이 노년의 워즈워스는 한계에 다다른 시인으로 간주하는 것 같다. 예이츠도, 그러나, 같은 길을 걸을 뻔 하지 않았는가? 마스크의 이론이며 『환상록』에 도달하는 자동기술의 노력이 없었더라면 그의 말기에 뛰어난 시들이 나올 수 있었을까?

예이츠에게 있어서 성인이나 현인의 길은 시인이나 영웅의 길과는 다른 것으로 생각한다. 예이츠는 여러 해 전, 꿈을 꾸는 듯 잠을 자는 듯한 상태에서, 믿을 수 없이 아름다운 여인이 활을 하늘을 향해서 당기는 것을 보면서, 그 순간부터 자연의 곡선과 직선의 차이에 대해 오래 생각하게 되었다. 예이츠의 생각을 정리하면,

> 시인과 예술가는, 예이츠 의하면, 보이는 세계 너머로 활을 당기는 것이 허용되지 않는다고 생각한다. 즉, 시인은 욕망에서 피곤함, 그리고 다시 욕망으로 반복적인 경험을 하게 되어 있다고 생각한다. 따라서 시인은 우리의 연약함과 느린 노력으로 진실을 찾아야 하고, 무한함과 보이지 않음으로부터 고통받게 되어 있는 것이다. 그렇지 않으면, 성인이나 현인처럼 경험 자체를 버리고, 태양의 중심을 향해 활을 당기게 되겠지. (아니마 호미니스 11절)

이영석 (한양대)

세계령 ANIMA MUNDI

I

나는 항상 내 정신을 인도와 일본의 시인, 코노트7)의 노파, 소호8)의 영매, 내가 상상하건대 중세 수도원에서 마을을 꿈꾸는 평신도 형제들, 모두 그리스와 로마로 귀착시키는 박식한 저자들의 정신에 가까이 두려고 노력했고, 우리가 "잠재의식"이라고 부르기 시작한 것에서 뗄 수 없는 일반 정신에 몰입하려 애썼다. 그리고 나는 내 정신을 협의회와 위원회에서 나오는 모든 것, 대학이나 사람 많은 마을에서 볼 수 있는, 있는 그대로의 세상으로부터 자유로워지도록 했다. 그런 믿음에서 나는 주술을 중얼거리고 영매를 찾기도 했으며, 감각적인 이미지나 자극적인 문구를 통해 드러나는 커다란 문제들에 기쁨을 느껴, 너무 낡아 가시나무와 풀 사이에 떨어진 부서진 건축물에 불과한 것처럼 보이는 기술적인 어휘들을 제외한 추상적인 학파를 받아들이기도 했다. 그래서 모든 것이 보이는 곳에서, 즉 "친구인 달의 침묵에서 영감을 받아A Tenedo Tacitae per Amica Silentia Lunae"9) 나 자신을 교육했다.

---

7) 코노트Connaught. 아일랜드의 서쪽 지방.
8) 소호Soho. 런던의 문화 중심 지역.

한때 나는 어떤 이상한 사건이 일어난 순간을 기록한 일기를 인용하여 내 결론을 증명하려 했으나 지금은 마음이 바뀌어, 비지르[10]가 된 아랍 소년처럼, "오 형제여, 나는 어려움을 극복하고 나 자신을 극복, 삶을 점검했다."라고 말할 뿐이다.

II

오직 문학만을 생각했음에도 괴테는, 어느 편지였는지 기억나지 않지만, 어떤 편지에서 환상에 관해 설명한 적 있다. 그는 문학의 불임에 대해 불평하는 어느 친구를 너무 똑똑하다고 묘사했다. 비판하기 전에 이미지가 그들의 모든 연상과 함께 형성되도록 허용해야 한다. 그는 "너무 빨리 비판적이면, 이미지는 전혀 형성되지 않을 것"이라고 썼다. 훈련의 결과에서든지, 아니면 타고난 재능으로 얼마간 황홀경에 빠져서든지, 내가 발견한 바로는, 이미지들은 눈앞에서 순식간에 사라진다. 만약 욕망도 미뤄둘 수 있고, 이미지들이 자체 의지에 따라 스스로 형성하도록 할 수 있다면, 당신은 더 완벽하게 몰두하게 되고 그 이미지들은 더 선명한 색상을 띠어 더 정밀하게 묘사하니, 당신과 이미지들은 강력한 빛으로 보이는 것 중심에서 움직이기 시작한다. 당신이 어떤 연상으로 연결하기 전에 이미지는 사라지지만, 실로 첫 순간에 당신은 전통적인 형태와 소리와의 연상으로 이미지를 불러왔다. 의지와 지성을 멈출 수만 있다면, 당신은 이미 소유하고 있는 어떤 것

---

9) 시인 호라티우스Horatius의 시 "Epistulae"에서 나온 구절로, 시인은 달빛 아래에서 조용한 밤의 분위기에서 영감을 받았음을 의미한다.
10) 비지르Vizier. 이슬람 문화권에서 대신, 고문 혹은 장관 등의 고위 관직을 의미한다. 우리말로는 '비잔'이나 '비지르'로 번역되고, 왕조나 권력 중심의 작품에서 등장하기도 한다.

이든 '무의식'으로부터 불러내는 방법을 찾아냈다. 옛 규칙을 따르는 사람들은 몸을 가만히 두고 정신을 맑은 각성 상태로 유지하며, 특히 정신의 이미지와 감각 대상 사이의 혼동을 두려워한다. 그들은 실제 잘 닦인 거울이 되고자 한다.

곧 알게 되었듯이, 나는 이 맑고 고요한 상태에 천부적으로 재능이 없는데, 정신이 비정상적으로 불안하기 때문이다. 그리고 형상에 대한 저 갑작스럽고 선명한 정의를 통해 사람은 그저 상상하는 것만은 아니라는 것을 자신도 모르게 이해하게 되는데, 나는 이것에 마음 편한 적이 거의 없었다. 그래서 나는 새로운 과정을 찾았다. 나는 혼을 부른 후 빛과 형상으로 가득 찬 순간에 잠드는 것을 알게 되었는데, 이는 내가 깨어 있을 때는 알지 못한 것이었다. 그래서 나는 베개나 침대 옆에 꽃이나 나뭇잎들을 놓아둠으로써, 잠자는 동안 꿈을 꾸거나, 아니면 꿈을 혼란스럽게 하지 않기에 차라리 환상을 볼 수 있도록, 자연의 것들로 정교하게 상징을 만들었다. 20년이 지난 오늘도 그 날아갈 듯한 기쁨과 산사나무나 다른 식물을 통해 나에게 전해진 메시지는 내 인생의 모든 순간 중에서 가장 행복하고 지혜로웠던 것 같다. 시간이 흐르면서 상징의 참신함이 힘을 잃었거나 아일랜드 극장에서의 일이 너무 흥미진진해져서인지, 나의 잠은 그 대응성을 잃었다. 내게는 동료 학자들이 있었고, 이제 나와 그들은 무언가를 알게 되었다. 잠을 자고 있을 때나 깨어 있을 때나 한 번도 읽지 않은 책에서 곧 발견하게 될 이미지가 눈앞에 떠올랐고, 잊어버린 사적인 기억에 대해 설명해 줄 현대의 이론을 찾았으나 실패한 이후, 나는 대대로 전해져 온 대기억a Great Memory을 믿게 되었다. 하지만 그것만으로는 충분하지 않았다. 왜냐하면 이 이미지들에는 의도와 선택이 있었기 때문이었다. 이미지들은 우리가 알고 있는 것과 관련이 있으면서도 우리 지식의 연장이었다. 만약 거기에 정신이 없었다면, 내가 왜 갑자기 소금과 안티몬(금속 원소)을, 연금술사들이 이해한 금의 액

화를 떠올렸겠으며, 또는 한 번도 출판되지 않은 원고에서 학식 있는 어떤 학자가, 그리고 어떤 연상 법칙에 따라 작업하면서도 명확한 의도를 지니고 개별적으로 적용하여 특정 신화적 이미지를 너무나 독창적으로 조합할 수 있는 사람이 드디어 입증한 신비주의적인 상징주의의 세부 사항을 내가 왜 떠올렸겠는가. 그들은 자신들을, 한 번에 한 조각씩, 여러 정신에 노출시켰고, 퍼즐 그림이 완성되었을 때만 그 의미를 드러냈다. 이 연구가 다른 시대에 비슷한 연구를 수행했던 정신과 접촉했거나 어울렸다거나 이들의 정신은 여전히 보고 생각하고 선택했다는 생각이 내게 자꾸만 떠올랐다. 우리의 일상적인 생각은 분명 빛나는 드넓은 바다의 얕은 가장자리에 이는 일련의 거품에 불과했다. 헨리 모어[11]의 세계령Anima Mundi, 워즈워스의 "우리를 이곳으로 데려온 불멸의 바다", 그리고 그 가장자리 근처에서 아이들이 놀고 있는 그 바다에는 수영하거나 항해하는 사람들, 아마도 그 해안을 모두 알고 있는 탐험가들이 있었다.

III

나는 항상 의인화 뒤에 있는 정신에 상상력을 집중시키려 했지만, 의인화는 그 자체 살아 있고 생생했다. 유동적으로 보이는 이 이미지들을 흔드는 정신은 의심의 여지없이 형태를 지녔고, 그 이미지들 자체는 사실, 그 형태가 변화할 뿐인 살아 있는 실체에 투영된 것처럼 보였다. 전통과 지각에서 보면, 우리 자신의 삶에 대한 생각은 이질적인 것들의 장소인 대지로 상징되고, 그 이미지들은 물에 비쳐 그 자체 신성시할 수는 있으나 공기처

---

[11] 헨리 모어Henry More, 1614~1687. 영국의 이성주의 신학자.

럼 느껴졌다. 그리고 그 모든 것 너머에는 분명한 목표와 지배하는 사랑, 모든 것을 단순하게 만드는 불이 있다고 나는 확신했다. 그러나 이미지 자체는 네 겹이었으니, 우리는 그 의미를 부분적으로는 네 가지 원소 중 우세한 하나의 원소라거나 다른 네 가지 원소를 숨기고 있는 우세한 다섯 번째 원소, 즉 불에서 태어난 새라고 판단했다.

IV

나는 내가 신성시할 수 있는 정신을 지닌 가족과 기독교인 이름들만이라도 알려고 했으나, 그것은 늘 비인격적인 것처럼 보였다. 그들을 접한 느낌은 아마 두세 번 정도 명확하고 확실하게 다가왔지만, 그것은 모든 사람에게 어떤 흔적, 즉 생각의 한가운데서 또는 위기의 순간에 희미한 목소리로 갑작스러운 침묵을 남겼다. 친근하고 가까이 있는 것처럼 보이지만 콜리지 시에서의 "유령"처럼 보이는 이 존재들을 우리가 아는 것에 만족해야 한다고, 그들이 성 토마스의 말처럼 한순간에 영원히 자신을 소유하는 단계로 들어갔다고 생각하는 것에 만족해야 한다고, 우리의 스승들이 단호하게 선언했을 때 그들은 옳았을까?

대지로부터 포착한 모든 표정과 유사함,
친족과 탄생의 모든 사건,
모두 사라졌다. 흔적도 없다,
갈라진 돌 밑에서 끌어 올려진,
그 빛나던 얼굴에는.
오직 그녀의 영혼만이 남아 있었다,

그녀, 그녀 자신과 그녀만이,
그녀의 몸을 통해 눈에 띄게 빛났다.

V

어느 날 밤 나는 이런 음성을 들었다. "모든 인간 영혼에 대한 하나님의 사랑은 무한하다. 모든 인간의 영혼은 독특하므로 다른 어떤 것도 똑같은 요구를 하나님 안에서 충족시킬 수 없다." 우리의 스승들은 인격이 육체보다 오래 지속된다거나 심지어는 죽어 얼마 후에도 더 조악한 형태로 우리에게 붙어 있을 수 있다는 사실을 부인하지 않았으니, 다만 죽은 사람들에게서 그것을 찾아야 할 따름이다. 그러나 내가 시골 사람들에게로 갔을 때, 나는 그들이 나이 든 자의 연약함과 허약함 및 살아서 애정을 자극했던 신체적 특징을 찾아냈다는 것을 알게 되었다. 스피달[12]의 아는 것 많은 어떤 사람은 여동생의 유령에게서 지식을 얻었는데, 매해 핼러윈에 정원 끝에서 그녀를 만났을 때 그녀의 머리카락이 더 회색으로 된 것을 보았다. 그녀는 어쩌면 자신에게 할당된 세월을 집 근처에서 다 소진했던 것일까, 요절했음에도? 세상의 태초로 거슬러 올라가는 이 지식의 권위보다 더 큰 권위는 없어 보여, 나는 마술에 관해 쓴 우리 세대의 웅변가이자 학식 있는 학자, 스타니스라스 드 가에이타[13]가 경멸해 마지않던 영매술에 관해 연구하기 시작했다.

---

12) 스피달Spiddal. 아일랜드 골웨이에 있는 마을.
13) 스타니스라스 드 가에이타Stanislas de Gaeta, 1861~1897. 프랑스의 시인으로, 마법과 신비주의에 관련된 활동으로 당대 영향력이 컸다.

VI

나는 내세에 대해 숙고하는 것을 배우지 않았다면, 이곳에서와 같이 저곳의, 조악하고 단절된 것이 어떤 것인지를 결코 알 수 없었을 것임을 너무나 잘 알고 있다. 그리고 살아생전 지상에서 가장 거룩한 사람으로 불리는 헨리 모어에게서 내가 빛이라고는 찾을 수 없는 어떤 것을, 코노트와 소호의 영매들은 지니고 있음을 내가 알지 못했다는 것도 나는 너무나 잘 알고 있다.

모든 영혼에는 매개체 또는 육체가 있는데, 그 말을 했을 때 우리는 모어와 플라톤주의자들을 따라, 항상 어떤 교회나 기관의 힘을 좇는 추상 학파에서 벗어나, 자신이 즐겁고도 위험한 세상에서, 위대한 시와, 그리고 대중적인 시에 불과한 미신과, 함께 함을 알게 되었다. 아름다움은 그야말로 어떤 이상적인 조건 안에서의 육체를 지닌 생명일 뿐이다. 인간 영혼의 매개체는 예전에는 동물의 영혼이라고 불렸는데, 헨리 모어는 히포크라테스의 다음 문장을 인용한 바 있다. "인간의 정신은 . . . 고기와 뱃속의 음료에서 영양을 공급받는 것이 아니라 혈액에서 분리되어 환원되는 투명한 발광 물질에 의해 자란다." 이 동물의 영혼은 몸의 모든 부분을 채우고, 17세기의 어떤 작가들이 칭한 바대로 대기의 몸을 형성한다.[14] 영혼은 형태를 만들기 쉬운 힘을 지니고 있어서, 죽은 후에든 살아 있는 동안에든 영혼이 잠시 몸을 떠나게 되면, 상상력을 발휘하여 원하는 모양으로 자신을 만들 수 있지

---

[14] 내가 생각하기로는, 이 구절은 헨리 모어의 생각을 올바르게 표현하지만, 이 '투명한 발광 물질'을 내가 감각이라고, 물질적인 겉으로서 '대기의 몸' 위에 형성된 것이라거나 진정한 '매개체'라고 묘사한다면, 그리고 만약 내가 그것을 '동물의 영혼'에 한정한다면 그리고 만약 내가 그것을 '동물의 영혼에 한정한다면, 사실에 더 잘 부응한다고 믿는다. 하지만 그것은 잠시 육체의 죽음을 살아낸 것으로 존중되어야 한다. 영혼은 그들의 형태가 만들어지는 물질에서부터 이뤄지는 것이 아니지만, 그들의 형태는 초가 다른 초에서 빛을 얻듯이 물질로부터 빛을 취한다. (예이츠, 1924)

만, 그 모양이 늘 있던 그대로의 것과 다르면 다를수록 더더욱 노력해야 한다. 동물 영혼의 순수함과 풍요로움은 죽은 자에게나 살아 있는 자에게나 최고의 힘이다.

　　영혼은 이들로 인해 유령을 마치 살아 있는 양 옷을 입은 모습으로 만들 수 있고, 우리 마음의 눈에 드러내거나, 눈으로 볼 수 있고 다른 어떤 물체처럼 만져질 때까지 매체의 몸에서 끌어온 특정 입자를 그 실체 안으로 넣어서 볼 수 있도록 한다. 고대인들은 이를 위해 향기로운 껌이나 꽃의 향기를 제공하기도 했고, 자연 그대로의 밀랍 조각을 사용하기도 했다. 반쯤 구체화된 매개체는 겉으로 흐릿하게 반짝이는 방울로 천천히 발산되거나 빛나는 구름에서 응축되며, 무게와 밀도가 증가함에 따라 빛은 희미해진다. 마녀는 영매를 넘어 천천히 살아나는 유령에게 자신의 피 한 방울을 바쳤다. 살아 있는 남자 또는 여자로부터 일단 분리된 유령은 자신의 영혼만큼이나 쉽게 다른 사람의 영혼에 의해 형태를 갖출 수 있으며, 심지어는 살아 있는 사람의 영혼에 의해 형성되는 것처럼 보인다. 그것은 얼마간 내가 물 위에 반사되는 것에 비유한 이미지의 흐름에 일부를 이룬다. 그러나 모델링 도구나 붓을 다뤄본 적 없는 영혼들이 어떻게 완벽한 이미지를 만들 수 있었을까? 파라핀 왁스 위에 강렬한 얼굴을 각인한 저 구현자들은, 훌륭한 예술가라면 만들고 상상하느라 오랜 시간 걸린 조각품을 그곳에 남긴다. 헨리 모어가 믿었듯이, 무식한 여인은 어떻게 토끼의 모습을 자신의 매체에 그대로 투영하여 말과 사냥개, 그리고 나팔 부는 사냥꾼이 뒤따르도록 할 수 있었을까? 그 문제는 우리가 반쯤 잠들어 있을 때 어둠 속에서 눈 깜짝할 사이에 완성된 것처럼 보이는 정교하게 표현된 장면과 패턴, 영감의 순간 또는 마음의 눈앞에 떠오르는 그 모든 정교한 이미지의 문제와 같은 것이 아닐까? 우리의 동물 영혼이나 매체는 세계령Anima Mundi의 매체를 응축한 것일 뿐이며, 우리의 평범한 생각을 흐릿하게나마 구체화하여 그 이미지에 실체를 부여하는데, 유령이 우리를 방문할 때는 더 조악하게 그 이미지에 실체를 부여한다. 일단 이미지가 우리 매체에 스며들면 사진 카메라로 그들의 초상을 찍는 것은 그리 어려운 일이 아니다. 헨리 모어는 수탉이 밟을 때 매에게 겁먹은 암탉은 매 머리를 한 병아리를 부화한다고 주장할 것이다(나는 그 사실을 고집하지 않는다). 왜냐하면 태어나지 않은 새의 영혼이 형태를 부여할 수 있기 전에 "어머니의 깊은 열정적 환상"은 일반적인 태의 통에서 경쟁 이미지를 불러냈기 때문이다. 그는 계속해서, "세상의 영혼은 사태가 유동적으로 흐르는 동안 모든 세대의 사태에 개입하고 스며들어, 사람들에게 그녀가 악마들의 수단을 변형시키는 데 게으르지 않고, 오히려 공상과 욕망을 부추겨 그것들에 옷을 입히고 그들이 원하는 대로 말하도록 돕거나, 때로는 통제하기 어려운 어머니의 공상으로 인해 그녀가 괴물을 낳듯이 그들의 의지에 반할 수도 있다고 믿도록 유도할 것이다."라고 말한다. 이미지는 흐르고 표류하는 것처럼 보이지만, 우리 마음의 변화에 따라 사라지고 찾으니, 우리는 그 이미지와의 관계에서 변화할 따름일 것이다. 분명 헨리 모어는 이 책에서 그 이미지가 제대로 만지면 "수정 기둥"처럼 촉감이 단단하고 잘 보면 우리 눈처럼 선명한 색을 띠고 있다고 주장한다. 훌륭한 플라톤주의자인 셸리는 그의 초기 작품에서 이 일반 영혼을 신의 자리에 놓으려 한 것으로 보이는데, 이는 모어의 친구 커드워스[15])에게서 찾아볼 수 있으나, 최고 권위자들은 찬성하기도 하고 반대하기도 하는 의견이다. 하지만 모어는 정의를 내려 우리를 진정시킬 것이다. 일반적인 영혼은 그 매개체와는 별개로 "무형적이지만 감각과 비평 없이 우주의 전체 물질에 퍼져 있는 물체로서, 그 물질이 작용하는 부분들에서 여러 가지 성향과 경우에 따라, 단순한 기계적 힘으로는 해결될 수 없는 물질의 부분과 그 운동을 지시함으

---

15) 커드워스Ralph Cudworth, 1617~1688. 영국 국교회 성직자이자 철학자. 케임브리지 대학에서 플라토니즘을 이끈 플라톤주의자.

로써, 세상에 그러한 현상을 일으키고, 그 안에서 조형적 힘을 행사한다. 나는 감각과 비평", 지각과 방향성은 항상 개별 영혼의 능력이며, 블레이크가 말했듯이 "신은 오직 현존하는 존재나 인간 안에서만 행동하거나 존재한다."고 가정해야 하겠다.

VII

개인의 영혼이 육체가 없거나 추상적이라는 오래된 신학적 개념은, "얼마나 많은 천사가 신발을 신고 바늘 끝에서 박차를 가하며 춤을 출 수 있는가?"와 같은, 헨리 모어가 "모순된 논쟁"이라고 칭한 것으로 이어졌고, 우리는 합리적 생리학 덕택에 우리의 사고가 육신의 존재를 지니고 있지 않으며 그저 뇌의 분자 안에 있을 따름이라는 것을 납득할 수 있게 되었다. 셸리는 "실제의 또는 외부 대상이라고 불리는 생각"은 발생 규칙성에서만은 "환각, 꿈, 광인의 생각"과는 다르다고 여겨, 자신이 "2년 이상의 간격으로 세 번 이상 똑같은 꿈"을 꾸었고, 그렇게 해서 그 차이를 줄였음을 알게 되었다. 유령에 불과한 우리의 모든 정신적 이미지는 (나는 구별할 이유가 없다고 생각한다) 세계령의 일반적 매개체에 존재하는 형태이며, 우리의 특정 매개체에 반영되면 왜곡된 많은 것들이 올바르게 된다. 나는 논리적 과정 또는 일련의 연관된 이미지에는 형체와 기간이 있다는 것을 받아들이고, 세계령은 커다란 수영장이나 정원이라서, 이미지는 그곳에서 수생 식물이나 가지처럼 할당된 성장 과정을 지나면서 공중에서 더 향기롭게 펼쳐진다고 생각한다. 실제로 스펜서의 아도니스의 정원16)을 보자.

---

16) 스펜서의 아도니스의 정원Edmund Spencer, "Garden of Adonis". 스펜서의 『선녀 왕The Faerie Queene』, 제3권, 265-267행.

자신의 부류에 따라
태어나 살다 죽는 모든 것들의
첫 신학교가 있다.

모어에 따르면, 영혼은 "활력 넘치는 조화"의 변화에 따라 어떤 생각을 이끌고, 이 생각은 그 연상으로 일련의 많은 생각들을 가져와서, 첫 인식의 강렬함에 따라 주어진 매개체에 생명을 부여한다. 씨앗은 자라기 시작하고, 힘과는 상관없이, 심지어 영혼에 대한 지식과도 상관없이 계속 자랄 것이다. 예를 들어 내가 만일 어떤 생각을 "전달하고" 싶다면, 나는 신데렐라의 구두를 생각할 수 있고, 그러니 내 주체는 굴뚝에서 나오는 노파를 볼 수 있을 것이다. 아니면 잠자리에 들면서 나는 7시에 깨어나고 싶은데, 물론 다시 그런 생각을 하지 않음에도 나는 그 순간에 깨어날 것이다. 생각은 그 자체로 완결되었고, 어떤 논리적 행위, 방향 전환 및 줄기 안에서의 매듭들은 늘 그러하듯이 눈에 띄지 않고 손길이 닿지 않는 곳에서 이루어져 왔다. 우리는 늘 이 기생충 같은 야채에서 시작하여 알 수 없을 정도로 휘감도록 하고 있으며, 성스러운 삶을 살다 죽음을 앞두고 버림받은 연인과 함께 날아갈 계획을 세우는 발자크의 여인처럼 될 수도 있다. 죽어서도 믿지 않고 거의 기억하지도 못했던 어떤 꿈, 어떤 욕망은 죽은 후에도 분명 고뇌와 행복을 동반하며 되풀이했다. 우리는 그저 일련의 방황을 시작하지 않거나, 시작하더라도, 시간이 날뛰는 지적인 빛 안에 붙잡아서, 굼벵이 같은 매개체 속으로 미끄러지지 않도록 할 수 있을 뿐이다. 살아 있는 자의 수고는 끝없이 연속되는 사물들에서 벗어나기 위한 것이고, 죽은 자의 수고는 끝없는 생각의 연속에서 벗어나기 위한 것이다. 하나의 연속은 또 다른 연속을 낳으니, 이들은 그들 자체를 위해서가 아니라 상상된 선을 위해 우리가 행하는 모든 것들 때문에 힘을 지닌다.

VIII

　민속이나 강령술 집회장의 심령술이나 스웨덴보리의 환상 또는 플라톤주의자들과 일본 연극은 어느 길에서나 집에서도 이전의 살인이 다시 벌어지는 것을 우리가 볼 수 있다고 할 것이며, 이들은 또한 우리가 어느 들판에서 말을 타고 사냥개와 함께 죽은 사냥꾼이나 뼈와 잿더미를 밟고 싸웠던 옛날의 군인들을 볼 수 있다고 할 것이다. 우리는 우리의 기억을 세계령으로 가져가는데, 그 기억은 한동안 우리의 외부 세계가 된다. 열정의 모든 순간은 자꾸 되풀이되는데, 열정은 어떤 사건보다 그 자체 반복하기를 더 원하기 때문이다. 그러니 그에 상응하여 만족이나 후회가 있으면 무엇이든 그것이 우리 판단의 시작이다. 우리는 인생사만 기억하지 않는다. 손가락 사이로 빠져나갔던 모든 기생 식물 같은, 그리움과 두려움으로 자란 생각은 밧줄 끄트머리인 양 다시 돌아와 우리의 얼굴을 때리기 때문이다. 코넬리우스 아그리파[17]가 쓴 바 있듯이, "우리는 화염에 휩싸이고 악마에게 박해받는 꿈을 꾸기도 한다." 어떤 영혼들은 트럼펫 소리 날카로이 울릴 때까지 깨어날 수 없을 것이라 믿고, 죽은 사람들을 깨우느라 너무 힘들다고 불평하기도 했다. 일본 연극에 나오는 어떤 귀신은 상상의 양심 가책으로 불붙는다. 하지만 어떤 불교 승려는 귀신이 믿지 않으면 불이 저절로 꺼진다고 설명하지만, 믿음을 멈출 수는 없다. 코넬리우스 아그리파는 그런 꿈을 꾸는 영혼을 말썽꾸러기 도깨비라 불렀는데, 햄릿이 어떤 꿈이 올지 모른다는 이유로 칼집에서 뺀 작은 칼bare bodkin을 거둔 것[18]은 단순한 문학적 공상에서 비롯된 것이 아니었다. 영혼은 기억에 의해 우리 주변에 이뤄진 이러한

---

17) 코넬리우스 아그리파Heinrich Cornelius Agrippa, 1486-1535. 독일 르네상스 학자, 의사이자 신비주의 작가.
18) 작은 칼bare bodkin은 셰익스피어의 『햄릿』 제3막 1장에서, 그 칼을 거둔 것은 3장에서 인용.

대상들의 모양을 정말이지 바꿀 수 있는 것으로 보이는데, 사실 바꿀 수 있을 것이다. 하지만 그 변화가 크면 클수록 더 노력해야 하고 일상적 이미지로 돌아가는 것은 더 빨라진다. 어느 경우에나 노력하는 것이 그 힘을 넘는 것이라는 것에는 의심의 여지가 없다. 몇 년 전 나는 어떤 여성이 친구 때문에 마담 블라바츠키에게 자문을 구하던 때 함께한 적이 있다. 그 여성의 친구는 죽은 지 얼마 안 된 남편이 밤마다 썩어가는 시체로 보이고 무덤 냄새를 맡는다는 것이었다. 마담 블라바츠키는 그녀의 남편은 죽으면서 무덤이 끝이라고 생각했다고 말했고, 그가 죽은 지금 그런 상상을 버릴 수 없다고 했다. 어떤 상류층 사람이 내 배우 친구에게 햄릿을 연기하다 죽으면 영원히 햄릿일 것이라서 연기를 싫어한다고 말한 적이 있다. 그러나 시간이 지나면 영혼은 일부 자유로워져서 전설 속의 '변신술사'가 되고, 중세의 마술사처럼 원하는 환상을 만들어낼 수 있다. 레이디 그레고리의 어떤 책에는 아일랜드 시골 사람에 관한 이야기가 있는데, 그는 길에서 낯선 사람과 식사하고 얼마 후 구토했는데, 자신이 잘게 썬 풀만 먹은 것을 알게 된다. 우리는 야생물의 이미지에서 자신을 드러내는 영혼에 대해서도 생각하는 것이다.

IX

죽은 자들은 열렬한 갈급함이 사라지면서 어느 정도 자유를 얻게 되고, 살아 있을 때 시작된 충동적인 사건들을 어떤 새로운 방향으로 돌릴 수 있지만, 그것들은 살아 있는 사람들을 통하지 않고는 일어날 수 없다. 그러나 그들은, 비록 조용하게 기억 속에 살지만, 조화, 상징 및 패턴을 마치 예술가가 재구성하는 것처럼 인식하고, 마치 둥글게 춤추는 아이들처럼,

상상으로 그린 선한 감정이 아니라 그들 자신에 대한 기분 좋은 감정에 감동한다. 그래서 나는 그들이 그 결합으로 사랑을 나눈다는 것을 의심하지 않는데, 스웨덴보리는 이를 온몸의 결합이며 멀리서 보면 작열하는 것처럼 보인다고 말한 바 있다. 지금까지 그림자는 공포나 기쁨으로 춤추는 모습처럼 반복되는 공통 기억의 순간에 그림자와 소통했지만, 이제 그들은 좋아서 함께 달리니, 그들 무리의 모임에는 리듬과 패턴이 있다. 그들의 도덕적 삶, 그 수혜자와 희생자, 심지어는 밟지 않은 모든 길에 대해 탐구함으로써 이렇게 모두 함께 달리고 중심을 향해 달리면서도 정체성을 잃지 않게 대비했고, 그들의 모든 생각은 매개체의 틀을 만들고 사건과 상황이 되었다.

X

두 개의 현실이 있는데,[19] 그것은 지상의 것과 불의 상태이다. 모든 힘은 지상의 조건에서 나오는데, 그곳에서 모든 반대되는 것들이 만나고, 가능한 극단의 선택, 완전한 자유는 그곳에서만 존재하기 때문이다. 그리고 그곳에는 이질적인 것이 있고, 악은 서로 반대되는 것들에 드리우니 악이 존재한다. 그러나 불의 상태에는 모든 음악과 모든 휴식이 있다. 그 사이는 공기의 상태인데, 그곳에서 이미지는 빌려온 생명, 기억의 생명만을 지니며, 이는 불의 색과 강도를 상징할 때 그들에 비춘다. 또한 그곳은 "소용돌이치

---

[19] 내가 이 글을 쓰고 있을 때 나는 인간과 다이몬 사이의 반명제가 어떻게 완결되어야 하는지 알지 못했다. 인간의 휴식은 다이몬의 선택이고, 다이몬의 휴식은 인간의 선택이다. 이는 내가 인간의 지상 영역을 다이몬의 불의 상황이라고 칭했던 바이다. 『모래시계*The Hour-Glass*』에서 바빌론의 성벽에 거지가 쓴 말로부터 나온 것이니, 나는 이를 알았을 것이다. (예이츠, 1924)

며 사라지는 사람들 속에" 있는 유령들, 일본 연극에서 저 사랑스러운 유령들처럼 울고 있는, 유령들의 장소이다.

> 가냘픈 실체일지라도
> 우리가 힘을 얻을 수도 있음을,
> 우리는 지금 이 순간에도 보여줄 것이다,
> 비록 꿈에서라 할지라도,
> 우리의 회개하는 모양을.

영혼은 사실 그 수많은 리드미컬한 심장 박동 후에는 이미지에 대한 욕망을 멈춰야 눈 감을 수 있다.

연속된 모든 것들이 끝났을 때 시간은 끝나고, 영혼은 리듬이나 영혼의 몸 또는 빛나는 몸을 입어, 기억의 모든 사건과 가능한 모든 충동을 단 한 순간 영원히 소유한 것으로 생각하게 된다. 그 상태 홀로 살아 있고, 나머지는 모두 환상이다. 그곳으로부터 모든 열정, 몇몇이 주장했던, 몸의 바로 그 열기가 나온다.

> 시간은 소멸로 끝난다,
> 다 타버린 촛불처럼,
> 그리고 산과 숲은
> 하루, 그들의 하루를 맞는다.
> 불에서 태어난 대기가
> 소멸하는 중에,
> 어떤 것이 사라졌는가?

XI

영혼은 습관적인 시간과 장소를 떨쳐버리기 전까지는 많이 알 수 없지만, 그 시간까지 영혼은, 우리가 사물들에 눈이나 손가락으로 훑을 때, 그 하나하나 차례로 생각하면서 가까운 것에 주의를 집중해야 한다. 지각 능력이 함께 성장하면서 그 지적인 힘은 증가하고 변하게 마련이다. 그러나 지금도 우리는 종종 소위 예지몽을 꿀 때 시간에서부터 벗어나는, 또한 꿈속에서 그리고 꿈과 동시에 꾸는 여러 꿈에서 멀리 있는 것을 볼 때 장소로부터 달아나는 순간을 경험하는 듯하다. 몇 년 전 나는 명상 중에 머리가 태양 광선에 둘러싸인 것 같았고, 잠자리에 들었을 때 머리에 불이 붙은 한 여자에 대한 꿈을 길게 꾼 적이 있었다. 나는 깨어나 촛불을 켰고, 그러는 와중에 냄새를 맡고 나서야 내가 바로 내 머리카락에 불이 붙었다는 것을 알았다. 나는 아주 최근에 내가 쓰고 있는 이야기를 꿈꾸었는데, 동시에 나는 그 이야기 속의 등장인물 중 한 사람이 되어 작가의 의도에 거스르면서 어떤 소녀의 마음에 감동을 주려는 꿈을 꾸었다. 나는 그 모든 것과 동시에 커다란 도자기 항아리를 은박지 단추로 치려고 하는 또 다른 자아가 되어 있었다. 환각 상태에서 작성된 윌리엄 블레이크의 예언서들이 모호한 것은 거의 전적으로 이러한 동시적인 꿈에서 비롯된 것이다. 모든 사람에게는 잠자는 동안, 대개 멀리 있는 친구에게 닥친 불행과 같은 어떤 사건에 대해 갑자기 알게 된 어떤 이야기나 경험이 있다.

XII

그들 기억 속에 살아 있는 죽은 자들은 우리가 본능이라고 부르는 모든 것의 근원이라고 나는 확신한다. 그리고 우리가 이치를 넘어 우리의 이익에 거스르도록 휘몰리게 되는 것은 우리가 알지 못하는 그들의 사랑과 욕망 때문이다. 우리가 알지 못하는 사이에 교회 창문 주위에 정교한 둥지를 짓는 살아 있는 담비의 주인이 되는 것은 꿈속의 담비이며, 그들의 빛나는 순수한 수단과 우리의 강한 감각 사이의 일치로 인해 유령들은 더 열렬한 기쁨에 빠져들게 된다. 비참하게 죽은 알렉산더의 자식들이 돌무더기 위에 유골함 하나 던지지 못했을 것이라고 믿거나, 클레오파트라가 시저에게 낳은 카이사레아[20]가 어린 시절에 살해되었다고, 그리고 그토록 단명했던 페리클레스 2세 아스파시아[21]가 아주 고귀한 신분으로 태어났음을 믿는 것은 하느님의 능력이나 은총을 욕되게 하는 일일 것이다.

XIII

죽은 자가 아무리 현명하다 할지라도 우리가 체스판 위에 말들을 배열하듯 기억을 배열하고 기억된 단어에만 순종할 수밖에 없으므로, 마술사가 되려는 사람은 조로아스터교의 신탁에 따라 주문의 "야만적인 말"을 바꿔 부르는 것이 금지되어 있다. 세계령과의 소통은 생각이나 이미지 또는 사물의 연상을 통해 이루어지며, 유명한 죽은 자나 희미한 기억만 남아 있는 사람들은 여전히 — 우리는 모두 알지 못하지만 사후의 명성을 중요시하기 때문에 — 복도를 밟고 빈 의자에 앉을 수 있다. 장갑이나 이름이 그 소

---

20) 나는 카이사리온에 대해서 랜도의 희극보다 더 나은 권위자가 아니다. 카이사리온은 클레오파트라와 시저 사이에서 기원전 47년에 태어나 기원전 30년에 죽었다.
21) 페리클레스 아스파시아 2세. 아테네의 지도자 페리클레스와 아테네 시민 자격이 없던 아스파시아 사이에서 태어났다.

지자를 부를 수 있다. 그림자는 방해받지 않는 그들의 오랜 서식지 가운데서 우리의 팔꿈치에 다가오며, 그것 자체를 "구체화하는 것"은 벽들 사이에서, 또는 바위와 나무에 의해 더 쉽게 될 수도 있는데, 이들은 매개체들이 여전히 살아 있는 몸을 지니는 동안 극단적으로 떨구어 버린 입자를 지니고 있다.

분명히 어머니는 무덤에서 돌아와서 급박한 순간 방치된 아이를 눈에 보이는 단단한 팔로 위로하거나 요람을 흔들 수 있다. 그리고 어느 시대에나 사람들은 이미 다음과 같은 것을 알고 인정해 왔다, 영혼에 문제가 있을 때 그림자이고 노래인 것들은,

그곳에 살아 있고,
어둡고 폭풍우 치는 대기 위 빛의 바람으로 살아 있음을.

XIV

한편 그들은 자신이 죽은 줄도 모른 채 열정적인 순간을 다시 살다가 깨어나거나 반쯤 깨어나서 우리를 찾아올 수도 있다. 시간이 흐르고 감각이 더해지면서 그들의 꿈은 어떻게 변할까? 그들의 모습이 변하거나 눈이 더 빛나게 될까? 헬렌은 여전히 방문을 열고 파리스[22]를 바라보거나 벽을 통해 그를 바라보면서 밤낮으로 마음 아프거나, 별들이 헤아릴 수 없을 정도로 빛나기 때문에 그저 자신은 꿈을 꾸고 있다고 여길 수도 있다. 분명 열정적인 죽음에 대해 우리는 벤 존슨이 바로 셰익스피어에게 의미했던 말로 울 수밖에 없다. 그들은 "삶에 너무나 밀쳐져서 삶 속에서 존재하며 성장할

---

22) 파리스Paris. 트로이의 왕자로, 스파르타의 왕비 헬렌을 빼앗아 트로이 전쟁의 원인이 되었다.

수 있을 뿐이다."23)

XV

거울에 비친 삶으로부터 받아들여, 불의 상태에서 그것을 스스로 수용하는 사람은 뱀의 길이라 불리는 구불거리는 길에 서게 된다. 그리고 사람과 동물에게 똑같이 들어오는 저것은 자연스러운 것으로 여겨진다. 이와 달리 자연적이지 않은 지적인, 또 다른 유입도 있는데, 이는 불에서부터 온다. 또한 그것은 우리가 육체적 삶에서 잠들었을 때 거울에 비친 삶에서 긴 기간이든 잠깐의 기간이든, 사라지는 영혼들을 통해 내려오는데, 비록 잠든 뱀에게 온다 해도, 대개는 곧은길에 내려온다. 어떤 사람이 다른 모든 사람과 같은 한, 유입됨으로 인해 그는 구불구불한 길에 있게 되고, 성인이나 현자인 한 그는 곧은 길에 있게 된다.

XVI

다이몬은 자신의 중재적인 그림자를 사용하여 인간을 자꾸만 선택의

---

23) Ben Jonson, "The Poestaster" V-1. 129-131, 136-138.

> Horace: His learning labours not the school-like gloss
> That most consists in echoing words, and terms.
> . . .
> And for his poesie, 'tis so ramm'd with life,
> That it shall gather strength of life, with being
> And life hereafter, more admir'd than now.

장소로 데려와, 그 선택이 가능한 한 궁극적인 것이 될 수도 있다고 최고조로 유혹하고, 사건에 투명성을 부과하여, 불가능하지 않은 작업 중 어떤 것이든 가장 어려운 것으로 자신의 희생자를 이끌기도 한다. 그는 어떤 확고한 영혼을 지닌 남자가 사치스럽고 변덕스러운 어떤 여자를 더 사랑하여 그녀와 함께 아파하는 것처럼 인간과 함께 고통을 겪는다. 그의 하강할 때의 힘은 구불구불하지도 곧바르지도 않은 갈지자의 선으로 나타나며, 나무의 두 가지 열매라 할 수 있는, 수동적 속성과 능동적 속성을 분명하게 드러낸다. 그것은 갑작스러운 번개와 같은 것인데, 그의 모든 힘의 행위는 순간적이기 때문이다. 우리는 동맥의 맥박으로 인지하고, 이후 천천히 소멸한다.

XVII

각각의 다이몬은 어떤 인간에게든, 그 본성이 더 일반적이라면 가장 다른 국가에 끌리고, 인간이나 국가의 정반대되는 꿈을 자신의 이미지로 형성한다. 유대인들은 귀금속 및 솔로몬 성전의 과시적인 부를 통해 현대 세계의 대부업자가 되게끔 한 열정을 이미 보여줬다. 만약 그들이 탐욕스럽지도, 욕망으로 가득하지도, 편협하지도 않고, 당대 사람들을 능가하는 박해가 없었다면 성육신은 불가능했을 것이다. 그러나 불의 조건에서 나온 지적 충동은 그들의 정반대의 자아를 고전 세계의 자아로 형성했다. 그래서 다이몬에게서 나오는 충동은 항상 우리의 막연하고 충족되지 않은 욕망에 아름다움과 의미, 그리고 모두가 받아들일 수 있는 형태를 부여한다.

XVIII

영혼에 대한 생각은 빠르고 미묘한 생각이나, 고요한 마음속에서 들리는 희미한 말씨에서만, 우리에게 다가와 거의 변하지 않을 수 있다. 왜냐하면 해탈의 정도에 따라 사물을 동시에 파악하는 정신은 사물을 차례대로 보는 정신과 같은 생각을 하지 않기 때문이다. 대개의 종교적 가르침, 무엇보다도 하나님의 뜻에 복종해야 한다는 주장이 지닌 목적은 가장 순수하고 가장 허약한 곳에서 매개체의 수동성을 확실히 하는 것에 있다. 매개체가 조악한 곳에서 수동적일 때 우리는 중간자가 되고, 그 조악한 매개체로 자신을 형성하는 영혼들은 자신의 생각을 드물다고 할 정도로 몹시 어렵게 말할 수 있고 자신의 기억을 유지할 수 있다. 그들은 일종의 술에 취해, 오래전 작가들이 말한 바 있듯이, 꿀을 먹은 것처럼 멍청해져서, 우리의 기억을 자신의 기억으로 쉽게 착각하기 쉽고, 그들 자신이 우리가 기뻐하는 사람들이며 대상이라고 믿는다. 우리는 그들을 당혹스럽게 하고 압도한다. 그들이 일단 연속적인 사물들의 인식들 사이에 있게 되면, 우리의 이성은 저 사물들에 의해 창조되고 날카로워진 도구여서, 그들의 지성보다 강하기 때문이고, 그래서 그들은 다른 상태에서, 우리의 지식과 말을 잠깐 엿보는 것을 반복할 수밖에 없다.

XIX

어떤 친구가 가파른 절벽을 타고 올라가다 계속 떨어지는 용들에 대한 꿈을 꾼 적이 있다. 헨리 모어는 수 세기에 걸친 삶 끝에 육체의 리듬을 찾아 불의 상태로 넘어가는 데 실패한 사람들이 다시 태어났다고 생각했다.

모어의 스승 중 한 명인 에드먼드 스펜서는 근원을 부여하지 않는 그 탄생을 인정했다.

> 그 후 그들은 다시 돌아왔고,
> 그 정원에 다시 심어져,
> 육체의 부패도 필멸의 고통도
> 본 적 없는 듯 새로이 자란다.
> 몇천 년 동안 그들은 그렇게 남았다가,
> 그 후 다른 것으로 뒤덮이거나,
> 변화무쌍한 세상으로 다시 내보내져,
> 결국 처음 자라난 곳으로 되돌아간다.
> 그들은 그렇게 수레바퀴마냥, 옛 세상에서 새 세상으로 돌아다닌다.

XX

그러나 우리는 항상 불의 상태를 향해서 일어날 터인데, 그 상태에서는 감정이 갑자기 멈추지 않으며, 벽도 문도 없다. 떡갈나무에서 뽑은 가면은 규칙적으로 변화하는 몸에 대한 나의 상상일 뿐이다. 우리는 사물이나 생각으로 기도하지 않는 한 어떤 이름으로든 그 마지막 상황을 향해 기도할 수 있고, 기도하는 사람들은 대개 그것을 남자 또는 여자 아니면 아이라고 부른다.

> 자비에는 인간의 마음이 있사오니,
> 인간의 얼굴을 불쌍히 여기소서.

우리 자신 안의 이성과 의지, 곧 남자와 여자는 숨겨진 제단을 향해 웃거나 우는 아이를 보여주는 것이다.

XXI

셸리가 우리의 정신을 "모든 사람이 갈망하는 불의 거울"이라고 말한 것을 기억할 때, 모두가 물었던, "무엇이 또는 누가 그 거울을 깨뜨렸는가?"라는 질문을 제기하지 않을 수 없다. 나는 내가 알 수 있는 유일한 자아, 나 자신을 연구하기 시작하고, 회전하는 바퀴에 다시 실을 감기 시작한다.

항상 예상치 못한 어떤 순간에 나는 행복해지곤 하는데, 대개는 내가 펼친 어떤 시집에서 장애물을 맞닥뜨렸을 때이다. 그것은 때로 내 시구일 수도 있는데, 그런 때 나는 기교적 결함을 새로이 발견하는 대신 처음 시를 쓸 때의 흥분에 휩싸여 읽는다. 아마도 나는 사람 많은 식당에 앉아 흥분에 겨워 책을 넘기고 있을지도 모른다. 나는 근처의 낯선 사람들을 마치 평생 알고 지낸 듯이 바라보는데, 이상하게도 그들에게 말을 걸 수 없다. 모든 것이 애정으로 나를 채워서, 더 이상 두려움도 결핍도 없어, 이 행복한 분위기가 끝나게 마련이라는 것을 기억조차 하지 못한다. 매개체가 갑자기 순수해지고 멀리 확장되고 아주 선명해져서 세계령아니마 문디의 이미지들이 그곳에서 구체화 되어 저 달콤함에 취해, 마치 자신의 초가집에 말벌을 던진 어떤 시골 술꾼처럼, 시간을 태울 것이라고 반쯤 상상하는 듯하다.

그 기분은 한 시간도 되기 전에 사라질 수 있으나, 최근 나는 미움을 멈추는 순간 그 기분에 빠져든다는 것을 아는 듯하다. 나는 우리 삶의 흔한 조건은 미움이라고 생각하는데, 나 자신에게도 그러하다는 것을 알고 있다.

공적이거나 사적인 사건 또는 사람에 대한 짜증, 하인의 건망증이나 상인이 지체하는 것은 큰 문제가 아니지만, 칼라일의 악한 양육이나 스윈번의 수사학, 또는 저녁 식사 테이블에서 일간지에 대해 중얼중얼 불평하는 여자를 어떻게 용서할 수 있을까? 그리고 불과 일주일 전인 지난 일요일, 나는 둥지 안의 꿩을 괴롭힌 스패니얼, 내 미끼를 먹고는 낚싯줄을 풀고 도망친 송어를 미워했다. 책에서는 우리의 행복이 미움의 반대에서 비롯된다고 말하지만, 나는 확신할 수 없다. 왜냐하면 우리는 불행하면서 사랑할 수도 있기 때문이다. 그리고 분명한 것은, 내가 너무 감동해서 더 이상 책을 읽을 수 없어 책을 덮고, 그 잠깐의 잠과 같은 강렬한 환상 속에 있을 때, 나는, 순수함에 더 가까우면서도, 나를 사랑하도록 하는, 어떤 것을 느낀다. 나는 다이몬이 있는 곳에 있지만, 내가 저 이미지들 중에서 선택하고, 자만심에서 나온 허기를 항상 일상의 식단으로 만족시키려 하면서, 새로운 인격을 형성하기 시작할 때까지는 그가 나와 함께 한다고는 생각지 않는다. 하지만 "나는 선택한다."라는 말을 적을 때 나는 언제 손가락이고 언제 점토인지 알지 못하는 불확실성으로 가득 차 있다. 20년 전 언젠가 나는, 잠에서 깨어나 몸이 뻣뻣해지는 것 같았고, 돌로 된 것 같은 입술 같은 내 입술에서 이런 말을 하는 이상한 목소리를 들었던 것 같다. "우리는 잠자는 자의 이미지를 만드는데, 잠자는 자는 그가 아니며, 우리는 그것을 임마누엘이라고 부른다."

XXII

나는 계단을 오르내리며 내 '야만적인 말들'을 보관해 두는 무어인의 금박 입힌 결혼 궤를 지날 때, 여전히 오디세우스에게 박쥐처럼 말하는 그 목소리에 당혹스러우니, 내가 다시 한번 그 말들에 끌리게 될지, 아니면 이제 조금 늙어갈 것이므로 노파의 것과 같은 단순한 경건함으로 나아갈 것인지 생각한다.

1917년 5월 9일.

■■■ 해설

'아니마 문디'는 예이츠의 작품 세계를 관통하는 주요한 개념이다. 그의 초기 시 작품에서부터 말기에 이르기까지, 그리고 시뿐만 아니라 희곡 작품에서도 아니마 문디의 개념은 배경으로 또는 작품의 주제로 나타난다.

이 에세이에서 예이츠가 말하는 '아니마 문디'는 개개인의 기억과 의식 작용의 총합이자 영혼 활동의 모든 축적이다. 그것은 예이츠 자신만의 고유한 개념이기도 하지만, 멀리 플라톤주의에서부터 스웨덴보리와 블레이크로 이어져 온 영혼에 대한 주장에 힘입고 있다. 그들의 이원론적 시선을 바탕으로 예이츠는 살아 있는 모든 생명체에 형태를 부여할 뿐만 아니라 그들의 도덕적 존재로서의 의미를 형성케 하는 힘이 곧 아니마 문디임을 밝히고 있다. 이를 통해 예이츠는 덧없이 사라지는 육체에 대비되어 영혼은 늘 무한한 영역의 힘으로 존재한다고 보고 있다. 그래서 영속적으로 나타났다 사라지는 현실계의 육체는 인간의 의식 또는 무의식의 작용 그 너머 불멸의 영혼 집합체로 인해 그 필멸의 한계를 넘어설 수 있다. 마치 몸속에 영혼이 있고 영혼 속에 몸이 있다는 듯이, 예이츠의 아니마 문디는 현실과 현실 너머의 세계를 아우르는, 서로 다른 성격의 것들을 담고 있는 커다란 통과 같은 것이기도 하다. 따라서 예이츠에게 아니마 문디는 예술 활동의 궁극적인 최상의 원천이다.

그렇다면 저 멀리 아스라이 보일 듯 말 듯 존재하는 아니마 문디를 시인은 어떻게 감지하는가. 예이츠는 그 매개체를 '다이몬'으로 설명한다. 다이몬은 시인을 자극하고 어떤 자극이든 받아들여 이것이든 저것이든 선택하도록 하여, 결과적으로는 시인 자신의 삶, 구체적이고 실체를 지닌 육체의 형태와 접목하게 한다. 이는 예이츠에게 이미지의 형성으로 이어진다.

허현숙 (건국대)

에필로그 EPILOGUE

사랑하는 "모리스"24)에게 – 나는 당신이 태어나기 전이나 어렸을 때 프랑스에 자주 가 있었습니다. 처음인지 두 번째 갔을 때 말라르메25)가 "우리의 모든 시대는 성전의 떨리는 휘장으로 가득 차 있다."라고 썼지요. 어디를 가나 마법에 대해 말하는 젊은 문인들을 만났습니다. 영국의 어느 유명한 문필가는 그 신비한 집에 혼자 갈 수 없으니, 스타니슬라스 드 가에타에게 자신과 함께 방문하자고 부탁했어요. 나는 독일 시인 두켄데이를 종종 만났는데, 그가 스트린드베리26)라는 스웨덴 사람임을 나는 수년 후에야 알게 되었지요. 당시 그는 룩셈부르크 근처의 숙소에서 철학자의 돌을 찾고 있었습니다. 그러던 어느 날 내가 시인 스튜어트 메릴27)의 방에서 젊은 아랍 학자와 이야기를 나누던 중, 그가 자신의 손가락 모양에 맞춘 크고 거친 금반지

---

24) 모리스 메테르링크Maurice Maeterlinck, 1862~1949. 벨기에 출신의 극작가이자 시인으로 상징적이고 몽환적인 작품을 썼고, 1911년 노벨문학상을 받았다.
25) 말라르메Stéphane Mallarmé, 1842~1898. 프랑스의 상징주의 시인.
26) 스트린드베리August Strindberg, 1849~1912. 스웨덴의 극작가이자 소설가로 다양한 분야에 대한 지식을 바탕으로 한 작품들을 썼고 영지학에도 관심이 많았다.
27) 스튜어트 메릴Stuart Merrill, 1863~1915. 미국 출신의 시인으로, 프랑스어로 상징주의 시 작품을 발표했다.

를 보여줬어요. 그가 말하길 그 반지의 금에는 경화 합금이 없다고, 왜냐하면 스승인 유대인 랍비가 연금술로 만든 금으로 만들었기 때문이라는 것이었어요. 나는 친구인지 적인지 알 수 없는 내 비판적인 마음으로, 조롱했지만, 기쁘기도 했어요. 파리는 코노트만큼이나 전설적인 도시였습니다. 예술가로서의 자부심에 장인의 자부심이라는 새로운 자부심이 더해졌지요. 가장 거만했던 빌리에 드 리슬 아담[28]은 최근에 죽었어요. 나는 그의 『악셀』을 신성한 책을 읽듯이 천천히, 그리고, 내 불어 실력은 형편없었으므로, 힘겹게 읽었고, 무대 위의 그 작품에 박수를 보냈습니다. 대사를 따라갈 수 없었기 때문에 악셀과 사령관이 결투를 시작하는 대신 30분 동안 철학에 관해 토론하는 부분도 지루하지 않았습니다. 내가 조급함을 느꼈다면, 그들이 숙련된 야누스의 출현을 늦췄다는 것뿐이었는데요, 나는 악셀이 다음과 같이 울부짖는 순간을 알아차리고 싶었기 때문입니다. "나는 그 등불을 안다. 그것은 솔로몬 앞에서 타오르고 있었다."라든가, 또 다른, "생계에 대해서는 우리 하인들이 우리를 위해 할 것이다."라며 울부짖는 순간을요.

문자들의 움직임은 마법이 닿기도 전에 도도했습니다. 랭보는 "나는 죽음이 포옹하는 것을 두려워해야 할 늙은 여자인가?"라고 노래했지요. 파리와 런던의 모든 곳에서 젊은이들은 다락방을 자랑하며, 대중이 소중히 여기는 것은 필요 없다고 주장했습니다.

지난여름, 내가 말라르메와 베를렌느에 대해 처음 들었을 때의 나이였던 당신은 오늘날의 젊은이들이 읽는 프랑스 시인들에 관해 많은 이야기를 했지요. 나는 클로델[29]에 대해 이미 어느 정도 알고 있었지만, 당신은 우리

---

28) 빌리에 드 리슬 아담Auguste Villiers de L'Isle-Adam, 1838~1889. 프랑스의 시인이면서 작가로 1890년 상징주의의 교본이라고 평가되는 『악셀Axel』을 발표했다.
29) 클로델Paul Claudel, 1868~1955. 프랑스의 시인이며 극작가로, 외교관으로도 활동했다. 조각가 카미유 클로델의 동생이다.

를 울렸던, 시인과 새의 대화에 관한 잠30)의 글을 내게 처음 읽어주었고, 페기31)의 『잔 다르크의 자선의 미스터리』 전권을 읽어주었습니다. 이 시인들은 모두 교황에게 모든 것을 바쳤으므로, 종교에 대한 집착 말고는 남은 것은 아무것도 없었고, 당당하고 웅변적인 클로델을 포함하여 모두 그들이 포도나무를 가꾸는 사람과 숯을 굽는 사람의 눈으로 세상을 보았다고 단언했지요. 어머니 프랑스와 어머니 교회 외에는 스스로 움직이고 스스로 가르치는 영혼, 즉 마법의 영혼은 더 이상 존재하지 않았습니다.

내 생각은 이 비슷하게 선회하지 않았을까요? 물론 나는 어린 시절의 교회가 아닌, 그보다 더 보편적이고 더 오랜 전통이 존재한다고 내 믿고 있는 가톨릭교회에서 내 전통을 찾지는 않았지만요.

윌리엄 버틀러 예이츠
1917년 5월 11일

끝

▦▦▦ 해설

모리스 메테를링크에게 보내는 편지 형식의 글을 통해 예이츠는 당시 프랑스 상징주의 시인들과 작품에 어느 정도 익숙해 있었음을 밝히고 있다. 그리고 그들의 언어가 자신의 작품과 마찬가지로 순수 예술을 추구하는 방향이

---

30) 잠Francis Jammes, 1868-1928. 프랑스의 시인. 소박한 시골 삶의 기쁨을 서정적인 작품에 담았다.
31) 페기Charels Peguy, 1868-1928. 프랑스의 작가. 사회주의 및 민족주의적인 작품들을 썼다. 『잔 다르크 자선의 미스터리』는 그의 희곡 작품이다.

라는 것 역시 지적한다. 하지만 그들은 가톨릭교회의 전통을 따르고 있으나 예이츠 자신은 그렇지 않다고 단언하여, 프랑스 상징주의 시인들과 자신을 구별하고 있다.

허현숙 (건국대)

참고 문헌 WORKS CITED

Da Vinci, Leonardo. Trans. Jean Paul Richter. *The Notebooks of Leonardo Da Vinci*. South Carolina: CreateSpace Independent Publishing Platform, 2010.

Gould, Warwick and Deirdre Toomey, ed. *Mythologies by W. B. Yeats*. New York: Palgrave Macmillan, 2005.

Hyde, Douglas. *Love Songs of Connacht Now for the First Time Collected*. London: T. S. Fisher Unwin, Dublin: Gill & Son, Ltd, 1893.

Lyo, Morise. *The Dictionary of Celtic Myth*. Trans. Kim Hoon. Vizandbiz, 2014.

Squire, Charles. *Celtic Myth and Legend*. Trans. Na Yeonggyun & Jeon Suyong. Taurusbook, 2009.

Malcor, Linda A.. *Heroes of the Dawn: Celtic Myth*. Trans. Kim Seokhui. IRe, 2008.

Wood, Juliette. *Celts: Life, Myth and Art*. Trans. Yeo Yeonhui. Dulnyouk, 2002.

Yeats, W. B.. *The Celtic Twilight: Faerie and Folklore*. New York: Dover Publications, INC, 2004. (originally published in 1902 by A. H. Bullen, London)

_____. *The Collected Poems of W. B. Yeats*. ed. Richard Finneran. New York: Macmillan, 1996.

_____. *Essays and Introductions*. Hong Kong: Macmillan, 1980.

서혜숙. 『아일랜드 요정의 세계』. 서울: 건국대학교 출판부, 2004.

편역자(가나다순)

고준석(조선대)	김연민(전남대)	김영민(동국대/린네대/항주사범대)	김영희(전주대)
김주성(단국대)	박미정(한국외대)	성창규(목원대)	안중은(안동대)	유병구(안동대)
윤일환(한양대)	이보라(제주대)	이세순(중앙대)	이영석(한양대)	임도현(대진대)
조미나(요크대)	조수진(단국대)	조정명(경운대)	최윤주(한양여대)	최희섭(전주대)
한학선(경남대)	허현숙(건국대)	홍성숙(청주대)		

예이츠 신화집

초판 1쇄 발행일 2024년 11월 30일

윌리엄 버틀러 예이츠 지음
한국예이츠학회 번역 해설

발 행 인　이성모
발 행 처　도서출판 동인 / 서울특별시 종로구 혜화로3길 5, 118호
등록번호　제1-1599호
대표전화　(02) 765-7145 / FAX (02) 765-7165
홈페이지　www.donginbook.co.kr
이 메 일　donginpub@naver.com
I S B N　978-89-5506-316-5 (93840)
정　　가　38,000원

※ 잘못 만들어진 책은 바꾸어 드립니다.